中国古代典籍简史

李坚 著

学苑出版社

图书在版编目（CIP）数据

中国古代典籍简史 / 李坚著. —— 北京：学苑出版社，2018.7
　　ISBN 978-7-5077-5528-2

　　Ⅰ. ①中… Ⅱ. ①李… Ⅲ. ①古籍－图书史－中国 Ⅳ. ① G256.1

中国版本图书馆 CIP 数据核字（2018）第 182563 号

责任编辑：战葆红
出版发行：学苑出版社
社　　址：北京市丰台区南方庄 2 号院 1 号楼
邮政编码：100079
网　　址：www.book001.com
电子信箱：xueyuanpress@163.com
联系电话：010-67601101（销售部）　　010-67603091（总编室）
印　刷　厂：北京建宏印刷有限公司
开本尺寸：710 mm×1000 mm　1/16
印　　张：33.5
字　　数：350 千字
版　　次：2018 年 7 月第 1 版
印　　次：2018 年 7 月第 1 次印刷
定　　价：148.00 元

前 言

书籍是促进人类发展的重要文化载体。中国古代浩如烟海的文献典籍,记载了一个统一多民族的国家从远古到近代的政治、经济、社会、文化、科学的发展历程。因此,书籍的历史,就是一部文明的发展史。

书籍又称图书。《中国大百科全书》对"图书"是这样解释的:

> 用文字、图画或其他符号,在纸张等载体上记录各种知识、思想和技艺,并且制装成卷册的出版物。又称"书籍"。传播知识和思想、积累人类文化的重要工具。

简单说来,书籍(图书)是书写或印刷在便于人们阅读的材料上的著作。作为阅读物,它的内容要有意义,有一定的量,需要经过作者的编创,具有记录史实、传播知识、介绍经验、阐述思想、宣传主张的作用及目的。但是我们时常遇到的问题是，一张写满文字的纸，或是一个只写（印）有少量符号（记号）、数字、文字的本，还有那些写在崖壁，绘在洞窟、墙壁上的诗或图画，算不算书籍呢？往往存在着不同回答。

因此，什么是书籍，历史上的书籍是怎样发展变化的，正是本书所要讲述并和大家一起探讨的。

中国是一个具有几千年历史的文明古国，仅现存古代书籍的品种，约达20万。一般地，中国古代书籍简称古籍，指的是书写、印制于1912年（中华民国元年）以前的书籍（另一种常见观点认为，古籍是指书写、印制于1912年以前又具有中国古典装帧形式的书籍）。这些书籍产生和发展的历史，非常值得人们关注与研究。

国内学者主要从书籍制作、出版史角度与文献整理和文献史角度两个方面研究"书籍史"。书籍制作的出版史主要是对中国历代书籍的材质、制作、装帧、整理、分类、编目、收藏、散佚等进行探索和研究；文献整理和文献史则注重对古籍的编撰及其内容流传、存佚情况加以挖掘和研究。有关书籍制作的出版史方面的主要著作有刘国钧著，郑如斯订补《中国书史简编》，钱存训《书于竹帛》，张秀民《中国印刷史》，李致忠《简明中国古代书籍史》，肖东发、周少川、李致忠、朱赛虹等《中国出版通史》等；文献整理和文献史方面的著作以孙钦善《中国古文献学史简编》、曹之《中国古籍编撰史》等为代表。

20世纪50年代以后，西方史学家兴起了书籍史研究的热潮，欧洲史的研究者们出版了数以百计的书籍史研究论文。法国的费夫贺（Lucien Febvre, 1878—1956）和马尔坦（Henrhyphen Jean

Martin，1924—2007）撰写的《印刷书的诞生》(*L'Apparition du liver*, 1958)、法国高等研究实践学院 (Ecole Pratique des Hautes Etudes) 第六部一个团队编撰的《18 世纪法国的书籍与社会》(*Livre et société dans la France du XVIII e siècle, Paris /The Hague, 1965&1970*) 即是这方面的代表。尤其是1958年出版的《印刷书的诞生》，已被公认为书籍史研究领域的经典之作。该书首先提出"书籍史"这一概念，比较全面地分析了欧洲书籍的生产、印刷、排版、装帧、成本、运作、地理分布、书籍制度、发行、消费、社会影响以及相关的经济情况。既有对书籍技术层面的考察，又从社会的角度来讨论书籍与人、与社会的关系，打破了传统书籍史侧重于书籍技术层面和物质层面研究的状况，初步确立了年鉴学派书籍史研究的新典范。

1982年，美国学者罗伯特·达恩顿 (Robert Darnton) 在《何为书籍史》(*What is the History of Books*)（载于 *Daedalus* 杂志，第111卷，1982年，第65—83页）中认为，书籍史关注的焦点，应是以书籍为中心的交流圈，即材料的生产过程（包括基本原材料的采集、生产工艺的改进、印刷工人的雇佣），知识的生产（文本的写作、编辑、校勘以及汇编），市场与销售，生产与销售环节的控制与管理（由政府制定法规、审查制度、或通过出版协会），购买与消费（包括私人与公共的阅读、收藏与展览），接受（表现在书评、销售、对其他作品的影响等）以及分类与保存。总而言之，书籍史的研究对象，不再是书籍本身，还包括书籍的生产、发行和接受，以及对社会、政府、经济和文化造成的影响。

近年来，越来越多的西方史家（汉学家）开始运用西方"书籍史"的研究理念和方法，来研究中国书籍史。

美国学者周绍明（Joseph P. Mcdermott）《书籍的社会史：中华帝国晚期的书籍与士人文化》（A Social History of the Chinese Book：Books and Literati Culture in Late Imperial（China）），体现了新书籍史采用社会学方法进行分析的特点，他在讨论书籍与社会不同阶层间的关系时，将刻工胡贸、皮匠钱进仁与文人之间的身份认同问题刻画得极为生动。通过书籍的制作、流通与使用，凸显了文人、市场、国家之间不断变动的关系。美国包筠雅（Cynthia J. Brokaw）《文化贸易：清代至民国时期四堡的书籍交易》，分析了四堡刻书之风的形成、销售渠道与刊刻种类。对以往较少研究的四堡刻书进行了深入研究，是书籍社会史研究的体现。她与另一位美国学者周启荣（Kai-wing Chow）共同主编了论文集《中华帝国晚期的印刷与书籍文化》（Printing and Book Culture in Late Imperial China），收入的文章从不同角度讨论了晚明至清城乡书籍出版、市场、阅读群体等多方面主题。周启荣《近代早期中国的出版、文化与权利》（Publishing, Culture and Power in Early China）将经济史方法用于明清书籍史的研究，此书以明代书籍制作成本为切入点进行分析，将印刷与士人文化、科举制度、商业化联系在一起。指出雕版印刷在16—17世纪中国技术不断成熟，科举考试需求促进了书籍出版的商业化，带动相关造纸、制墨、刻版、装帧、流通等系列行业的发展。书价低廉使得更多的人从事书籍出版业，也改变了士、商之间的关系，从而认为雕版印刷术在中国对于社会变革上的意义堪比欧洲的活字印刷术。在分析书籍作为物质实体本身对阅读的影响时，其他学者如毕嘉珍（Maggie Bickford）、濮安（Anne Burkus-Chasson），梅尔清（Tobie Meyer-Fong）等也对中国古代书籍史做了有益的探索和研究。

日本学者对中国书籍史研究的代表著作有井上進所著『中国出版文化史：書物世界と知の風景』，名古屋大学出版会，2002；大木康著『明末江南の出版文化』，研文出版，2004；大木康著『中国明末のメディア革命：庶民が本を読む』，刀水書房，2009。

在西方书籍史研究方法的影响下，国内学者也开拓新的研究思路，如大陆张仲民著《出版与文化政治：晚清的"卫生"书籍研究》《种瓜得豆：清末民初的阅读文化与接受政治》，台湾潘光哲著《晚清士人的西学阅读史：一八三三至一八九八》和李仁渊著《晚清的新式传播媒体与知识分子：以报刊出版为中心的讨论》等专著，以及张仲民撰《从书籍史到阅读史——关于晚清书籍史／阅读史研究的若干思考》等论文，以新的角度研究中国书籍的历史，做出有益的探索。

这些研究以广阔的视野全景式展现中国古代书籍的生产、发行、阅读、流传，关注书籍编纂、传播、使用，重点关注书籍生产背后的文化信息、书籍的文化意义和书籍背后的社会史的研究。

常常与书籍并提的一个词是"典籍"。"典籍"一词最早出于《孟子》，《孟子·告子下》曰："诸侯之地方百里；不百里，不足以守宗庙之典籍。"东汉赵岐注："谓先祖常籍法度之文也。"可见先秦时期典籍的概念还泛指文献，未必指书册典籍。汉代以后，典籍的概念便是泛指典册书籍、载籍，如《尚书》"伪孔传"谓"秦始皇灭先代典籍，焚书坑儒"，《后汉书·崔寔传》谓"少沈静，好典籍"。

根据词典的一般性解释，"典籍"主要有两种含义，一个是泛指古今的书籍，另一个是指重要而有影响的书籍，故与"书籍"相较而言，"典籍"更着重于强调书籍的文本内容。考察国内研究书籍史的著作，大多介绍古代书籍所使用的材料及其如何制作的工业史，不太涉及书的内容，不免有些缺憾，读来也略显单调枯燥。在中国古代的各个历史阶段，都产生出一批杰出的代表性著作，这些经典著作反映了当时文化、经济各方面的最高成就，具有典范性、权威性，经久不衰，它们是中华传统文化的灵魂和核心，对中华民族文明发展产生重要影响。本书试图在探讨书籍发展历史的同时，重点介绍历代经典著作的成书及其流传情况，以及对后世的影响，并简单勾勒其版本发展源流，以强调书籍的文化内涵，凸显其在中华传统文化的地位和作用，故名"典籍史"。至于取名《中国古代典籍简史》，就是追求内容精要简明，少些详细论证。本书的内容包括一般书史内容与历代经典著作介绍，为行文方便，一般性叙述或涉及客观书（书籍的物理形态）时称"书籍"；强调书的内容或指一些重要书籍时，则称为"典籍"。

本书来源于一个古代典籍史的展览，全书的结构和内容，大致与展览一致，形式上相应地做了一些变动。内容主要包括三方面：一是古代书籍的制作，包括书写材料、纸张、印刷、装帧等。二是简要介绍历代经典著作及其流传、影响和版本发展源流。三是书事要录、杂录，杂叙与书有关之事，如书籍的商业流通、收藏、目录、保护以及书籍相关的人和事。

与展览内容相比，本书增添一些近年书籍史研究中的新观点、新动向，并且加进一些自己的认识和看法。如古籍装帧中的旋风装问题，主要有传统的经折式和类似龙鳞装式两种说法，现今通行后一种说法。但近年程有庆撰《古书旋风装形制赘言》力辩旋风装就是传统经折装的旧说正确，文中例举了新的材料，论述有据，已获得众多行家的认同，本书介绍这个新观点。再如，书籍史研究中不断有新资料发现，如近年来出现的五代后唐天成二年（927）刻本《佛说观弥勒菩萨上生兜率天经》，证明当时中国的雕版印刷术已非常成熟，书中对此也专门做了介绍。

活字印刷术是古代书史研究中的一项重大课题，国内一些学者投入很大精力，与韩国学者争论谁最早使用铜活字印书的问题。但发明活字印刷术和采用什么材料制作活字印刷书籍，从科学的技术含量以及对促进社会发展的贡献上说，两者可谓天壤之别，完全没有可比性。有了发明活字印刷术在先，则其他诸如"谁最早使用铜活字印书"这类问题的重要性，就显得微不足道。本书对此也谈了自己的一点儿粗浅看法。

本书还简略介绍了少数民族文字古籍在不同历史时期的概况，以展现中华民族古代典籍的全貌。为体现典籍在历代的流传和影响，本书配以大量精美的古籍书影，展示这些珍贵典籍的历史旧貌。

全书根据时间先后分为先秦两汉、魏晋南北朝隋唐五代、宋辽西夏金元、明、清几个部分。鉴于先秦两汉是中华传统文化的奠基时期，先秦两汉文化是中华传统文化的源头，后世诸多典籍和文化现象都需要追溯到这一时期，故在这个阶段花费的笔墨较多，以期更清晰地梳理历史长河中的中华典籍发展脉络。

典籍是文化的特殊载体，蕴藏、凝聚着人类所创造的无穷的思想和智慧，是物质文明，也是精神文明。典籍史就是一部文化史、文明史，同时也是社会发展史的缩影，内涵非常丰富。流传至今的中国古代典籍，既反映了中华统一多民族国家各民族文化、文明发展的历史轨迹，也揭示了中华民族发祥、发展、繁荣及其衰弱的历史因由和过程。它既是中华民族文明演进的历史，更是中华民族历史的镜鉴。作为具有悠久历史的文明古国，中国古代典籍承载了较其他国家地区的典籍更加丰富的内容，中国典籍史理所应当地揭示这些信息，展现中华民族光辉灿烂的传统文化，激发全社会的民族自豪感。

相较于古埃及文明、古巴比伦文明、古印度文明，中华文明的起源不算最早，却是世界上唯一不曾间断的古代文明。纵观历史，中华民族屡经外侵内患，却总能在逆境中延续不断，并奋起重生，究其原因，中华古代优秀文化所蕴藏的力量与魅力是起了决定性作用的。中国古代典籍是中华传统文化最为具体的体现和代表，她是中华民族祖先留给我们取之不尽、用之不竭、无比辉煌的精神财富。

目 录

第一章 书籍产生的前夜/1

　　第一节 汉字的产生/1

　　第二节 书籍产生前后文字的载体/5

　　第三节 书籍的产生/16

第二章 早期的书籍/21

　　第一节 出土简牍帛书概述/21

　　第二节 简牍帛书籍的形制/27

　　第三节 简帛书籍的书写/34

　　第四节 简帛书籍的内容/50

　　第五节 简帛书籍的制作与传播/73

第三章 造纸术的发明与先秦两汉经典著作/77

　　第一节 造纸术/78

　　第二节 先秦两汉书事要录/88

　　第三节 先秦两汉经典著作/112

第四章 纸质书籍的普及与魏晋南北朝隋唐五代经典著作/169

第一节 纸质书籍的确立/170

第二节 魏晋南北朝隋唐五代经典著作/177

第三节 中古时代的典籍宝库——敦煌遗书/203

第五章 印刷术的应用与宋辽西夏金元经典著作/211

第一节 雕版印刷术/212

第二节 宋代刻书/223

第三节 辽、西夏、金、蒙古刻书/232

第四节 元代刻书/241

第五节 活字印刷术的发明/248

第六节 宋元经典著作/257

第六章 印刷术的繁荣与明代典籍/285

第一节 明代出版业的繁荣/286

第二节 活字印刷术的发扬/301

第三节 套印与彩色套印/306

第四节 空前繁荣的版画插图/315

第五节 明代经典著作/323

第六节 常见典籍举要 /336

第七章 传统印刷术的余晖与清代经典著作/355

第一节 清代出版印刷概况/355

第二节 活字印刷术/376

第三节 套印与版画插图/384

第四节 西方印刷技术的传入/390

第五节 清代经典著作/394

第八章 历代书事采撷/403

第一节 书籍商业流通/403

第二节 书籍收藏/424

第三节 书籍目录/432

第四节 书籍保护/438

第五节 书事雅集：曝书会与祭书/446

出土简帛书籍一览表/453

中国古代典籍大事记/483

图版目录/493

主要参考文献/505

后　记/521

第一章
书籍产生的前夜

文字是书籍的基础，汉字的雏形形成于新石器时代晚期，距今3000多年前的甲骨文已经非常成熟。早期的文字载体包括动物、矿物和植物，如甲骨、青铜、玉石、陶器、竹木。至迟到商代，书写在竹木简牍上的书籍诞生了，史官是最早的书籍创作者。商周时期的竹木简牍书籍已不存在，当时甲骨刻辞的篇幅、记事性内容、整齐的句式，铜器铭文讲究的遣词谋篇及富于文学色彩，以及《史记·殷本纪》的相关记载，可视为书籍产生的旁证。

第一节　汉字的产生

书籍是在文字的基础上产生的，离开文字，书籍也就无从谈起。早在文字产生之前，远古的人们在劳动生活中渐渐产生了语言，之后又创造了传说、结绳记事、刻木记事等方法以留住语言，加强记忆。但直到发明了文字，才能够准确记录语言和事物。

《易经·系辞》说："上古结绳而治，后世圣人易之以书契。"文字作为记录语言的符号，具备超越时空的功能。文字产生是人类由野蛮时代进入文明时代的重要标志。没有文字记载，就没有历史，没有文明。

"文字是语言的书写符号，人与人之间交流信息的约定俗成的视觉信号系统。这些符号要能灵活地书写由声音构成的语言，使信息送到远方，传到后代。"（《中国大百科全书》第2版）汉字与其他文字一样，也是由最初的图画、刻划符号逐渐演变而成的。

汉字的产生经历了结绳记事、契刻和图画阶段的准备期。图画符号的进一步发展，就可能转变为象形文字。历史上流传着多种传说，其中以仓颉造字的传说最为著名，《荀子》《韩非子》《吕氏春秋》《淮南子》《论衡》等书都有关于仓颉造字的记载。其中东汉许慎《说文解字·叙》说得最为具体：

> 黄帝之史仓颉，见鸟兽蹄迒之迹，知分理之可相别异也，初造书契。百工以乂，万品以察。……仓颉之初作书，盖依类象形，故谓之文。其后形声相益，即谓之字。字者，言孳乳而浸多也，著于竹帛谓之书。

现代研究者认为，仓颉或许在汉字形成的过程或最后阶段，起到过比较重要的作用，但将创造汉字的功劳全都归结于他一个人，恐怕并非事实。

近年来的考古发现，为汉字产生时代提供了强有力的证据。新石器时代的裴李岗、仰韶、马家窑、龙山、良渚和大汶口文化等的刻划符号，大致属于中国文字的起源，或者说是原始文字的孑遗。说明汉字大致已经有了近6000年的历史。

距今4500年前的龙山文化，也就是传说中的黄帝时期，中国汉字由萌芽转向成形，实现了质的飞跃。黄河中游的西安西郊花园村文化，黄河下游的大汶口文化，青海甘肃的齐家文化，长江中下游的良渚文化，已经有了比较成熟的文字，很多字在不同地域不同载体上不约而同地使用，笔画结构惊人相似。

这些出现于新石器时代晚期陶器等各种器物上的刻划符号，正是汉字的萌芽。不过，这些刻划符号虽已具备了文字的雏形，却都是一些简单的符号和单字，无完整的体系和规律。真正具有一定体系并有比较严密规律的文字，最早的要算是甲骨文。甲骨文在汉字漫长的发展历史上具有极其重要的地位，作为现代汉字的鼻祖是当之无愧的。

距今3000多年前的甲骨文是有体系且非常成熟的文字，它表明汉字产生的时间，应该远远早于使用甲骨文的商代。然而，尽管我们认为汉字发明早于商代的推断合乎情理，但仍期望能有出土的实物予以雄辩的证明。

表1-1　汉字构形演化表一

大汶口文化陶器刻符	甲骨文	楷书
	《甲骨文合集》29776	旦

(续表)

大汶口文化陶器刻符	甲骨文	楷书
	《甲骨文合集》4286/446	戌
	《甲骨文合集》14294（"析"字偏旁）	斤

铜器族徽	甲骨文	楷书
虎簋 商代后期	《甲骨文合集》4286/446	虎
象祖辛鼎 商代后期	《甲骨文合集》13625	象
牛鼎 西周早期	《甲骨文合集》8968	牛
韦簋 商代后期	《甲骨文合集》10026/3267	韋（韦）

汉字是中华民族最重要的发明之一。汉字和古埃及文字、两河流域楔形文字、古印度印章文字、中美洲玛雅文字，是世界上为数不多的几种独立形成的古老文字。相比其他几种古老文字，唯有汉字至今仍在使用，汉字的历史是延续不断的，其发展脉络清晰可见。

汉字字形经历了甲骨文、金文、篆书、隶书、楷书等不同的阶段。东汉后期出现的楷书体，由于简单易识，很快流行开来，至三国魏晋时期，已成为通行的书写体，隋唐时期达到高峰，最终成为我们沿用至今的规范字体。汉字的发展变迁与书籍的发展息息相关。

表1-2 汉字构形演化表二

构形方式	甲骨文	金文	战国文字	小篆	楷书
象形					馬
指事					下
会意					執
形声					室

第二节　书籍产生前后文字的载体

一、甲骨

1. 甲骨与甲骨文的发现

目前所见商代后期及西周初期汉字的载体主要是甲骨，其作用是记录占卜内容及甲骨片来源等记事性内容。甲骨上刻写的文字即甲骨刻辞一般称"甲骨文",又称"契文""甲骨卜辞""殷墟文字"或"龟甲兽骨文"。甲骨文是目前所见汉字的最早形式。

甲骨文主要出土于河南安阳小屯一带,那里曾是商代后期商王盘庚至帝辛的都城,史称为"殷"。商灭国,成为废墟,所以有"殷墟"之名。因此,甲骨文也称"殷墟文字"。由于其内容绝大多数是王室占卜之辞,故又称"卜辞",或"贞卜文字"。这种文字基本上都是由契刻而成,又称"契文"或"殷契"等。

图1—1 "四方风"甲骨

《礼记·表记》曰："殷人尊神，率民以事神，先鬼而后礼。"殷商时期，国王在处理各类大小事务之前，如会不会有灾祸，天会不会下雨，农作物是不是有好收成，打仗能不能胜利，都要用甲骨进行占卜，祈问鬼神，事后将所问之事契刻于甲骨上。甲骨文就是这样形成的。

甲骨文的最早发现者是清末国子监祭酒、金石学家王懿荣。具体发现过程有两种说法：

第一种说法是与中药"龙骨"有关。龙骨一般是指远古哺乳动物的骨骼化石，中医认为可以入药，有治疗咳逆、泻痢、便血的作用。由此，甲骨被代替龙骨作药。光绪二十五年（1899），王懿荣因病服药，偶然在中药龙骨上发现有古文字。

第二种说法源自清末金石学家刘鹗。据刘鹗《铁云藏龟·序》记载，河南安阳出土甲骨后，被山东潍县古董商人收购并运至北京售卖，被喜好收集古物，通晓金石文字的王懿荣高价收购。

2. 甲骨刻辞的内容与研究价值

甲骨刻辞是甲骨文上契刻的文字，主要是记录占卜内容的卜辞，也包括与占卜无关的记事刻辞。卜辞的内容包含祭祀、天象、年成、征伐、王事、卜旬。一条完整的卜辞由叙辞、命辞、占辞、验辞四部分组成。甲骨卜辞的性质主要是现场信息记录，但因又有可能是不同时间的记录，同时兼具历史记录的记事性。这些文字主要用途是帮助记忆而存档，具有档案的性质，并不是为传播而书写。

甲骨刻辞中有一些非卜辞类刻辞，包括历书性质的干支表和记事刻辞。用天干地支记录日、旬、月、年，说明商人的计时方法已很发达，而且时空历象知识已经十分完备。殷墟发现的非卜辞类记事刻辞，内容主要涉及田猎、赏赐、祭祀、征伐等，包括农业生产知识、畜牧狩猎、方技类医学知识。商人对知识体系的认知程度的加深及对知识的细分与专业记载，为书籍的诞生提供了必备的知识条件。

司马迁《史记》中的《殷本纪》，详细记载了商王朝的世系和历史。由于没有当时的文字记载和实物资料存留，史学界曾对这些记载将信将疑。甲骨文的发现，从实物和文献资料两个方面印证了《史记》记载的可靠性。

20世纪初，金石学家罗振玉从甲骨中发现刻有商王朝先公、先王的名字，结合《史记》中所说的"洹水南，殷墟上"的记载，证明甲骨出土地小屯就是殷墟所在地。经王国维等学者以甲骨卜辞中所见商代诸先王、先公，对照《史记》记载进行详细考证，证明殷墟是商朝第10代王盘庚于公元前1318年，将都城从奄（今山东曲阜附近）迁到殷（小屯村一带），历经8代12王，在此建都达273年之久。甲骨文实物及其记载的文献，交互印证了《史记》记述的内容，把中国的可信历史提早了1000年。

甲骨文自1899年发现，近120年来先后出土15万片以上，流散到世界各地，有将近百处藏家收藏。其中我国大陆10多万片，我国台湾地区3万多片，此外，日、加、英、美、德、俄、瑞典、瑞士、法、韩等14个国家2万多片。中国大陆地区收藏甲骨的主要机构是国家图书馆、故宫博物院、中国社会科学院考古研究所、山东博物馆等。据研究，甲骨文共有不重复的单字4500个左右，已识单字约在1500个左右。

殷墟甲骨文是中国地下出土的最早的成文古典文献遗产。甲骨文内容丰富，涉及3000年前殷商时期的政治制度、王室结构、社会生活、经济生产等方方面面，具有极高的文物价值、史料价值和学术史研究价值。从 1899 年发现至今，经海内外学者们近 120 年来前仆后继的探索，甲骨文中反映的殷商文化奥秘逐渐揭开，甲骨学已然成为一门举世瞩目的学科。2017 年 10 月，甲骨文成功入选《世界记忆遗产名录》。

二、青铜器

目前所见周代的汉字载体主要为青铜器，有铭文青铜器最早的见于商代晚期。铸刻在青铜器上的铭文一般称为"金文"或"吉金文字"；因为这类铜器以钟鼎上的字数最多，又名"钟鼎文"。金文应用的年代，主要集中在商代末期至秦灭六国的 800 多年间。金文的字数，据容庚《金文编》记载，共计 3722 个，其中可以识别的字有 2420 个。

金文是研究西周、春秋、战国文字的主要资料，也是研究先秦历史的最珍贵资料。铜器上的铭文，字数多少不等，所记内容大多是颂扬祖先及王侯们的功绩，同时也记录重大历史事件，包括祀典、赐命、诏书、征战、围猎、盟约等活动或事件的记录，都反映了当时的社会生活。

周宣王时铸成的《毛公鼎》的金文很具有代表性，其铭文共 32 行，497 字，是出土的青铜器铭文最长者，记事涉及面很广。此外，《大盂鼎》铭、《散氏盘》铭也十分著名。

三、石鼓与早期石刻

中国的石刻文字始于何时，还有待考证。《墨子·鲁问》说："书

中国古代典籍简史

图 1—2 毛公鼎

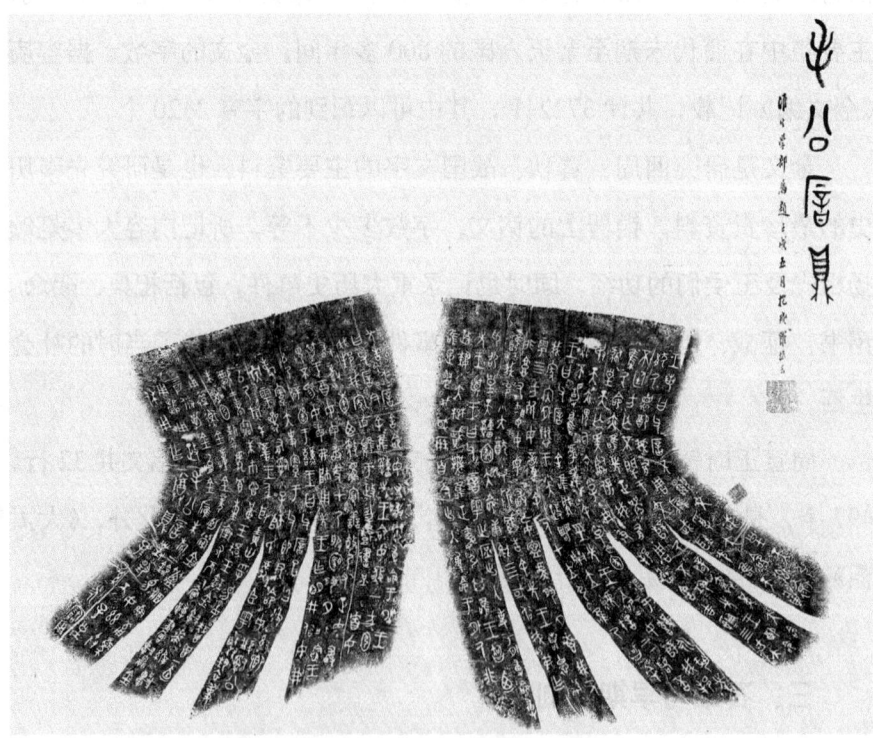

图 1—3 毛公鼎铭文拓片

之于竹帛，镂之于金石"，说明春秋战国时代，石头和青铜器一样，都是刻写文字的重要载体。可惜早期石刻文字流传下来的很少，传世的只有商代《小臣系簋》断耳铭文、《妇好墓石磬刻文》，春秋战国时期的石鼓文、河北平山发现的仅两行19字的河光刻石以及著名的山西侯马晋国遗址出土写刻于石片、玉片上的"侯马盟书"。

石鼓，是中国现存较早的文字石刻代表。石鼓共10只，高二尺，直径一尺多，形似鼓而上细下粗顶微圆（实为碣状），以籀文分刻10首为一组的四言诗。石鼓还有不少其他名称，因文中多记述渔猎之事，故被称为"猎碣"；因其发现地点有雍邑、雍城、岐阳、陈仓、汧水等不同说法，故又有"雍邑刻石""岐阳石鼓""陈仓石（十）碣""汧

图1—4 石鼓

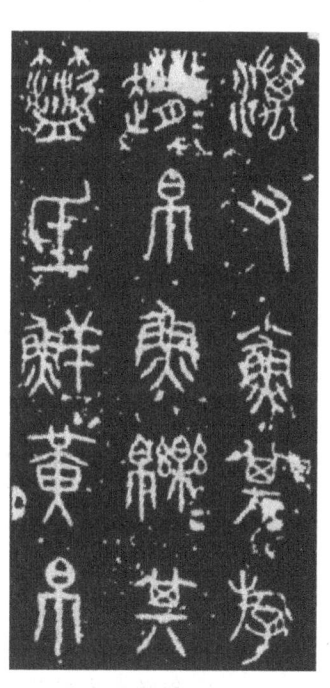

图1—5 石鼓文拓本

水石碣"等名。

　　石鼓于唐代初年出土于天兴三畤原（今陕西宝鸡凤翔三畤原），唐元和十三年（818）凤翔尹、凤翔陇右节度使郑余庆将其迁入凤翔孔庙。石鼓自出土之日起，便引起了世人的普遍关注，不少文人骚客纷纷作诗文歌咏颂扬，其中韩愈所作的《石鼓歌》影响巨大，在清代被收入蘅塘退士编选的《唐诗三百首》。现录原诗如下：

张生手持石鼓文，劝我试作石鼓歌。
少陵无人谪仙死，才薄将奈石鼓何。
周纲陵迟四海沸，宣王愤起挥天戈。
大开明堂受朝贺，诸侯剑佩鸣相磨。
蒐于岐阳骋雄俊，万里禽兽皆遮罗。
镌功勒成告万世，凿石作鼓隳嵯峨。
从臣才艺咸第一，拣选撰刻留山阿。
雨淋日炙野火燎，鬼物守护烦㩻呵。
公从何处得纸本，毫发尽备无差讹。
辞严义密读难晓，字体不类隶与蝌。
年深岂免有缺画，快剑斫断生蛟鼍。
鸾翔凤翥众仙下，珊瑚碧树交枝柯。
金绳铁索锁钮壮，古鼎跃水龙腾梭。
陋儒编诗不收入，二雅褊迫无委蛇。
孔子西行不到秦，掎摭星宿遗羲娥。
嗟余好古生苦晚，对此涕泪双滂沱。

忆昔初蒙博士征，其年始改称元和。
故人从军在右辅，为我度量掘臼科。
濯冠沐浴告祭酒，如此至宝存岂多？
毡包席裹可立致，十鼓只载数骆驼。
荐诸太庙比郜鼎，光价岂止百倍过？
圣恩若许留太学，诸生讲解得切磋。
观经鸿都尚填咽，坐见举国来奔波。
剜苔剔藓露节角，安置妥帖平不颇。
大厦深檐与盖覆，经历久远期无佗。
中朝大官老于事，讵肯感激徒媕娿？
牧童敲火牛砺角，谁复着手为摩挲。
日销月铄就埋没，六年西顾空吟哦。
羲之俗书趁姿媚，数纸尚可博白鹅。
继周八代争战罢，无人收拾理则那！
方今太平日无事，柄任儒术崇丘轲。
安能以此上论列，愿借辩口如悬河。
石鼓之歌止于此，呜呼吾意其蹉跎！

石鼓在唐代便"亡其一"，《作原》石亡，不久补刻。五代战乱，石鼓散于民间，至宋代几经周折，终又收齐，放置于凤翔学府。北宋徽宗大观二年（1108），石鼓迁至汴京（今河南开封）宫禁之内的保和殿稽古阁。靖康末年，金人将石鼓移至燕京（今北京），元、明、清三代直至民国初年一直置于国学（太学、国子监），未曾移动。1933年，为防止国宝被日寇掠走，由故宫博物院院长马衡主持，将石鼓迁移到江南，抗战胜利后又运回北京。现藏故宫博物院。

关于石鼓的刻石年代有不同说法。唐人韦应物和韩愈的《石鼓歌》，视其为周宣王时期的刻石；宋人欧阳修《石鼓跋尾》认为属周宣王时史籀所作；近人罗振玉《石鼓文考释》和马叙伦《石鼓文疏记》的结论是秦文公时物，郭沫若考证石鼓诗文作于秦襄公八年（前770）。根据徐宝贵《石鼓文整理研究》这部较可靠的专门研究著作，石鼓诗创作在春秋早期的秦襄公时代，是襄公八年（前770）秦襄公出师送周平王东迁凯旋后所作。到了春秋中晚期，秦景公（前576—前537）为了宣扬秦的受命之君襄公的业绩，便在雍都南郊（今陕西宝鸡凤翔三畤原）祭天的地方，将这些襄公时期纪功、纪游之诗刻在石鼓上。

石鼓诗叙述的是秦襄公八年（前770），秦襄公出师送周平王东迁凯旋后举行的一次大规模的田猎活动。

《史记·秦本纪》"七年春，周幽王用褒姒废太子，立褒姒子为嫡，数欺诸侯，诸侯叛之。西戎犬戎与申侯伐周，杀幽王骊山下。而秦襄公将兵救周，战甚力，有功。周避犬戎难，东徙雒邑，襄公以兵送周平王。平王封襄公为诸侯，赐之岐以西之地。曰：'戎无道，侵夺我岐、丰之地，秦能攻逐戎，即有其地。'与誓，封爵之。襄公于是始国，与诸侯通使聘享之礼。"秦攻戎救周，又以兵护送周平王东迁有功，受到周平王的封赐。这是关系到秦国前途命运的大事，秦从此有了岐以西的领地，又被列为诸侯，为今后的发展壮大创造了非常有利的条件。

秦襄公归国后，举行了一次大规模的田猎活动。这次田猎是非常具有政治意义的活动，一是通过此次田猎获取祭祀祖先的祭品和宴乐的美味；二是演武练兵；三是炫耀武力，威慑犬戎及其他列邦，谋求自己的霸主地位。

根据记录事件的时间先后可排列出10个石鼓的顺序：

（1）《而师》篇。这是关于史实的一个重要篇章，有秦襄公归国时周天子对襄公的封赏和勉励的天子命辞。

（2）《汧殹》篇。此次渔猎活动是先渔后猎，此篇叙述在汧水中捕鱼的情况。

（3）《霝雨》篇。描写天降大雨，河水猛涨，人马在雨水中行进的情景；行于水之浅处，人马涉水而行，行至水之深处，则乘船而行。

（4）《马荐》篇。描写雨过天晴，天空悬挂着绚丽的彩虹，地上的草木经过雨水冲刷，更加清新、更加蓬勃茂盛。

（5）《作原》篇。叙述大雨过后，展开整治原野，疏通河流，治理道路，栽植树木等工作，终于使水清道平，又栽种了许多花草树木，风景秀丽宜人，足供田猎游玩。

（6）《吾水》篇。叙述选择田猎吉日，人与车马陈列于道次，即将出行田猎的情形。

（7）《田车》篇。描写人与车马登上高平的大猎场，开始田猎的场面。

（8）《车工》篇。此篇承《田车》篇之后，描写田猎方盛的情况。

（9）《銮车》篇。继续描写田猎之盛，以及田猎结束之后，将猎获物陈列到一起，认真清点。此次田猎捕获非常多的禽兽，收获异常之大。

(10)《吾人》篇。叙述田猎结束之后，用擒获的猎物举行祭祀活动的情况。

石鼓文是先秦石刻文字中的杰作，具有极高的学术价值和艺术价值。石鼓文使用的字体是古籀文（大篆）向小篆演变过程中的书体，它是秦国统一文字之前篆书走向规范化的里程碑。其书字传为史籀手笔，体态堂皇大度、圆活奔放，气质雄浑，刚柔相济，古茂遒朴而有逸气，横平竖直，严谨而工整，成为后世书家习篆者必学的经典。

石鼓文记录了秦襄公时期的重大政治活动，是春秋早期秦国历史的珍贵材料，为先秦历史研究提供了重要资料。这类在当时留下的文字记录，比传世文献中的诸多史料具有更强的说服力。

石鼓文的语言、句式等诸多方面与《诗经》高度吻合，在很大程度上证明今本《诗经》的真实性与可靠性。说明《诗经》虽经历代传抄，可能经过删改润色，但基本还是保留了原始的面貌。正如殷墟甲骨文证明《史记·殷本纪》的真实性一样，石鼓文证实了中华民族古代文学的源头《诗经》的真实性，与甲骨文具有同样重要的价值。

第三节　书籍的产生

汉字产生以后，历经数千年的漫长发展，至迟到商代，书籍的萌芽出现了。

人类早期的文字记录，如刻写在陶器上的工匠们的标示符号，铸于青铜器上的工匠名字等等，多是需要加深记忆的信息，属于"物勒工名，以考其诚"(《礼记·月令》)。随着时间的推移，到了商代末期，各种铜器铭文有着明显的朝记事性文字发展的趋势。商周时期具有档案文书性质的甲骨刻辞和有铭功纪德作用的铜器铭文，反映了当时文字记载的客观情况。而甲骨刻辞中记事性内容、整齐的句式，铜器铭文中讲究遣词谋篇，富于文学色彩等表现，可以视为书籍萌芽的旁证。

甲骨卜辞包括人类最早的思想起源，即对生与死，时间与空间，自然与人自身的追问，如图腾崇拜、亡灵崇拜、祖先崇拜、神话传说等。这些内容显示了人类思想逐渐走向成熟，书籍诞生的条件齐备了。

记事的甲骨卜辞文字字数有50多字，90多字，甚至最多达到148字的，这个字数已经超过了《尚书·商书·汤誓》(101字)。从甲骨卜辞与《商书》字数的对比，我们有理由相信，商代的史官已经具备创作书籍的能力。司马迁《史记·殷本纪》记载商代前期的史官篇章，商王的《盘庚》等篇章，说明在商代已经产生了书籍。

商代的文字载体，除了众所周知的甲骨和青铜器，还应该包括取材容易、价廉易得的竹木简牍。《尚书·多士》云："惟殷先人，有册有典。"甲骨文、金文中出现的象编简之形的"册"字、"典"字，西周金文中大量的史官"册命"记录，似乎都在表明商代已使用竹简作为记录材料。正如王国维《简牍检署考》所言"书契之用，自刻画始。金石也，甲骨也，竹木也，三者不知孰为后先，而以竹木之用为最广。竹木之用，亦未识始于何时。"(王国维著《王国维全集》第二卷，杭州：浙江教育出版社、广州：广东教育出版社，2010年，第479页。)竹木不易保存，也许因为早期的保存技术尚未成熟，当时的竹木简牍未见流传至后世者。

写刻在甲骨、金石、陶器、简牍等不同载体上的文字，他们的用途是否存在区别？战国时期墨子曾经做过简单而又深刻的界定，"书于竹帛，镂于金石，琢之盘盂，传遗后世子孙"（《墨子·天志中》），"以为铭于钟鼎""以为铭于席豆"（《墨子·鲁问》），说明这些文字的作用主要包括两方面：一是记录性，二是纪念性。记录性的文字是书写在简帛类载体上的书籍，纪念性的文字则为镌刻在甲骨、金石等载体上的铭刻。现代学者钱存训以《墨子》为基础研究总结说：

> 中国古代用以书写和记录的材料种类很多，包括动物、矿物和植物。有的是自然产品，有的是人工制品；有些是坚硬耐久的，有些是柔软易损的。刻在甲骨、金属、玉石等坚硬物质上面的文字，通常称为铭文；而文字记载于竹、木、帛、纸等易损的材料，便通常称为书籍。竹木虽然质地坚硬，但不及金石能永久保存。
>
> （《书于竹帛》，《钱存训文集》第一卷，第186页）

这个结论与东汉许慎的认识基本吻合，《说文解字》序说"著于竹帛谓之书"，卷三下说"书，箸也"（按，"箸"同"書"）。古代文字之刻于甲骨、金石，印于陶泥者，皆不能称之为"书"，只有书写在简牍帛书上的文字，才是真正意义上的书籍。

古人常用"册""典"来指代书籍。"册"字从字形上一目了然，像数枚竹简用两道绳子编成；"典"字象形人用双手举持或放在某处，似乎具有祭祀的意义。可见，典与册的用途不同，"典"具有供奉祭祀的意味，其文字或许具有更为重要的法典意义，而"册"只是今天普通意义上的书籍。

史官是最早的书籍创作者。史官是经过专业训练,专门从事著述、抄录、阅读及保管官书和档案的政府官员。"左史记言,右史记事",他们既要记录帝王言行和军国大事,又要从事祭祀占卜活动,甚至还要去民间采风,收集诗歌和音乐整理加工。史官记录下来的文件,经过汇编、整理之后的文献,形成早期的书籍。

商代的"贞人"是代表殷王占卜并记事的史官,见于卜辞的史官名称,还包括尹、多尹、又尹、作册、多卜、史、大史、小史、御史等。商代的史官,"其职责不但记录政事,还管占卜、祭祀、天文、历算等"(中国社会科学院考古研究所编著《殷墟的发现与研究》,北京:科学出版社,1994年,第174页),"史字从又持中,义为持中之人。"(王国维著《观堂集林》(上、下),石家庄:河北教育出版社,2001年,第166页)史官不仅是商代文字的书写者,还是商代书籍的作者。

商周时期书写在竹简、帛书上的书籍没有存留下来,现在能见到最早的简帛书籍都是战国以后的。

第二章
早期的书籍

先秦两汉时期的简帛书籍，是中国最早的书籍。简帛书籍是纸质书籍的滥觞，是纸质书籍各种要素的源头；它们用毛笔书写而成，其文字见证了汉字从篆书到隶书的巨大变化。

简帛书籍时代是中国古代学术和文化的形成和奠基时期。出土简帛书籍保存了先秦两汉文献的原貌，对研究古代书籍的形成与发展具有极高的参考价值；它们多是佚书，或与传世文本存在较大差异，对人们重新认识先秦两汉乃至整个古代学术史，具有重要意义。

第一节　出土简牍帛书概述

纸张发明之前，竹木简牍因其生长地域广、产量大、质地轻、价廉易得等优点，被大量运用作文字书写的载体，成为使用最广泛、最普遍的书写材料。商周以降，竹木简牍顺理成章地成为书籍的最主要载体。商周时期的竹木书籍无法得见，人们只能依靠战国秦汉以后的简帛书籍来了解早期书籍的情况。

《说文解字》曰："简，牒也，从竹，间声。"又"牍，书版也，从片，卖声"。段玉裁注云："按：简，竹为之，牍，木为之；牒、札，其通语也。""牍，专谓用于书者，然则《周礼》之'版'、《礼记》之'方'，皆牍也。"

简多是竹简，也有木简；牍多是木牍，也有竹牍。竹简的材料是竹子，自上古乃至中古时期，竹子生长遍及大江南北，黄河流域也非常常见，著名的竹林七贤就活动于今天的河南焦作地区。竹简多为合编，木牍则常单用，竹简的篇长可任意扩展。根据出土战国秦汉的简牍情况看，竹简多用于记载篇幅较长的文书或书籍，木牍常用于官方通信或文件移送，以及律令、图画、私人函柬等。竹简多出土于南方，木简多出土于西北地区的居延、敦煌等地。

20世纪以前，中国已经有多批简牍出土。文献记载中著名的有汉景帝或武帝时期从孔子宅壁获书、晋武帝太康年间在汲郡（今河南汲县）战国古墓出土的数十车竹简，经著名学者束皙等整理出《汲冢书》75篇等，除此之外，魏晋唐宋时期都不乏简牍出土的记载，不过，这些简牍之实物均不存世。

19世纪末20世纪初，瑞典斯文赫定、贝格曼，英国斯坦因，日本大谷探险队桔瑞超等在中国掘获珍贵文物，掠走不少简牍。之后，中瑞合组西北科学考察团在居延发现大批汉简。20世纪40年代，国立中央研究院组织的西北史地考察团在敦煌的汉代遗址中出土汉简48枚；50年代以后，竹木简牍出土渐多，甘肃武威、湖南长沙马王堆、

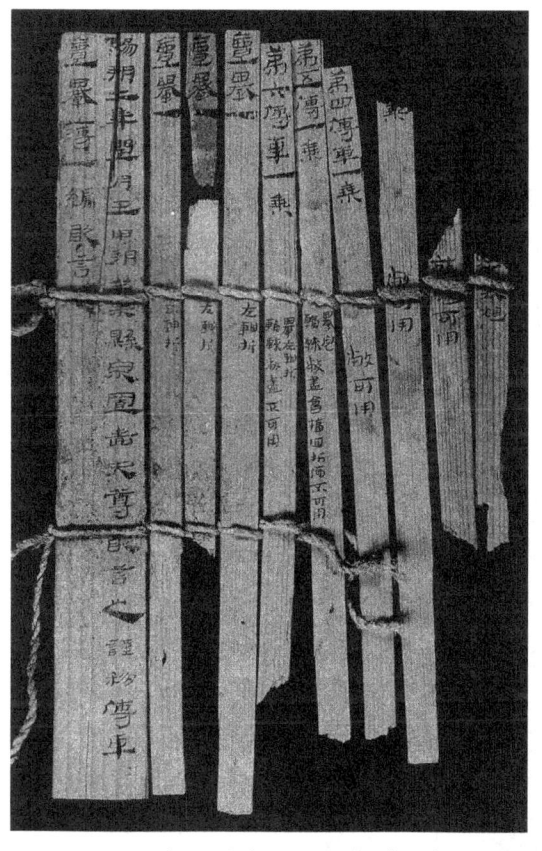
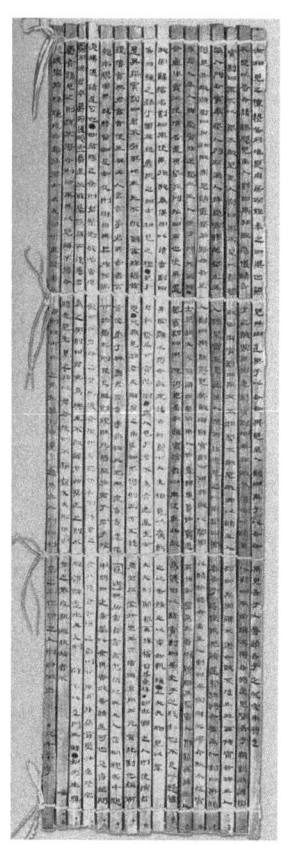

图2—1 敦煌悬泉置西汉简《阳朔二年传车䡓舆簿》

图2—2 武威汉简《仪礼·士相见之礼》

山东临沂银雀山、河北定县、湖北云梦睡虎地、安徽阜阳、湖北江陵张家山、湖北荆门郭店包山、河南信阳等地都有发现；20世纪末以来，上海博物馆、湖南大学岳麓书院、清华大学、北京大学、安徽大学分别入藏了几批出土简牍。这些出土简牍数量巨大，时代跨越战国至魏晋，其中战国至秦汉时期的将近20万枚。

帛书,指写于丝帛上的书。写在绢、缯、缣、帛上的文字称为帛书,又称素书。缯是对丝织品的统称,缣指浅黄色绢,缣和帛都是丝织品。缣帛作为书籍的载体,与简牍并行,古代文献中常有"书之竹帛""著之竹帛"的记载。中国丝织品起源于距今5000—6000年的新石器时代,毛笔早在商代也已出现,使用缣帛作为书写材料应该较早。根据考古发现和文献记载,帛书在公元前7世纪的春秋时期已经用作书写

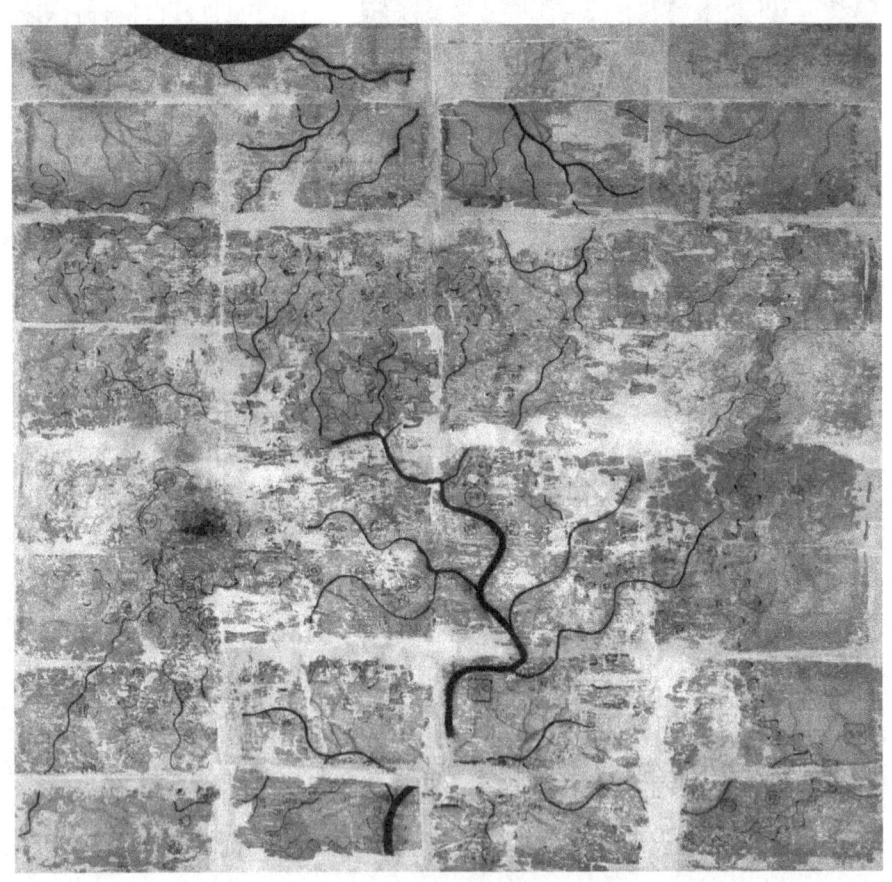

图2—3 马王堆西汉帛书《长沙国南部地形图》

材料了，其后沿用千余年。也就是说，帛书的出现最迟不会晚于春秋时期，先秦典籍中述及帛书，其用途仅限于重要的文献或有关卜筮内容。大概到了秦汉，缣帛才开始较普遍地用于书写。

与简牍相比，出土帛书的实物较少。迄今为止，经考古出土的帛书主要有：1908年斯坦因在敦煌发现的两件帛书（现藏英国伦敦大不列颠博物馆），1942年长沙子弹库战国中晚期楚国墓葬中出土的帛书（现藏美国华盛顿赛克勒美术馆），1973年在长沙马王堆汉墓出土的大批西汉帛书，1979年在敦煌马圈湾汉代烽燧遗址出土的帛书一件，

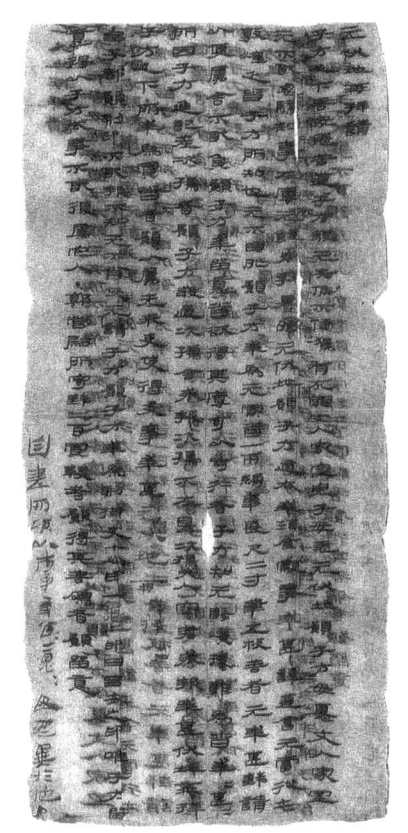

图2—4 敦煌悬泉置汉代帛书《元致子方书》

1990—1992年敦煌汉代悬泉置遗址出土的帛书10件等。其中时代最早的是长沙子弹库的战国中晚期的楚帛书，称为"楚缯书"，内容为《四时》《天象》《月忌》，总共900多字。而数量最大、内容最丰富最完整的当数马王堆的西汉帛书，一共10余种，约12万字。

出土简牍帛书根据内容可分为简牍文书和简帛书籍两大类，其中简牍文书约占四分之三，简帛书籍约占四分之一，简牍文书多出土自建筑遗址，而简帛书籍则多出自墓葬。简牍文书包括中央、地方各级

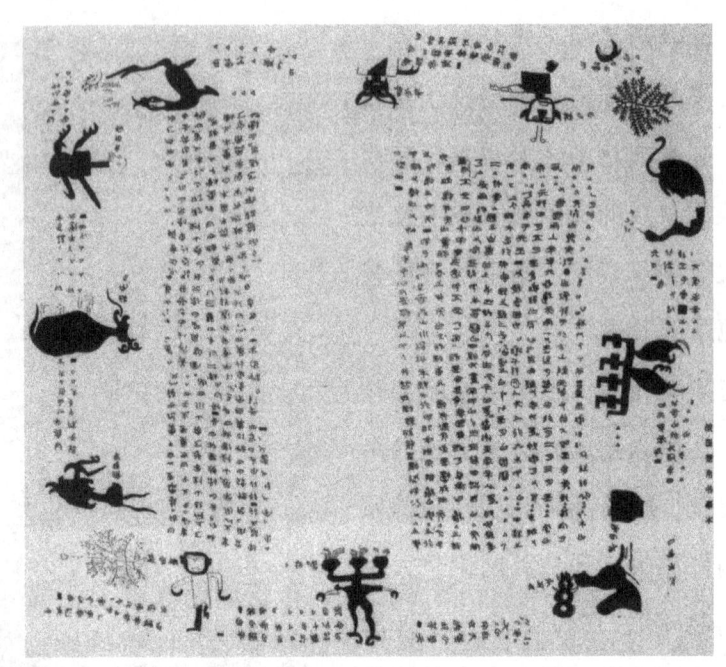

图 2—5 长沙子弹库战国楚帛书（摹本）

政府的文件、簿籍、档案，囷戍、津关、驿传等资料，官私的信函，祭祷记录等，学术界将其归纳为书檄、簿籍、律令、案录、符券、检楬、遣策与告地策等几种类型。这些简牍文书涉及当时整个社会的政治、经济、军事、交通、文化、民族、边塞防务、对外关系等各个层面，是研究先秦两汉历史的重要资料。

目前出土的战国至秦汉简帛书籍，有数百部，大部分用竹简写成，另有少量木牍和帛书。这些简帛书籍涵盖了《汉书·艺文志》所列六艺、诸子、诗赋、兵书、数术、方技六大类的全部类型，为我们了解和研究早期书籍提供了极大帮助。

简帛书籍大多为佚书，即使有相类似的传世文献，其文本差异也比较大，故简帛书籍对研究中国古代书籍的形成与发展具有很高的参考价值。李学勤先生指出"从地下发掘出大量战国秦汉的简帛书籍，使人们亲眼看到未经后世改动的古书原貌，是前人所未曾见过的。在这种条件下，我们将能进一步了解古籍信息本身，知道如何去看待和解释它们，这可以说是对古书的新的、第二次的反思（按：晚清的疑古思潮是对古书的第一次反思），必将对古代文化的再认识产生重要的影响，同时也能对上一次反思的成果重加考察"。（李学勤《简帛佚籍与学术史》，第 29 页）

第二节　简牍帛书籍的形制

一、简牍书籍的形制

1. 简牍的制作

竹简的制作过程包括选材（书写简面尽量避免留有竹节）、加工（削成条状）、杀青（用火烤青简，去其水分，使得表皮由青变黄，以便于书写，同时防蠹，防止变形，利于长期保存。同时杀青还包括去掉青皮表面，以方便着墨书写）与整治（将表面尤其是书写的一面打磨光滑，刮削得平整有致），有些还涂有一层保护层。

简牍书籍的制作流程：1. 刮削整治。选材加工剖解成条状或片状，杀青，打磨光滑，涂胶质做保护层。2. 编简成册、书写文字。3. 齐简。写定削改之后，为了美观，还要等齐。将天头一端蹾齐之后，再把下端用刀锯截齐。完整的书简，各简的长度是需要相等一致的。《说文解字》解释"等"字："齐简也。"由此可见，编为书籍的简，其长度是等齐划一的。这从出土的实物来看，也得到了证明。4.收卷。以一根简为轴，从左至右收卷，成为一束。首简上写篇名（亦有篇名书于简背者），篇名（小题）在上，书名（大题）在下（亦有无大题者）。

木牍一般用于公私文书、信件，很少用于抄写书籍。《仪礼·聘礼》说："百名以上书于策，不及百名书于方。""名"就是字，不足百字的写在木牍上，超过百字的写在可以编连的竹简上。古代的地图也常常画在版牍上，后来人们称标明国家领土区域的地图为"版图"。大臣向天子奏事，为防止遗忘，常写在一块比牍狭小的长方形小木板上，汉人称"奏"或"奏牍"，后来演化成一种玉石或象牙的装饰物——"笏板"，并不在上面记事。策试、策论、政策等词的原

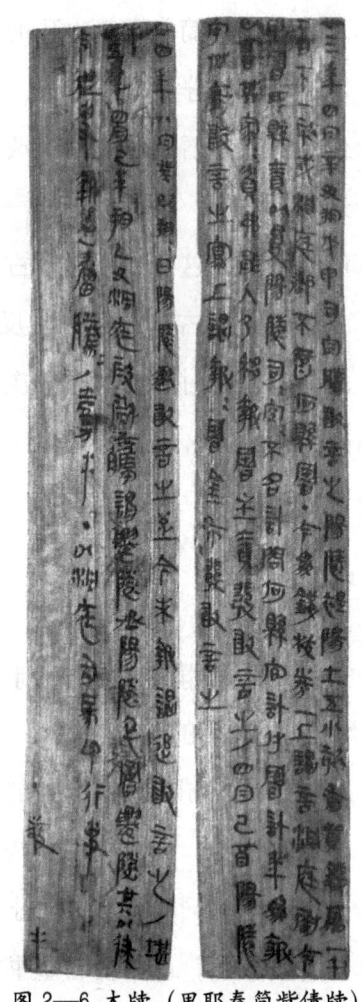

图 2—6 木牍（里耶秦简赏债牍）

义，也都是由古代考试时皇帝把题目出在一个竹片上引申而来的。

2. 简牍书籍的长度和字数

不同时期的简策，长短不尽相同。从春秋战国到东汉，简的长度逐渐缩短，逐渐制度化。春秋战国时期，以二尺四寸的二尺简为主，相当于 45—46 厘米；秦汉以后，多"尺书"，即一尺左右长，相当于

20多厘米。缩短的主要原因是更便于书写和阅读。有时，也会因抄写内容的不同而使用不同长度的竹简。如汉武帝始独尊儒术，尤其东汉以后，出现了二尺四寸长简抄写儒家经典以突出其地位的情况。七八寸的短简，不少是用于抄写便于记忆或教授学童的小书，如《孝经》《论语》等为学童讽诵之用，简短易持、易携带之故也。

除了书籍简，律令简等也有一定的长度规格。古人常常将法律称为"三尺法"，这个称呼也来源于简牍制度。汉代律令简牍的长度，三尺左右，故将法律称为"三尺法"。虽然，所谓"三尺"仅是概略而言，并非精确的尺度，不过也说明汉以前律令用简的规格是有一定制度规定的。

牍的长度因用途不同而略有变化。一尺之牍多用于写书信，故古代以"尺牍"作为书信的代称。一尺五寸的牍多为传信公文，二尺之牍用来写檄书诏令。牍的宽度通常为长度的三分之一。

简牍的编装方式。简以枚计算，一枚简相当于今天印本书籍的一页。数枚、数十枚简编连在一起，就是一册，或称为策。"册"与"策"，古时为通假字。一册简书，是一枚一枚的简编连而成的，所以又称为一编书。"编"还有另外一层含义，即指编连简牍的丝线绳子。木简用细麻绳，而竹简用丝纶。书绳翻检过多则会断烂，故有孔子读《易》时"韦编三绝"之说，意思是翻阅的次数太多，以致编书简的绳子断了好几次。书籍的编绳在汉代又被径直称为"书绳"。

简牍的版面处理与简的高度也有一定的联系。简册的编连一般有二道至五道编绳不等，编绳道数的多少，实际上决定了单简上的书写栏数。一般是三道编绳，简首是第一道编绳，简末是第三道编绳，中间一道编绳实际就是将简面隔成上下两栏，最上和最下分别就是天头和地脚。而有四、五、六道编绳的，就是将简面分成更多的栏，以方便一些内容较为特殊的书写。

从文献记载与出土实物看，每枚简的字数，自8至80字不等，比较常见的是22至40字。一编册的简数，依文字内容的长短而定，多少不等。多支简按照内容顺序以书绳从右向左编连在一起。

一篇书籍简书写、编连完毕，便卷成一卷存放。卷的方式是：自左向右收卷（从末端简开始，向开端简方向卷），使书的最后一枚简成为中轴，收卷完成后，这篇的首简便露在最外面。展开阅读时，正好可以由首至尾观看。至于篇名或书名，一般多题写在首简或第二简的背面。这种收卷的方式，篇名露在外面，方便识别。而文书类简牍的收卷方式与书籍简正好相反，是由右向左收卷（从开端简开始，向末端简方向卷），使得简牍的最末端露在外面，以便于以后随时追加内容。

二、帛书的形制

有关帛书形制的记载，最早见于《后汉书·襄楷传》，"顺帝时，琅琊宫崇诣阙，上其师干吉于曲阳泉水上所得神书百七十卷，皆缥白素，朱介、青首、朱目，号《太平清领书》。其言以阴阳五行为家，而多巫觋杂语。"陈松长认为，这段"有关帛书形制的描述，完全可以和已出土的帛书实物相证。""也是我们所知对帛书形制进行概括描述的最早、最准确的文献记载之一"（《帛书史话》，第13页）。其中，"缥白素"指"神书"的颜色和质地，"素"是由生丝造成不经漂染的白帛,"缥白"是颜色;唐李贤注认为,"朱介"是"以朱为介道",即红色直行栏格(朱丝栏);"青首"是"青色的幖帜","朱目"是指用红色书写的题目;《汉语大词典》解释"青首"为"青色的题签"。

帛书的形制模仿竹木简,画或织有行格,称界行或栏线,黑者称"乌丝栏",红者称"朱丝栏",两道栏线之间的条状行格,则是条条竹木简形式的模仿和再现。帛书的收藏方式有折叠式与卷轴式两种。

帛书形制与简册形制基本一致。帛书能够卷起来,其题记方式,与简册大致相同。1973年,长沙马王堆3号汉墓中出土了大量内容丰富、完整的帛书,其中凡有篇题的,都写在末行的空白处。而该墓出土的简册的篇题和篇次并列于第一、第二简的背面,卷起来后很便于识别,篇首又有与正文连书的内题,篇末的尾题记明"凡若干字",每简的下端还记有叶数。另外一个例证是,临沂银雀山西汉简《孙膑兵法》的篇题有两种:自成一篇的长篇的写在简的背面,短篇的写在末行的空白处,有些还记有字数。

帛书和简册形制颇相一致,也说明很多帛书的内容来源于简册,其书写格式也完全按照书简册的原状誊录的。马王堆汉墓的帛书内容可分为6大类45种,经研究,其中部分内容来自同时出土的简册,正属于简册的誊清本。西汉末年刘向刘歆校书也是先书写在竹简上,删改确定以后再用帛书誊录定稿。《太平御览》卷六零六《文部二十二·简》:"《风俗通》曰:……刘向为孝成皇帝(按,汉成帝)典校书籍二十余年,皆先书竹,改易刊定,可缮写者,以上素也。"《六臣注文选》卷二十九张协(张景阳)《杂诗十首》李善注中也有类似的叙述。

关于帛书的尺寸,《汉书·食货志》载:"布帛广二尺二寸为幅,长四丈为匹。"帛用来写书时,依看字数多少,随意裁截。

马王堆汉墓中出土了大量内容丰富、完整的帛书,帛书高度分两种:48厘米和24厘米。

不过,与简册不同,帛书并不以所写文字的尊贵与否而确定其形制大小。帛书的形制,其长度、高度与所载的文字容量及内容类别有直接关系。马王堆帛书的内容有纯文字的,图文合抄的,也有古帛地图,有大有小,根据内容容量而定。《后汉书·儒林列传》记载东汉末年董卓之乱时说:

> 及董卓移都之际,吏民扰乱,自辟雍、东观、兰台、石室、宣明、鸿都诸藏典策文章,竞共剖散,其缣帛图书,大则连为帷盖,小乃制为縢囊。

由此可见,帛书大的被连成帐幕,小的做成随身的口袋。帛书形制的大小,由此可见一斑。唐代徐坚《初学记》云:"古者以缣帛,依书长短,随事截之。"

作为早期的书籍,简帛书籍与后世的纸质书籍存在巨大差别,它们不仅载体不同,而且形制也相去甚远。但二者并非截然不同、毫无关联,它们之间有着千丝万缕的联系。简帛书籍是纸质书籍的滥觞,纸质书籍形制的很多要素都是由简帛书籍形制逐渐演变而成的。

简帛书籍的形制,是中国古代纸质写本、刻印本书籍形制的源头,后世的书籍形制以及构成书籍的各种元素大多能追溯到简帛书籍。纸质书籍的开本大小、版面设计、页码序号、目录标题、行文模式甚至封面、扉页等,几乎都能从简帛书籍中找到踪影。

简书是由丝、麻绳编连而成的,时间久了,绳子折断,会导致书简的散乱和丢失。为了避免脱简现象的发生,古人往往将一篇简书中所有的简都一一标写数字顺序,数码或题于简正面,或题于背面。简册编写序号,以武威简为典型。这就是书籍页码的起源。

除了篇内逐简编码之外,还有编题篇目序次的。篇目序次是简帛书籍按照人、事或类成书的标志之一。刘向、刘歆校书时,普遍采取序次篇目的方法,成为书籍目录的滥觞。

简帛书籍在一篇或全书结束时,篇尾或书尾大多写有计字尾题,比如《史记·太史公自序》,《说文解字》后序等都有记录。

简牍书籍的篇名或书名,一般多题写在首简或第二简的背面。当自左向右收卷存放简牍时,题有篇名或书名的首简露在最外面。这枚背面题写篇名或书名的简,正是书籍封面的雏形。

图2—7 有书签题名的古籍封面

简帛书籍制度对后世书籍形制发展有着极为重要和深远的影响。盛行几千年的汉字直行书写和自右至左的排列顺序自此确定。纸张和印刷术发明以后,"篇""册""卷""编"等中国古籍的单位、术语,以及卷轴装、鱼尾、乌丝栏、朱丝栏等装帧和版面行格形式,也都根源于简帛制度。

第三节 简帛书籍的书写

简帛书籍成书,最重要的环节之一是文字书写。文字书写主要涉及以下几个方面:书写工具、文字、行文格式。

一、书写工具

简帛书籍的书写工具已经用到了文房四宝中的笔、墨、砚,简牍书籍书写时,往往还会使用辅助工具——书刀,书刀的主要用途是修改错误的文字。

书写简帛书籍的笔是毛笔。早在殷商时期的甲骨上,已经出现用毛笔和墨汁书写而未契刻的文字。目前所见秦汉及其之前的简牍、帛书,都用毛笔书写。战国墓葬中已经发现了毛笔实物,从出土的毛笔实物来看,战国秦汉时期的毛笔与现代毛笔区别不大,由笔管、笔头(笔尖)和笔套组成。笔管通常是竹管,也有用木枝的。笔头使用兔毛、鹿毛、狼毫或羊毫,某些地区可能存在竹木、兽角或金属制作的笔头,但并不常见。笔头一端束以丝线或麻绳,涂上油漆使之牢固,最后塞入笔管。蔡邕《笔赋》曰:"削文竹以为管,加漆丝之缠束。"外部再

图 2—8 长沙出土战国毛笔和笔管

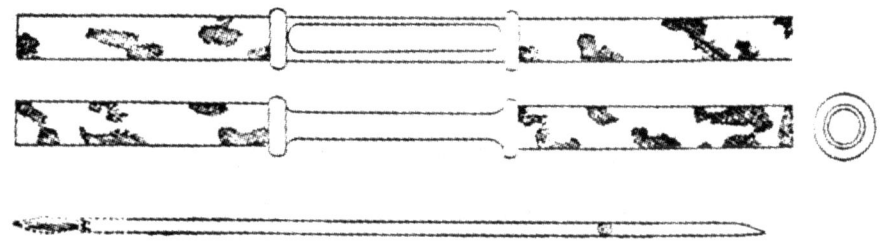

图 2—9 云梦睡虎地出土秦代毛笔管和笔杆

图 2—10 居延出土汉代木杆毛笔

套笔套以保护笔头。

笔的全长约合汉制一尺,汉制一尺约合23厘米。《论衡·效力》谓:"智能满胸之人,宜在王阙,须三寸之舌,一尺之笔。"出土毛笔实物的尺寸与文献所载大致吻合。

古代有"蒙恬制笔"的传说。其实,蒙恬只可能对毛笔进行改良,而不是毛笔的发明者。蒙恬是战国末年秦国的著名将领,曾伐齐国、北逐戎狄、修筑长城,前221年秦统一天下之后,因功拜为内史,其职责涉及撰述、抄写公文等,有可能对书写工具进行改良。一般认为蒙恬改进了毛笔的材质,最先用木枝代替竹为笔管,并用鹿毛和羊毛代替兔毛制笔。当然，蒙恬对笔管材质的改革，并不算成功，后世的毛笔一般还是以竹子作为笔管。

战国秦汉简牍帛书，主要以黑墨书写，有时也用红墨。墨的使用，最早可以上溯到新石器时代。从陕西半坡出土的红色和黑色花纹和符号，到商代陶片上的文字，以及甲骨上黑色和朱色的甲骨文，都有用墨书写的实物证据。

墨根据颜色分为黑墨和红墨。根据学者研究，唐代以前的黑墨均由烟煤来制作，烟煤是木材燃烧后产生的。青松木是制造烟墨最常见的材料，松烟至今还是制造黑墨的最佳材料。早在公元2世纪以前，青松木已经被用作制墨的材料，三国曹魏时曹植《乐府》诗中说"墨出青松烟"。

墨的成分除了烟煤外，还包括胶、矿物质、各类植物、香料等。胶是墨的重要组成部分，它能使碳分子结合，确保墨能长久地黏附于纸上。胶通常以鹿角、牛皮、鱼皮或废皮革制成。胶和油烟的分量比例各有不同，很多制墨者都有自己的配比量。制墨时往往还加入辰砂类物质，以增加墨的浓度；加入梣、木皮、石榴皮、胆矾等，以防腐及增加墨的光泽和持久性；为了去除动物胶的臭味，有时还添加麝香、樟脑或薄荷等香料。

红墨通常用辰砂和银朱制成，有时也用硫化汞来制作。辰砂即"丹砂"或"朱砂"，是自然产物，古代方士用来炼丹，以求长生不老。银朱是由辰砂捣碎加水提炼而成。红墨书写的文字称为"丹书"，常用于重要的公文。

从文献记载和出土实物看，战国秦汉时期的墨为固体，多圆锥形

图 2—11 新疆和阗出土古墨

图 2—12 云梦睡虎地出土秦代石砚和研石

或圆柱形，其成分与现代墨近似。汉、晋二代均以"丸""枚"作为墨的单位。

固体的墨需要加水在砚石上研磨，才能成为可以直接书写的墨汁。现存最早的砚是1975年湖北云梦睡虎地秦墓出土的长方形鹅卵石砚，长约7厘米，宽6厘米，厚2厘米。同时发现的还有研石，上有墨渍。汉代的石砚和配套的研石也有出土。

简牍的文字书写发生错误时，一般使用书刀来修改。书刀是刮削简牍的工具，用于刮去简牍上的错字，相当于"橡皮擦"。唐代以来，不少学者认为书刀是用来在简牍上刻字的，"刀笔"是一件工具，功用是在简牍上刻字，这不过是个误解。简牍上的文字是毛笔书写的，而不是刀刻的。"刀"和"笔"是两件不同的工具，笔是书写的毛笔，"刀"是修改错误文字的书刀。书刀并不是直接用于书写的工具，它的主要作用是修改错误，除此之外，书刀也可用于旧简重新利用，刮去原有文字再书写新的文字。

关于书刀，《史记》《汉书》《后汉书》等多有记载，萧何"于秦时为刀笔吏"，古代读书人和政客常常随身带着刀和笔，以便随时修改错误，因刀、笔并用，历代文职官员常常被称为刀笔吏，宋代以后更多地特指讼师幕僚等，因其文笔犀利，用笔如刀。

秦汉时期的书刀在后世时有得见。宋以后的《宣和博古图》等金石学著作中不乏对书刀的著录，近代罗振玉曾收藏书刀，并在他的《贞松堂吉金图》中有过著录。20世纪以来，不断有书刀与简牍书籍同时出土，有的还与笔、墨、砚台等书写工具同放，可见书刀是秦汉时期读书人必不可少的工具。

图2—13 汉画像砖
（腰带上挂书刀的人物）

图2—14 罗振玉《贞松堂吉金图》著录汉永和十六年（104）书刀

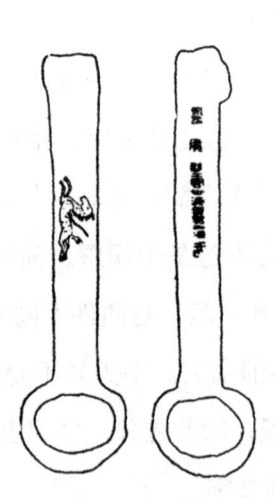

图2—15 罗振玉《贞松堂吉金图》著录汉永元广汉金马书刀

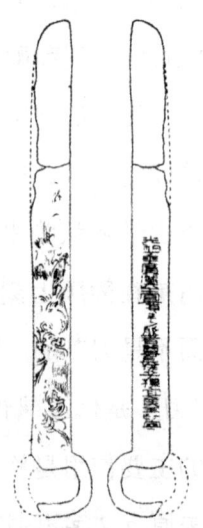

图2—16 成都天回山出土汉光和七年（184）书刀

二、文字形体

简帛书籍文字是用毛笔蘸墨或朱砂在竹、木或缣帛上书写，因书写方式和载体的不同，与其他载体文字相比，呈现出不同的形态。

简帛文字由软笔书写而成，线条圆润，起笔与收笔比较明显，笔画多弯钩，一般是起笔粗重，收笔尖细。其中的隶书则更是笔画有粗有细，提顿明显，末笔往往捺得很重，笔道极粗肥而长。与简帛书籍同时代，还有不少其他的文字载体，如青铜器、石器、陶器、玉器，他们的用途包括礼器、兵器、玺印、货币等，其"书写方式"，是用刀凿或硬笔（竹或木）在其上直接刻写，或按照毛笔书写的字迹刻写，或在泥范上刻写反文或正文之后再翻铸，故文字线条方直。

简帛书籍文字是直接用毛笔书写完成，不再经过刻划烧制等工序，受其他因素影响的成分最少；并且简帛尤其是简牍，作为当时最常用的书写材料，使用范围广，出土实物的数量巨大，其文字最能反映当时汉字的形态，是了解和研究汉字历史的重要资料。

简帛书籍时代正是汉字发生剧烈变化的时代，目前所见的简帛书籍，时代从战国延续至汉代，见证了汉字从篆书到隶书的变化，同时也有隶草并行以及楷书的萌芽。

春秋战国时期，社会剧烈变化，汉字形体也发生了巨大变化。春秋时期，文字由贵族阶级垄断，进入战国以后，随着经济、政治、文化等方面的巨大变化和飞速发展，使用文字的人越来越多，文字的使用也越来越频繁，文字的书写越来越简化，俗体字迅速发展，文字形体发生了前所未有的改变。这一时期的汉字，主要分化为东方（函谷关以东）六国文字和秦国文字两个体系。

现存的战国东方六国的简帛文字,展示了先秦古文丰富多彩的用笔和形体。在文字结构方面的特点是笔画多变、结构奇异。笔法使用丰富多样,如文字的形体多呈扁平状态,字中的笔画多为中间粗两头尖,使用所谓"倒薤"或"薤叶"的笔法;还有一种比"倒薤"用笔短而飘逸的用笔,称为"柳叶篆";一种是起笔比较圆润、头粗尾细的"蝌蚪书";一种是文字的线条中段粗细一致,末端出峰,如同倒悬的针,称为"悬针"或"悬针篆";与"悬针"并称的还有"垂露",在"悬针"的竖笔上加点饰,即为"悬针垂露"。

图2—17 上海博物馆藏战国简《容成氏》

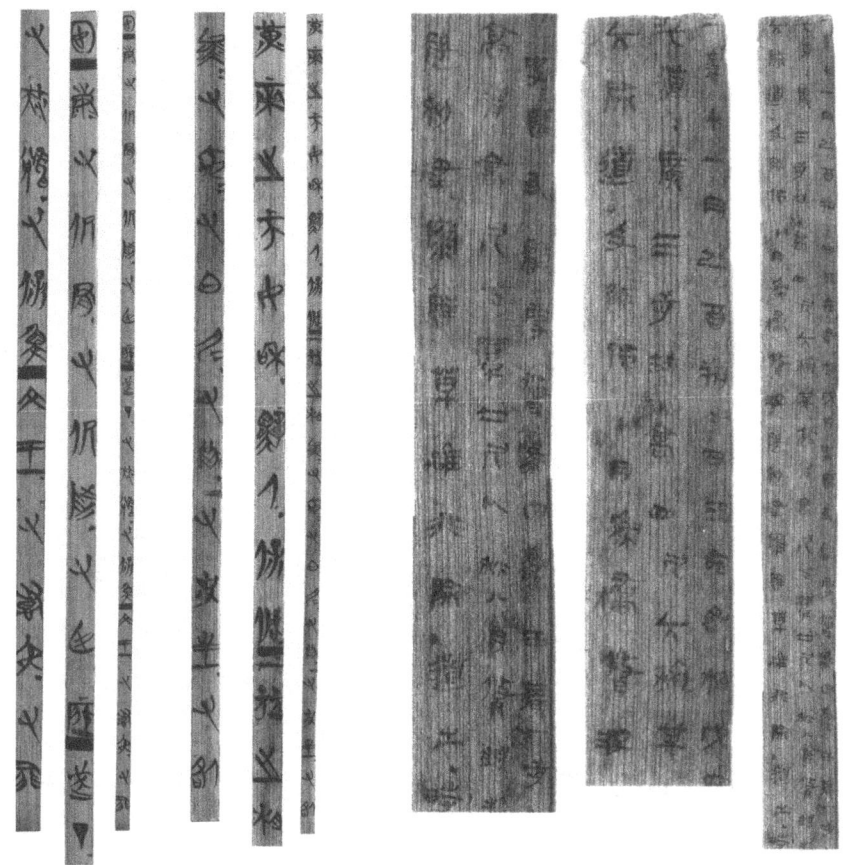

图2—18 清华大学藏战国简《良臣》　　图2—19 青川战国秦木牍

　　秦系简牍文字是指包括战国时期的秦国乃至统一之后的秦代（约前476—前206）简牍文字，它上承商周古文，下启汉魏隶书乃至楷书，是汉字发展史中的一个重要环节。秦系简牍文字反映了汉字由小篆（秦系正体字）向古隶书的演变过程，古隶书既保持了小篆的基本结构，又开创了隶书的笔势风格，形体结构介于篆隶之间，处于隶书的形成期。如四川青川郝家坪战国秦木牍文字，其笔画排比匀称，但

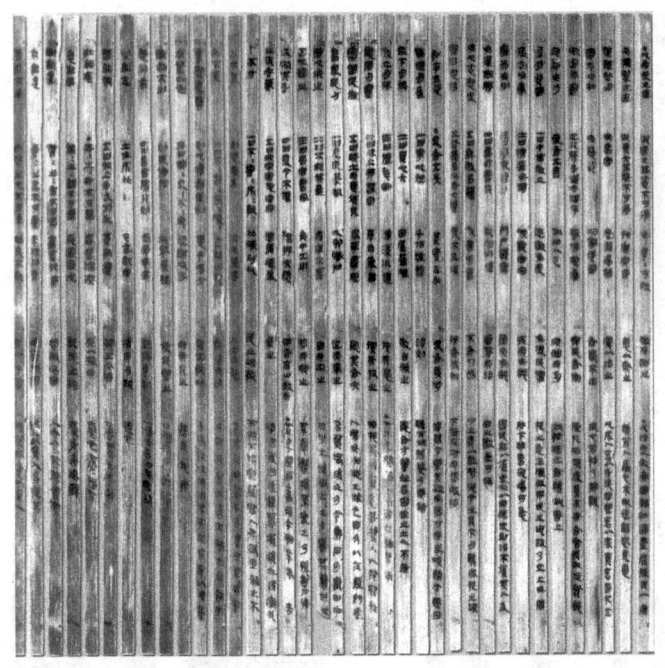

图 2—20 云梦睡虎地秦简《为吏之道》

用方折的笔法改变了篆文圆转的笔道。有些字形仍保存了篆隶的结构和笔法,但也有不少字形具有浓厚的隶书意味。

湖北云梦睡虎地秦墓出土的竹简文字,篆文的结构已经彻底动摇,字形简化,偏旁也比较固定。其中《为吏之道》的文字形体颇具代表性,构形为较扁的方正,略见右耸,浑厚端庄,笔法沉稳、古朴,线条圆润。而在天水放马滩秦简文字中,大多数字的大篆形体已经消失。

隶书打破了篆文的结构,把弯曲圆匀的线条,变为平直方正的笔画,同时用省略、偏旁变形、偏旁混同等形式改造篆文字形,较大程度地实现了文字的符号化,更便于书写。秦隶书写比小篆方便,一经出现就极大地动摇了小篆的统治地位,并逐渐取代小篆,成为主要字体。

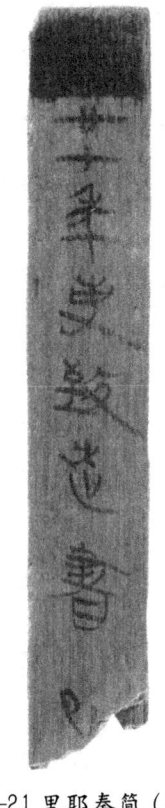

图2—21 里耶秦简（篆书）

图2—22 里耶秦简（隶书）

图2—23 湖南大学岳麓书院藏秦简

关于隶书，史有程邈为秦始皇造隶书的传说。事实是，经常使用文字的官府书吏因为官狱事繁，不得不采用简便易写的隶书，他们在隶书形成的过程中起到过重要作用，程邈应该是其中贡献较大的一位书吏；或者是在秦国的官府正式采用隶书的时候，曾由程邈对隶书做过一些整理工作。

到了汉代以后，简牍文字则反映了古隶逐渐发展为汉隶（八分）的过程。西汉早期的隶书与秦代隶书一样，属于古隶的范畴，带有某些篆文的遗风；武帝晚期至宣帝时期，汉隶逐渐形成，至迟在昭宣之际，汉隶完全形成。裘锡圭对汉代简帛所见文字变化作过这样的总结：

> 在马王堆三号墓出土的文帝时代抄写的那部分帛书上，就有不少字的书写风格跟八分颇为接近。江陵凤凰山九号汉墓中出土的汉文帝时木牍上的有些字，笔法也很像八分。……在敦煌、居延等地发现的武帝晚期到宣帝时代的简牍上，我们也可以看到八分逐渐形成的过程。在敦煌简里，武帝天汉三年（前98年）简和王国维考订为武帝太始三年（前94年）以前之物的"使莎车续相如"简，其书体都属于古隶；而太始三年简的书体则已经跟八分没有多大区别了。在居延简里，有不少武帝征和至昭帝始元年间的食簿残简，书体大都呈现从古隶向八分的过渡面貌。在宣帝时代的简上，出现了相当标准的八分书，如居延的本始二年（前72年）水门燧长尹野简和敦煌的五凤元年（前57年）简等。（《文字学概要》（修订本），第86页）

汉隶被称为"八分"的原因，说法不一。有认为是这种字体以"字方八分"为大小的标准；有认为是这种书体字形较高，笔画向两旁伸展，势"若'八'字分散"；还有假托蔡文姬之名，说这种书体"割程隶八分取二分，割李隶二分取八分"，故称为八分。汉隶也称为分书、分隶，这是由八分派生出来的。

除了上文所述，简帛书籍文字中还有一些草体字、楷书和行书的萌芽。

作为一种日常使用的文字，简帛书籍文字在结构上常常增减笔画，也存在不少的异体字、假借字、通假字，一字异型的现象也很常见，同一批竹简中同一个字的前后写法不同。同时，简帛书籍文字中也出现避讳字，如秦简改"正"为"端"（避秦始皇嬴政讳），汉初简改"邦"为"国"（避汉高祖刘邦讳），这可视为后世书籍中避讳字的开端。

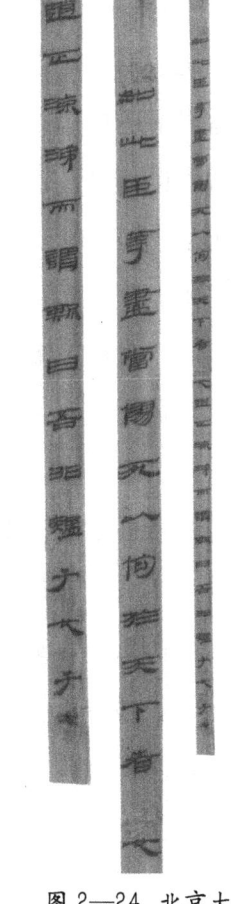

图2—24 北京大学藏西汉简《赵正书》

三、行文格式

简帛书籍行文格式自上而下、自右向左，后世纸本书籍与其一脉相承；简帛书籍行文中也出现了一些类似今天的标点和编辑符号的特殊符号。

竹简书都是顺着狭长的竹简自上而下书写，然后将简逐次自右向左排列并编成简册。帛书受到简册书的影响，在誊抄简册或径自书写时，也采用了竹简书籍自上而下、自右向左书写、阅读的习惯，甚至有些帛书还画有朱丝栏、墨栏边线以形象化为简册形式，同时，勾画栏线，也起到了书写文字不易偏移的作用。钱存训在《书于竹帛》中指出：

> 直行书写的原因虽不可考，但可推测这一特点应和中国文字的构造，书写材料、应用工具以及生理和心理等因素有关。中国古代的象形文字，如人体、动物、器皿，大多纵向直立而非横卧；毛笔书写的笔顺，大多是从上到下；竹木材料的纹理以及狭窄的简策，只能容单行书写等等，都是促成这种书写顺序的主因。至于从右到左的排列，大概是因为左手执简，右手书写的习惯，便于将书写好的简策顺序置于右侧，由远而近，因此形成从右到左的习惯。(《书于竹帛》，《钱存训文集》第一卷，第191—192页)

简帛书籍行文中，还有其他一些类似今天的标点和编辑符号，辅助和强化文字的表达功能。常见的这类符号有"●""■""▲""√""＝"、"/"。

1. ●

该符号主要作用是提示标题或主题，如：

"●士相见之礼……"（武威汉简《仪礼·士相见之礼》）

或提示章节段落或条款，如：

"●凡为吏之道必精洁正直……"（睡虎地秦简《为吏之道》）

"●道可道也非恒道也……"（马王堆西汉帛书《老子甲》）

"●治久咳上气喉中如百虫鸣状……"（武威汉简·医简）

或提示内容小结与合计，如：

"●凡千二十字"（武威汉简《甲本士相见之礼》）

2. ■

该符号有时表示篇章的开始，有时表示内容的小结。如：

"■一年从其俗二年用其德……"（马王堆西汉帛书《老子乙本卷前古佚书·经法·君正》）

"……顺之至也顺道■欲知得失情必审名察刑……"（马王堆西汉帛书《老子乙本卷前古佚书·十大经》）

3. ✓

该符号用来表示阅读书籍的休止，相当于现代的标点符号，承担了逗号、分号、句号、顿号等不同的作用。如：

"道可道也✓名可名也✓非恒名也无名万物之始也✓有名万

物之母也故恒无欲也以观其妙✓……"（马王堆西汉帛书《老子甲本·道经》）

"少半乘少半九分一也✓半步乘半步四分一也✓半步乘少半步六分一也✓少半乘大半九分二也✓五分乘五分廿五分一✓四分乘四分十六分一✓四乘五分廿分一✓五分乘六分卅分一也✓"（张家山汉简《算术书》）

"●献祝边燔从如出义✓及佐食如初卒以爵入于房……·宝三献如初✓燔从如初✓爵止●延于户内✓主妇洗酌致爵于主人✓"（武威汉简《仪礼·特牲》）

该符号一般只用于比较难读的句子或者容易引起误解的句子之后，而在比较简单、容易读通的句子中就很少用，所以还没有出现整篇从头至尾加句读符号"✓"的。

简牍文书中，表示句读的符号，除了"✓"以外，有时也用"一"替代，有学者认为这是由"✓"演变而来，是"✓"的速写。

"✓"也可表示钩校，如传世文献《史记·滑稽列传》"武帝时，齐人有东方生名朔，以好古传书，爱经术，多所博观外家之语。朔初入长安，至公车上书，凡用三千奏牍。公车令两人共持举其书，仅然能胜之。人主从上方读之，止，辄乙其处，读之二月乃尽"，其中"止，辄乙其处"，就是说每次朗读结束的时候，就在终止的地方划个"✓"标识一下，以便下一次从这里接着往下读。

4.＝

该符号表示重文，即相同的两个字、词或句子连续出现时，为简便起见，后面的那个再次出现的字用"="替代。如：

"前不能救后＝不能救前"（银雀山西汉简《孙子兵法》）应读为"前不能救后，后不能救前"。

"吾强为之名曰大＝曰筮＝曰远＝曰反"（马王堆西汉帛书《老子乙本·道经》）应读为"吾强为之名曰大。大曰筮，筮曰远，远曰反"。

"君子无中心之忧则无＝中＝心＝之＝智＝则无＝中＝心＝之＝悦＝则不＝安＝则不＝乐＝则无德"（马王堆西汉帛书《老子甲本卷后古佚书·五行》）应读为"君子无中心之忧则无中心之智，无中心之智则无中心之悦，无中心之悦则不安，不安则不乐，不乐则无德"。

"="除了表示重复字句的作用外，还有表示"合文"的作用，即指书写时把两个或几个汉字合起来写成一个整体，字形如一个汉字一样，但读起来仍读出每个字的各自的读音。"合文"现象多出现在先秦古文字中，但在战国、秦汉简帛书籍中也保存有不少实例。如：

"直牵＝嫛＝出女父母有咎"（睡虎地秦简《日书甲种》）应读为"直牵牛，嫛女出女，父母有咎"。

"牵="（马王堆西汉帛书《五星占》）应读为"牵牛"。

"夫="（银雀山西汉简《孙膑兵法》）应读为"大夫"。

第四节 简帛书籍的内容

简帛书籍不仅在载体、形制、文字书写等外观形态上与后世的纸质书籍差别很大,而且在文字内容所涉及的各个方面也具有自身的特殊性,这种特殊性主要表现在书名和目录、撰著者题署和书籍内容等方面。

一、书名和目录

简帛书籍的著作皆以单篇流传,总括多篇的书名反而是少之又少。也就是说,简帛书籍以单篇命名、单篇传播为主流,篇名就是书名,相当于今天印本书籍的书名;而另题书名,实际上就是该门类知识总汇式的丛书集成。如《论语》的篇名有"学而""为政""里仁""乡党""子路"……

书籍目录是将各书的篇名或书名集中在一起,供人们查找所需书

图2—25 肩水金关汉代木楬

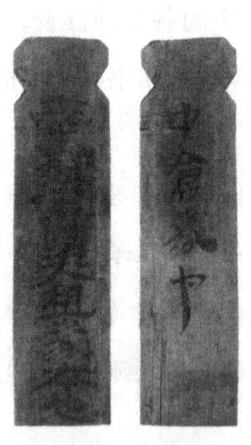

图2—26 长沙东牌楼东汉木楬

图2—27 敦煌马圈湾汉代木楬

籍的工具书。目的本义是"眼睛",后被引申为"条目""标题";录的本义是"刻木录录也",引申为"记录";录又有"抄录""抄写""叙""叙录"的意思。

简帛书籍的目录形制是"楬"。楬是用来书写某些物品的数量、名称等内容,并置于该物品上的标签。《周礼·天官》:"职币:掌式法以敛官府都鄙与凡用邦财者之币,振掌事者之余财。皆辨其物而奠其录,以书楬之,以诏上之小用、赐予。岁终则会其出。凡邦之会事,以式法赞之。"即王室的财物要一一记录书写到"楬"上。《说文解字》称:"楬,楬桀也。从木曷声。"段玉裁《说文解字注》曰:"楬,书其数量以著其物也。今时之书,所有表识,谓之楬橥。"(《说文解字注》六篇上《木部》)《周礼·秋官·职金》说:"辨其物之微恶与其数量,楬而玺之。"郑玄注曰:"既楬书揃其数量,又以印封之。今时之书有所表识,谓之楬橥。"(《周礼注疏》卷三十六)这个观点在出土文物中也得到印证,湖南长沙马王堆1号汉墓出土了49枚木楬,居延汉简中也有多枚木楬,说明楬是系在文书或其他物品上的记录该物品名称与数量的标题木牌。

1972年银雀山1号汉墓出土的竹简中,有书籍楬8枚,大部分已经残碎,完整的只有1枚,其上记录的篇题《守法》《要言》《库法》《王兵》《市法》《守令》《李法》《王法》《委法》《田法》《兵令》《上篇》《下篇》等,正是该墓出土的竹简《孙子兵法》等的目录,入土之前应该是系在各自的竹书外面,起着竹简目录的作用。

书籍目录的形成和成熟也在简帛书籍时代。西汉末年,汉成帝命刘向刘歆等整理校订国家藏书,历经20余年,编成中国第一部系统的书籍目录《别录》(后修订为《七略》)。在这次校书过程中,刘向刘歆将"目"与"录"合二为一。据《汉书·艺文志》,刘向校书,"每一书已,向辄条其篇目,撮其指意,录而奏之。"《隋书·经籍志》则解释说:"每一书就,向辄撰为一录,论其指归,辨其讹谬,叙而奏之。"刘向校书时的"叙录",汇总后称为《别录》。刘向所言的"录"实际上包括篇目与叙录,将篇目与叙录合二为一,即为目录。篇目在前,叙录在后,

图2—28 银雀山西汉简《孙子兵法》篇题木牍

图2—29 银雀山西汉简《孙子兵法》篇题木牍(摹本)

如《别录·列子目录》共收20篇单篇,刘向将列子的著作"校除重复"12篇,重新编辑定稿8篇,集中汇编并将总名题为《列子》。《汉书·艺文志》中的各书大都如此成书。

总之,在刘向、刘歆校订群书之前,简帛书籍大多是单篇流传,单篇之书可以视为当时人心目中的书籍形态。刘向、刘歆总校群书,集篇成书,书有目录,促成了中国书籍目录的正式创制与定型。

二、不题撰著者

一般地，简帛书籍不题写著者的姓名。原因有三：①春秋以前的文字，带有档案性质，由王室史官掌管。史官既是文字掌管者，同时也是文字书写者、记录者，其文字是官书而非私著。②春秋战国时期的诸子百家，为宣传自己的新思想、新学说，不约而同地选择了聚众讲学与著书立说。兴私学而聚众授徒是诸子百家争鸣的主要途径。述而不作是主要的学术理念。"书于竹帛"的事往往是诸子的弟子所为。③诸子宣扬本家学说的方式主要是收授门徒，游说诸侯，游学天下，基本上口耳相传，师徒相授。后世流传的书篇，基本上都是弟子们的文字记录，或者是弟子及后世弟子们的追忆篇章，大多不是诸子本人手著，所以不会自题姓名。因为当时书籍的传播范围十分有限，多在本流派门徒之间流传，相互之间大多耳熟能详，故不必自书名号。余嘉锡《古书通例》说：

> 盖古人著书，不自署姓名，惟师师相传，知其学出于某氏，遂书以题之，其或时代过久，或学未名家，则传者失其姓名矣。即其称为某氏者，或出自其人手著，或门弟子始著竹帛，或后师有所附益，但不能失家法，即为某氏之学。(《目录学发微 古书通例》，北京：中华书局，2007年，第204页)

汉武帝立五经博士，独尊儒术，罢黜百家，致使诸子之学、专家之学，学无传人，而门人弟子纂辑老师言论成书的惯例遂废，而自著之书渐渐增多。由于著作无人可传，作者想要传之后世，只能在书末作单篇自叙,"自显姓名",如司马迁、扬雄等书后的自叙。但这个时候,仍然没有于篇题之下自标某人撰之例。据余嘉锡考证,书末自题姓名,发端于汉武帝时代。至于每卷自署某人所撰,当盛行于魏晋以后。

著者在书中自标姓名成为一种惯例,应该是在简帛书籍逐渐衰落,纸本书籍渐渐兴起的过渡时期开始的。

三、分类

某类文献的内容概况,大致可以通过其分类了解。简帛书籍的分类情况,能够比较全面地揭示简帛书籍的文献内容。

自春秋晚期孔子删订"六经",至西汉末年刘向等整理校订国家藏书,这500年正是中国文化、学术的奠基时期,也是简帛书籍兴起并达到繁盛的时期。西汉成帝时,刘向及其子刘歆等受命整理国家藏书,撰成中国最早的分类目录《别录》《七略》,著录了西汉末年以前的主要书籍,这些书籍正是简帛书籍。《别录》《七略》将书籍分为六艺、诸子、诗赋、兵书、数术、方技六大类,该分类法代表了当时书籍分类的最高水平,基本反映了汉代书籍的全貌。东汉班固所撰《汉书·艺文志》完全照搬《别录》《七略》,仅仅做了删节和整理工作。简帛书籍的时代,大致与《汉书·艺文志》及其来源——《别录》《七略》所收录的书籍同时,故学术界一般以《汉书·艺文志》的分类法为出土简帛书籍进行分类。

骈宇骞、段书安《二十世纪出土简帛综述》和李零《简帛古书与学术源流》即根据《汉书·艺文志》"六分法"对出土简帛书籍作过系统分类。21世纪以后，又有新发现的湖南大学岳麓书院藏秦简、清华大学藏战国简、北京大学藏秦简和西汉简、安徽大学藏战国简等简牍书籍。我们以上述二书的分类为基础，并参考李学勤等学者的观点，分类对目前所见简帛书籍进行简要介绍。

六艺类。六艺即春秋战国时期的所谓"六经"——诗、书、礼、乐、易、春秋。汉代以后，其序次调整为——易、书、诗、礼、乐、春秋，并将《论语》《孝经》、小学类也归入六艺。

出土简帛中六艺类书籍主要包括：

易类有上海博物馆藏战国简《周易》，马王堆西汉帛书《周易》及其卷后佚书《二三子问》上、下篇，《易之义》《要》《缪和》《昭力》，马王堆西汉帛书《系辞》，阜阳双古堆西汉简《周易》（残），清华大学藏战国简《筮法》《别卦》。

书类有郭店战国简《缁衣》和上海博物馆藏战国简《缁衣》引用《尚书》中《尹诰》《君牙》《康诰》等条，郭店战国简《成之闻之》引用《尚书》的《大禹》《君奭》《康诰》等条，清华大学藏战国简《尹至》、《尹诰》、《程寤》、《保训》、《耆

图2—30 清华大学藏战国简《保训》

夜》、《周武王有疾周公所自以代王之志》(《金縢》)、《皇门》、《祭公》、《傅说之命》(《说命》) 上中下、《良臣》、《厚父》、《封许之命》、《命训》。

诗类有阜阳双古堆西汉简《诗经》，上海博物馆藏战国简《孔子诗论》，清华大学藏战国简《周公之琴舞》《芮良夫毖》《蟋蟀》《祝辞》，安徽大学藏战国简《诗经》。

礼类有武威磨咀子西汉简《仪礼》，上海博物馆藏战国简《武王践阼》，武威磨咀子西汉简《丧服经》，马王堆西汉帛书《丧服图》，武威磨咀子西汉简《服传》。

春秋类有上海博物馆藏战国简《容成氏》，慈利石板村战国简《国语》，马王堆西汉帛书《春秋事语》，阜阳双古堆西汉木牍《春秋事语》，马王堆西汉帛书《战国纵横家书》，云梦睡虎地秦简《编年记》，阜阳双古堆西汉简《年表》《大事记》，定县八角廊西汉简《□安王朝五凤二年正月起居记》，上海博物馆藏战国简《郑子家丧》甲、乙本，《君人者何必安哉》甲、乙本，《吴命》，清华大学藏战国简《系年》、《楚居》、《郑武夫人规孺子》、《郑文公问太伯》（甲、乙）、《子产》、《管仲》、《子仪》、《子犯子余》、《晋文公入于晋》、《赵简子》、《越公其事》，北京大学藏西汉简《赵正书》，安徽大学藏战国简"楚史类"；北京大学藏秦简《道里书》记录江汉地区的水陆交通路线和里程，"是目前关于战国末期至秦代江汉地区行政区划和交通状况最为详尽的记录，对于长江中游历史地理的研究具有极高的史料价值"（北京大学出土文献研究所《北京大学藏秦简牍概述》，《文物》2012 年第 6 期）。

乐类有上海博物馆藏战国简"采风曲目"，郭店战国简《乐说》(《乐说》是《性自命出》前半部分。此说据李学勤《郭店简与〈乐记〉》)。

论语类有定县八角廊西汉简《论语》，敦煌悬泉置西汉简《论语·子张》，肩水金关遗址和海昏侯墓的汉简《齐论语·知道》。

小学类有阜阳双古堆西汉简《仓颉篇》、北京大学藏西汉简《仓颉篇》。除此之外，20世纪初，斯坦因等在敦煌古烽燧遗址获取过《仓颉篇》《急就篇》残文。1949年以后，居延甲渠侯官破城子汉代遗址、敦煌马圈湾汉代烽燧遗址、玉门花海汉代烽燧遗址等也有《仓颉篇》残简出土。

诸子类。"诸子"是指先秦至汉初的各派学者或其著作。最早的一批子书产生在春秋末年至战国时期的百家争鸣中，主要包括儒家、道家、阴阳家类、法家、名家、墨家、纵横家，杂家类、农家、小说家类。出土简帛中诸子类书籍主要包括：

儒家类有上海博物馆藏战国简《缁衣》，郭店战国简《缁衣》，上海博物馆藏战国简《内丰》《性

图2—31 肩水金关汉简《齐论语·知道》

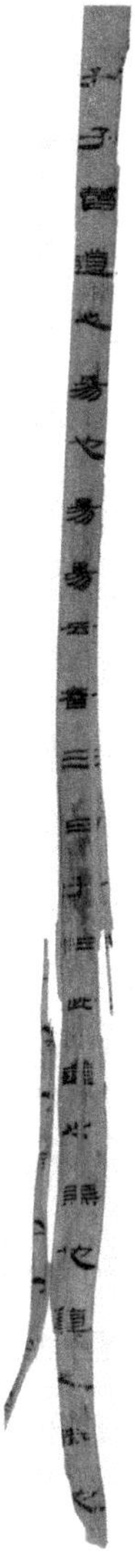

图2—32 海昏侯墓汉简《齐论语·知道》

情论》《民之父母》《子羔》《中弓》《昔者君老》《相邦之道》《鲁邦大旱》《从政》甲、乙篇，郭店战国简《五行》《鲁穆公问子思》《穷达以时》《唐虞之道》《忠信之道》《性自命出》《成之闻之》《六德》《尊德义》《语丛》一、二、三，马王堆西汉帛书《五行》，阜阳双古堆西汉木牍"儒家者言"，定县八角廊西汉简"儒家者言"，银雀山西汉简《晏子》，慈利战国简《宁越子》，云梦睡虎地秦简《为吏之道》，湖南大学岳麓书院藏秦简《为吏治官及黔首》，清华大学藏战国简《殷高宗问于三寿》，北京大学藏秦简《从政之经》《善女子之方》，北京大学藏西汉简《儒家说丛》；

道家类有郭店战国简《老子》甲、乙、丙，马王堆西汉帛书《老子》甲本及其卷后佚书《九主》《明君》《德圣》，《老子》乙本及其卷前佚书《经法》、《十六经》（《经》）、《称》、《道原》，北京大学藏西汉简《老子》，江陵张家山西汉简《庄子·盗跖》，阜阳双古堆西汉初年简《庄子·杂篇》，郭店

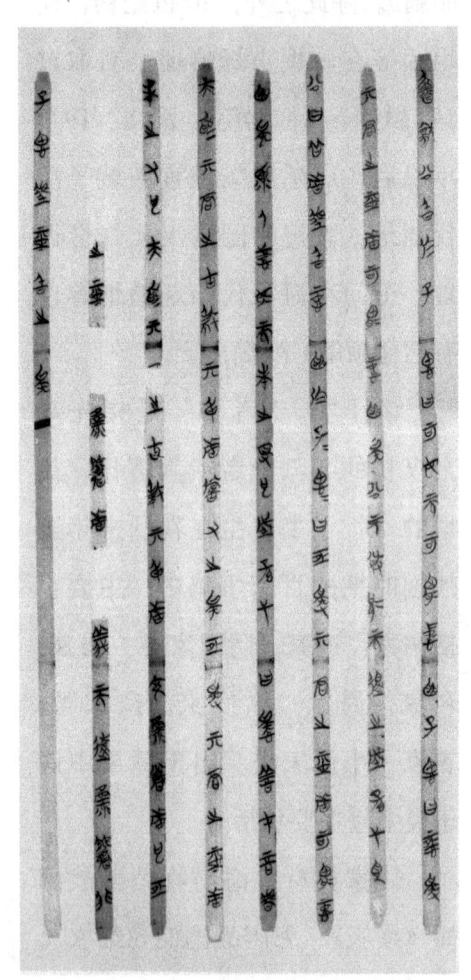

图2—33 郭店战国简《鲁穆公问子思》

图 2—34 银雀山西汉简《晏子》

图 2—35 湖南大学岳麓书院藏秦简《为吏治官及黔首》

战国简《太一生水》和《语丛》四，上海博物馆藏战国简《恒先》《凡物流形》甲、乙本，定县八角廊西汉简《文子》，清华大学藏战国简《汤处于汤丘》《汤在啻门》，北京大学藏西汉简《周驯》(《周训》)；

阴阳家类有银雀山西汉简《曹氏》《阴阳散》，北京大学藏西汉简《阴阳家言》；

墨家类有信阳长台关战国简《墨子》；

纵横家类有郭店战国简《唐虞之道》《忠信之道》；

杂家类有清华大学藏战国简《殷高宗问于三寿》(亦归入"儒家类")；

小说家类有天水放马滩秦简《墓主记》(《志怪故事》)、清华大学藏战国简《赤鹄之集汤之屋》、北京大学藏秦简《泰原有死者》；

2015年入藏安徽大学的战国简中也有诸子类简帛书籍。

诗赋类。"诗"和"赋"都是古代的文学体裁。出土简帛中的诗赋类主要包括：上海博物馆藏战国简"兰赋""鹏赋"，银雀山西汉简《唐勒》，阜阳双古堆西汉简《楚辞》，东海尹湾西汉简《神乌傅（赋）》，上海博物馆藏战国简《交交鸣乌》《多薪》，敦煌汉简《风雨诗》，北京大学藏秦简《公子从军》《隐书》"饮酒歌诗"，北京大学藏西汉简《妄稽》《反淫》。

兵书即军事类书籍。《汉书·艺文志》将兵家分为兵权谋家、兵形势家、兵阴阳家和兵技巧家四类，著录兵书共53家。出土简帛中兵书类书籍主要包括：上海博物馆藏战国简《曹沫之陈》，银雀山西汉简《孙子兵法》《孙膑兵法》《尉缭子》《〈守法〉〈守令〉等十三篇》《六韬》，定县八角廊西汉简《六韬》，银雀山西汉简"兵书丛残"，银

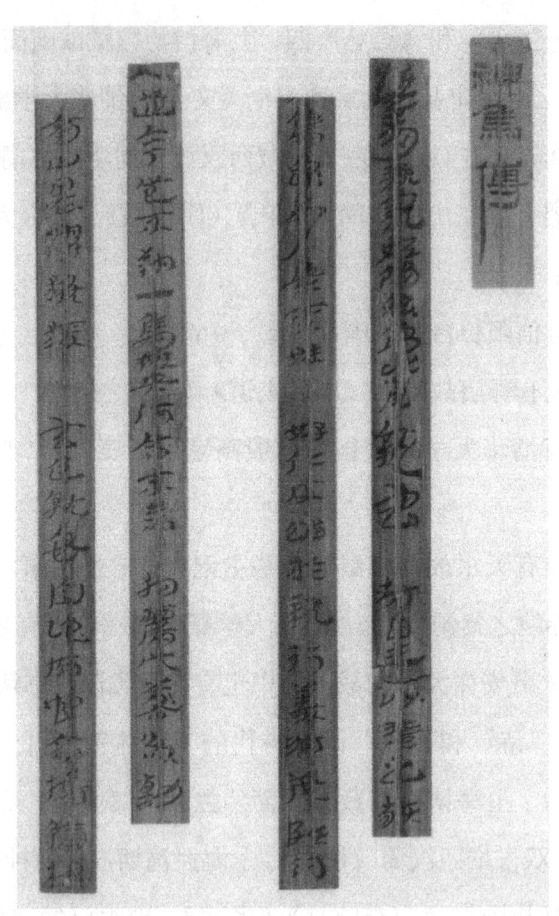

图 2—36 尹湾西汉简《神乌傅》

雀山西汉简《地典》，张家山西汉简《盖庐》，马王堆西汉帛书《刑德》甲、乙，银雀山西汉简《天地八风五行客主五音之居》，敦煌汉简《力牧》。

数术类。"数术"又称"术数"，是以某种方术观察自然界现象，推测人和国家的气数和命运。其中包括天文、历谱、五行、蓍龟、杂占、形法（相术）几大类。天文、历谱是研究天象和历数，也包括星象和

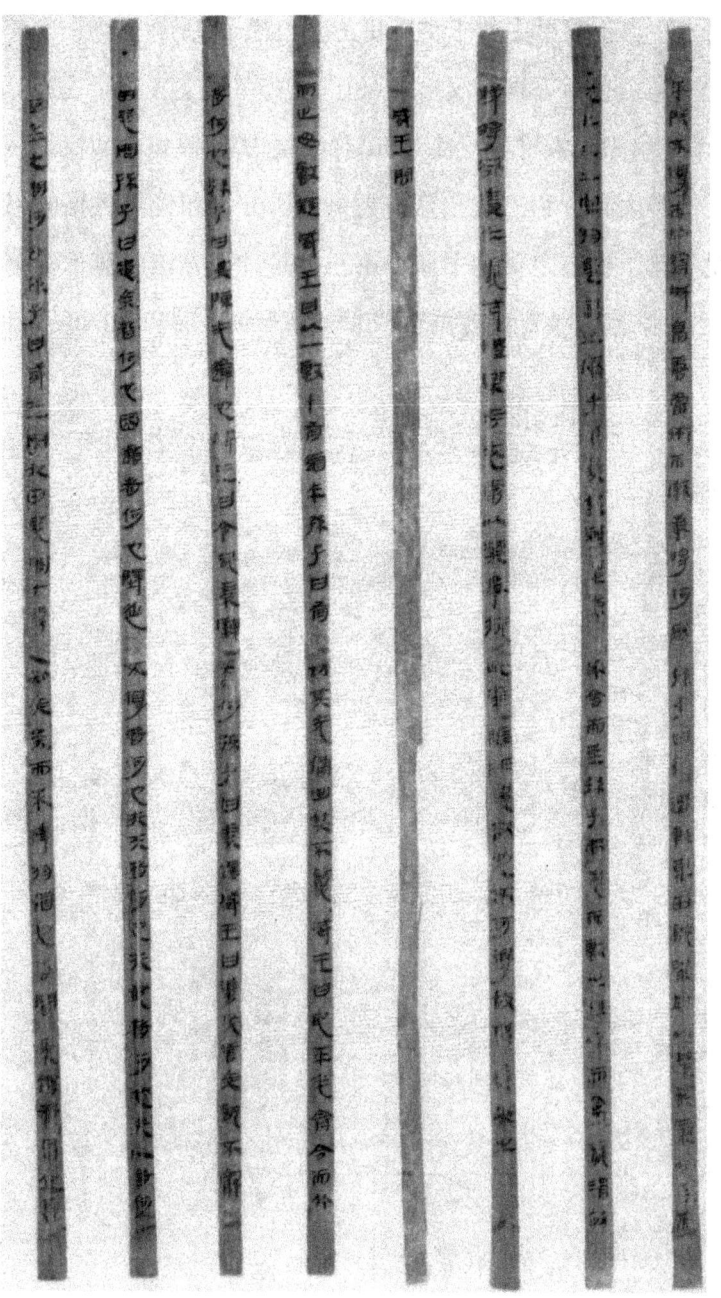

图 2—37 银雀山西汉简《孙膑兵法》

云的占术。出土简帛中数术类书籍主要包括：

天文类的有马王堆西汉帛书《五星占》《天文气象杂占》《星占书》甲、乙篇，阜阳双古堆西汉简《五星》《星占》，银雀山西汉简《占书》。

历谱类大致分为三类：第一类是制历方法和计算数据的书籍，第二类是年谱、世谱之类的书籍，第三类是计算方法的算术书籍。历谱类的简帛书籍有阜阳双古堆西汉简《天历》《汉初朔闰表》《干支》，

图 2—38 马王堆西汉帛书《五星占》

图 2—39 马王堆西汉帛书《天文气象杂占》

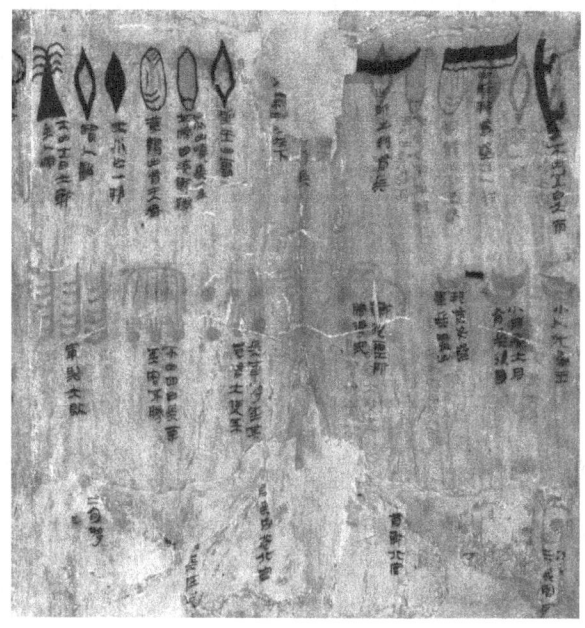

图 2—40 马王堆西汉帛书《天文气象杂占》

张家界古人堤东汉简《历日表》，关沮周家台秦简《秦始皇三十四年历谱》等，张家山西汉简《历谱》，银雀山西汉简《元光元年历谱》，敦煌清水沟西汉简《地节元年历谱》《地节三年历谱》《本始四年历谱》，敦煌西汉简《元康三年历谱》《神爵三年历谱》《五凤元年八月历谱》，敦煌西汉木牍《永光五年历谱》，敦煌东汉木牍《永元六年历谱》，敦煌东汉简《永兴元年历谱》，尹湾西汉木牍《元延元年历谱》《元延三年五月历谱》，张家山西汉简《算术书》，阜阳双古堆西汉简《算术书》，湖南大学岳麓书院藏秦简《数》、张家界古人堤遗址东汉木牍《九九乘法表》，敦煌汉简《九九术》，清华大学藏战国简《算表》，北京大学藏秦简《算书》"九九术"；

五行类包含了所有选择时日吉凶的书籍。五行类的简帛书籍有长沙子弹库战国楚帛书《四时》《五行时令》《天象》《月忌》（李学勤认为长沙子弹库楚帛书属于诸子的阴阳家类），银雀山西汉简《禁》《三十时》《迎四时》《四时令》《五令》《不时之令》，阜阳双古堆西汉简《楚月》，江陵九店战国简《日书》，天水放马滩秦简《日书》甲、乙种，江陵王家台秦简《日书》，云梦睡虎地秦简《日书》甲、乙种，荆州关沮周家台秦简《日书》，江陵岳山秦简《日书》，随州孔家坡汉简《日书》，香港中文大学藏汉简《日书》，张家山西汉简《日书》，阜阳双古堆西汉简《日书》，沅陵虎溪山西汉简《阎氏五胜》，定县八角廊西汉简《日书》，敦煌悬泉置汉简《日书》，居延汉简《日书》，疏勒河流域汉简《日书》，武威磨咀子汉简《日书》，西安杜陵西汉木牍《日书》，湖南大学岳麓书院藏秦简《质日》、北京大学藏秦简《日书》《质日》《禹九策》《祠祝之道》、数占书，北京大学藏西汉简《日书》《日忌》《日约》《堪舆》，马王堆西汉帛书《阴阳五行》甲、乙，马王堆西汉帛书《刑德》丙，阜阳双古堆西汉简《刑德》甲、乙，北京大学西汉简《节》，马王堆西汉帛书《出行占》，阜阳双古堆西汉简《向》，东海尹湾西汉木牍《神龟占》《六甲占雨》《博局占》，北京大学藏西汉简《雨书》，东海尹湾西汉简《刑德行时》《行道吉凶》；

图 2—41 湖南大学岳麓书院藏秦简《质日》

蓍龟类即记载卜筮的书籍，"蓍"即蓍草，"龟"即龟甲，筮用蓍草，卜用龟甲。蓍龟类简帛书籍有阜阳双古堆西汉简《周易》，江陵王家台秦简《归藏》、马王堆西汉帛书《六十四卦》，北京大学藏西汉简《荆决》；

杂占类是关于人的生理、心理现象，驱鬼除邪、祈福禳灾以及和农林养殖业相关的占卜活动，包括占梦、占嚏、占耳鸣、占目瞤、厌劾祠禳（用咒语、符篆、魔术和祷祠为人驱除鬼祟、疾病等危害人的

图 2—42 湖南大学岳麓书院藏秦简《占梦书》

东西）、候岁术和相土、相蚕术等。杂占类简帛书籍有安徽大学藏战国简"占梦"类，湖南大学岳麓书院藏秦简《占梦书》，云梦睡虎地秦简《日书·梦》，江陵王家台秦简《日书·梦占》，居延汉简占嚏耳鸣书，马王堆西汉帛书《"太一将行"图》，江陵望山楚墓卜筮祭祷简，荆门包山楚墓卜筮祭祷简，江陵天星观楚墓卜筮祭祷简，江陵秦家咀楚墓卜筮祭祷简，新蔡平夜君成墓卜筮祭祷简，马王堆西汉帛书《木人占》，北京大学藏西汉简《六博》；

"形法"是古代相术类书籍的总称，内容主要与山川的走向和形势、屋舍、墓地的位置和结构有关，与人和家畜、器物有关。李零认为："古代相术是以目验的方法为特点。它所注意的是观察对象的外部特征（形势、结构、位置、气度等），所以也叫'形法'。"（《古代方术考》，北京：人民中国出版社，1993年，第78页）形法类的出土简帛书籍，有安徽大学藏战国简"相面"类书。相六畜及相宝剑之书有马王堆西汉帛书《相马经》，临沂银雀山西汉简《相狗方》，阜阳双古堆西汉初年简《相狗经》，敦煌悬泉置汉简《相马经》，敦煌汉简《相马法》，居延破城子西汉简《相宝剑刀》。另外，有些形法类包含在其他类的书中，如"相人"的内容见于杂占类的马王堆西汉帛书《木人占》，"相宅"的内容见于"五行"类的九店战国简和睡虎地秦简的《日书》，"相室门"类的内容见于睡虎地秦简《日书》等。

方技类。"方技"亦作"方伎"，广义而言包括医、卜、星、相之术，狭义而言即《汉书·艺文志》所谓医术、神仙等，包括医经、经方、房中、神仙四种。"医经""经方"属于实用医学，"房中"是与房事有关的养生术，"神仙"是与求仙有关的"服食""行气""导引"等术。

出土简帛中方技类书籍主要包括：

医经类的有马王堆西汉帛书《足臂十一脉灸经》《阴阳十一脉灸经》甲、乙本和《阴阳脉死候》《脉法》，张家山西汉简《脉书》等；

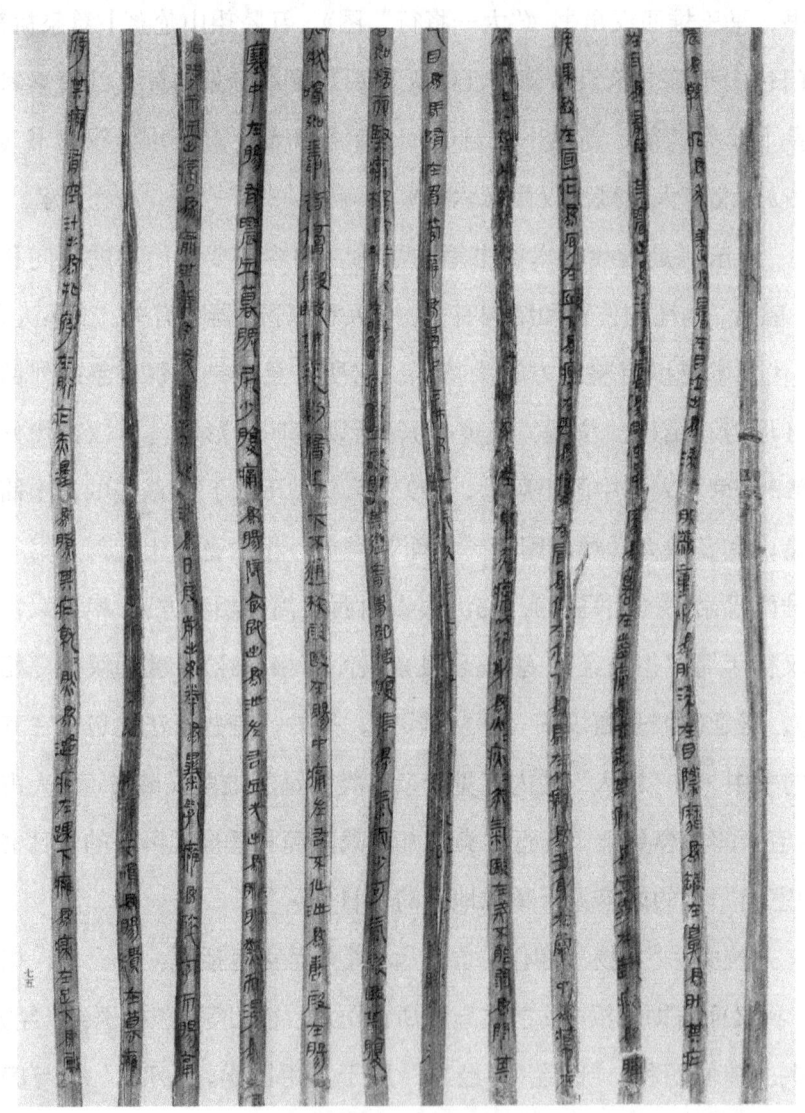

图 2—43 张家山西汉简《脉书》

经方类的有关沮周家台秦简医方、北京大学藏秦简医方、马王堆西汉帛书《五十二病方》，武威东汉木简"治百病方"（"东汉医简"），武威东汉木牍"治东海白水侯所奏方"，敦煌汉简医方，张家界古人堤遗址东汉木牍"治赤谷方"，西安未央宫遗址汉简医方；北京大学藏西汉简中包含医经和医方类书；

图2—44 马王堆西汉帛书《五十二病方》

房中类的有上海博物馆藏战国简《彭祖》，马王堆西汉帛书《养生方》《杂疗方》《胎产书》，马王堆西汉简《十问》《合阴阳》《杂禁方》《天下至道谈》；

神仙类的有马王堆西汉帛书《却谷食气》，马王堆西汉简《十问》中的食气之说，阜阳双古堆西汉简《万物》，阜阳双古堆西汉初年简《行气》，马王堆西汉帛书《导引图》，张家山西汉简《引书》。

图2—45 马王堆西汉帛书《导引图》

方技类简帛书籍，还可以包含北京大学藏秦简《制衣》，详细记录了各种服饰（大襦、小襦、大衣、中衣、小衣、裙、袭、袴）的形制、尺寸、裁剪和制作方法，是制衣工匠黄寄所传授的制衣之术。"记载汉以前工艺、技术的书，无论在传世文献还是出土简帛中都极为罕见。"（北京大学出土文献研究所《北京大学藏秦简牍概述》，《文物》2012年第6期）

第五节　简帛书籍的制作与传播

简帛书籍的生产制作主要依靠复本抄写。早期文字记录的复本抄写并不常见。甲骨卜辞、青铜铭文用途特殊，基本都是一次性的，不存在复本的情况；文书布告、册命、盟誓誓词等公文，为了保存的目的，会有复本誊录，但数量有限。只有简帛书籍，以传播性的阅读为主要目的，才会出现大规模的复本抄写。

出土简帛书籍都是传抄本，"迄今所见战国到汉初的简帛书籍，都是传抄本，还没有能证明是原稿本的。"（李学勤《简帛佚籍与学术史》，第5页）

简帛书籍书写者最初都是学习者或者著书者，之后才出现复本的抄写。复本的抄写者最初应该是学者或者学生，如孔子曾到周王室观书求书，抄写当时的鲁国史记、《诗》《易》《书》等。墨子也是藏书家，墨子及其弟子抄写了不少当时的文献典籍。学者或读书人抄书，是其职业需要，历代从未间断。西汉末东汉初年桓谭《新论》云："余同时佐郎官梁子初、杨子林好学，所写万卷，至于白首。尝有所不晓百许寄余。余观其事，皆略可见矣。"梁子初、杨子林一生抄书，反映的是众多学者的普遍状况。读书人抄书不仅是先秦两汉或魏晋隋唐时期的常态，即使到了雕版印刷术普及以后的宋元乃至明清时期，抄书仍然是人们获取复本或学习的重要途径之一。

战国时期，抄写复本以阅读、收藏，已经是普遍现象。《韩非子·五蠹》说："今境内之民皆言治，藏商、管之法者，家有之；……境内皆言兵，藏孙、吴之书者，家有之。"可见复本抄写的数量之大，参与抄写的人数之众。

职业抄书人也在这个时期应运而生。受雇于官府或个人以抄写书籍为生的文士，自东汉以来被称为"佣书人"，"佣书"，顾名思义就是受人雇佣代人抄书而获取经济报酬。"佣书人"这一名称虽然在东汉才出现，但这类职业却早已客观存在，如战国时期的张仪、苏秦，落魄时曾患难与共，以佣书维持生计。东晋王嘉《拾遗记》卷四载："张仪、苏秦二人，同志好学，迭剪发而鬻之以相养，或佣力写书。"

1987年湖南慈利石板村战国墓中出土800—1000枚竹简，内容以记载吴越二国史事为主，如黄池之盟、吴越争霸等，与传世文献《国语》《战国策》《越绝书》等书的某些记载相似。这些古书有2万多字，抄写字体不同，可以认定出自多人之手。郭店战国简中，字体风格十分粗草，且有不少错误，说明抄手受教育的程度不高。由此推断，这些竹书不可能是贵为"东官之师"的墓主人（楚顷襄王横做太子时的老师）自己抄写的，而应该是其他人抄写的复本。其他战国竹简的情况也基本如此。

马王堆西汉帛书《老子》乙本及卷前四篇佚书《经法》《十六经》

《称》《道原》，以及《周易》《五星占》《相马经》《刑德》乙等，字迹整饬秀丽，都属于同一抄手的作品，抄写年代在文帝初年。这应该是马王堆3号墓主人专门请来的抄书人为他抄写书籍，供收藏用。

汉景帝的儿子、河间献王刘德也雇用了专门的抄手，来为他抄写搜集到的先秦古书。据《汉书》卷五十三《景十三王传·河间献王》：

> 河间献王德，以孝景前二年立；修学好古，实事求是。从民得善书，必为好写与之，留其真，加金帛赐以招之。由是四方道术之人不远千里，或有先祖旧书，多奉以奏献王者，故得书多，与汉朝等。是时，淮南王安亦好书，所招致率多浮辩。献王所得书皆古文先秦旧书，《周官》《尚书》《礼》《礼记》《孟子》《老子》之属，皆经传说，记七十子之徒所论。其学举六艺，立《毛氏诗》《左传春秋》博士。修礼乐，被服儒术，造次必于儒者。山东诸儒多从而游。

刘德注意搜集先秦儒家道家典籍，但凡遇见善本，都命抄书人仔细誊写，并把誊好的抄本连同重礼回馈给献书者，自己将真本留下。因此，他的藏书大多为先秦的真善本，其数量与国家藏书相当。正是有这样的藏书基础，这些书籍中所记载的人物言行和历史事件，或者可以从先秦古籍，或者从孔子的再传弟子的相关言论著述中相互发明、得到证实。

西汉"文景之治"以后，惠帝废除了秦代"挟书律"，书籍收藏在民间合法化。汉武帝大收篇籍，广开献书之路，并于元朔五年（前

124）诏令"置写书之官"，整理抄写征集来的书籍，并分送各官吏及皇家藏书机构和有关官署。西汉末年刘向等整理国家藏书，每书《叙录》之后，都有"杀青而书，可缮写也"之类的话，说明《七略》著录的596家13269卷书都是刘向校书团队中的抄书人抄写的。汉代政府随时注意搜访民间藏书，每遇好书，则令抄写收藏。《后汉书·班超传》载："（超）家贫，常为官佣书以供养。"可见，东汉著名的史学家、出使西域的班超年轻时也曾做过官府佣书人，用抄书赚来的钱赡养母亲。

汉代出现民间书肆，有专门的抄书人靠抄书卖文为生，为佣书人维持生计甚至发财致富提供机会。书肆中的佣书人往往就是售书人，他们一般会选择那些有价值有销路的书籍抄写复制，售卖以获利。东汉安帝时，琅琊人王溥"家贫不得仕，乃挟竹简插笔，于洛阳市佣书。美于形貌，又多文辞，来儥其书者，丈夫赠其衣冠，妇人遗其珠玉，一日之中，衣宝盈车而归。积粟千廪，九族宗亲莫不仰其衣食，洛阳称为善笔而得富。"（王嘉《拾遗记》卷六）

简帛时代的书籍制作，是依靠从官府到民间的众多抄书人的辛勤抄写得以实现的，其中还有不少是学者或读书人。书籍复本的多少正是衡量书籍影响力的一个重要标准，除了众多文献记载之外，出土简帛书籍为我们了解简帛书籍的制作和传播情况提供了最直接的资料。

第三章
造纸术的发明与先秦两汉经典著作

造纸术是中国古代的"四大发明"之一，是中华民族对人类社会做出的重要贡献。造纸术发明于西汉，经过东汉蔡伦的改进走向成熟，为书籍的生产与传播提供了良好的物质基础。

春秋战国时期，因文化教育的普及与百家争鸣，私人著述大量涌现与价廉易得的竹木书写材料相结合，书籍日渐成熟并广泛发展，为学术和思想文化的发展奠定了坚实的基础。秦汉以后，儒家思想逐渐取得统治性地位，历史学成为一门独立的学科，文学艺术逐渐从经学、史学中脱离出来，主要文体基本确立。

先秦两汉是中国传统文化形成的奠基时期，也是书籍从萌芽到成熟的关键时期。

第一节　造纸术

一、造纸术的发明及改进

造纸术是中国四大发明之一，是人类文明史上一项杰出的发明创造。

《中国大百科全书》对纸的解释是："具有书写、印刷、包装、生活等广泛用途的薄页状材料。一般是以植物纤维为主要原料，经过专门设备加工，在成形网上交织、键合、脱水、干燥之后而制成。"（《中国大百科全书》（第2版））

也有更为详细的定义：

> 传统上所谓的纸，指植物纤维原料经机械、化学作用制成纯度较大的分散纤维，与水配成浆液，使浆液流经多孔模具帘滤去水，纤维在帘的表面形成湿的薄层，干燥后形成具有一定强度的由纤维素靠氢键缔合而交结成的片状物，用作书写、印刷和包装等用途的材料。（潘吉星《中国科学技术史：造纸与印刷卷》，第3页）

简帛书籍存在的明显缺点是：竹木简价廉易得，但分量较重；缣帛材质轻，但产量少，价格贵，不易得。随着社会生产力的逐渐发展，简、帛作为制作书籍的材料，已经不能适应时代的需要。寻找一种轻便易得且价格便宜的物品作为书籍制作的材料，是读书人莫大的渴望，也是社会发展的需要。经过长期的生产实践的探索，我们的祖先终于在西汉初年发明了造纸术，生产出纸张以替代简帛。

造纸术来源于丝绸生产技术。早在商代，中国的丝织品生产就有很高的技术水平，西汉时期丝绸制品沿着丝绸之路出口中亚、西亚，直至地中海地区的罗马。制作丝绸的生产流程是——蚕茧加工为絮之后，再制作丝绵料。其中漂絮的工序——将丝絮盛在竹筐或竹席上，置于水中漂洗和敲打。这个过程中难免有丝渣残留在筐或席上，晒干后取下即成薄的丝绵片。这种丝绵片光滑、轻便，可以用来包裹东西，又可以用来写字。当人们发现这种薄丝绵片可以利用之后，便有意识地把它加工成一种漂丝的副产品，这就是纸的雏形。于是出现了"纸"这个字，因其与丝有关，故从"纟"，又因其平滑如砥石，故从"氏"声。《说文解字》云："纸，絮—苫也。从纟，氏声"，絮是粗的丝绵，苫是一种竹席。这个释义直观地反映出纸张的制作过程及其来源与丝织品有关。

不过，这种丝织纸作为丝绸生产的副产品，还有不小的局限性：一是作为副产品，数量有限；二是其原料是蚕丝，珍贵不易得，故丝织纸很难普及。于是促使人们寻找性质相类似而成本低廉的原料替代蚕丝来生产纸张。

经过不断的摸索和试验，人们终于发现可以用破麻布的植物纤维（麻絮）为原料，"以麻絮代丝絮为之"。使用价廉易得的原料破麻布，以制丝的漂絮工艺来制成薄片，生产出植物纤维纸，造纸术就这样产生了。造纸术沿袭丝织品生产技术而来，故二者的生产流程基本一致。漂絮制丝包含的两个步骤：一、将纤维原料以碱性溶液煮沸和用水浸以除去杂质、得到纯纤维，二、将纤维束以水浸泡膨胀后，再加以机械敲打使之分散。这两个步骤正是造纸的必要环节。

从考古出土的情况看，至迟在西汉文帝景帝时期，植物纤维纸已经生产出来了。一项科学技术的发明不可能在短时期内突然出现，原材料的更换、从漂絮过程演化到造纸，需要经历技术探索和经验积累的过程。可以推测，在"文景之治"以前，至迟在秦代至汉高祖、惠帝和高后时期（前221—前180年），甚至更早一些的战国末期，都是造纸术发明的酝酿探索阶段。

造纸术最初产生于民间，纸张的使用最初也在民间，作为缣帛（书写材料）和麻布（包装材料）的廉价替代品，还未能受到上层统治阶级和文人的注意；这一时期纸张的使用也并未普及，所以早期造纸情况在汉初文献中较少提及。

很长一段时间里，人们都认为造纸术是东汉蔡伦于元兴元年（105）发明的，蔡伦之前的纸，均属于缣帛的一种，不是真正的植物纤维纸，故有所谓"蔡伦造纸"的说法。《后汉书·蔡伦传》正是这个观点的代表：

> 自古书契，多编以竹简，其用缣帛者谓之纸。缣贵而简重，并不便于人，伦乃造意用树肤、麻头及敝布、渔网为纸，元兴元年奏上之。帝善其能，自是天下莫不从用焉，故天下咸称蔡侯纸。

蔡伦（？—121），字敬仲，桂阳（今湖南郴州）人。东汉章帝建初年间入宫为小黄门，和帝时为中常侍，后加位尚方令。永元九年（97）监作秘剑及诸器械。元兴元年（105）用树皮、麻头、破布、旧渔网等为原料造纸。

有关蔡伦造纸的情况,东汉官修的本朝纪传体史书《东观汉记》和之后的《后汉书·蔡伦传》都有类似记载,《东观汉记》卷二十:

> 蔡伦,字敬仲,桂阳人。为中常侍,有才学,尽忠重慎。每至休沐,辄闭门绝宾客,暴体田野。典作尚方,造意用树皮及敝布、鱼网作纸。元兴元年奏上之,帝善其能,自是莫不用,天下咸称蔡侯纸。

由于《东观汉记》和《后汉书》的记述详细具体,事实确凿;加之这两部史书先后被尊为正史,影响较大,于是"蔡伦造纸"被人们广泛接受,以致"造纸术是蔡伦发明的"这一观点普遍流行,长盛不衰。

虽然,史籍中存在一些有关西汉和东汉初年"纸"的记载,时时提示——蔡伦之前已经出现纸张;唐宋时期也曾有学者指出西汉初年已经出现纸张,蔡伦不是纸的发明者,而是改良者。不过,仅凭几条语焉不详的文字记录,要推翻"蔡伦造纸"的传统说法,证明造纸术的发明早于蔡伦,显然缺乏足够的说服力。

20世纪以来,一些西汉古纸陆续被发掘出来,如1986年在甘肃天水放马滩发现西汉文景时期的纸质地图等,其材质不属于缣帛,由此说明,至迟在西汉初年,已经发明了造纸术,并已用于书写。

表3-1　20世纪出土西汉古纸(前73—23年)

古纸名称	出土地点	出土年代
罗布淖尔纸	新疆罗布泊汉烽燧遗址	1933
查科尔帖纸	甘肃额济纳河东岸汉烽燧遗址	1942

(续表)

古纸名称	出土地点	出土年代
灞桥纸	陕西西安灞桥汉代葬区	1957
金关纸	甘肃额济纳河东岸汉金关屯戍遗址	1973
中颜纸	陕西扶风中颜村汉建筑遗址	1978
马圈湾纸	甘肃敦煌马圈湾汉屯戍遗址	1979
放马滩纸	甘肃天水放马滩汉代墓葬区	1986
悬泉纸	甘肃敦煌甜水井汉悬泉邮驿遗址	1990

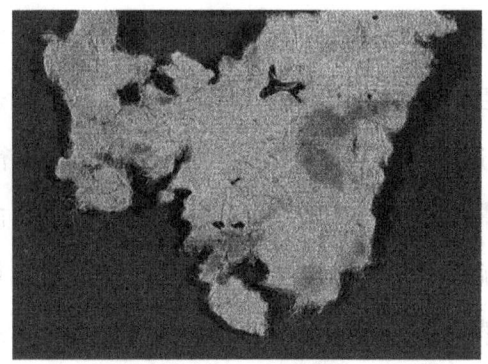

图3—1 金关纸

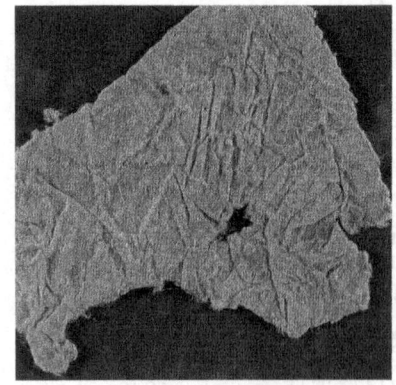

图3—2 马圈湾纸

图3—3 放马滩纸

这些古纸，出自汉初文帝、景帝以下直到新莽为止的各个时期，既非缣帛，也非丝质絮纸，而是地道的植物纤维纸。与蔡伦前后的麻纸只有精、粗之分，没有本质区别。

西汉古纸的出土，弥补了《史记》《汉书》关于造纸术记载的不足，澄清了《后汉书》关于造纸术记录的混乱，如《后汉书》多次提到蔡伦前已使用纸，但又认为纸是蔡伦发明的。这些西汉古纸充分证明：中国早在西汉时期已经发明了造纸术。中国不但是造纸术的故乡，而且是拥有全世界最早古纸标本的国家。

如前文所述，在造纸术发明之后相当长的时期内，这项技术并没有受到统治者重视，纸张也没有得到广泛运用和普及。直到约250年或300年之后的东汉中期，这种状况才得以改观。

东汉元兴元年（105），蔡伦总结、改进以往的造纸技术，有力推动了纸张的生产与普及。蔡伦为官尚方令，利用掌管宫廷中日用品制作的机会，接触到了各种工匠，具备良好的提高工艺技术的条件，再加自身的才智和努力，成功改进造纸技术。其贡献主要包括以下几个方面：第一，扩大麻纸制造原料，改进麻纸生产技术。蔡伦总结了西汉以来麻纸制造的经验，用破渔网为原料制出麻纸，扩大了麻纸制作原料；改进麻纸技术，组织生产出一批优质麻纸。第二，他以楮皮造纸，实现以木本韧皮纤维造纸的技术突破，进一步开辟了造纸的新原料，推动了造纸术的发展。皮纸的制成是重大技术创新，楮皮纸之后又出现了桑皮纸、瑞香皮纸、藤皮纸等，成为主导纸种之一。楮皮纸此后领千年风骚，直至今日。第三，蔡伦提出推广和使用纸的建议，得到朝廷采纳，成为造纸术的革新者和推广者。

虽然蔡伦不是造纸术的发明者，但他改进造纸技术、推广与普及纸张的功绩可与发明造纸术比肩，是造纸技术史上最具影响力的人物。他不仅扩大了造纸材料的来源，降低造纸成本，还制造出具有较高质量的纸张，对纸张生产与普及起到了至关重要的推动作用，为中国造纸事业的发展开辟了广阔道路。从此，纸张逐渐取代了竹木、缣帛，成为文字书写的主要载体。

从考古出土的汉简考察，东汉简牍实物的数目反比西汉时要少。这一现象表明了两点：其一，东汉以后，竹木简牍的使用已经越来越少，正逐步退出历史舞台。其二，东汉制作古纸的技术与质量都有大幅度提高，纸张已被广泛使用。

钱存训对造纸术发明的意义和作用，有过论断：

> 一般学者都公认，在古代文化交通的各种成就中，没有一种发明是可以和造纸术和印刷术的重要相比的；二者对现代文明皆有极其深远的影响。甚至在现代的日常生活中，虽然另有其他各种传播媒介，但至今都还不能代替纸和印刷术所具有的基本功能。（《书于竹帛》，《钱存训文集》第一卷，第3页）

二、古代造纸方法

古代造纸原料

麻（大麻、黄麻、亚麻、苎麻）：最早的造纸原料，其时间可上溯到西汉。柔韧、细密而不透水。

树皮（榖、楮、构、桑等）：东汉以后开始使用，蔡伦造纸就是用树皮。

藤：藤纸光滑、细密、耐用。晋代开始使用，主要生产地在今天的浙江和江西一带，盛行了千年。宋代以后，由于藤的来源不继，藤纸的生产逐渐式微。

竹：唐代中叶以后，竹逐渐代替藤和麻，成为造纸最主要的原料。

麦稻：即所谓的草纸。宋代以后开始使用。

造纸工艺流程

明代宋应星《天工开物》卷十八对竹及楮皮造纸的技术有专门叙述，并附有插图。卷十三"杀青"一节对造纸程序有详述：

①浸沤原料、捣碎、蒸煮、漂洗、漂白使成为纤维糜浆；

②用帘抄纸；

③叠纸压榨出水；

④接贴火墙上焙干等。

纸张的处理与加工

1. 施胶与填料。加胶能防止墨在纸中过分地吸收与洇散，使纸适宜于用墨书写。胶质还能使纤维质悬浮于纸浆槽内不沉淀，抄出来的纸质地匀称，厚薄疏密一致，使纤维之间的拉力增强。尤其是胶质能防止纸张堆叠时互相粘连。用某些极细的粉末状材料加入纸浆，使纸张的透明度增高，质地得到改善。黄豆是中国造纸术中所用的主要填料。

2. 染潢。用黄蘖树的汁水染纸，变成黄色。可以防止虫蠹，并使纸面光洁。敦煌抄本经卷中，经过染潢处理的纸极多。此种染潢之法，一直沿用至宋代。

3. 着色。不同朝代使用不同颜色的纸。魏晋南北朝时期，四川所用的笺纸是"桃花笺"，有绿、青、红等色；唐代花色更多，四川的笺纸已染成十种颜色：深红、粉红、杏红、明黄、深青、深绿、浅绿、铜绿和"浅云"色。

4. 涂布涂蜡。为使纸张光亮坚硬，常用黄蜡涂在上面。这种蜡纸称为"硬黄""黄硬"。涂蜡是用烧热熨斗熨烫，使蜂蜡均匀涂布纸面。涂蜡之后，纸面光洁，纸质挺括、透明，既可用来摹描书画，也可使因年深日久变为暗淡的纸张重现光彩。从唐代起，历经数朝，均用涂蜡的方法使旧纸见新。

三、造纸术的外传

作为文字载体，纸张是最理想的书写材料，具有无可比拟的优越性。当中国开始使用纸张的时候，世界上其他国家和民族还在使用着古老原始的书写材料。有将文字写在泥板上的，如两河流域的泥版书；有写在植物茎叶上的，如古埃及的莎草纸，古印度的贝叶经；有写在动物的皮上的，如欧洲的羊皮书等等。还有的刻在金属上，如金书、铅书等等。上述这些材质，有的极易损坏，不便保存；有的过于笨重或过于昂贵，皆不利于普及和推广。

中国造纸术的外传，第一步是纸张和纸制品（书、信件和绘画等）传入其他国家，第二步才是造纸技术的外传。3世纪时，造纸术首先传入越南，4世纪东传入朝鲜，5世纪经朝鲜传入日本。7世纪左右传入印度。

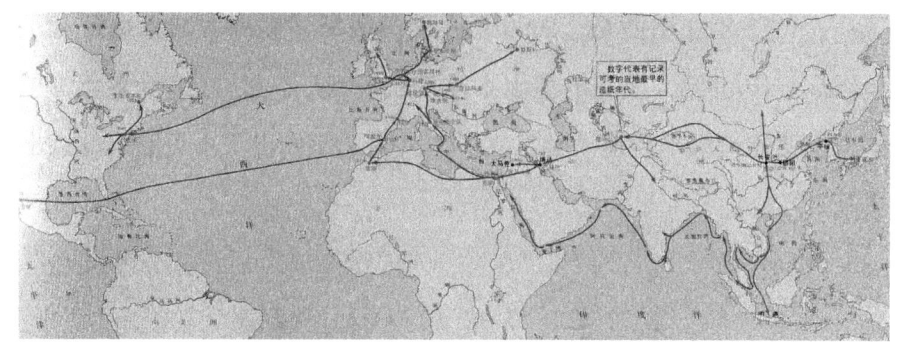

图3—4 中国造纸术外传路线示意图

造纸术向西方的传播是经由丝绸之路进行的。2世纪前后，西域地区已经有了纸的使用。5世纪时，全中亚都在使用纸张。8世纪，造纸术开始传入西方。唐天宝十一年（751）唐朝与大食（阿拉伯）发生战争，这就是著名的怛罗斯之战（今哈萨克斯坦共和国东南部的江布尔城），安息节度使高仙芝带领的唐朝军队被打败，许多士兵被俘，其中有些就是造纸工人，他们将造纸术传入中亚，首先在撒马尔罕（今乌兹别克斯坦境内）开设了造纸厂，于是，纸便成为阿拉伯人向西方出口的重要物品。此后，793年在巴格达，795年在大马士革，900年在埃及，1100年在摩洛哥，也相继建立了造纸厂。1150年，阿拉伯人渡海到西班牙，在西班牙南部的萨地瓦开设了欧洲大陆上第一家造纸厂（此时距蔡伦造纸已经有1000多年）。当时在西班牙掌握造纸技术的也只有阿拉伯人。自8世纪至12世纪，阿拉伯人在西方垄断造纸技术达400年之久。直到1189年法国人建造纸作坊，才是基督教自己建立造纸厂的开始。此后，1276年在意大利，1320年在德国，1323年在荷兰，1460年在英国，1567年在俄国，都陆续建立了造纸工厂。1575 年在墨西哥，1690 年在美国费城，美洲大陆上也建起了造纸厂。19 世纪，澳洲的墨尔本才建立造纸厂。经过 1000 多年，中国人发明的造纸术传遍了全世界，为人类文明作出了不可磨灭的杰出贡献。

第二节　先秦两汉书事要录

一、孔子与六经

孔子（前 551—前 479），名丘，字仲尼，鲁国曲阜人，春秋末期著名的思想家、教育家，儒家学派的创始人。孔子学识渊博，建立以"仁"为核心的儒家思想体系，创立儒家学派——《汉书·艺文志》所谓"游文于六经之中，留意于仁义之际"者；他编辑、整理当时的主要文献典籍"六经"，对周代古文献的研究、整理、保存和流传，具有不可磨灭的功绩；他首开私学授徒讲学，收授弟子三千，杰出者 72 人，不仅对文化和教育发展做出巨大贡献，也为儒家思想在后世的流传和发扬奠定了坚实基础。

孔子的先世是宋国贵族，后逃到鲁国。宋是商的后裔，鲁国是周公的旧封，都保存着商周文化典籍，为孔子整理研究古代文献提供了支持和保障。孔子搜集鲁、周、宋诸国文献档案，整理、删订《诗》《书》《礼》《乐》《易》《春秋》，并以此作为教本讲学。这六种书称为六经，汉代以后被统治者奉为儒家思想的经典著作，至宋代形成十三经。

研究表明，孔子对六经的整理、删订、传授，是各有特点，并不完全相同的。

《诗经》。早在孔子之前的春秋早、中期，三百篇已经流传较广，为人熟知，发挥着重要的政治作用。孔子推崇三百篇，以《诗》教授弟子，《论语》中记载了很多对《诗》的评论，"诗教"由此成为儒家文化的重要一端。在六经当中，孔子对《诗》的称引或评述的数量是最多的。他肯定"诗三百"的思想内容纯正"无邪"，符合"中庸"之道。引诗解诗往往联系实际，大力强调《诗》的政治意义和教化作用。孔子编订过一个《诗》的本子，以其传授弟子，这个传本基本就是今本《诗经》。

《尚书》。孔子非常熟悉《尚书》，常常诵习、引用之，他曾经整理《尚书》篇第序次，并加以订正，用作教本传授弟子。孔子将《诗》和《书》作为教学的课本，《诗》是文学和陶冶性情，《书》是历史和哲学政治，以贯穿道德教育，培育儒学人才。之后，成为知识分子的两本典型读物。

"礼经"即《礼》，唐代以后称《仪礼》。"礼经"在汉代以前仅称《礼》，东晋元帝时荀崧请置"仪礼"博士，始有"仪礼"之名，但未成为通称。至唐文宗开成年间石刻《九经》称《仪礼》，才称为通称，沿用至今。孔子删订六经，汉武帝设"五经"博士，其中的"礼经"即此《仪礼》之《礼》。

儒家原以"相礼"为业，熟悉礼，也很重视礼。孔子尊崇周礼，重视礼教，是很自然的事。他生活的春秋晚期，"礼崩乐坏"，孔子在提倡礼教的同时，积极整理、编订礼书，传授弟子，他教授弟子，不仅有礼仪实践方面的"礼乐射御书数"（即六艺），又有礼书典籍的传授，这就是六经中的《礼》（《仪礼》）。《礼》记录士的日常礼仪为主，故又名《士礼》。西汉以后的《礼》(《仪礼》)共17篇，由孔子的弟子、后学陆续撰作，其中包含孔子整理、编订过的部分。

需要说明的是，后世所谓"三礼"，即《周礼》《仪礼》《礼记》，在汉代并不将它们相提并论，也没有"三礼"之名。东汉末年，郑玄为《周礼》《仪礼》《礼记》作注，自序谓"凡著《三礼》七十二篇"，从此始有"三礼"之名。

《礼记》即关于《仪礼》的记，"记"是对《仪礼》的补充和阐发。今本《礼记》49篇，都是战国秦汉间儒家论礼文章的汇编，其内容全都以孔子所言所教为依归，与孔门传礼直接有关。有的以记载孔子及其弟子言行为主，有的是孔门弟子后学之作，思想内容与孔子言论有着密切的继承关系。其与孔子的关系非比寻常。

《周礼》原名《周官》，《汉书·艺文志》六艺类有"《周官经》六篇"。这是一部宏大的官制体系，系战国儒者根据前代旧典编定，成书年代不迟于战国后期，集中表现了作者"以礼治国"的观念。《周礼》的编撰目的和指导思想与孔子思想吻合，但总的看来，《周礼》与孔子或孔门的直接联系并不紧密，它没有孔门传习之直接或间接的证据，亦无正面记载孔子言行的资料，这与《仪礼》《礼记》有所不同。

《乐》。古代诗、乐一体，孔子教授弟子诗、乐并重；在传授中，既有乐的演奏实践，又有理论、书本的讲解。孔子重视乐，不仅着眼于某种技能的掌握，更是强调礼乐之政治教化作用，重视乐的性质、意义的解说，重视此类文献的整理利用。

《周易》原是筮书，在形成过程中，吸收了大量反映人事成败、概括社会或自然规律的内容，在春秋时期对于政治、社会生活，均有重要影响。《史记·孔子世家》说孔子"晚而喜《易》,……读《易》,韦编三绝"。从《论语》等记载看,孔子曾给弟子讲过《周易》,教学过程中,可能对《周易》有过一些编辑加工。孔子因为为政的需要而推崇《周易》,他引《易》论《易》,主要强调的是利用《周易》来推行教化、指导言行,而对其筮说是比较忽略的。《易传》("十翼")大部分的时代都比较晚,并非孔子所作,但其中也包括了少量孔子的遗说。所以西汉之后的《易传》是在孔子的基础上有所发展的。

"春秋"原为一般史籍的通称,如《秦春秋》《燕春秋》《宋春秋》《齐春秋》等。孔子利用鲁国现有的文献史料,编成《春秋》,作为教材向弟子传授。这是一部鲁国历史实录,"孔子成《春秋》而乱臣贼子惧"。战国之后,儒家不同门派纷纷对《春秋》做出解释,这些解释各不相同,传本也有差异,其中最重要的三派的传本分别是《左传》《公羊传》和《谷梁传》,即所谓"《春秋》三传"者。孔子所作《春秋》的原貌,已不可见。今

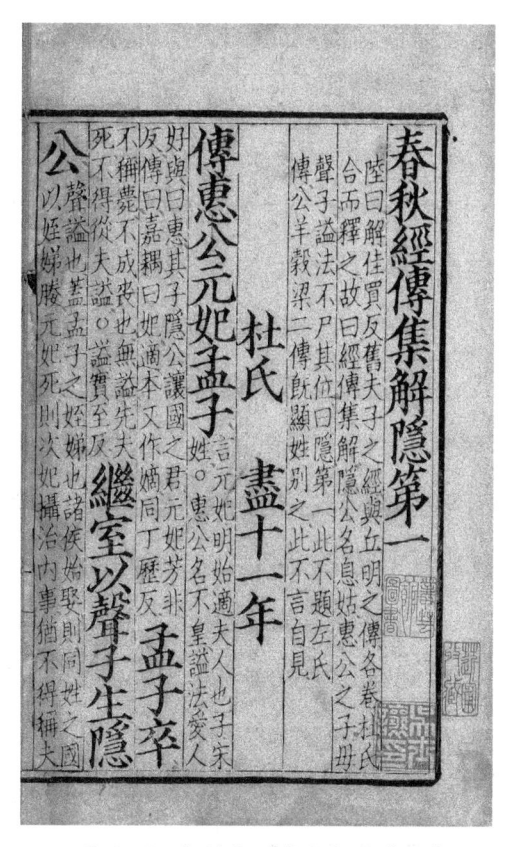

图 3—5 宋刻本《春秋经传集解》

传《春秋》，系指《春秋》三传各自所列经文。

孔子作为思想家、政治家，立足于社会现实需要来利用和对待六经，在阐释《易》《书》《诗》《仪礼》时，往往不拘泥于文献的字面原义，而用其引申义、比喻义，甚至有断章取义的倾向。也就是说，孔子用自己的思想和主张来解读六经，对旧的知识体系进行新的解释和发展，从而发展出后来的儒家思想。他借助对这些经典的创造性阐释来表达自己的思想，这种以传经来传道的方式，是对中华民族文化元典及其基本精神的继承弘扬，对后世的政治与学术都产生了深远影响，这也是后来儒家最终超越其他诸子而成为西汉官学的重要原因。六经因孔子得以进一步弘扬，而孔子也因整理、传授六经而对中华文化做出卓越贡献。孔子之所以被后世称为"万世师表""至圣先师""天纵之圣"，成为中国文化的圣人和象征，其整理删订六经的功绩正是重要因素之一。

孔子整理删订的六经，在其后的传世文献中得到部分保留。如西汉以后传世的《周易》《尚书》《诗经》《仪礼》《春秋》中保存了不少孔子订本的内容，其中《周易》《诗经》甚至大体近似而小有差异；而某些篇章又存在着明显的差别，如西汉以后的《尚书》等传本与孔子整理本已相去甚远。

后世对六经的认识，往往与孔子有关。司马迁曾感慨说"自天子王侯，中国言六艺者折中于夫子，可谓至圣矣！"（《史记·孔子世家》）这个评价是恰如其分的。

司马迁这里所谓的"六艺"即"六经"。在先秦文献中，六艺本指西周时期官学教育的六门功课，即公卿大夫子弟学习的六种技艺，包括"礼、乐、射、御、书、数"。书、数为小艺，主要是识字，写字和算术；其他礼、乐、射、御四个为大艺，是大学课程，学习礼仪、乐舞、射箭、驾车。汉代以后，随着西周旧制的消亡，对六经的研习逐渐成为学艺的主要内容，便以"六艺"称"六经"，如《汉书·艺文志》有"六艺略"，收录九类经书（汉人将《论语》、《孝经》、小学类也归入六艺）。又《汉书·儒林传》云："古之儒者，博学乎六艺之文。六艺者，王教之典籍，先圣所以明天道，正人伦，致至治之成法也。"这些均以"六艺"称"六经"。

西汉武帝听从董仲舒建议，"罢黜百家，独尊儒术"，最终确立了儒家在诸子百家中的正统地位，儒家著作六经由此开始被奉为法定经典，受到青睐。

"经"的本义是指织物的纵线，与"纬"相对。《说文解字·糸部》："经，织从（纵）丝也。从糸，巠声。"经线贯穿于整幅丝织品之间，故"经"引申为常、本的意思。由此引申，一些人们经常使用、常相传授的基本典籍，即被称为"经"；也用以指国之纲纪或既定的法规等。

春秋战国乃至秦汉之间通常所谓之"经"，往往指具有典范性、纲领性的前代要籍，或先贤、先师之作，含有尊崇、推重之意。那些解释或发挥经义的，则称为"传""记""说""解"，后来又有"训""诂""注""笺"等名。

与经书相对的，有"纬书"。纬书是假托孔子的释经之书，汉代今文学家依托儒家经义宣扬符箓瑞应占验之书，称为"纬书"。他们以与经学相经纬的名义（经是纵丝，纬是横丝，以成织物），为每一部经书编写了"纬书"，《易》《书》《诗》《仪礼》《乐》《春秋》六经加《孝经》的纬书，合称"河洛七纬"。纬书内容附会人事吉凶，预言治乱兴废，颇多怪诞之谈，但对古代天文、历法、地理等知识以及神话传说之类，均有所记录和保存，故也有一定价值。由于其中含有"谶语"，后来也将"谶""纬"合称，称为"谶纬"。谶纬之学始于董仲舒，西汉末年以后成为儒家的主要特点之一。

春秋以前，所谓"诗""书""礼""乐""易""春秋"，大体都是某类文献的通称。每类文献，或有性质相类的典籍，或有不同的传本。"六经"之称见于战国，其序次为《诗》《书》《礼》《乐》《易》《春秋》。这在《庄子》的《天运》《天下》《徐无鬼》诸篇，《商君书·农战》《荀子·儒效》，以及后来的《礼记·经解》《淮南子·泰族训》《春秋繁露·玉振》《史记·儒林传序》等的记载中都基本一致（《商君书》《荀子》未提到《易》）。而近年出土的郭店战国简《六德》《语丛一》中提到的六经之名及其序次与此完全一致，更证实了这些记载的可靠性。由此也可看出，先秦时期，六经并非儒家所特有，其他诸子各家也对六经有关注和研究。作为研治六经的诸子各家之一，孔子及其之后的儒家在春秋战国时期的传经、治经，仅限于本门学派的内部，亦无经学之名。直到西汉之后，儒家经学才得到真正的确立和全面发展。

东汉《汉书·艺文志》的《六艺略》，将六经的序次改为《易》《书》《诗》《礼》《乐》《春秋》，之后直至清代十三经，都一直保持这个序次。这个改变，大概是东汉以后的学者认为应该根据经书编著年代的早晚来排序，《易》据说始于伏羲画卦，是最早的；《书》有《尧典》，比伏羲晚，列于第二；《诗》有《商颂》，或许可以归为商代，列于第三；《礼》和《乐》相传是周公所作，列在第四、第五；《春秋》经过孔子删订，置于最末。

六经经过秦火之后，《乐》亡佚，只存《易》《书》《诗》《礼》《春秋》五经，故有"五经"之说，武帝始设置"五经"博士。至东汉增加《论语》《孝经》，合称"七经"。

到了唐代，唐太宗命国子祭酒孔颖达等诸儒撰著五经义疏，对汉以来的经学做一次总结性的整理，唐高宗永徽四年（653），"颁孔颖达《五经正义》于天下"（《旧唐书·高宗本纪上》）。之后又增加了贾公彦撰《周礼》《仪礼》二"义疏"、杨士勋撰《谷梁疏》、徐彦撰《公羊疏》，于是《易》《书》《诗》《周礼》《仪礼》《礼记》《春秋左传》《春秋公羊传》《春秋谷梁传》合称"九经"。唐文宗大和七年至开成二年（833—837），郑覃等在国子监刻立开成石经，除"九经"之外，增加《孝经》《论语》《尔雅》三种，称为"十二经"。宋代儒家重心性之学，将《孟子》归入经书，成"十三经"，北宋哲宗元祐年间的科举考试已经包括《孟子》。至宋代，十三经作为儒家经典核心文本终于得到确立。

关于十三经的由来，清顾炎武《日知录》解释得清楚明白：

> 自汉以来，儒者相传，但言"五经"。而唐时立之学官，则云"九经"者，"三礼""三传"分而习之，故为九也。其刻石国子学，则云九经并《孝经》《论语》《尔雅》。宋时程朱诸大儒出，始取《礼记》中之《大学》《中庸》，及进《孟子》以配《论语》，谓之"四书"。本朝因之，而"十三经"之名始立。

表 3-2 十三经

序号	书名	注者	疏者
1	周易	（魏）王弼、（晋）韩康伯注	（唐）孔颖达等正义
2	尚书	旧题（汉）孔安国传	（唐）孔颖达等正义
3	毛诗	（汉）毛亨传，郑玄笺	（唐）孔颖达等正义
4	周礼	（汉）郑玄注	（唐）贾公彦疏
5	仪礼	（汉）郑玄注	（唐）贾公彦疏
6	礼记	（汉）郑玄注	（唐）孔颖达等正义
7	春秋左传	（晋）杜预注	（唐）孔颖达等正义
8	春秋公羊传	（汉）何休注	（唐）徐彦疏
9	春秋谷梁传	（晋）范宁注	（唐）杨士勋疏
10	论语	（魏）何晏集解	（宋）邢昺疏
11	孝经	（唐）玄宗李隆基御注	（宋）邢昺疏
12	尔雅	（晋）郭璞注	（宋）邢昺疏
13	孟子	（汉）赵岐注	旧题（宋）孙奭疏

二、百家争鸣

春秋战国是伟大的变革时期，随着社会经济制度、生产关系的变革，教育逐渐普及，知识突破"学在官府"的桎梏而为平民阶层掌握，士阶层获得新的发展。各国诸侯从巩固政治权利的需求出发，纷纷招贤纳士，养士用士制度，给士阶层的智慧和才能提供了展示的空间；知识的广泛传播促进了各种哲学思想和科学理论的兴起，私人著述开始大量涌现。他们阐发各自学说，著书立说，出现了儒、道、阴阳、法、名、墨、纵横、杂、农等百家争鸣的盛况，在政治、经济、科技、文化艺术和哲学思想等各领域，为中华文明奠定了理论基础。

吕思勉说：

> 诸子之学之起源，旧说有二：一出《汉·志》（按，即《汉书·艺文志》），谓其原皆出于王官。一出《淮南要略》（按，即《淮南子·要略》），谓皆以救时之弊。予谓二说皆是也。何则？天下无无根之物；使诸子之学，前无所承，周、秦之际，时势虽亟，何能发生如此高深之学术？且何解于诸子之学，各明一义，而其根本仍复相同邪？天下亦无无缘之事，使非周、秦间之时势有以促成之，则古代浑而未分之哲学，何由推衍之于各方面，而成今诸子之学乎。……由前则《汉志》之说，由后则《淮南》之说也。各举一端，本不相背。（《经子解题·论读子之法》，华东师范大学出版社，1995年，第89页）

诸子之间学术争论最集中的地方是齐国的稷下学宫，齐国几代君主网罗天下贤士，稷下学宫开设一百五十多年，人文鼎盛。稷下诸子人格独立，言论自由，兼容并包，诸家互通。如此学术交流、百家争鸣的学术盛况，在中国学术史上意义深远。

诸子百家著书立说，整理文献，促进了典籍的整理、编撰与传播，使中国古代书籍的发展进入一个崭新的蓬勃发展阶段，影响中国2000多年的经典著作由此逐步形成。这些著述不仅见于《汉书·艺文志》等有关书目的记载，即在当今，也不断有考古出土当时的著作实物。

《汉书·艺文志》的诸子略列举了比较重要的十家：儒、道、阴阳、法、名、墨、纵横、杂、农、小说。同时指出，道家的特点是"独任清虚";阴阳家的缺点是:"牵于禁忌,泥于小数,舍人事而任鬼神";法家"信赏必罚";名家强调"名不正,则言不顺;言不顺,则事不成";墨家"推兼爱之意,而不知别亲疏"。

儒家,代表人物孔子、孟子、荀子。作品有《论语》《孟子》《荀子》,宣扬礼乐秩序、人性论、仁与义、人伦与人道。《论语》是孔子弟子及再传弟子编辑的关于孔子对弟子的答问记录。《孟子》记录孟子言行及其与弟子、门人的相互问答,是孟子政治学说、哲学思想的反映。孟子生活在战国中晚期,他提出与孔子一脉相承的"民贵君轻"的民本思想,主张以仁义礼智信为道德教育的主要内容,对中国传统文化产生了重要影响。

图 3—6 宋刻本《荀子》

道家,代表人物老子、庄子。作品有《老子》《庄子》,主要思想是虚无与道,无为与因循,齐物与逍遥。

墨家,代表人物是墨子。作品有《墨子》,主张兼爱、非攻、尚贤、节用。

法家,代表人物是韩非、李斯,代表作品有《管子》《韩非子》。主张以刑法治理国家和加强君主的权势,《管子》相传为齐国管仲所撰,今存75篇,其中大部分并非管仲个人所作。《韩非子》大部分是韩非子本人所作。

图 3—7 清华大学藏战国简《管仲》

名家，代表人物：邓析、惠施、公孙龙和桓团。作品：《公孙龙子》。

阴阳家，代表人物：邹衍（阴阳五行说）。

纵横家，代表人物是苏秦、张仪。主要言论见《战国策》，以及马王堆出土的《战国纵横家书》。

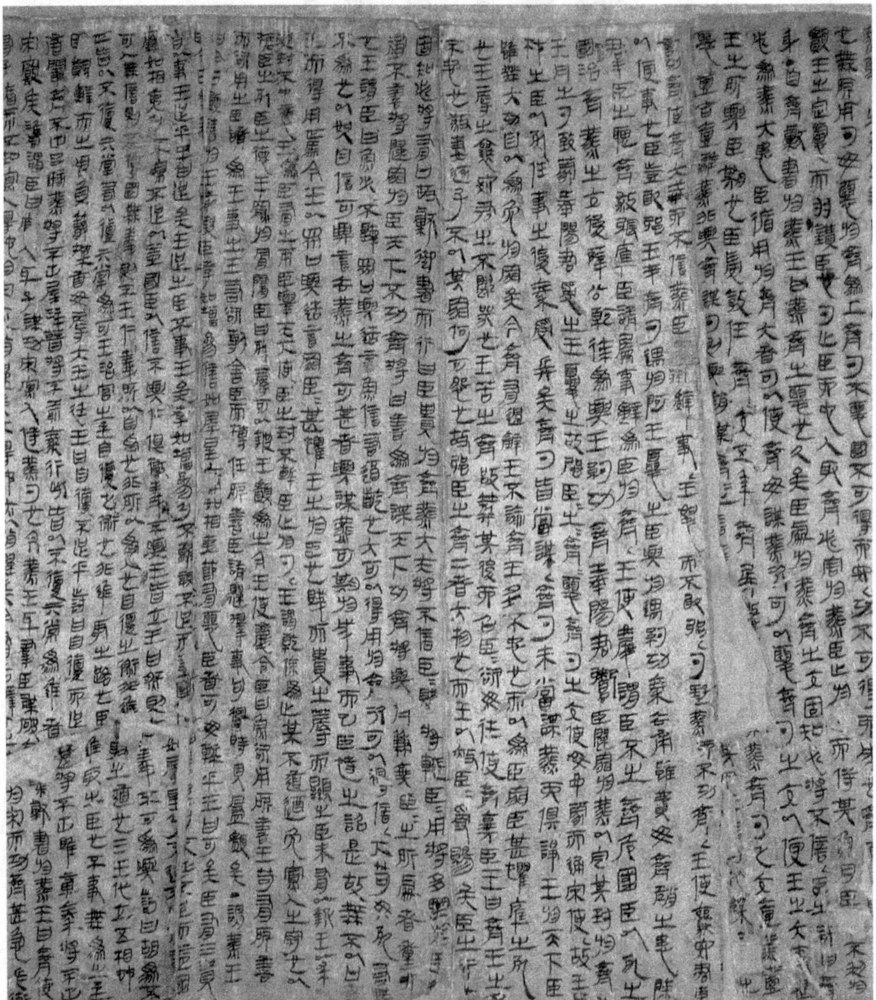

图 3—8 马王堆西汉帛书《战国纵横家书》

杂家出现得较晚，集合众说，兼收并蓄，其观点"兼儒、墨，合名、法"而不主一家。代表作品是秦相国吕不韦组织宾客集体撰写的《吕氏春秋》。

农家，播百谷，劝耕桑，以足衣食。

小说家，街谈巷语，道听途说者之所造也。孔子曰："虽小道，必有可观者焉。"

三、焚书坑儒

秦统一六国之后，强制推行思想文化的统制政策，一些儒生和游士引经据典，针砭时政，以古非今，为当政者所不容。秦始皇三十四年（前213），在丞相李斯的建议下，大量书籍遭焚毁，包括秦统一前的列国史记和百姓私藏的《诗》《书》和百家语。当时还制订了一系列严酷法律，以确保书籍焚毁。至于秦国的史书、博士官收藏的书籍和百姓家藏的医药、卜筮、种树等技艺之书，则不在此列。次年，始皇又在咸阳坑杀诸生460余人。焚书坑儒是对于古代文化典籍的一次极大破坏。

焚书的具体情况是：第一，"博士官所职"，即官府所藏的《诗》《书》、诸子书都不在烧毁之列；第二，医药、卜筮、种树、法家、兵家之书不在禁毁之列；第三，各国的史记禁绝尤甚，损失严重。李斯建言："史官非《秦记》皆烧之"，诸国史书又多藏官府，为史官所掌，几乎灭尽，以致司马迁写《史记》时只见到《秦记》；第四，民间所藏《诗》《书》及诸子书损失严重，却远未被烧绝，汉代屡有先秦古书被发现。

以后历代书籍又经历西汉更始年间王莽之灾、北魏太武灭佛、隋大业焚毁、南宋绍定荼毒、清初绛云烈焰、清末列强毁抢等多次毁灭之灾。

四、今古文之争

西汉初期，学者们不断总结秦亡的教训，提倡儒学，改造儒学，使儒学逐渐为统治者接受和重视。从汉武帝开始，确立了儒学的尊崇地位，形成以经学为中心的儒家文化典籍，影响深远。

在传授、整理经学典籍的过程中，形成了各有不同师传的今文经学派和古文经学派。

今文经主要来源于口耳相传。如《春秋公羊传》，经过公羊氏五世口传，至汉始著于竹帛；今文《尚书》，是伏生口授，由晁错记录下来。其实今文经的祖本皆为古文，今文经系由今文经师改易古文本而成，如《尚书》的伏生传本是伏生以今文改易古文本而成。

古文经指自先秦以来流传下来或重新发现的先秦古本经书，因这些经书用先秦古文字写成，被称为"古文"；与之对应，当时流行的儒家经典便被称为"今文"。

自先秦以来流传下的古文经如古《周易》，因为卜筮之书得以保存，传者不绝；《诗经》也是一直流传的。重新发现的经书古本有两类：1．孔子旧宅所藏。景帝或武帝初年，鲁恭王为扩建宫室而毁坏孔子旧宅，从坏壁中发现了以古字（篆书）书写而成的《尚书》《礼记》《春秋》《论语》《孝经》。2．民间所藏。鲁国淹中（里名，位于今山东曲阜）旧地所出《礼》古经；河间献王刘德得民间所藏《周官》《尚书》《仪礼》

《礼记》《孟子》《老子》等。通过以上途径得到的古文经分别是《周易》、《尚书》、《毛诗》、《礼经》（《仪礼》）、《礼记》、《周官》（《周礼》）、《春秋经》、《左传》、《论语》、《孝经》。

在汉代，研究今文经书的学派称为今文经学派，研究古文经书的学派称为古文经学派。今、古文经及其学派的主要区别：

第一，经书写本不同，字体不同。今文经是使用汉代当时通行的隶书书写，而古文经是先秦保存下来的使用先秦古文字（篆书）抄写的古本；彼此有异文，即文字或字句不同；篇章不同。

第二，说解不同。今、古文家对典籍内容作出不同的解释，这些不同表现在训诂名物、事实典制等方面。

第三，宗旨不同。今文学家标榜"经世致用"，即强调经书的直接的、简单化的实用目的。如西汉今文学家有所谓以《春秋》断狱，以《诗》三百篇当谏书，以《尚书·禹贡》治河，以《尚书·洪范》断灾异等等。此外今文学家多言阴阳灾异，宣扬天人感应的迷信思想，把儒学神话，为巩固现实统治服务，解说经书往往牵强附会。而古文学家追求对经书本身作确实的解释，因此多从弄通语言文字入手，学术性较强。

今文经学派是植根于现实思想政治土壤的一种学派，受到统治者重视，垄断着西汉一代及东汉初年的思想文化领域。西汉自文帝设立博士官，自汉武帝至西汉末，几乎就是今文经学一统天下。东汉完全承袭西汉，立今文十四博士。与西汉不同的是，东汉自章帝开始比较重视古文，但今文经学的政治地位仍是古文经学无法比拟的。

古文经的发现，是汉代史学和文化的一件大事，但遭到今文学家的强烈反对。随着古文经书的不断被重新发现，古文学家对本学派受到压制的不满情绪越来越强烈，今古文之争势在必然。鲁恭王从孔子旧壁中发现古文经书后，将这些经书归还孔家。孔子十一世孙、著名学者孔安国用当时通行的隶书将这些先秦古文字旧书释读出来，发现其中《尚书》内容较当时流行的今文文本多出16篇，其余相同篇章在文字上也多有差异，《仪礼》36篇也都不见于当时流行的今文文本。后来孔家将这批书献给朝廷，希望能够被立于学官，但因故搁置。汉成帝时，刘向、刘歆父子受命校理朝廷藏书时再次发现了这些书，将其整理出来，是为《尚书》、《毛诗》、《周官》（《周礼》）、《左氏春秋》。古文经学派的代表人物刘歆在哀帝的支持下将这些古文文本立于学官，置古文经博士，受到今文学博士们的反对，拉开了今古文之争的序幕。刘歆指斥今文家反对古文，主要是垄断学术，是"抱残守缺"的门户之见；刘歆认为今文经经过秦火之余，今文家"因陋就简"，烦琐臆断；而"古文旧书，皆有征验"，今文学家对古文经的贬抑之词，纯属诬妄。刘歆之后，东汉时期今古文之争持续不断。

今古文之争特点和意义主要有如下几个方面：第一，今文经学始终占据官学的席位，而古文经学被排斥在外。第二，在学术界古文经学逐渐取得优势，成为东汉经学的主流。当时古文名家众多，如卫宏、贾逵、郑兴、郑众、马融、许慎等，而今文名家仅何休一人而已。这也反映了古文经学在学术上的生命力。第三，今古文经学在论争中互有渗透、吸收，对门户之见有所突破，出现以古文为主，对今文兼容并蓄的现象，学兼今古、兼治群经的学者颇多，以郑玄为突出代表。第四，今古文经之争遍涉五经，尤其以《春秋》为焦点。

今古文之争影响深远。今文经学派出于"经世致用"的目的，往往借题发挥，穿凿附会，例多伪说；而古文经学派则追求对经书的正确理解，多从切实弄懂文字训诂、名物典制入手，力图达到对思想内容的准确把握，因此比较可靠。当然古文经学也有伪书伪说，托古作伪。可以这样说，今文经学提供了思想史上的重要资料，而古文经学则提供了文献学的重要经验和成果。今文经学派对后世的义理学派产生了较大影响，义理学派是研究《周易》两大学派之一，《四库全书总目》将这个学派的创始人确定为魏时的王弼，之后的继承者有宋代的程颐、张载、杨万里等；而古文经学派则对后世的训诂、考据学派产生较大影响。

五、刘向刘歆校书

刘向（约前77—前6），西汉著名的经学家、目录学家和文学家。本名更生，字子政，沛县（今江苏沛县）人，汉楚元王刘交四世孙。历仕辇郎、谏议大夫、光禄大夫等职。其子刘歆（？—23），字子骏。少承家学，治经好古，与父刘向同校秘府藏书。

《汉书·艺文志》载：

> 至成帝时，以书颇散亡，使谒者陈农求遗书于天下。诏光禄大夫刘向校经传诸子诗赋，步兵校尉任宏校兵书，太史令尹咸校数术，侍医李柱国校方技。每一书已，向辄条其篇目，撮其指意，录而奏之。会向卒，哀帝复使向子侍中奉车都尉歆卒父业。歆于是总群书而奏其《七略》，故有《辑略》，有《六艺略》，有《诸

子略》，有《诗赋略》，有《兵书略》，有《数术略》，有《方技略》。

西汉王朝建立后，重视书籍的征集工作，也做过一些编次整理，但都不成系统。汉成帝委派谒者陈农出使四方，大规模征集天下书籍，国家藏书空前丰富，量大而繁，且传本不一，亟须整理编目。河平三年（前26），汉成帝诏令刘向主持，对国家收藏的书籍进行一次全面的整理。主要参与者还有步兵校尉任宏、太史令尹咸、侍医李柱国、使谒者陈农，以及刘向的儿子刘歆等。具体分工是：刘向校经传（六艺）、诸子、诗赋，任宏校勘兵书，尹咸校勘数术类书籍，李柱国校勘方技书，陈农负责到民间征集访书、汇集众本。最后由刘向总其成。这次整理活动历经20余年，共计整理了596家13269卷，是历史上第一次由政府组织进行的书籍整理工作。

刘向等人编辑整理群书大致分为以下几个步骤：广辑众本、补缺去重；校雠全文、厘正文字；编定目次、确定书名；撮其旨意、撰写叙录；杀青定稿、缮写上奏；分门别类；剖判艺文、编成目录。在整理过程中，编成《别录》《七略》两部书录解题著作，《别录》成书在前，《七略》继承《别录》的成果并稍加完善。《七略》是中国第一部系统的综合性书籍目录，是西汉以前学术史的系统总结，对后世学术研究产生了积极的作用和影响。《汉书·艺文志》基本照搬《七略》，仅仅做了些删节。《别录》《七略》皆早已亡佚，幸赖《汉书·艺文志》得以保存其概貌。

《七略》计分辑略（总序）、六艺、诸子、诗赋、兵书、术数、方技7部分，其下又分38小类。

辑略：诸书总要

六艺略：易、书、诗、礼、乐、春秋、论语、孝经、小学

诸子略：儒、道、阴阳、法、名、墨、纵横、杂、农、小说

诗赋略：屈原赋等20家、陆贾赋等21家、孙卿赋等25家、杂赋、歌诗

兵书略：兵权谋、兵形势、阴阳、兵技巧

数术略：天文、历谱、五行、蓍龟、杂占、行法

方技略：医经、经方、房中、神仙

其中，第一部分"辑略"并非分类之一，而是总序和类序的汇编，说明学术源流和类例。故该书对书籍的分类实为6类。

刘向刘歆校理群籍，为书籍分类编目，在中国目录学史上首创分类目录，章学诚在《校雠通义》卷二说"刘《略》班《志》，乃千古著录之渊源"，"后世目录之鼻祖"。《七略》将书籍分为6大类38种，反映了学术发展的历史与现状，这样的分类，正是章学诚所谓"辨章学术，考镜源流"——在评介学派和书籍内容上，分门别类，溯其源流，分析其内容，并总结特点，这个原则成为中国古代"治书之学"的一大优良传统。刘氏父子使用这样的分类原则，使得目录作为治学门径，很有实际效用，历来为学者推崇。汉代王充《论衡·案书》云："六略之录，万三千篇，虽不尽见，指趣可知。"

清代学者金榜说："不通《汉书·艺文志》，不可以读天下书。《艺文志》者，学问之眉目，著述之门户也。"（王鸣盛《十七史商榷》卷二十二）当我们了解了《汉书·艺文志》与《七略》的关系，就不难明白，此语名为肯定《汉书·艺文志》，实则肯定《七略》。由此可见《别

录》《七略》在学者心目中的地位。

刘向刘歆分类编目时，采用互著与别裁的编辑手法。"互著"是将内容可以属于若干门类的书籍在有关各类中同时著录，不避重复。如《荀卿子》在"兵书权谋家"和"儒家"中同时收录。"别裁"是裁篇别出之法，即将一书之内自为一类的内容分析著录。如《管子》，道家之言也，刘歆裁其《弟子职》入小学；《七十子所记》一百三十一篇，刘歆裁其《三朝记》篇入《论语》。

刘向刘歆校书的另一个重大成果是确定书名。古书多集篇而成，初无总名，后世流传，名称不一。刘向刘歆均确定其名，所定书名，多为后世所因，在书籍流传中产生了巨大影响。

这次整理工作还为每部书撰写解题，内容包括介绍版本和书名的来历，交代篇数，作者生平，内容简介，辨别真伪等等。这样的解题也称"叙录""书录"。

刘向刘歆的工作是对先秦以及西汉书籍存佚和学术发展情况的系统总结，是继孔子删订六经之后，第一次大规模全面地整理文化遗产的活动。他们的编辑整理活动，不仅对中国传统的"治书之学"（如校雠学、目录学、辨伪学、文献学等学科）的建立和发展产生了直接的催生和促进作用，而且其编辑思想和方法也对后世产生了相当深远的影响。

刘向刘歆校书，几乎囊括了当时所能见到的全部书籍。而《七略》的分类体系奠定了中国古代书籍分类的思想理论基础，对后世产生极大影响。至于每一部书都有明确的书名、篇名、作者、目录、叙录、正文和附件，结构清楚，题写规范，已明显不同于初创时期的书籍。

刘向刘歆为中国书籍的正规化作出了不可磨灭的重大贡献。

六、儒家经典刻石

东汉熹平年间，汉王朝将儒学经典《周易》《尚书》《鲁诗》《仪礼》《春秋》《公羊传》《论语》刻石立于太学，成为中国最早刻于石碑上的官定儒家经本。

汉代经师各承师说，又有今古文之争，各家经文皆凭所见，无供传习的官定经本，博士考试亦常因文字异同引起争端。熹平四年（175），汉灵帝接受议郎蔡邕等奏请，参校诸本，订正六经文字。由蔡邕主持并亲自书写，将7部儒家经典共20万字，镌刻成46块碑，碑高一丈许，宽四尺。至光和六年（183）完成，立于洛阳城南的开阳门外太学讲堂前，是为熹平石经。《后汉书·蔡邕传》载："及碑始立，其观视及摹写者，车乘日千余辆，填塞街陌。"随着熹平石经刻立，"五经一定，争者用息"（《后汉书》卷一百零八《宦者列传·吕强传》）。儒家经典有了统一文本，对统治者统一思想与学术都起到至关重要的作用。熹平石经开创了用刻石的方法向天下公布经文范本的先河，此后历代又有魏正始石经、唐开成石经、北宋嘉祐石经、清乾隆石经等6次大规模的儒家经典刻石，形成一类特殊的书籍形式。

清代以前的石经，以唐开成石经保存最为完好，即今西安碑林，它是研究经书历史的重要参考资料。著名的儒家经典刻石有：

熹平石经

董卓之乱时开始遭到破坏，至唐代初年已经损失殆尽。宋代以后不断有残石出土和发现，历代共收集到8800块，主要收藏于西安碑

图3—9 熹平石经残石　　图3—10 正始石经残石

林博物馆、洛阳博物馆和国家图书馆。

正始石经

每字皆用古文、小篆和汉隶三种字体写刻，故称三体石经。唐朝时已经十不存一。清末以后陆续出土了一些残石，主要收藏于国家博物馆、河南省博物馆、国家图书馆等单位。

开成石经

原立于唐长安国子监内，宋代移至府学北墉（今西安碑林博物馆），今保存完好。

唐宋石经另有广政石经，南宋晚期已经亡佚；嘉祐石经，经文用篆、真二体书写，故又称"二体石经"，已亡佚；绍兴御书石经（又称高宗御书石经）等。

乾隆石经，清乾隆五十六年至五十九年（1791—1794）刻立，又称"十三经碑刻"，现存北京孔庙。是历代儒家经典刻石中最完整的一部，共63万字，190座石经。

表 3-3　历代儒家石经一览表

名称	别称	刻立时间	刻立地点	字体	内容
熹平石经	一体石经、汉石经	东汉熹平四年至光和六年（175—183）	洛阳城南门外太学讲堂前	隶书	七经：周易、尚书、鲁诗、仪礼、春秋、公羊传、论语
正始石经	三体石经、魏石经	三国魏正始年间（240—248）	洛阳城南开阳门外太学讲经堂前	古文、篆书、隶书	三经：尚书、春秋和部分左传
开成石经	唐石经、雍石经	唐大和七年至开成二年（833—837）	长安（今西安）务本坊国子监太学讲经堂	楷书（经文）、隶书（标题）	十二经：周易、尚书、毛诗、周礼、仪礼、礼记、左传、公羊传、谷梁传、孝经、论语、尔雅（附：五经文字、新加九经字样）
广政石经	蜀石经、后蜀石经、成都石经、益都石经	五代后蜀广政七年至十四年（944—951）	成都府学石经堂	楷书	初刻十经：周易、尚书、毛诗、周礼、仪礼、礼记、左传、论语、孝经、尔雅（宋代补刻：公羊传、谷梁传、孟子等）

(续表)

名称	别称	刻立时间	刻立地点	字体	内容
嘉祐石经	二体石经、北宋石经、汴学石经、开封府石经	北宋庆历二年至嘉祐六年（1042—1061）	汴京（今河南开封）太学	篆书、楷书	九经：周易、尚书、诗经、周礼、礼记、春秋、孝经、论语、孟子
绍兴御书石经	南宋石经、高宗御书石经、光尧石经	南宋绍兴十三年至淳熙四年（1143—1177）	临安（今杭州）太学首善阁及大成殿后三礼堂	楷书（周易、尚书、毛诗、左传、礼记）、行书（论语、孟子）	七经：周易、尚书、毛诗、左传、论语、孟子、礼记
乾隆石经	清石经、十三经碑刻	清乾隆五十六年至五十九年（1791—1794）	北京国子监	楷书、篆书（额）	十三经：周易、尚书、诗经、周礼、仪礼、礼记、左传、公羊传、谷梁传、论语、尔雅、孝经、孟子

第三节　先秦两汉经典著作

一、《周易》

《周易》即《易》，是周代人简易的算卦之书，随着后人对它不断的注释阐发，逐渐演变为一部讲哲理的哲学著作，汉代以后被奉为儒家经典，被尊为"五经"之首。在漫长的流传过程中，《周易》文本发生过较大变化，今传《周易》包括本经和易传两部分，本经即六十四卦象及卦辞、爻辞；易传指《彖》（上下）、《象》（上下）、《系辞》（上下）、《文言》《说卦》《序卦》《杂卦》，即所谓"七种十翼"，是对本经的解释、疏通、阐发。本经部分大致形成于殷周之际，易传是一些思想家对《周易》原理及道德伦理、宇宙观念、人生哲学的阐述，成书时间比较晚，大约在战国到秦汉之际。

《周易》对中国古代的哲学、宗教、科学技术、文学艺术以及政治和伦理生活、风俗习惯都有深刻影响。《周易》作为中华文化的源头之一，对熔铸中华文化的基本精神，形成自己的民族特色，促进人类文明的进步，有着不可磨灭的贡献。在中华元典中，就其对中国文化的影响而言，《周易》是首屈一指的。

《周易》有很多经典名言，如："天行健，君子以自强不息；地势坤，君子以厚德载物。"教导人们要刚毅坚韧坚卓，发愤图强，永不停息。清华大学校训："厚德载物，自强不息"，即来源于此。

早在春秋时期，《周易》已经被奉为神圣的经典广泛流传，至迟在战国前期，学者们系统研究和解释《周

图 3—11 上海博物馆藏战国简《周易》

易》，儒家、道家、阴阳家等都有涉足。上海博物馆藏战国简《周易》、清华大学藏战国简《筮法》、长沙马王堆出土的西汉文帝时期的帛书《周易》，是目前所见的早期《周易》版本，这些最新出土的简帛书，其篇章卷次、文字等都与传世文献存在着不小的差异。

汉代以后，对《周易》经传的解释不断增多，逐渐形成一套理论体系和不同的学术流派，即易学。

《周易》在西汉武帝以后被尊为五经之首，官方和民间都有一大批经师和学者，以治《易》为己任，仅汉代官学中教授《周易》的博士就有施、孟、梁丘三家。汉代学者解《易》注重文字训诂和考据，注重象数，以阴阳奇偶之数和八卦所象征的物象（宋代称为象数之学），并同天文历法相结合，以卦气说解释《周易》，也就是依据形象和数量来推测自然界的变化对社会政治的影响。由此提出了很多新的体例，如卦变、互体、纳甲、飞伏、爻辰等，以此解说卦爻辞的意义，非常烦琐。据《汉书·艺文志》，西汉施、孟、梁丘三家讲《周易》都是十二篇，西汉末费直和东汉郑玄为了方便查阅，开始以传附经。该文本广为流传，为三国曹魏时期王弼所接纳。

王弼开创新风，注重义理，有意识地排斥取象、卦变、互体、纳甲等的烦琐解《易》学风；另一方面，又以老庄玄学观点解释爻辞，将《周易》的原理解释抽象化、逻辑化。王弼《周易注》只注释了《易经》上下篇和《彖》《象》《文言》等传，现在的通行本《周易》经分上、下篇，《彖》《象》《文言》分系各卦经文之后，即是王弼的传本。之后，东晋韩康伯又补注《系辞》等传。

唐代孔颖达等奉敕撰《五经正义》，其中的《周易正义》将王弼

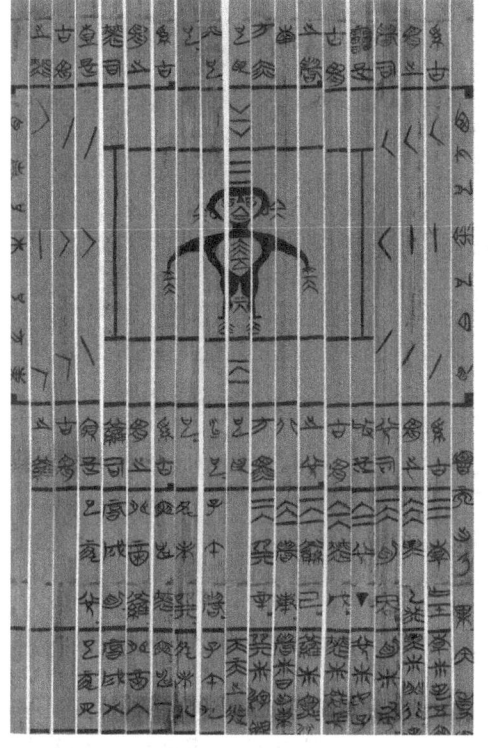 

图3—12 清华大学藏战国简《筮法》　　图3—13 马王堆西汉帛书《周易》

和韩康伯《易》注合在一起,并为之作疏,成为玄学派易学的代表作。从此王学大盛,汉学逐渐走向衰落。敦煌莫高窟发现的唐写本《周易》,保存了王弼注本《周易》,孔颖达《周易正义》、陆德明《周易释文》的部分篇章。唐代李鼎祚《周易集解》也是流传至今影响较大的《周易》经传的注释。

北宋端拱元年(988),国子监司业孔维等奉命校刊《五经正义》。此次国子监刊行《五经正义》,系群经义疏首次雕版印行,惜原刻本已佚,今所见传世本均为南宋翻刻北宋国子监本,国家图书馆藏《周易正义》十四卷是现存比较完整的南宋翻刻本。南宋初年，两浙东路茶盐司将《周易》《尚书》《周礼》的经、注、疏合刻在一起，成为新的注疏合刻本，其中《周易注疏》凡十三卷；至绍熙年间又加刻《毛诗》《礼记》二注疏本。《周易正义》还有另一传本《周易兼义》九卷，宋代收入《十三经注疏》中。这是《周易》流传下来影响最大的版本，历代屡有刊刻。

明嘉靖李元阳、明万历北京国子监、明末汲古阁、清乾隆武英殿、清嘉庆阮元南昌府学等均刊刻过《十三经注疏》，这些重要的《十三

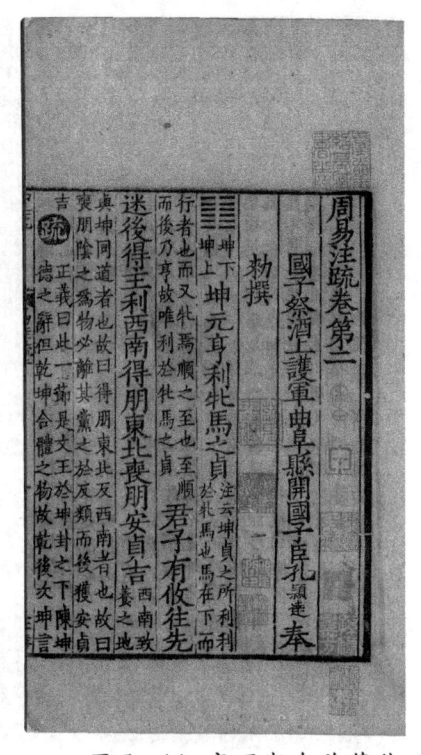

图 3—14 宋两浙东路茶盐司刻本《周易注疏》

经注疏》刊本，其祖本均可追溯到元代翻刻宋代附有释文的注疏合刻本。在明清时期的五次刊刻中，阮元校刻之版是集大成者，影响巨大，至今仍是最为通行的《十三经注疏》版本。

宋人更加注重探讨《周易》的义理，将其原理高度哲理化。南宋大儒朱熹继承北宋程颐《程氏易传》的传统，并吸收周敦颐、邵雍、张载的思想，用吕祖谦所定《古周易》本，经和传仍分为十二篇，撰为《周易本义》。南宋末年董楷撰《周易传义附录》，以程颐《程氏易传》在前，将《周易本义》散附程传之后，至明永乐间胡广等奉敕纂

《五经大全》时，其中《周易传义大全》仍沿其旧，意味着《周易本义》作为宋代以后的通行本，成为封建社会后期的官方教科书，程朱易学取得了绝对统治地位。

不过，《周易正义》等《五经正义》也一直受到明清士子的青睐，《十三经注疏》屡经刊刻，尤其是清乾嘉以后，学者们普遍重视注疏之学对读书治学的奠基作用，即阮元所谓"我朝经学最盛，诸儒论之甚详，是又在好学深思、实事求是之士，由注疏而推求寻览之也"。（阮元《重刻宋版注疏总目录》）

明代来知德《周易集注》创造《周易》象学新思路，是较重要的一个《周易》注释本。清代解《易》力求恢复汉学传统，注重文字训诂和考据，其代表人物是惠栋、张惠言、孙星衍等。重要著作有惠栋《周易述》，孙星衍《周易集解》。

二、《尚书》

《尚书》又称《书》，是夏、商、周的最高统治者在政治、军事、思想文化等活动中形成一些讲话记录、文告以及少数几篇根据流传资料整理加工编定的文件，包括誓、诰、命、谟、典等记言体历史文件和部分追述古代事迹的著作汇编。《尚书》文本分为今文《尚书》和古文《尚书》两种。古文《尚书》的部分篇章经考订为魏晋间人伪造。今文《尚书》是用汉代通行的隶书抄录的，故当时称为"今文"。今文《尚书》共29篇，包括《虞书》《夏书》《商书》《周书》四部分，其原始篇章在孔子之前已经成书。孔子对《尚书》的通篇做过编辑工作。战国时期对《尚书》仍然有不断的整理补充。

春秋战国时期，诸子百家大多注意搜求《尚书》篇章，以作为宣传自己学说的依据。20世纪以后出土的郭店战国简、清华大学藏战国期简和上海博物馆藏战国简，保存了部分《尚书》的篇章，如《缁衣》《成之闻之》《尹至》《尹诰》《良臣》《逸周书》等，从中可略窥先秦《尚书》的面貌。

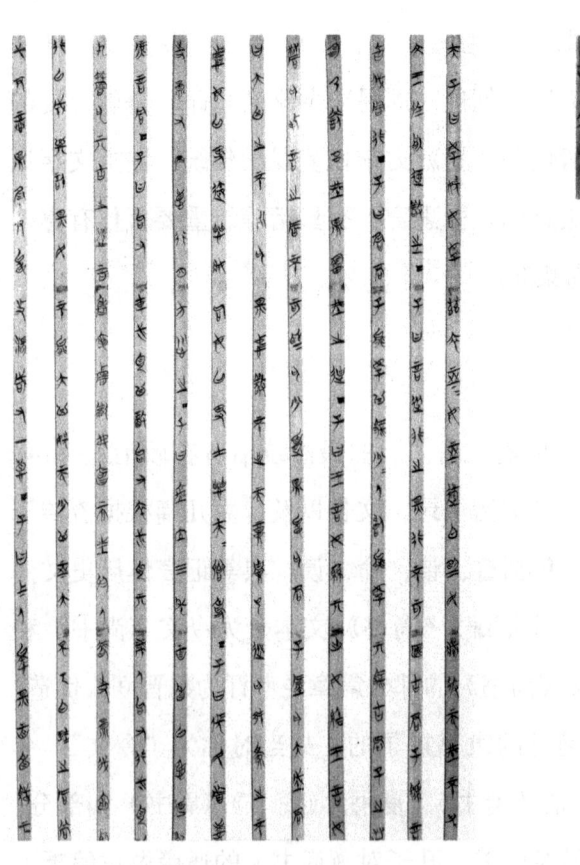

图3—15 郭店战国简《缁衣》

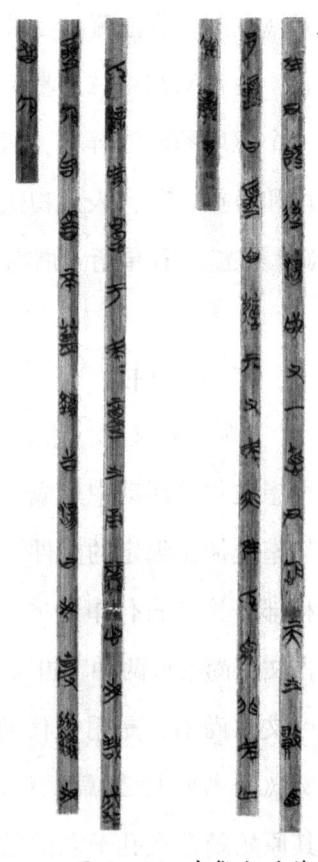

图3—16 清华大学藏战国简《尹诰》

先秦时期的《尚书》文本，流传至汉代的是儒家所传的28篇。西汉初年，伏生以28篇传授门徒，这些篇章用秦汉通行的隶书书写，称今文本，以区别于所谓从孔子壁中出现的先秦古文字书写的古文本。该28篇分别是：

【虞书】1.《尧典》、2.《皋陶谟》

【夏书】3.《禹贡》、4.《甘誓》

【商书】5.《汤誓》、6.《盘庚》、7.《高宗肜日》、8.《西伯勘黎》、9《微子》

【周书】10.《牧誓》、11.《洪范》、12.《金滕》、13.《大诰》、14.《康诰》、15.《酒诰》、16.《梓材》、17.《召诰》、18.《洛诰》、19.《多士》、20.《无逸（毋佚）》、21.《君奭》、22.《多方》、23.《立政》、2.4《顾命》、25.《费誓（鲜誓）》、26.《吕刑》、27.《文侯之命》、28.《秦誓》。

加上汉武帝时出现的《泰誓》（太誓）篇，共29篇。

伏生的门徒形成三派：欧阳氏学、大夏侯氏学、小夏侯氏学。汉武帝时期在国学立五经博士，此三家今文《尚书》成为官学之本，从此《尚书》成为历代统治者和士大夫们必读的政治和道德教科书。

今文尚书派以阴阳五行灾异感应之说解读经书，使经学神学化，他们编撰的《尚书大传》，牵强附会地认为自然、社会、历史现象都受金、木、水、火、土五行支配，到王莽时期出现"谶纬"。今文经学提倡"通经致用"，王莽用《尚书》加谶纬来粉饰他的阴谋活动，把自己打扮成周公的化身，一步步篡位活动都以《尚书》文句作为标榜，将《大诰》原文改头换面作为出兵的檄文……力图证明自己的行动是合乎"经义"的。

西汉的古文《尚书》来源于孔子旧壁所出古文旧书，其《尚书》有今文尚书所无的 16 篇。刘向刘歆所编《七略》和《汉书·艺文志》载"《尚书古文经》四十六卷"，即为 29 篇加逸书 16 篇和《书序》1 篇。

东汉时期，立于学官的今文《尚书》渐趋衰落，古文《尚书》日盛。杜林新发现漆书古文《尚书》，不少著名学者向他学习并撰写相关著述，其中贾逵作《古文尚书训》，许慎将其中古文的文字引入《说文解字》中，马融作《古文尚书传》。马融门人郑玄作《古文尚书注》，经文上继承杜林本，又引用了一些"逸十六篇"的资料，经说上继承杜林古文之学，又兼采一些今文之说和谶纬资料。郑玄成为以古文为主体的汉代经学的集大成者，马、郑本古文《尚书》作为古文本的代表，成为社会上共同传习之本。

三国曹魏和西晋时期郑玄之学大行，他的《尚书注》与掌握政权的司马氏贵戚王肃所作《尚书注》同时立于学官，形成王学与郑学之争。南北朝时，北朝始终独行郑学，而南朝则是郑学与东晋时期新出现的伪古文相互消长。

东晋时期，出现了一部假冒孔安国名义伪造的《古文尚书》59 篇。该书分三部分：

第一，将西汉今文《尚书》28 篇分解为 33 篇。即《尧典》分为《尧典》和《舜典》，《皋陶谟》分为《皋陶谟》《益稷》，《盘庚》分为上、中、下篇，《顾命》分为《顾命》《康王之诰》。（按：未收今文《泰誓》，归入"古文"类）

第二，伪造"古文《尚书》"25 篇。分别是《大禹谟》《五子之歌》《胤征》《仲虺》《汤诰》《伊训》《太甲》（上、中、下）、《咸有一德》《说命》(上、中、下)、《泰誓》(上、中、下)、《武成》《旅獒》《微子之命》《蔡仲之命》《周官》《君陈》《毕命》《君牙》《冏命》。

第三，伪造孔安国《序》("伪孔序") 1 篇。

伪古文《尚书》59 篇是真伪掺半的文本，其中今文 28 篇（后被分解为 33 篇），是汉人所传古本《尚书》，具有很高的学术价值。此外的 25 篇和伪孔序等，并非《尚书》原本。不过，25 篇等去古未远，保存了许多先秦两汉的资料，对于学术研究而言，亦值得参考。

这部伪孔本《古文尚书》，历经唐宋，发展成汉学、宋学两种本子。汉学本为《十三经注疏》本的《尚书注疏》二十卷；宋学本为明清国子监本《五经四书》的《书集传》六卷。

隋朝统一之后，采南朝之学而废北朝之学，伪孔本《古文尚书》遂占据了《书经》的正统地位。唐高宗永徽四年（653）"颁孔颖达《五经正义》于天下"，其中就包含《尚书正义》。敦煌遗书中保存有六朝写本和唐写本的伪孔安国《古文尚书》、唐写本陆德明《尚书释文》中的《尧典》《舜典》。

现存最早的刻印本《尚书》，是南宋翻刻北宋国子监本的孔颖达撰《尚书正义》二十卷，藏于日本宫内厅书陵部（"图书寮"）。南宋初年，两浙东路茶盐司将《尚书正义》和《尚书》本文及伪《孔氏传》合刻成《尚书注疏》，《孔传》为注，《正义》为疏。明清两代汇刻在《十三经注疏》中，流传到现代还作为常见本通行。

在宋代日渐浓郁的理学氛围中，几部重要的儒家经典均被重新诠释，出现不少相关的著作，伪《古文尚书》被宋代理学尊为《五经》中最尊者，学者们纷纷阐释其经义。据宋代史料记载，宋代关于《尚

图3—17 敦煌遗书唐写本《尚书释文》1

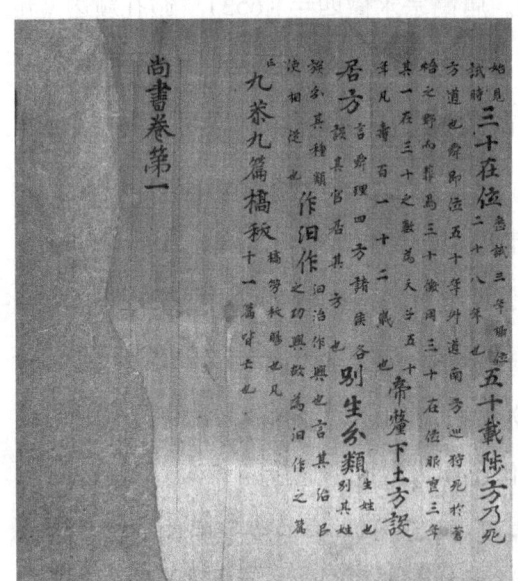

图3—18 敦煌遗书唐写本《尚书释文》2

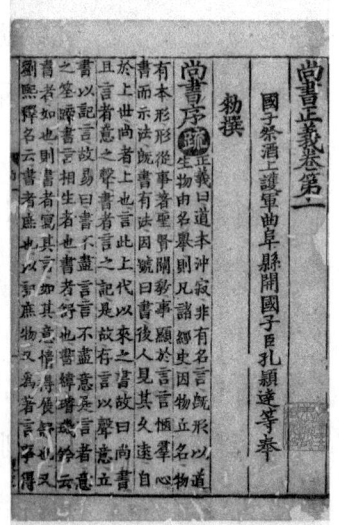

图3—19 宋两浙东路茶盐司刻本《尚书正义》

书》的著述约有400家,其中最重要的一部,是南宋中期朱熹的弟子蔡沈所作《书集传》六卷,此书是《尚书》宋学成就的集大成者,把《尚书》定义为尧舜二帝和夏商周三朝统治者之道统,展现二帝三王心法的经典,成为后世统治者和士大夫必须熟读遵行的省道教科书,《尚书》一书成为他们宣扬列圣道统精神核心"三圣心法"的宝典。到元明两代尊程朱理学,政府明令《尚书》独尊蔡沈《书集传》。明永乐年间颁行《五经大全》,其中《书传大全》即以《书集传》为主,从此被确定为科举考试的教科书,由国子监刻印,成为监本《四书五经》之一,清代以后继续刊行。

事实上,与《周易正义》(《周易注疏》《周易兼义》)相类,蔡沈《书集传》虽为官定本,但读书人仍不废《尚书注疏》本,根据需要各取所长。

伪孔本《古文尚书》,自宋代以来便有学者质疑它的真实性,递经元、明两代10余位学者的努力,至清初阎若璩成功推翻了伪《古文尚书》的经典地位,他的《尚书古文疏证》铁证如山判定伪古文25篇之伪,《孔氏传》被判定为伪《孔传》。伪25篇的真相被揭穿之后,保存在伪孔本中的今文28篇被清代各主要学者进行考辨研究,其中段玉裁《古文尚书撰异》根据早期字书来分析文字的句读问题,王念孙、王引之父子的文字学著作《经义述闻》对2000多年来注释家聚讼纷纭的问题,作出了允当的解释。段、王二家之书成为清代治经的最高成就。孙星衍《尚书今古文注疏》采用各家成就,为29篇另行注疏,以取代孔颖达之注疏。综计清代《尚书》著作达420余部,为历代最多。

三、《诗经》

《诗经》是中国第一部诗歌总集,原名《诗》,或"诗三百"。全书收集了周初至春秋中叶500多年间的作品,产生地域相当于今天陕西、山西、河南、河北、山东及湖北北部一带;内容来源包括公卿列士所献之诗,采集各地民间之诗,及周王朝乐官保存下来的宗教宴飨中的乐歌,共305篇(另有6篇笙诗有目无辞)。《诗经》成书过程已不可考,但在周代流行于各诸侯国的政治、外交活动中,人们常以"赋诗言志"的形式应答。

周王朝为了举行祭祀、朝会、征伐、狩猎和宴庆时演奏乐章的需要,实行采诗制度以收集民间的歌乐作品。《汉书·食货志》:"孟春之月,群居者将散,行人振木铎徇于路以采诗,献之大师,比其音律,以闻于天子。"何休《春秋公羊经传解诂》宣公十五年注:"五谷毕入,民皆居宅,里正趋缉绩,男女同巷,相从夜绩。……从十月尽正月止,男女有所怨恨,相从而歌,饥者歌其食,劳者歌其事。男年六十、女年五十无子者,官衣食之,使之民间求诗,乡移于邑,邑移于国,国以闻于天子。故王者不出牖户,尽知天下所苦,不下堂而知四方。"

周王朝还有让贵族官员和文人献诗的制度,这些公卿列士所献的大多是讽谏诗或歌颂诗;另外,还有专门用于祭祀的"颂"诗,由巫、史等有关职官奉命制作。以上就是《诗经》的几个来源。

《诗经》305篇,故称"诗三百"。《诗经》分为风、雅、颂三类。"诗"最初都是乐歌。风即音乐乐调,国风即各地区的乐调,包括十五国风160篇。雅是朝廷正乐,西周王畿的乐调,雅分大雅31篇、小雅74篇。颂是宗庙祭祀之乐,包括周颂31篇、鲁颂4篇、商颂5篇。春秋战国,

《诗经》流行于诸侯各国的祭祀、朝聘、宴饮等场合,在政治、外交活动中发挥了重要作用。《诗经》在秦代遭到焚毁,汉以后由学者的讽诵和口耳相传得以恢复。

《诗经》内容丰富,题材广泛,主要包括:描写周民族发展的史诗、政治讽刺诗、战争诗、表现劳动生活、爱情与婚姻等诗篇,反映了西周至春秋时期社会生活的各个方面。其赋、比、兴的艺术表现手法,对后世文学创作产生了非常深远的影响。

《诗经》在先秦是配合乐舞一起进行的。《墨子·公孟》说:"诵诗三百,弦诗三百,歌诗三百,舞诗三百。"但乐和舞在后来都脱离了《诗》,并渐渐失传。

上海博物馆藏战国简、清华大学藏战国简和安徽大学藏战国简中有《诗经》的篇章,如《周公之琴舞》《芮良夫毖》《孔子诗论》等,反映了战国时期《诗经》传本的情况。西汉初年《诗经》的文本,可从阜阳双古堆汉墓出土的汉简《诗经》中略窥一二。

《诗》在汉代逐渐走向经学化。汉代传习《诗经》的有鲁、齐、韩、毛四家,即所谓"四家诗"。《鲁诗》出于鲁人申培,《齐诗》出于齐人辕固生,《韩诗》出于燕人韩婴,《毛诗》因传授者毛公而得名。鲁、齐、韩三家诗在西汉被立于"学官",成为官学,号为"今文"。《毛诗》出现得较晚,即荀子的学生、西汉时期鲁人毛亨(大毛公)作《诗诂训传》,后传授给赵人毛苌(小毛公),称为"古文",东汉时方立为官学。此即今天我们所见的《诗经》,又称"毛诗"。

鲁、齐、韩三家诗早早立于学官,正如《汉书·艺文志》所云:"或取《春秋》,采杂说,咸非其本义。"他们受政治的羁绊,任意比附引申,

图 3—20 清华大学
藏战国简《周公之琴舞》

图 3—21 清华大学
藏战国简《芮良夫毖》

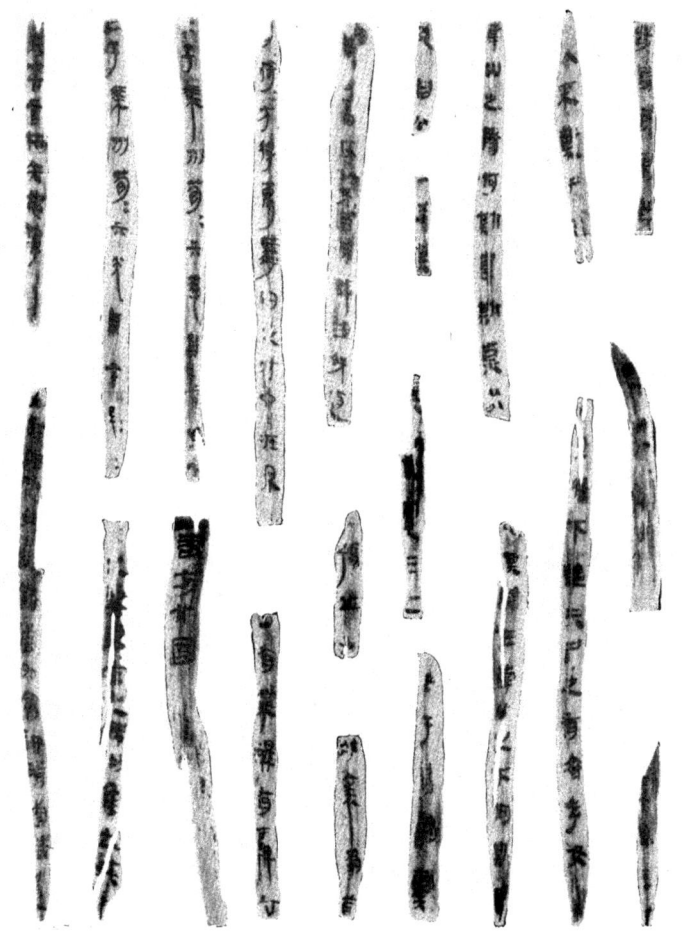

图 3—22 阜阳双古堆西汉简《诗经》

杂之以谶纬迷信,逐渐远离了学术的纯正与客观性。而《毛诗》晚出,地位边缘化,与政治现实的关系相对疏远,故能秉守独立求实的风格。东汉以后,随着今文经学的日渐烦琐,谶纬之学的泛滥,三家诗便日渐衰颓,他们所传授的本子也亡佚了。鲁诗亡于西晋,齐诗亡于三国魏,韩诗亡于宋,今仅存《韩诗外传》一书。

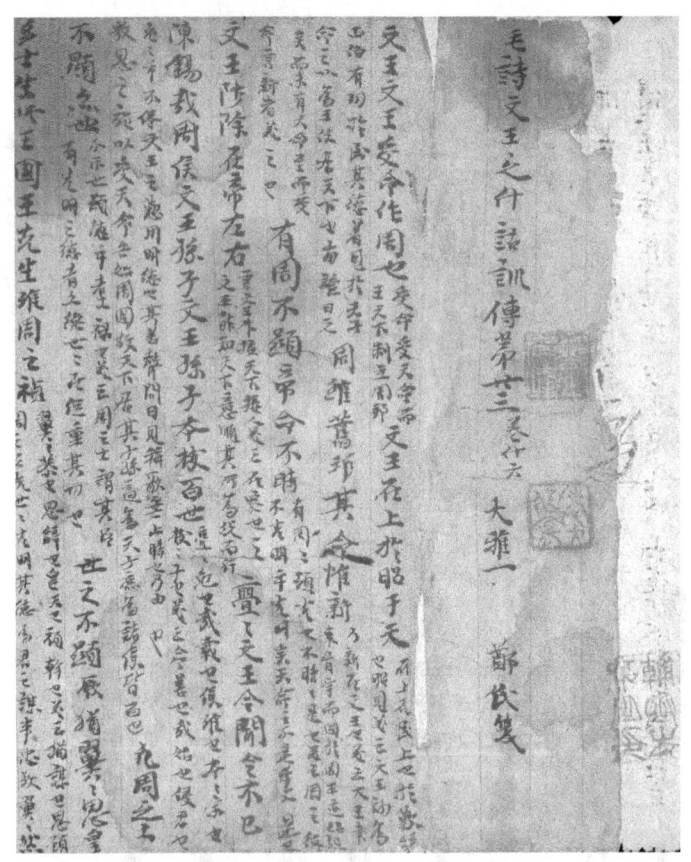

图 3—23 敦煌遗书归义军时期写本《毛诗传笺》

《毛诗》一派后来居上，越来越多的学者研习《毛诗》，其影响力与日俱增。东汉末年，郑玄作《毛诗传笺》，以《毛诗》为主，间采三家，结束了今古文纷争，完善了《毛诗》的解说系统。从此三家《诗》日渐式微，《毛诗》独行于世。

唐初孔颖达等撰《五经正义》，以刘焯《毛诗义疏》、刘炫《毛诗述议》为底本删订而成《毛诗正义》，使《毛诗正义》成为南北朝、隋和唐初数百年间《诗》学成果的集大成者。自唐至宋，《毛诗正义》

一直是科举考试的教科书。

敦煌遗书中保存有8世纪的唐写本白文《毛诗》残本"诗大序—麟之趾""周南关雎—召南",和9—10世纪归义军时期写本《毛诗传笺》残本"邶风柏舟—旄丘""大雅文王—皇矣",为我们提供了唐代《诗经》文本。

现存最早的孔颖达《毛诗正义》,是南宋绍兴九年(1139)绍兴府用北宋版覆刻的单疏本《毛诗正义》四十卷,现存33卷(卷八至四十),藏于日本武田科学振兴财团杏雨书屋。

宋绍熙三年(1192),两浙东路茶盐司雕印《毛诗》,将单行的《毛诗传笺》与单疏本《毛诗正义》合二为一,又将《毛诗正义》分段插入经注正文中,成为注疏合刻本;之后又有福建建阳书坊将陆德明《经典释文》分散插入注疏合刻本者,形成所谓"附释文注疏合刻本",元代再被翻刻,成为后世通行的《毛诗注疏》的源头。明清时期的各个《十三经注疏》本,其祖本均可追溯到上述的宋元注疏合刻本。

朱熹作《诗集传》,运用涵泳本文的方法,探求诗篇本义,使得不少诗篇得到别开生面的解释。朱熹博采众说,训诂多用毛、郑,亦间采三家,解《诗》则广采苏辙、吕祖谦、张

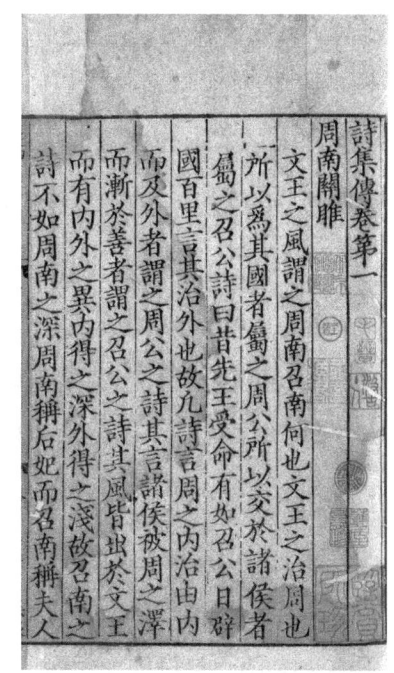

图3—24 宋淳熙七年(1180)筠州公使库苏诩刻本《诗集传》

载、程颐、程颢、范祖禹、王安石、杨时等前人旧说,择善而从。该书集众家之长,训诂简明扼要,解《诗》注意《诗》之义理,精义纷呈,是《诗经》学史上里程碑式的经典著作。《诗集传》流传的版本有二十卷本和八卷本两种。

元皇庆二年(1313)之后,《诗集传》成为科举考试的标准教科书,不过元末明初的科举考试仍然在不同程度上兼用《毛诗正义》。明永乐年间,明成祖将胡广等奉敕编纂的《五经大全》颁定为科考的标准,其中《诗传大全》以《诗集传》为本,《毛诗正义》才彻底退出官方舞台。

当然,《毛诗正义》仍然与《周易正义》《尚书注疏》一样,保存在《十三经注疏》中,受到学界的推崇,享有崇高地位。

《诗经》很早就传入日本,最迟在10世纪,《诗经》已经对日本文学产生了不小的影响。16—18世纪以后,经过来华传教士的翻译,《诗经》远播法国、英国、德国等西方国家。

四、《老子》和《庄子》

老子是春秋后期人,名李耳,字老聃,生于楚国苦县(今河南鹿邑),与孔子同时。老子做过周朝的守藏室之史与柱下史,《礼记》中说,孔子曾经向老子请教过丧礼。

老子是道家的创始人,他较早地系统提出宇宙本体论的哲学思想,在中国哲学史上具有重要地位。他认为,"道"是产生天地万物的根源,他用"道"把人从神那里解放出来,还给自然。在中华民族传统文化中,如果说,伦理道德和政治思想方面占统治地位的是儒家的话,那么在更深层次的理论思维上,道家则占据更主要的地位,所以人们强调"儒道互补"也是中华文化的基本特征之一。老子的主要思想都反映在他的著作《老子》中。

道家学派的另一位重要人物是庄子。庄子(约前369—前286年)名周,生活在战国中期,大约与孟子同时。庄子"其学无所不窥,然其要本归于老子之言"(《史记·老子韩非列传》)。他的思想保留在《庄子》中,庄子更多关注的是个人的生命问题,强调个体价值,追求精神自由。

道,本义是人走的道路,引申为规律、原理、宇宙之本源等意义。先秦诸子中,以"道"为学说核心内容的学派,被称为"道家"。道家的中心问题本来是全生避害,躲开人世的危险。以超然的态度来对待尘世的纷争。道家认为人受到无数外在的束缚,如肌体之累,声色之乐,利禄之欲等,只有超越这一切,才能领会到人生之真谛——道。因此,道家在基本的人生态度和政治思想方面,与儒家相冲突。

道家创始人老子给"道"的定义:"有物混成,先天地生,寂兮寥兮,独立不改,周行而不殆,可以为天下母,吾不知其名,字之曰道,强之为名曰大。""道生一,一生二,二生三,三生万物。"道是世界万物的本源,同时也是宇宙运行的总规律。老子提出了天道无为的思想,"人法地,地法天,天法道,道法自然。"(《老子》第二十五章)老、庄都强调"自然""无为",整个世界应该遵循"无为"的法则。如果有人故意去有所作为,那便违背了道与德,必致天下大乱。反对儒家的"仁、义、礼、智"。

道家的无为思想,给中华民族精神打上了深刻烙印。顺应天道,崇尚无为。一方面体现了人对自然、社会规律不可抗拒性的初步认识，比之儒家的"知其不可为而为之"，显示出理性的冷静。但是另一方面，在强调无为的同时，又贬抑了人的积极进取精神。

老庄推崇个体价值与精神自由。推崇超世、顺世、游世，道家以其独特的超逸之风，给中华民族，尤其是士大夫阶层的文化心理以深刻影响。道家的出世与儒家的入世在后世士大夫身上都有体现：志得意满时，无不以治国平天下为己任，出将入相；而心灰意冷时，又可以毫无梗介地皈依老庄，归隐山林。仕途上的进退自如，正是以心理上的儒道互补为思想基础的。

相对来说，老子和黄老学派由于其对政治哲学的关注而在政治生活中发挥了重要作用，而庄子学派则以颇具特色的人生理论深刻影响了中国古代的人生哲学。至于在文学艺术以及宗教领域，道家发挥的影响也是重大的。

《老子》又称《五千文》《老子五千文》《道德经》《道德真经》，分《道经》和《德经》上、下两篇，共81章。

最早对《老子》进行注释的是战国时期的韩非子，韩非对《老子》的部分章节进行注解和阐释，形成《韩非子》中的《解老》《喻老》，体现了法家与道家思想的融合。现在能见到《老子》的最早版本是郭店战国简《老子》甲、乙、丙本。

西汉初年，以老庄学说为基础，综合阴阳、儒、墨、名、法各家之善形成了黄老学说，亦称"新道家"，受到社会各阶层的普遍推崇，汉景帝时《老子》被尊为《道德经》。长沙马王堆西汉帛书《老子》，北京大学藏西汉竹简《老子》等，反映了西汉早中期《老子》的文本情况。

图 3—25 郭店战国简《老子》

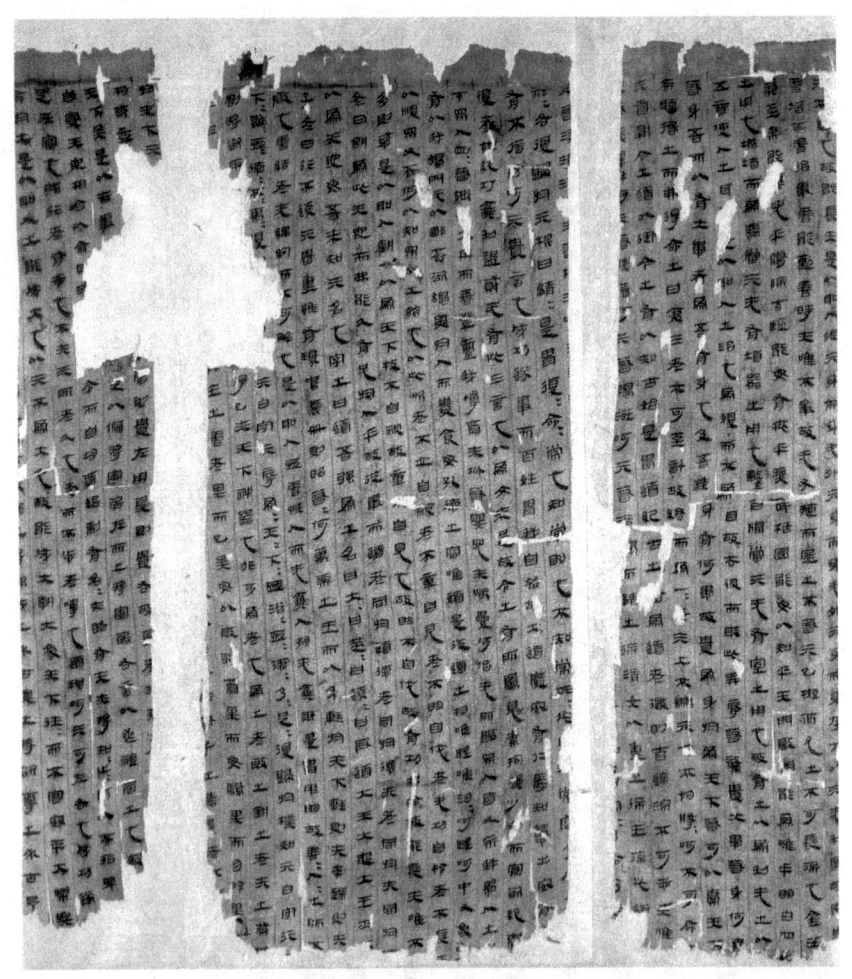

图 3—26 马王堆西汉帛书《老子》乙本

　　汉代以后,《老子》(《道德经》)的注本主要有河上公本、严遵本和王弼本。《老子河上公章句》是西汉时期道家的著作,其特点是简明清晰,注重养生思想与治国之道,深入浅出。

　　西汉末年严遵《〈老子〉指归》又称《道德指归论》,它利用《周易》《庄子》来解读《老子》,开启魏晋玄学之风,是汉代道家思想转变为魏晋玄学的重要中间环节。在魏晋南北朝和隋唐时期影响较大。《〈老子〉指归》有十三卷和十四卷本之说，但宋代之后仅存前七卷。

王弼是魏晋玄学的代表性人物，他的《老子道德经》注一直被视为《道德经》的正典，通行至今。

陆德明在南朝和隋对《道德经》和《庄子》都做过音释，收入《经典释文》中，在明清的老庄著作中广泛被采用。

东汉末年创立的道教，奉老子为教主，初期活动于民间，隋唐以后逐渐得到封建统治者扶植。唐朝李氏皇族自认为是老子之后，推动了对老子的崇拜。唐

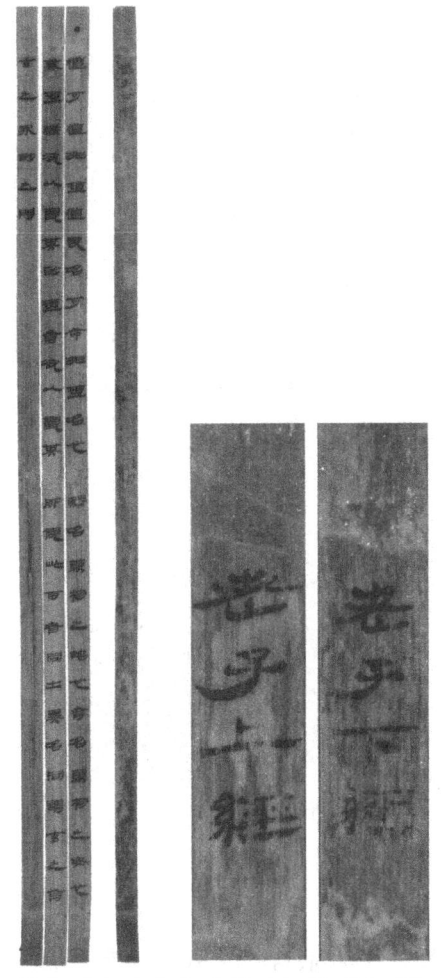

图3—27 北京大学藏西汉简《老子》

太宗下令卢思道校订《老子》并勒石，与五经同尊。又令玄奘将《老子》译成梵文，向国外推广。唐玄宗令天下士庶皆家藏《老子》，将《老子》《庄子》《列子》《文子》号为《道德真经》《南华真经》《冲虚至德真经》《通玄真经》，成为唐代官方指定的四大道教经典。敦煌遗书中，有唐代写本《老子道德经五千文》《老子道德经河上公章句》《唐玄宗老子

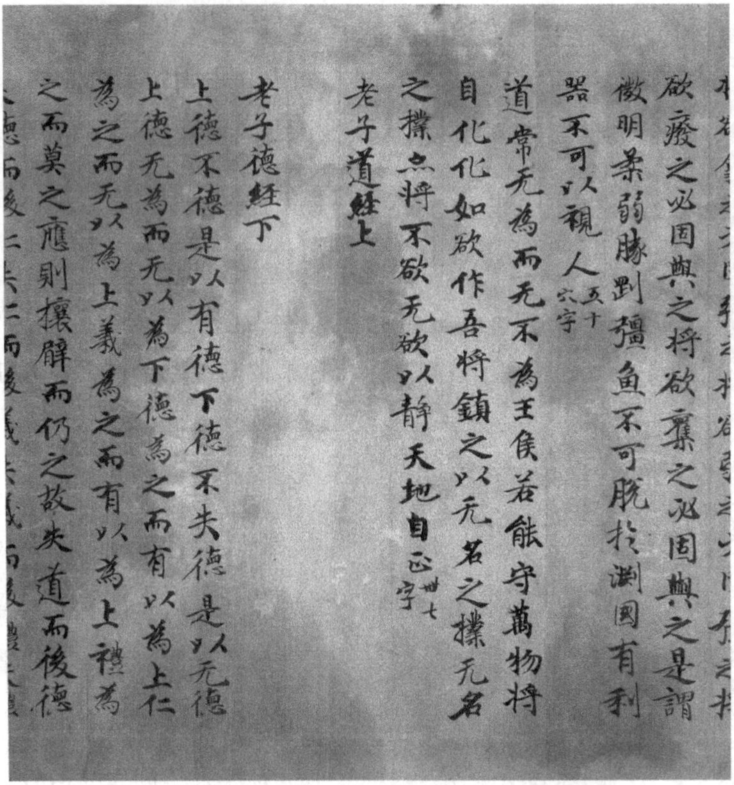

图 3—28 敦煌遗书唐写本《老子道德经》

道德经注（疏）》。

北宋统治者继续崇奉和扶植道教，宋徽宗自称"教主道君皇帝"，置《道德经》《庄子》《列子》博士。

宋代以后随着雕版印刷术普及，《老子》(《道德经》)的刻印本也开始出现，现存较早的有宋范应元集注的《老子道德经古本集注直解》二卷，宋刻本。比较常见的则是明清时期的各类《老子道德经》单行本，以及"四子书""五子书""六子书"中收录的《老子道德经》，多采用河上公注本，或者魏王弼注、唐陆德明音义的版本。

明代中期以后，《道德经》已经被翻译成拉丁文以及法、日、德、英等多国文字，目前《道德经》共有1000多种外文版本，《道德经》是除《圣经》之外，被翻译成外国文字发行量最多的世界文化名著，在西方社会广受欢迎。

现存最早的《庄子》版本，应该是20世纪80年代以后出土的几个简帛书，张家山汉墓的西汉竹简《庄子·盗跖》，抄写于汉文帝时期；阜阳双古堆1号汉墓的西汉竹简《庄子·杂篇》，汉文帝十五年（前165）以前抄成。这些简文的时代距离庄子在世仅有125年至200年，对了解《庄子》早期文本的面貌具有十分重要的意义。

图3—29 张家山西汉简《庄子·盗跖》

《汉书·艺文志》著录《庄子》52篇，西晋司马彪和孟氏曾对此古本做过注解。此外，魏晋时崔譔《庄子》27篇、向秀有《庄子》26篇（有说27或28篇）注本，李颐《庄子集解》30篇（有说35篇）集解本。西晋郭象对《庄子》52篇进行删节和重新编订，合为33篇，并为之作注。唐代以后，其他版本逐渐被淘汰，郭象的《庄子》33篇注本成为唐代之后通行的定本。

唐初，成玄英在郭象注本的基础上撰《南华真经注疏》，使得成玄英疏与郭象注结合在一起。隋唐之后的本子，多为郭注成疏，或是

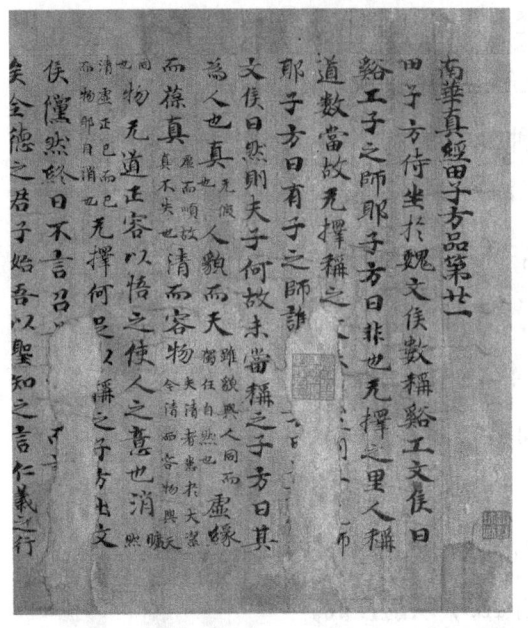
图 3—30 敦煌遗书唐写本郭象注《南华真经》

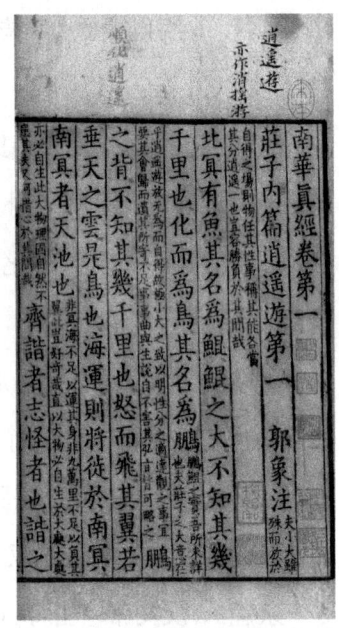
图 3—31 宋刻本《南华真经》

郭注与陆德明《释文》合刊。

敦煌遗书中保存有唐代写本《南华真经》（白文本）、《南华真经》（郭象注）、《庄子郭象注节抄》"陆德明庄子音义"等。另外，日本高山寺藏古抄本《庄子》，也是《庄子》的一个重要文本。

北宋陈景元撰《庄子阙误》，对《庄子》版本字句校勘校用力颇多。此书有《道藏》本，明代焦竑《庄子翼》亦将此书附录于后。

南宋理学家林希逸用通俗易懂的语言来诠释《庄子》，以理学为基础，同时吸收了禅宗的思想，融儒、释、庄为一体，于南宋宝祐六年（1258）撰成《庄子鬳斋口义》，景定初年由林经德刻版刊印，此后直至清代中期不断被翻刻。该书约在 14 世纪传入日本，曾经风扉一时，在日本思想界产生重大影响。

现存最早的《庄子》刻印本，是南宋初年刻本《南华真经》十卷，晋郭象注本；又有元代刻本《纂图互注南华真经》十卷，晋郭象注，唐陆德明音义。明代以后亦多沿袭郭象的注本，并有不少学者对其做出不同的解读。

清光绪年间黎庶昌《古逸丛书》收录《南华真经注疏》，合刊郭注成疏；清末成书的郭庆藩《庄子集释》和王先谦《庄子集解》，比较集中反映了清代人对《庄子》义理、词章、校勘等各方面的研究成果。

《道德经》与《南华真经》都被收入历代《道藏》。现存的明正统《道藏》和万历《续道藏》中就有《道德经》的注本 50 多种，也集中收录了唐宋明时期的重要注《庄》著作。

五、《孙子兵法》

《孙子兵法》是中国现存最早的一部军事著作，又名《孙子》《孙武子兵法》《孙武兵法》，著者孙武（约前 6 世纪—前 5 世纪初），春秋末年齐国安乐人，字长卿，曾为吴国将军，著名军事家。中国古代军事科学的奠基人。

《孙子兵法》对战争经验的系统总结和概括，备受后世兵家的重视。《韩非子·五蠹》曰："境内皆言兵，藏孙、吴之书者，家有之。"《孙子兵法》讲述了战争观，战争地位，战略战术，军队建设，军事地理，后勤保障，指挥艺术等，充满了军事哲学思想。孙武还特别强调政治、经济与军事之间的重要关系与作用，要做到"知己知彼，百战不殆"。主张战争中要采取灵活机动的战略战术，掌握主动权。

《孙子兵法》首言："兵者，国之大事，死生之地，存亡之道，不可不察也。"孙武强调，战争与国家命运、人民的生死是紧密关联的，战争在国家事务中具有极其重要的地位和作用；他还指出：战争的政治目的，是为确保国家的生存和发展。这就把战争推到了国家大事的首要位置。

《孙子兵法》在作战指导上追求的最高理想是"不战而屈人之兵"："凡用兵之法，全国为上，破国次之；全军为上，破军次之；全旅为上，破旅次之；全卒为上，破卒次之；全伍为上，破伍次之。"

《孙子兵法》被称为"东方兵学鼻祖"，其内容之博大，论述之精深，后世无出其右者。明人茅元仪云："先秦之言兵者六家，前孙子者，孙子不遗；后孙子者，不能遗孙子。谓五家为孙子注疏可也。"(《武备志》卷一《兵诀评》)

《孙子兵法》原本13篇，后经汉人增益至82篇，图9卷。该书从诞生之日起，流传广泛，形成多种版本。现存最早的《孙子兵法》，是山东临沂银雀山西汉墓中出土的竹简《孙子》，大致抄写于西汉早期文、景至武帝初期。该简本三分之二的文字已经脱落，从残存的部分看，传世文献《孙子兵法》13篇中，除《地形篇》外，其余12篇均有或多或少的文字存留。该简本《孙子》与传世文献相比，文字略有出入，但内容上差异不大，基本上是一致的。

三国曹魏时期，曹操曾为《孙子兵法》作注，删去了增补的部分，恢复旧13篇的原貌。唐代杜牧说："武所著书凡数十万言，曹魏武帝削其繁剩，笔其精切，凡十三篇，成为一编。"(《樊川文集》卷十《注孙子序》)宋代以前的《孙子》主要依靠曹操的注本才得以流传下来，曹操注本是所有后世传本的源头。

敦煌遗书中的晋代写本《孙子》，残损严重。目前所见较为完整的《孙子》版本，最早的应该是宋代版本，宋本大致可以分为武经本和十一家注本两大系统。武经本即《武经七书》本，北宋元丰年间宋神宗钦定《孙子》《吴子》《司马法》《尉缭子》《六韬》《三略》《李卫公问对》作为武学教本，统称为"武经七书"。《孙子》在七书中位居第一，是最重要、成书最早的兵书。武经七书本《孙子》，现存最早的版本是南宋刻本，归安陆氏皕宋楼旧藏，后归日本静嘉堂文库。其影印本收入《续古逸丛书》。

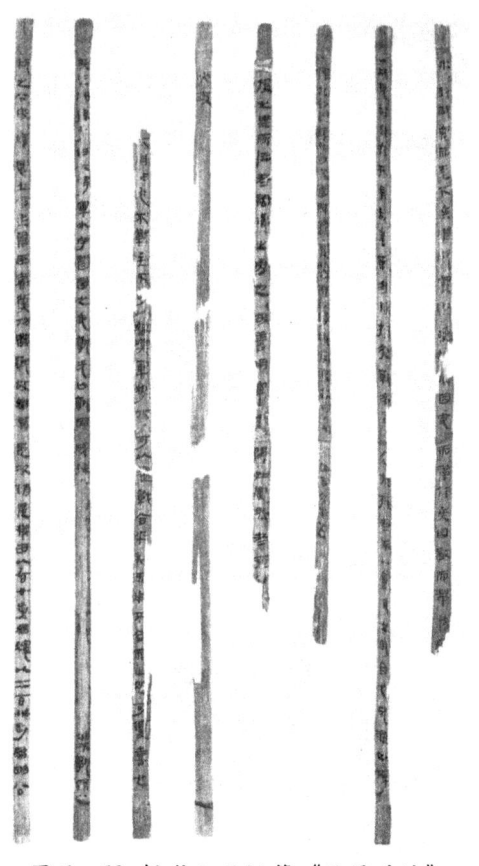

图3—32 银雀山西汉简《孙子兵法》

武经本系统还有一个据南宋孝宗时期刻本影刻的《魏武帝注孙子》，收入清人孙星衍《平津馆丛书》。原本已佚，今仅存顾广圻的摹本。

十一家注本《孙子》现存最早的版本也是南宋刻本《十一家注孙子》，国家图书馆和上海图书馆均有藏。宋代以后，武经本《孙子》长期受到重视，十一家注本系统的影响并不大。清代孙星衍对宋本《十一

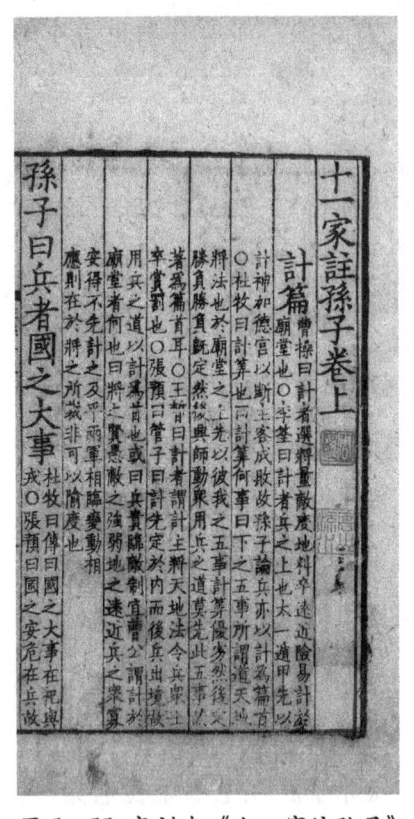

图 3—33 宋刻本《十一家注孙子》

家注孙子》进行系统的校订，成《孙子十家注》，后收入《岱南阁丛书》，此后十一家注本系统才开始受到关注，逐渐成为流传最广、影响最大的版本。

公元 7 世纪时，《孙子兵法》传到日本、朝鲜等地，孙武被称为"东方兵圣"。18 世纪以后，陆续流传至法、俄、英、德等国，在西方社会产生巨大影响。

六、屈原与《楚辞》

屈原（约前 340—前 278）是战国时期的著名爱国诗人。楚国丹阳（今湖北秭归）人，名平，字原。楚国贵族，任三闾大夫、左徒，兼管内政外交大事。因遭排挤，流放沅、湘流域。公元前 278 年，农历五月初五，屈原投汨罗江而死。端午节就是为纪念屈原而设。

其代表作《离骚》是一首长篇自传抒情诗，塑造了一位忠而见斥，流放沅、湘，虽心怀故国，但不肯与世俗同流合污的贵族形象。全诗缠绵悱恻，情感强烈，对黑暗现实的愤慨批判和忠君报国的政治理想回旋复沓，树立了"发愤抒情"的文学典范。屈原用"香草美人"的修辞艺术象征自己高洁坚贞、苏世独立的伟岸人格，成为后世文人心中的"百代词章之祖"。

以屈原作品为代表的"楚辞",是战国时期在楚国出现的一种新兴文体,其最早渊源是祭祀时的巫歌,后经屈原发扬光大,形成一种句式结构多变、词语铺陈繁复、具有形式美的新体诗,这种文体直接影响了汉赋的形成,故屈原作品又称"屈赋"。"楚辞"作品想象力丰富,带有文辞华美、风格绚丽的浪漫主义色彩;其特征是用楚国地方特色的乐调、语言、名物进行创作,具有浓郁的地方色彩。"盖屈宋诸骚,皆书楚语,作楚声,纪楚地,名楚物,故可谓之楚辞。"(宋黄伯恩《东观余论·校订楚辞序》)此外,楚辞的语句参差,富有变化,常用语助词"兮""些"等。并且结构一般比较宏大,篇幅较长。

"楚辞"作品最能感动后人的,是屈原对祖国的热爱、对楚国命运的忧虑,以及为坚持理想、不屈不挠的精神。诗中塑造的人物形象丰满、真实可信,具有强烈感人的艺术魅力。

经过战国至秦汉三四百年间学者们的不断努力,"楚辞"这类新兴文体的作品逐渐汇集为中国第一部浪漫主义诗歌总集和骚体文章的总集——《楚辞》。以《诗经》为代表的北方文学和以《楚辞》为代表的南方文学,是不同地域的文化产物,"诗""骚"常常并称,是中国文学的源头。

"楚辞"一词,最早见于《史记·酷吏列传·张汤传》"始长史朱买臣,会稽人也,读《春秋》。庄助使人言买臣,买臣以《楚辞》与助俱幸,侍中,为太中大夫,用事"。说明汉初已有其书。

《楚辞》成书大致经历如下几个阶段:楚人宋玉辑《离骚》《九辩》为书,是为《楚辞》之滥觞。之后淮南王刘安(一说淮南小山,即淮南王刘安门客之共称）辑《离骚》《九辩》《九歌》《天问》《九章》《远游》《卜居》《渔父》，并附以己作《招隐士》，合计 9 篇，奠定了《楚辞》的规模，又撰《离骚传》，为辑注、论评之始。至汉元帝、成帝之际，刘向校理群籍，在刘安（淮南小山）本的基础上续增《招魂》《九怀》《七谏》，附以己作《九叹》，共 13 篇。不过，刘向辑《楚辞》并附以己作，乃私下所为，不便载入《七略》，故《七略》所录者乃刘安（淮南小山）辑本，其后的《汉书·艺文志》沿袭《七略》著录为"屈原赋二十五篇"，即《离骚》《九歌》《天问》《九章》《远游》《卜居》《渔父》共 7 篇 25 章（《九歌》11 章，《九章》9 章），而将《九辩》《招隐士》作为附录。《汉书·艺文志》之后，又增加了《哀时命》《惜誓》《大招》3 篇，共 16 篇，即东汉王逸所谓"十六卷"者。到了东汉安帝、顺帝时期，王逸在此前 16 篇的基础上，撰《楚辞章句》，亦循例附己作《九思》1 篇。至此，《楚辞》一书基本完备。

汉代古本《楚辞》的序次及著者为：

1.《离骚》——屈原

2.《九辩》——宋玉

3.《九歌》——屈原

4.《天问》——屈原

5.《九章》——屈原

6.《远游》——屈原

7.《卜居》——屈原

8.《渔父》——屈原

9.《招隐士》——刘安（淮南小山）

10.《招魂》——宋玉

11.《九怀》——王褒

12.《七谏》——东方朔

13.《九叹》——刘向

14.《哀时命》——严忌

15.《惜誓》——贾谊

16.《大招》——屈原或景差

17.《九思》——王逸

上述序次正反映了《楚辞》的纂辑过程的五个阶段：第1至2为第一阶段，第3至9为第二阶段，第10至13为第三阶段，第14至16为第四阶段，第17为第五阶段。各个阶段的纂辑者分别为：第一阶段宋玉，第二阶段刘安（淮南小山），第三阶段刘向，第四阶段纂辑者佚名，第五阶段王逸。（汤炳正《〈楚辞〉成书之探索》，《屈赋新探》，第85—110页）

《楚辞》是两汉时期的重要著作。汉初《楚辞》的面貌，可从阜阳双古堆汉墓中出土汉文帝时期的两片简册《楚辞》中略窥一二，一为《离骚》残句，一为《涉江》残句。武帝时期淮南王刘安首次评介《楚辞》，司马迁《史记》为屈原作传，高度评价了屈原及其作品；东汉王逸《楚辞章句》训诂名物，记述各篇的创作由来和作者经历，是《楚辞》最早的完整注本，保存了不少先秦两汉诸家的研究成果。

南朝齐梁时代刘勰的文学理论名著《文心雕龙》专辟一章论述《楚辞》，其他篇章也有不少处涉及《楚辞》。梁萧统辑《文选》，收录屈原《离骚》《九歌》《九章》《卜居》《渔父》，宋玉《九辩》《招魂》，

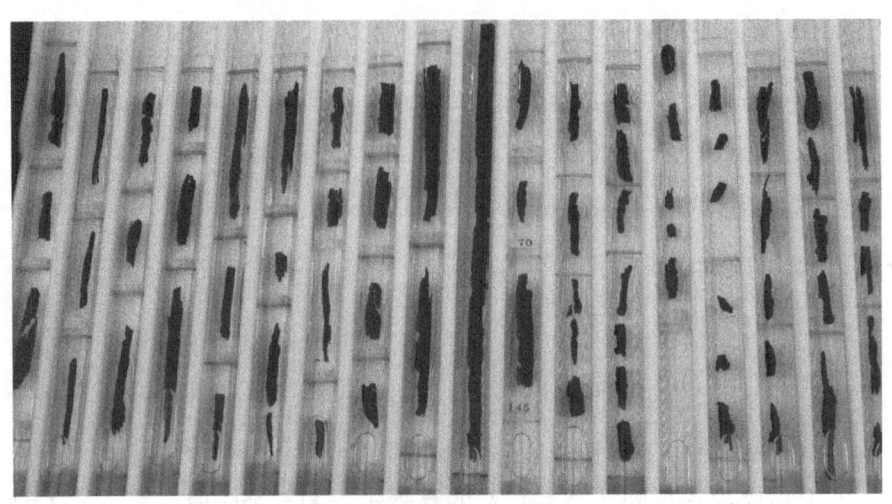

图 3—34 阜阳双古堆西汉竹简《楚辞》

刘安《招隐士》等 17 首,日本金泽文库所藏的唐人写本《文选集注》残卷,存《离骚经》前半,即宋玉《招魂》、刘安(淮南小山)《招隐士》两篇,反映了唐代《文选》本《楚辞》的情况。其中的王逸注,是目前所见王逸注的最早版本。

自南朝梁代阮孝绪《七录》将"楚辞"作为专书门类起,后世凡有关《楚辞》的注疏、辨证、图绘等著作皆被目录学家单列一类,形成"楚辞学"。

隋唐时期,出现了专门研究《楚辞》音韵的著作——隋释道骞的《楚辞音》,敦煌遗书中有隋代写本《楚辞音》,仅存 84 行,释《离骚》经文 188 字,注文 96 字。唐代李白、杜甫等著名诗人不仅有评论《楚辞》的诗,而且在创作中继承并体现了屈骚风格与精神。

宋代学者根据著者的时代先后,将《楚辞》篇目序次做了调整,宋代以后的通行本篇目序次如下:

1. 《离骚》——屈原
2. 《九歌》——屈原
3. 《天问》——屈原
4. 《九章》——屈原
5. 《远游》——屈原
6. 《卜居》——屈原
7. 《渔父》——屈原
8. 《九辩》——宋玉
9. 《招魂》——宋玉
10. 《大招》——屈原或景差
11. 《惜誓》——贾谊
12. 《招隐士》——刘安（淮南小山）
13. 《七谏》——东方朔
14. 《哀时命》——严忌
15. 《九怀》——王褒
16. 《九叹》——刘向
17. 《九思》——王逸

宋人继承汉学，汇集众本，精加校注，对《楚辞》版本的保存、校勘做出了巨大贡献，为后世研究《楚辞》保存了弥足珍贵的资料。洪兴祖《楚辞补注》补王逸《章句》"未能尽善"处，名物训诂可谓详尽；朱熹以解经的方法来解"骚"，注重义理和性理的探索，所撰《楚辞集注》成为《楚辞》研究史上的一座丰碑。

宋元时期《楚辞》的重要版本有如下几种：

宋刻《文选》注释本。宋刻《文选》有李善注、五臣注和六臣注本三个系统的刻本传世。

王逸《楚辞章句》。宋元刻本不存,明刻本中的正德十三年(1518)黄省曾、高第刻本和隆庆五年(1571)豫章夫容馆刻本,均源于宋本。

洪兴祖《楚辞补注》(含《章句》)。宋元刊本不存,仅能从部分明清翻宋刻本中窥其概貌,如丁氏八千卷楼旧藏明翻宋刻本(民国商务印书馆《四部丛刊》据此影印),清康熙毛氏汲古阁翻宋本(民国中华书局《四部备要》收录)。又有清同治十一年(1872)金陵书局重刊汲古阁本,校雠精审,对原刻讹误多有纠正。

朱熹《楚辞集注》。传世宋元刻本有:嘉定二年(1213)章贡郡斋刻本、端平二年(1235)刻本、清内府旧藏宋刻大字本、宋刻本、元至治元年(1321)建安虞信亨宅刻本、元后至元二年(1336)建安傅子安宅刻本,以及多个其他元刻本。

吴仁杰《离骚草木疏》四卷,宋庆元六年(1200)罗田县庠刻本。明清时期有抄本流传,明人屠本畯撰《离骚草木疏补》,有万历刻本;清人祝德麟撰《离骚草木疏辩证》,有乾

图 3—35 宋端平刻本《楚辞集注》

隆四十四年（1779）悦亲楼刻本。

钱杲之《离骚集传》一卷，宋刻本。清代有影宋抄本传世。

明代《楚辞》版本种类更加丰富，主要的如《楚辞》五卷篆字本，分别有正德十五年（1520）熊宇刻本和万历二十九年（1601）朱燮元、朱一龙刻本；八卷本，正德十六年（1521）冯惟讷刻；二卷本有万历六年（1578）茹天成刻本，万历十三年（1585）汪道昆刻本，万历十九年（1591）丁元荐刻本，吴勉学刻本，万历四十八年（1620）闵齐伋刻三色套印本；明刻本中还有刘向辑《楚辞》十卷本。

《楚辞章句》十七卷本，除了上述正德和隆庆刻本外，还有万历十四年（1586）冯绍祖观妙斋刻本，万历朱燮元、朱一龙刻本，万历金陵益轩唐氏刻本，金陵王少塘刻本，万历四十七年（1619）刘广刻本，崇祯十七年（1644）严敏刻本等一些重要版本。冯绍祖辑评王逸注本的《楚辞句解评林》有明刻本存世。

《楚辞章句》还有万历十四年（1586）俞初刻十卷本，和万历二十五年（1597）郁文瑞尚友轩刻八卷本。

《楚辞补注》经明人刘凤等注、陈深批点，有凌毓枬刻朱墨套印本流传。《楚辞补注》还有清末长沙聚德堂刻本。

《楚辞集注》在明代有成化十一年（1475）吴原明刻本，书林魏氏仁实堂刻本，正德十四年（1519）沈圻刻本，嘉靖十四年（1535）袁褧刻本，嘉靖十七年（1538）杨上林刻本，嘉靖三十八年（1559）叶邦荣刻本，万历二十五年（1597）吉府刻本，万历朱崇沐刻本、万历杨鹤刻本、明胡尧元刻本、天启六年（1626）蒋之翘刻本，以及多个明刻本。另有万历元年（1573）闽建书林积善堂陈氏崑泉子所刻《刻京本三闾大夫楚辞集注八卷辩证二卷注解后语六卷》。清代还有光绪十年（1884）黎庶昌刻《古逸丛书》本。

明代比较重要的《楚辞》注本有汪瑗《楚辞集解》，这是在心学影响下的楚辞研究专著，有万历四十三年（1615）汪文英刻本。

明清时期还出现了一批《楚辞》图绘著作，如明末陈洪绶绘《九歌图》，有明崇祯刻本和清康熙三十年（1691）刻本；清初萧云从绘《离骚图》，有清初刻本。

清乾嘉以后朴学极盛，蒋骥《山带阁注楚辞》、戴震《屈原赋注》和王念孙《诗经群经楚辞韵谱》，成为《楚辞》考据、训诂、音韵方面的代表作。《山带阁注楚辞》六卷有雍正五年（1727）蒋氏山带阁刻本，《屈原赋注》七卷有乾隆二十五年（1760）汪梧凤刻本。

《楚辞》很早以前就传入日本和朝鲜。日本奈良时代（710—794）的文学已经受到《楚辞》影响，屈原在朝鲜李朝时期（1009—1225）备受诗人们推崇。19世纪前期，出现了英、法、德、意、俄和罗马尼亚等文字的《楚辞》译本，其中以屈原《离骚》为最多。

七、《黄帝内经》

《黄帝内经》成书于公元前2世纪（西汉初年），包括《素问》和《灵枢》两部分，是传世医书中撰写年代最早、内容基本完整的一种。该书全面系统地总结了先秦医学理论和实践经验，在生理、病理、诊断、治疗、疾病预防及养生等方面的论述，标志着以阴阳五行、整体观念、辩证论治为特点的中医学理论的完善，奠定了其后2000多年中国医药学发展的理论基础。不仅如此，《黄帝内经》还保留了先秦时期数十种医书的名称和佚文，如《上经》《下经》《外揣》《逆顺五体》等。

中医药学体系是以中国古代盛行的阴阳五行学说，来说明人体生理现象和病理变化，阐明其间的关系，并将生理、病理、诊断、用药、治疗、预防等有机地结合在一起，形成一个整体的观念和独特的理论，作为医药学的基础。其内容包括以脏腑、经络、气血、津液为基础的生理、病理学，以望闻问切"四诊"进行诊断，以及治疗学、药物学等等。这个体系创立于春秋时期，总结者就是《黄帝内经》。

在中国古代科学的各分支中，未被近现代科学融会，且至今仍然具有强大生命力的，唯有传统的中国医药学即中医。原因之一就是它具有自己的理论、方法和内容，即形成了一个完善的科学体系。

古代很多著名医学家的重要学术观点和思想创新都来源于《黄帝内经》。东汉张仲景撰写《伤寒杂病论》，晋代皇甫谧编纂《针灸甲乙经》等以此书作为依据；金、元时期刘完素的火热致病论，李杲的脾胃内伤苤临，朱震亨的阴阳升降、君火相火、杂病证治的学说等，也无一不来源于《黄帝内经》。《黄帝内经》对世界医学的发展也产生广泛影响，曾被翻译成日、英、德、法等多国文字，朝鲜、日本都曾以此作为医学教科书。

《黄帝内经》之名，最早见于刘向父子的《七略》，班固《汉书·艺文志》因袭《七略》著录为"《黄帝内经》十八卷"，后人一般认为是《素问》九卷、《灵枢》九卷二书。汉以后，《素问》单行传世，独立成书。《隋书·经籍志》单独著录"《黄帝素问》九卷"。最早为《素问》作注者为南北朝时的全元起，该注本南宋以后失传。《新唐书·艺文志》著录为："全元起注《素问》八卷。"唐代宗宝应元年（762），王冰在全元起注本的基础上重新整理、注释，历时12年，将旧有的《素问》八卷析为二十四卷，计81篇。对于篇次更改处，王冰之每篇之下注出全元起本旧貌，仍然能够见其原来面目。北宋嘉祐年间，校正医书局林亿、高保衡等人奉敕对王冰注本《素问》加以校勘，正谬误6000余字，增注释2000余条，并由政府刊印颁行。该本校勘质量优，出版规模大、成为后世《素问》各种版本之祖本。

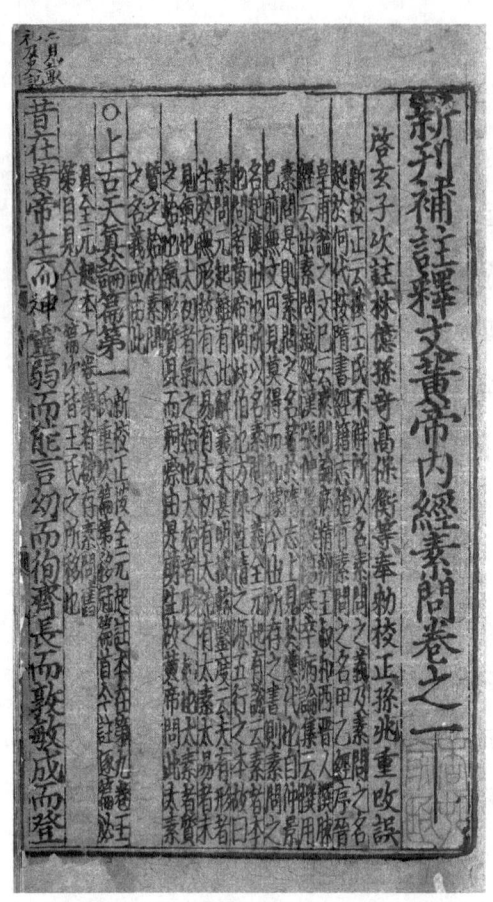

图3—36 元至元五年（1339）胡氏古林书堂刻本《新刊补注释文黄帝内经素问》

《灵枢》最早称《九卷》《针经》。唐代王冰注刊《素问》时始提"灵枢"一名。南宋绍兴二十五年（1155），史崧校正家藏旧本《灵枢》九卷八十一篇，增修音释，附于卷末，勒为二十四卷。宋本《灵枢》今不存，元、明、清传刻者，多以史崧校正音释本为底本。

《素问》与《灵枢》在流传过程中，均形成二十四卷本和十二卷本两个版本系统，但《素问》不出王冰注、林亿校的范围，《灵枢》亦本于史崧校注。《素问》一书现存最早版本是金刻二十四卷本，惜仅存13卷（国家图书馆藏）；传世十二卷本中，以元至元五年（1339）胡氏古林书堂刻本刊印最早且卷帙完整。《灵枢》诸本则以元至元五年胡氏古林书堂刻六年（1340）印本为现存最早的完本。

《黄帝内经》在日本、朝鲜也多次刊刻，并有不少抄本流传。其版本系统亦以二十四卷本和十二卷本为主。

八、《史记》和《汉书》

两汉时期，国家社会稳定，经济和文化发展迅速，出现了两部杰出的史学巨著，这就是《史记》和《汉书》。

《史记》是中国第一部体制完备、规模宏大、内容丰富的历史著作。作者司马迁（前145—？），字子长，西汉夏阳（今陕西韩城）人，西汉武帝时任太史令，他继承父亲司马谈的遗志，决心撰写一部贯穿古今的历史著作，虽身遭腐刑，但仍以顽强的意志完成了这一历史巨著。

司马迁20岁至40岁之间多次出游，年20而南游江、淮、梁、楚；仕为郎中周奉使巴蜀，南略邛、笮、昆明；元鼎五年（前115）"西至空桐"；适北边，扈从封禅，北过涿鹿；这些游历使司马迁的足迹几乎踏遍中国的大江南北。所到之处，观其形胜，访其遗闻，察其风俗民情，访求史料。皆为历史参证，成为他撰写《史记》的重要准备。

元封三年（前108），司马迁继任太史令，阅读国家所藏的文献资料，"史记石室金匮之书"，做了4年的资料准备工作。太初元年（前104）着手撰写，花费7年时间完成。其间虽身遭腐刑，但仍以顽强的意志继续工作，至征和二年（前91）终于完成了这一历史巨著。

《史记》记事起于传说中的黄帝、讫于汉武帝，历时3000多年，详于战国、秦汉，全书130篇，526500字，包括12本纪、10表、8书、30世家、70列传。

本纪12篇。以编年形式记载历代帝王的兴衰和重大历史事件。一是以朝代为主，如《夏本纪》《殷本纪》《周本纪》；另一类是以帝王为主，如《秦始皇本纪》《高祖本纪》。本纪系编年史，实质就是历史大事记，相当于全书的总纲。

表10篇。以年表形式，按年月先后顺序，记载重要的历史大事。它是《本纪》《列传》的简化，在史料上也能有所补充，内容上可分两类，一是《十二诸侯年表》《六国年表》；一是人物年表，《汉兴以来诸侯王年表》《汉兴以来将相名臣年表》。

书8篇。这是系统记载典章制度以及天文历法的体裁，也可以说是分类史，也就是后世正史中"志"的前身。《礼书》《乐书》《律书》《历书》《天官书》《封禅书》。

世家30篇。记载自周以来开国传世的诸侯，以及有特殊地位的人物事迹，如将孔子与陈涉列入世家。

列传70篇。记载社会各阶层的代表人物事迹，包括对外国或国内少数民族的记载，如《刺客列传》《儒林列传》《四夷传》《淮阴侯列传》《商君列传》《李斯列传》等。

《史记》是中国第一部纪传体通史，它所创立的纪传体裁，确立了以人物为中心的述史体系，上包天文，下括地理，总结人间一切社会史事，包罗万象，体大思精。从内容上讲，此纪传体史书体裁是以帝王将相为中心的历史，适应了封建统治者的思想体系，形象地反映了封建社会的等级秩序，因此纪传体史书被确定为正史体裁，而《史记》也成为后世史家学习和效仿的典范。

《史记》又是一部杰出的文学作品，文笔生动，刻画人物、叙事状物，无不曲尽其妙，因而被誉为"史家之绝唱、无韵之离骚"。

《报任安书》和《太史公自序》，明确说明了写《史记》的目的，是为"究天人之际，通古今之变，成一家之言"。就是在叙述历史的发展变化中，总结历史的发展规律。"成一家之言"，就是要编撰出一部具有个人色彩，具有独到见解的历史巨著。司马迁对孔子的《春秋》推崇备至，"别嫌疑，明是非，定犹豫，善善恶恶，贤贤贱不肖，存亡国，继绝世，补敝起废，王道之大者也。"《史记》是司马迁心中的《春秋》第二。司马迁的最终目的是将《史记》作为"经"即儒家经典来看待。

《史记》体现出尊崇儒学、表彰六经的思想。对孔子的尊崇，写下《孔子世家》，给孔子以极高的地位。赞孔子："《诗》有之：'高山仰止，景行行止。'虽不能至，然心向往之……自天子王侯，中国言六艺者折中于夫子，可谓至圣矣。"

同时他也提出自己独到的见解，体现出比较通达的史学观念。他尊经崇儒，又不拘于教条。如他将项羽列入本纪，陈涉列入世家，并设置了《货殖列传》《游侠列传》，表彰财富，重视经济活动等；不尊汉，列刘邦于项羽之后，都在说明他力图"成一家之言"。

司马迁根据丰富而坚实的文献资料写成《史记》，同时具有阙疑的精神、考据的方法，实事求是、科学考辨的审慎态度以及卓越的眼光，使得《史记》具有高度的真实性。

《史记》不仅是中国历史上最伟大的史学著述，也是世界历史上的史学巨制。西方古代希腊、罗马的著名史学著作，如希罗多德（Herodotus）的《波斯战史》、修昔底德（Thucydides）的《伯罗奔尼撒战争史》，李维（Livy）的《罗马史》，塔西塔斯（Tacitus）的《罗马帝国史》，皆不能与《史记》相提并论。这几位西方史学家或流于传奇小说家、剧作家，或全然蔑视真理，没有深度的思想，其在史学上的地位可想而知。比较真实详尽的希腊罗马史，都是西方近代史学家根据新资料凭借新方法写成的。所以西方一直流行新历史代替旧历史之说。

《史记》诞生2000余年，没有一部书可以替代它在中国上古史上的地位。新史学家利用地下发掘的新史料与客观严谨的科学方法，无法写出超越《史记》的新作。后人于《史记》可以补充，可以疏证，却无法取而代之。殷墟甲骨文是丰富而珍贵的商代新史料，它能补充《史记·殷本纪》的不足，也适以证明《史记·殷本纪》的可信。《史记》在中国历史上，历万古而长新。它的问世，创造了中外史学的新世纪。

《史记》成书之后，司马迁誊写两本，正本藏于家中，副本收入汉室书府，即所谓"藏之名山，副在京师"。汉宣帝时，司马迁的外孙杨恽对外发布，开始流传。东汉班彪作《史记后传》65篇，其子班固加以扩充而成《汉书》，由此确立了纪传体史书占据中国封建社会正史的主导地位。《史记》初名《太史公书》或《太史公记》《太史公》，到东汉末年桓帝灵帝时开始称《史记》，三国以后成为普遍认同的专名。

魏晋以后，不断有人为《史记》作注，其中最有名的分别是南朝宋裴骃《史记集解》，唐司马贞《史记索隐》和唐张守节《史记正义》，这三部《史记》注本被称为"三家注"。

流传至今的《史记》版本，宋以前的抄本有六朝抄本、敦煌唐抄本、唐抄本三类。敦煌遗书中有裴骃《史记集解》的《管蔡世家》《伯夷列传》《燕召公世家》的唐写本发现。

最早的刻本是南朝刘宋裴骃撰《史记集解》本系统，一百三十卷，有十行本、十四行本、十二行本、九行本。北宋景祐二年（1035）国子监据淳化五年（994）本重刊本，半叶十行，行十九字，称为"十行本"；北宋景德年间刻本，半叶十四行，行二十四至二十七字不等，称为"十四行本"；南宋绍兴十年（1140）郡武朱中奉刻本和明末毛氏汲古阁刻本（毛本），都是半叶十二行二十二字，行二十二字，称为"十二行本"；南宋绍兴年间淮南路转运司刻本，半叶九行，行十六字，称为"九行本"。

《史记索引》单刻本，三十卷。该本不录《史记》全文，而是将注文列于相关正文之下，有明崇祯十四年（1641）毛氏汲古阁刻本。

《史记集解索隐》一百三十卷。有南宋乾道七年（1171）建安蔡梦弼刻本，南宋淳熙三年（1176）张杅桐川郡斋本，南宋淳熙八年（1181）桐川郡斋刻本，蒙古中统二年（1261）平阳段子成刻本。

《史记集解索隐正义》一百三十卷。有南宋绍熙年间建安黄善夫刻本，这是目前所知最早的三家注合刻本；元至元二十五年（1288）安福彭寅翁刻本；明正德十二年（1517）廖铠据黄善夫本翻刻本；明嘉靖四年至六年（1525—1527）金台汪谅据黄善夫本刊刻，柯维熊校正，世称"柯本"；明嘉靖四年至六年（1525—1527）震泽王延喆覆刻黄善夫本；明嘉靖十三年（1534）秦藩朱维焯据黄善夫本刊刻本，世称"秦藩本"；明南京国子监刻本、北京国子监刻本；清乾隆四年（1739）武英殿据明北监本刊刻，是清代官刻《二十四史》之一，又称"殿本"。清同治五年至九年（1866—1870）金陵书局刻本。

明代出现很多史籍评论著作，这类著作一般称为"评林""题评""辑评""集评""汇评"。评林本开辟了对《史记》精

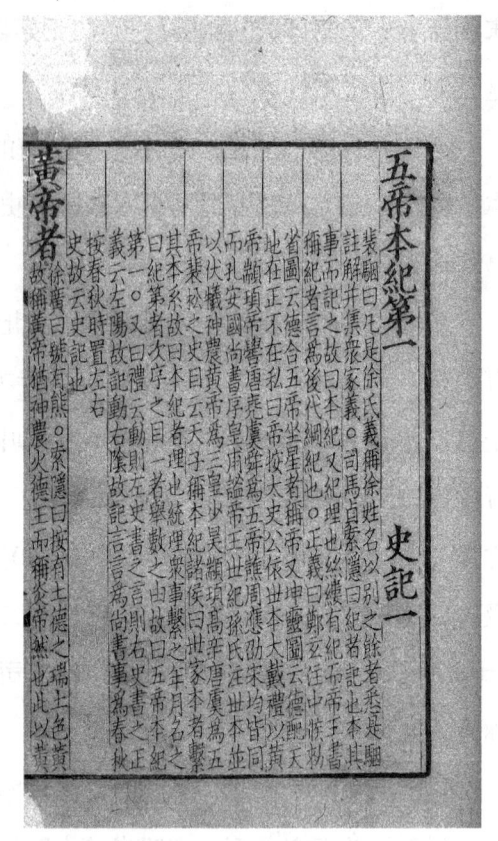

图3—37 宋黄善夫家塾刻本《史记》

义和司马迁思想研究的新途径，遗憾的是多空泛虚浮之作，鲜有创新。其中比较有价值的有杨慎、李元阳辑《史记题评》一百三十卷，嘉靖十六年（1537）胡有恒、胡瑞敦刻本；凌稚隆辑《史记评林》一百三十卷，万历二年至四年（1574—1576）刻本。

百衲本《史记》是清人辑宋本之残卷而成的。"百衲"即残卷补缀如僧衣之意。以宋刻之断简残篇也很珍贵，便将各个残本汇集起来凑成一部完帙，称为百衲本《史记》。最早的一部百衲本《史记》是

清初钱曾汇集而成，已佚。其他书目中记载的百衲本亦不存。目前所见的百衲本《史记》是清宣统三年（1911）刘世珩玉海堂影印本和上海涵芬楼影印本。

宋元刊本存世稀少，明清以后的《史记》通行本多为正史系统的官私刻本。其中影响较大的主要有明代南北国子监刻二十一史本，明末毛氏汲古阁刻十七史本，清武英殿刻二十四史本（含广东新会陈翻殿本，湖南宝庆三味堂翻殿本，四川成都局翻殿本）等。这些正史本的底本追根溯源均来自上述宋元本。

《史记》大约在魏晋南北朝时期传至朝鲜，于8世纪传到日本。《史记》在日本很受重视，历代天皇都有阅读《史记》的习惯，在奈良、平安时代，《史记》还被列为宫廷教科书，而且僧侣也阅读《史记》。

《汉书》是中国第一部纪传体断代史。作者班固（32—92），字孟坚，扶风安陵（今陕西咸阳东）人，生活在东汉光武、明、章三朝。他在父亲班彪撰写《史记后传》的基础上，着手撰写《汉书》，汉和帝永元四年（92）班固去世时，尚有八表和《天文志》没有完成，和帝命其妹班昭、马续补撰成书。全书120卷，记载从汉高祖元年（前206）起，迄王莽地皇四年（23），更始二年（24），包括新莽朝在内的230年史事。其中除了对汉代社会政治、经济详细记载外，还关注汉代边疆内外少数民族历史以及先秦至西汉的学术发展史，创设《西域传》和《艺文志》，在后世皆有深远影响。《汉书》把《史记》的"书"改为"志"，并加以丰富和完善，增加了《地理志》《食货志》《艺文志》三志，去世家，将本纪变为编年史。根据汉代的实际情况，分封的诸侯已经飘零殆尽，不再单列世家。在列传的编次上，一改《史记》

以编次明褒贬的方式，以时代先后为序，先专传，后类传，再边疆传。前两类多以姓或姓名作为篇名，一方面更为集中地体现封建中央集权制的等级制度，迎合封建统治的需要；同时也起到了整齐体例、便于翻检的效果，成为后代正史所遵循的规范。

《汉书》在吸取《史记》成果的基础上，补充了大量资料，如补立《惠帝纪》，补叙当时一批有影响的制度和法令；增加了《王陵传》《吴芮传》《蒯通传》《张骞传》等；重视诏令和奏疏的价值，贾谊的《治安策》、晁错的《言兵事疏》等分入各自的传中；昭、宣、元、成、哀、平六帝纪，详载了他们发布的诏令。仅就史料的原始性、完整性、系统性而言，《汉书》优于《史记》。

《汉书》以"断汉为史"的形式解决了司马迁以后历史编纂的难题。《汉书》尊汉思想，以一个王朝的兴亡为记录的年限，客观上说，有利于集中反映一段历史的全貌与历史规律。断代史随之成为中国史学的主流与传统，此后自《三国志》《后汉书》直至《明史》一直沿用。章学诚称誉《汉书》为历史编纂上的"不祧之祖"。《汉书》叙事详赡，措辞温雅。班固博洽而有史裁史识，使得《汉书》放出新的异彩。仅就在史学史上的影响而言，《汉书》要大于《史记》。

班固生活在经学和儒家思想极盛的时代，《汉书》开创的断代史，出于尊汉的正统观念，将项羽、陈涉改入列传，完全体现了儒家正统观念。班固将修史当成表现儒家思想的一种形式，《汉书》处处奉儒家经典为至尊，同时弥漫着汉武帝以后儒家流行的天人感应的思想。

《汉书》问世以后，即受到东汉政府的推崇，士人争相抄阅，其流传较《史记》广泛，影响很大。不过，《汉书》多古字古训，文字简奥难懂,东汉时期的读者已经感到阅读困难,故成书不久就开始有学者为之作注。目前确切可知最早为《汉书》作注的,是汉灵帝时期的应劭和服虔,其注释在唐颜师古注《汉书》时采用较多,部分漏引的,还可以从裴骃《史记集解》等注中窥见其踪影。

东汉以后,众多名家为《汉书》做注,推动了《汉书》的研究和传播,至隋唐时期出现了注释《汉书》的总结性著作,即唐代颜师古所撰《汉书注》。颜师古全面整理和吸收了唐以前23家的注释和研究成果,校正文字,纠正旧注错误,在音义、文字校勘、典章制度、考证纠谬等方面取得了开创性的成果。颜师古注节本解决了《汉书》的训读问题,成为研读《汉书》不可缺少的重要参考著作,至清代仍然被奉为经典。历代《汉书》注中,影响最大的,除

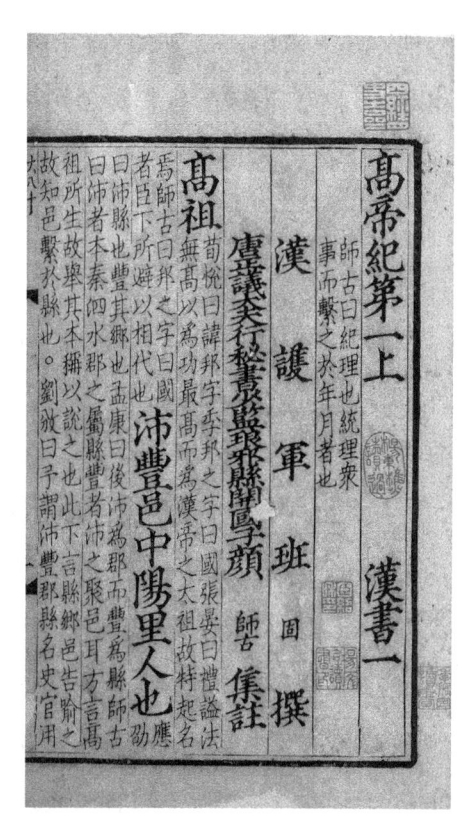

图 3—38 宋蔡琪家塾刻本《汉书》

颜师古《汉书注》外,还有清代王先谦所撰《汉书补注》。

现存最早的《汉书》版本是敦煌遗书中7世纪的初唐写本《汉书·萧望之传》。目前可考的刻印本《汉书》版本,主要源于北宋淳化本。景祐年间,余靖、王洙奉敕校对淳化本《汉书》,参考众本,

旁据他书，校定凡349条，刊正3000余字，录为六卷进呈真宗，形成景祐本，这次校定吸收了景德监本的长处，远较他本为胜。景祐本分别于元代大德、至大、元祐、元统等年间陆续重修补刊，该本在明代的主要版本有正统本、天顺五年（1461）冯让重刊本、弘治修补本。其他本还有宋绍兴蜀刻大字本、淳熙湖北茶盐司本、嘉定建安蔡琪刊本等宋刻本。南宋的建安刘之问刻本与景祐本有渊源关系，明代国子监本、清代武英殿本均承袭刘之问本而来。

明末汲古阁本集宋元诸本之长，影响较大。清同治金陵书局本一遵汲古阁本，王先谦《汉书补注》也以"汲古阁本为主"。

《史记》《汉书》之后，历代编撰了一系列以帝王本纪为纲的纪传体史书，至清代累计24部，称为"二十四史"，成为中国古代正史的总称。

唐代以前，人们将《史记》《汉书》《东观汉记》称为三史，唐代以范晔《后汉书》代替《东观汉记》称三史，并以《史记》《汉书》《后汉书》《三国志》《晋书》《宋书》《南齐书》《梁书》《陈书》《魏书》《北齐书》《周书》《隋书》称为十三史。宋代，增加《南史》《北史》《新唐书》《新五代史》，称为十七史。明代再增《宋史》《辽史》《金史》《元史》，合称二十一史。清乾隆时修成《明史》，增至二十二史。后又益以《旧唐书》《旧五代史》，统称二十四史，诏命刊刻行于世，是为武英殿本《二十四史》。

二十四史的编撰时间，上起西汉下至清代，跨越1800多年，总卷数3239卷（一说3229卷）。二十四史采用《史记》首创的纪传体，一般包含本纪、表、志、传四个部分，本质上是综合体史书。二十四史记述了自传说中的黄帝直至明末的历史发展过程,记载了四千多年间众多人物的活动,反映了人在历史发展中的重要作用,是中国古代最重要的文化遗产之一。

表3-4　二十四史

序号	书名	著者	注者
1	史记	(汉)司马迁撰	(南朝宋)裴骃集解 (唐)司马贞索引 (唐)张守节正义
2	汉书	(汉)班固撰	(唐)颜师古注
3	后汉书	(南朝宋)范晔撰	(唐)李贤注
4	三国志	(晋)陈寿撰	(南朝宋)裴松之注
5	晋书	(唐)房玄龄等撰	(唐)何超音义
6	宋书	(梁)沈约撰	
7	南齐书	(梁)萧子显撰	
8	梁书	(唐)姚思廉撰	
9	陈书	(唐)姚思廉撰	
10	魏书	(北齐)魏收撰	
11	北齐书	(唐)李百药撰	
12	周书	(唐)令狐德棻撰	
13	隋书	(唐)魏征等撰	
14	南史	(唐)李延寿撰	
15	北史	(唐)李延寿撰	
16	旧唐书	(后晋)刘昫等撰	
17	新唐书	(宋)欧阳修、宋祁等撰	(宋)董冲释音
18	旧五代史	(宋)薛居正等撰	

(续表)

序号	书名	著者	注者
19	新五代史	(宋)欧阳修撰	(宋)徐无党注
20	宋史	(元)脱脱等撰	
21	辽史	(元)脱脱等撰	
22	金史	(元)脱脱等撰	
23	元史	(明)宋濂等撰	
24	明史	(清)张廷玉等撰	
24	明史	(清)张廷玉等撰	

（注：民国时期，赵尔巽等撰《清史稿》、柯劭忞等撰《新元史》，与"二十四史"合称"二十六史"）

九、《说文解字》

《说文解字》是中国古代第一部真正意义上的字典，也是第一部系统的文字学著作。作者许慎（58？—147？），字叔重，汝南召陵（今河南郾城）人。许慎是东汉著名学者，"博学典籍"，兼通今、古文经，时人誉之为"五经无双许叔重"。秦始皇焚《诗》《书》等百家书以后，两汉间流行用隶书书写的"今文经"。今文经学家不明古人造字之例，仅据隶书字形随口解说，臆说经意，荒谬无稽。许慎故作《说文解字》一书，搜罗篆书及战国古文，首创系统科学的分析方法，解说文字结构，总结造字方法和理论，一扫当时今文谶纬谬说。《说文解字》全书共收小篆9353字，古文、籀文等异体1163字，开创性地把所收字分归540部，部首及部内字排列皆有一定条例。

《说文解字》是沟通古今文字的桥梁，通过《说文解字》我们可以了解汉字的发展脉络。汉字形体在魏晋南北朝进入楷书阶段之后基本定型，在此之前，不同时期的变化较大。从商和西周的甲骨文，商代后期开始的金文，到战国古文字篆书（大篆、小篆）和隶书，字体变化非常显著。如果没有《说文解字》的沟通桥梁作用，后人很难解读隶书之前的字体，则各种出土的上古时期文献也几乎没有可能得到破译。

《说文解字》系统阐述了汉字的构形规律（汉字的构成和使用方式）——六书，即象形、指事、会意、形声、转注、假借。六书说是最早的关于汉字构造的系统理论。

《说文解字》保存了大量先秦字体和汉代以前的文字训诂资料，也反映了上古词汇的面貌，是汉语言文字学的宝库。

作为表意文字的汉字，其字形与它所代表的事物和现象联系紧密，通过文字形体可以探究其代表的事物和现象，故能为我们了解古人的思维方式提供丰富的材料。《说文解字》保存了字的本来用法，分析了字的构形理据，通过这些分析和解说，可以了解古代社会政治、经济、文化、风俗、科技等方方面面。从这个角度说，《说文解字》可以称之为一部古代文化的百科全书。

《说文解字》集两汉"小学"之大成，奠定了汉语文字学的理论基础。自成书之后，历代多有研究，尤其是清代研究者众，名家辈出，成果累累，形成了专门的学问——"《说文》学"或"许学"。

《说文解字》问世不久，便受到学者的重视。如郑玄注《周礼》《仪礼》、应劭注《风俗通义》、刘熙撰《释名》、张辑撰《广雅》均引用《说文解字》的成果。魏晋时已有很多传习《说文解字》的学者，学者普遍效仿或利用《说文》编纂字书，并利用《说文》辩证字形，规范楷体。

南朝梁庾俨默著《演说文》一卷，是研究《说文》的最早著作。

到了唐代，《说文解字》的权威性已经得到社会认可。孔颖达、贾公彦等撰《五经正义》"九经义疏"，李善注《文选》，颜师古注《汉书》，陆德明撰《经典释文》，释应玄、慧林撰正、续《一切经音义》，均大量引用《说文》的成果。国子监设书学博士，立《说文》《字林》、石经之学；《说文》也成为官吏选拔考试的内容之一。

虽然《说文》的地位日显重要，但各种抄本传写讹错脱漏之处颇多，有必要进行一次全面的整理与校订。唐大历年间，篆书名家李阳冰刊定《说文》，改15卷为30卷。该书原本已佚，只能从后人的引述中略窥一斑。后世学者一般认为李阳冰刊定《说文》，随意的成分比较多。

现存最早的《说文解字》是两个唐代写本，一是"木部"残本，一是"口部"残简。"木部"残本存188字，清莫友芝旧藏，后流入日本；"口部"残简仅存12字，是唐代日本人之摹本。

五代末宋初的徐铉、徐锴兄弟对《说文》进行全面的整理和研究。

徐锴著《说文解字系传》，世称"小徐本"，是第一部传注《说文》的著作。全书40卷，以诠释许说为主，其主体"通释"是疏证《说文》原书的说解。该书虽然有引证材料不够充分扎实、常以义理说解文字等缺点，但对纠正李阳冰以来随意说解字形的风气，有着十分积极的作用；同时开启了清儒注释《说文》的先河。"小徐本"对校勘《说文》有极大的参考价值。

徐铉奉敕与句中正、葛瑞、王惟恭等校订的《说文解字》，世称"大徐本"。徐铉等广集众本，精心详考，力图恢复许书原貌。该书增加了注释、新附字及唐韵反切，将全书每篇分为上下两部分，共30卷。大徐本《说文》于北宋雍熙三年（986）成书，下国子监刊版，以官修本颁行天下，从此《说文》有了完整的定本，大徐本成为宋以后通行至今的定本，形成"定于一尊"的局面。

二徐本中，小徐本《说文解字系传》罕有传本，清乾隆以后才有刻本出现。今宋刻仅见一部残本（存12卷），且原书在宋代已缺1卷（卷二十五），后又经改窜，故非小徐本原貌。段玉裁

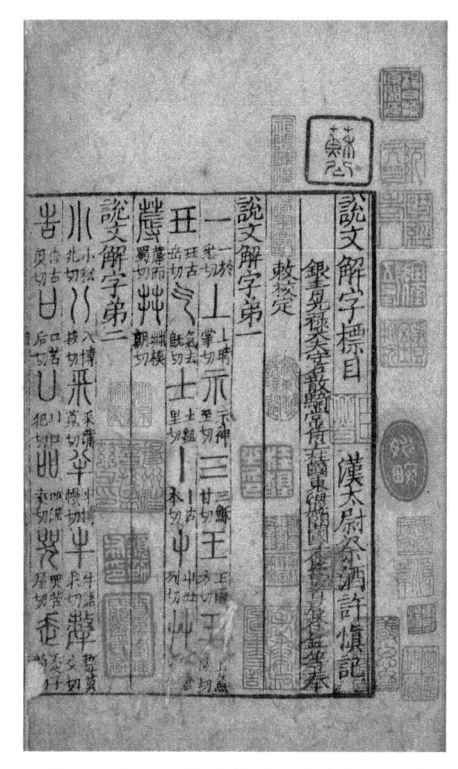

图3—39 宋刻元修本《说文解字》

认为"今世所存小徐本，乃宋张次立所更定，而废小徐真面目，小徐真面目仅见于黄氏公绍《韵会举要》中"（《汲古阁说文订序》）。

宋刻大徐本《说文》，即清人所谓"小字本"者，目前存世的共8部，其中比较完整的有国图藏额勒布旧藏本，湖南省图书馆藏叶氏旧藏本，日本静嘉堂文库藏王昶旧藏本和国图藏黄姬水旧藏本。

二徐之前的《说文》只是字书，用以正文字。二徐承前启后，继往开来，开辟了研治《说文》的新局面。

元明两代通行的《说文》，是南宋李焘的《说文解字五音韵谱》。李焘根据徐锴《说文解字篆韵谱》，编成《说文解字五音韵谱》，取《说

文》540部之目，以《集韵》之目次之，部中之字，又以《集韵》韵目分其先后。经过李焘的改编，《说文》原次彻底打乱。《五音韵谱》对原注采录完整，书又比较易得，故而广为流传，《说文》原本反而被弃之不读，导致了"四声谱而《说文》亡"的结果。到了明代，很多人都不知道《说文》的原貌了。直到明末清初毛氏汲古阁得宋小字本大徐《说文解字注》，以大字重雕刊印，大徐本原貌才得以重现，成为通行本。不过，汲古阁本据小徐《系传》等书所引内容剜改原刻，不乏乖谬之处，颇为学者诟病。

清代以后，随着乾嘉学派的繁荣，清代学者全面研究《说文》，精益求精，取得了超越前人的丰硕成果，《说文》学进入新的高潮期。惠栋、戴震、钱大昕等大家均以《说文》倡导后学，出现"家有浃长之书，人服郎里之学"的盛况。嘉庆道光年间，许慎在士人心目中已成为偶像。一些孔庙，以及阮元在杭州的诂经精舍都设许慎牌位，供士人顶礼膜拜。研治《说文》成为时代风尚，名家辈出，著述如林。其中影响最大的是段玉裁《说文解字注》，桂馥《说文解字义证》，王筠《说文解字句读》和《说文释例》，朱骏声《说文通训定声》，代表了清代研究《说文》的最高成就，这四位学者并称"说文四大家"。

清乾嘉之际，大徐本《说文》又有乾隆三十八年（1773）朱筠重刻汲古阁大字本（称"朱刻大字本"）、嘉庆十二年（1807）额勒布翻刻新安鲍氏家藏宋本（称"藤花榭中字本"或"鲍本"）、嘉庆十五年（1810）孙星衍、顾广圻主持重刻宋小字本（称"平津馆小字本"）。三种刻本以平津馆小字本最佳，此后刊印《说文》者多据此本。

第四章
纸质书籍的普及与魏晋南北朝隋唐五代经典著作

魏晋南北朝隋唐五代时期是纸质书籍的写本时代。造纸术的改进，使得纸质书籍彻底取代了简帛书籍，并进入纸写本书籍的鼎盛期。魏晋南北朝民族大融合以及中外的交流，为文化的发展创造了条件。这一时期的学术思想活跃，玄学儒学发展，佛教渐入华俗，道教开始盛行。诗、乐府民歌、诗文评、总集、类书等新文体先后问世，史学、地理学飞跃发展，医学、农学取得突出成就。

隋唐文化在南北交融和中外交流中产生了突破性进展，在思想文化、宗教艺术等方面均呈现多元化的形态。政局稳定、经济繁荣、文化开放，唐代学术文化在大一统的局面下蓬勃发展；水陆交通便利，促进学术、文化的繁荣和书籍的编纂流通。唐诗在中国文学史上写下光辉的篇章，也是中华文明史的一个亮点。

第一节　纸质书籍的确立

一、纸张书写地位的确立

随着造纸工艺的完善和成熟，纸张逐渐取代了简帛，成为书籍的主要制作材料。20世纪初，吐鲁番吐峪沟出土的西晋元康六年（296）《诸佛要集经》是现存的早期纸质书籍。

东晋桓玄称帝（403—404）时，政府正式发布以纸代简令，下令用纸书写，纸张广为流行。"古无纸，故用简，非主于敬也，今诸用简者，皆以黄纸代之。"（徐坚《初学记》卷二十一《文部·纸》）黄纸是经过黄蘖汁染过的纸，有防虫蛀的作用，是当时的书写的主要材料。目前出土的文物，也证明晋灭亡之后，不再有简牍文献，而多为纸写的材料，说明统治者在推广科学技术和文化发展中具有重要的作用。

魏晋南北朝时期，纸张应用已十分普及。《初学记》卷二十一《文部·纸》引裴启《语林》载："王右军为会稽（令），谢公（按，谢安）就乞笺纸，库中唯有九万枚，悉与之。"王羲之任会稽内史期间，慷慨馈赠谢安大量的公库纸张，受到不注意节俭的指责。由此可见晋纸之多。

书籍制作材料的变革，在中国书籍发展史上具有划时代的意义。随着造纸技术传向全世界，为人类文明带来长足的进步。

二、纸质写本书籍的制作

雕版印刷术发明以前，大量的书籍复制工作全靠人工抄写来完成，书籍抄写成为一个新兴的产业。

早在战国秦汉的简帛书籍时代，专业从事书籍抄写的佣书业已经颇具规模。魏晋南北朝以后，便于书写的纸张大规模普及，藏书、教育及各项文化事业不断向前推动，佣书业获得更大的发展空间，从业人数越来越多，他们受雇于官府、书商、私人或寺院，逐渐形成了一个职业抄书的阶层。

晋代的著名故事"洛阳纸贵"就与佣书人抄书有关。左思创作《三都赋》，初不为人所重，后请皇甫谧写了序言，张载、刘逵、卫权等为之作注，于是豪贵之家竞相传抄，一时洛阳为之纸贵。

南北朝时期佣书业日益成熟。官方组织的大规模抄书约有13次；书籍贸易逐渐繁荣，在没有雕版印刷术的情况下，这些书的生产复制只能依靠手工抄写，佣书人队伍不断壮大。北齐神武皇帝长子高澄曾雇书手一昼夜抄毕700卷的类书《华林遍略》。《北齐书》卷三十九《祖珽传》载："（扬）州客至，请卖《华林遍略》，文襄（按，高澄）多集书人，一日一夜写毕，退其本曰：'不须也。'"说明当时佣书业极为发达，书手很容易招募。

推动佣书业发展的另一个不可忽视的因素是宗教需求。汉魏以来佛教东渐，诵读和供养佛经是人们对佛表达虔诚的重要方式之一，佛经的汉译和传抄成为佛教传播的重要途径，一般寺观都设有藏经阁典藏佛经，以供僧、道、俗诵读。"佣书人"又分化出一批专门为他人抄写佛经的人员（或受雇于寺院抄写经书），被称为"写经生"。现存的敦煌写经题记中，可以找到有姓名记录的抄经人100多人，专业书手34人。

写经生有官经生和职业经生之分。官经生在官府任职，主要为寺院服务。官府写经机构人员一般由官经生、校经生和典经师组成。官经生由典经师组织分工和分配工钱,典经师直接对寺院负责。普通职业经生往往经济来源不稳定,敦煌遗书的一些题记正是这类情况的生动写照,如《伯希和劫经录》P.2292号《摩维诘经讲经文》末题:"广政十年(947)八月九日,在西川静真院写此第二十卷文书,恰遇抵黑。书了,不知如何得到乡地去。"8至9世纪吐蕃统治时期写本BD01199《二入四行论》后附《五言诗一首》:"写书今日了,因何不送钱!谁家无赖汉,回面不相看!"以打油诗的形式表达了书手在抄完书后却没收到工钱时的不满。

由寺院或官经生抄写的正规经书,一般都注明抄写年月、用纸数量、抄写人和校对者(校经人),很多还有典经师的签字或盖印之类。

对于佣书人和写经生而言,抄写既是谋生手段,也是学习的过程,不少佣书人和写经生经过长期笔墨生涯的磨炼,在潜移默化中学问和书法大有长进,成为学者、书法家,或者进入仕途建功立业。三国时东吴的大臣阚泽就是佣书成才的典型。"阚泽佣书"常用于比喻在艰苦的条件下自学成才。

隋唐以后佣书业更加发达。隋唐五代政府设置大批专业书手,大规模的抄书活动共有十几次之多。隋朝政府供养的专业书手,中书省就有书手200人,秘书省有书手20人。官府抄书主要由秘书省负责,大规模的抄书活动有5次。唐朝政府机关都配备专事抄书的书手,集贤院有书直官和写御官100人,秘书省有楷书手80人,著作局有楷书手5人,太史局有楷书手2人,弘文馆有楷书手75人。这些书手除抄写公文外,还兼事抄书,实际上就是为官方服务的佣书人。唐代大规模抄书活动有7次。唐代为私人佣书的也不少,吴彩鸾是古代女子抄书的代表,"裴铏《传奇》载:成都古仙人吴彩鸾善写小字,尝书《唐韵》鬻之。"(宋张邦基《墨庄漫录》卷三)著名晚唐诗人李商隐也曾佣书养家:"生人穷困,闻见所无。及衣裳外除,旨甘是急。乃占数东甸,佣书贩舂。"(李商隐《祭裴氏姊文》)

三、纸质写本书籍的形制

纸质书籍取代简帛书籍,书籍的材质由竹木、缣帛演变为纸张之后,其形制也随之发生了变化。在纸质写本时代,书籍的装帧形式主要有卷轴装、梵夹装、缝缋装、经折装等几种不同类型。

卷轴装:又称卷子装。它将许多单张纸质书叶连续接裱起来作为长卷,然后在其左边末尾一端粘装上一根细圆的竹木轴杆,形成以轴杆为中心的骨架,收卷时从后往前卷起,使之成为卷状圆柱体。在正文第一张纸之前加一张空白纸,以避免文字内容受到污损。长卷由左向右卷成一卷,在卷轴的右首开端写上书签,标明书名和卷数,以便于查阅。

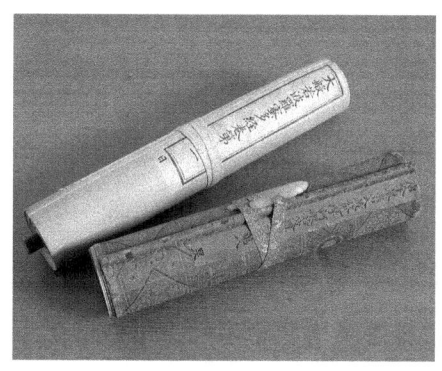

图 4—1 卷轴装

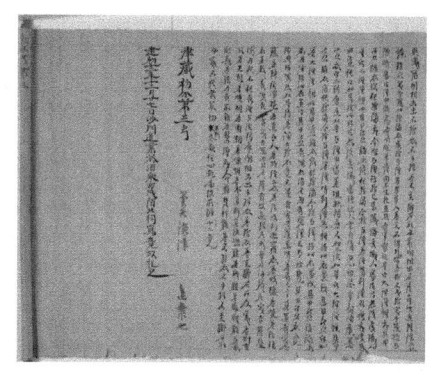

图 4—2 卷轴装

卷轴装是纸质书籍最早的装帧形式，这种装帧形式受简册和帛书的影响，始于东汉末年，盛行于魏晋南北朝至唐代。宋代以后，卷轴装主要用于书画装帧。

梵夹装：梵夹装是一种夹板式以绳穿订的装帧形式，其制作过程是先在贝叶上穿孔，然后刻写，最后进行装订，其主要工艺流程包括制匣、穿孔、画线、刻写、穿绳、整理。

图4—3 梵夹装

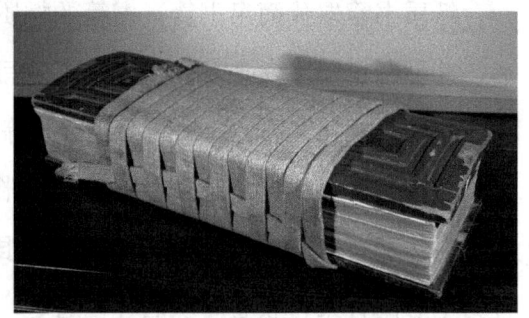
图4—4 梵夹装（清北京版蒙古文《甘珠尔》）

这种装帧形式最早见于以梵文书写在贝多罗树叶上的古印度佛经（即贝叶经），汉代以后随着佛教的东传流入中国，由于经叶上下有夹板，人们形象地称之为梵夹装。唐五代时期，纸质佛经也曾出现少量梵夹装形式。少数民族文字古籍，如藏文、蒙文、回鹘文、于阗文、粟特文、傣文等文种的文献，均广泛使用梵夹装，尤其是其中的佛经更是以梵夹装为主。

梵夹装是西方书籍装订技术于19世纪传入之前，中国唯一引入的一种外国的书籍装帧形式。后来经折装的产生就受到梵夹装的影响。

缝缋装：缝，用针线连缀；缋，原意是成匹布帛的头尾，这里指书脊。缝缋装是把多张书叶按顺序摞在一起对折，成为一帖，然后将若干贴书叶再集中在一起，用针线在书叶折叠处反复连缀，再把许多书叶装订在一起的装帧形式。

缝缋装可视为线装的前身，目前仅见于敦煌遗书中保存的一批唐末、五代、宋初的册子状书籍。

图 4—5 缝缋装

经折装：经折装是将写好的长条卷子，按照一定的行数和宽度反复折叠，形成长方形的一叠，再在首末二叶各加硬纸作为封面与封底的装帧形式。唐宋以来，因佛教经典多用此式，故称经折装，又因其由反复折叠而成，也称"折子装"。

经折装由卷轴装演化发展而成，"古书皆卷轴，以舒卷之难，因而为折，久而折断，复为簿帙。"（元吾丘衍《闲居录》，按：吾丘衍，一作吾衍。）这段话简明扼要地概括出古籍装帧形式由卷轴而经折、

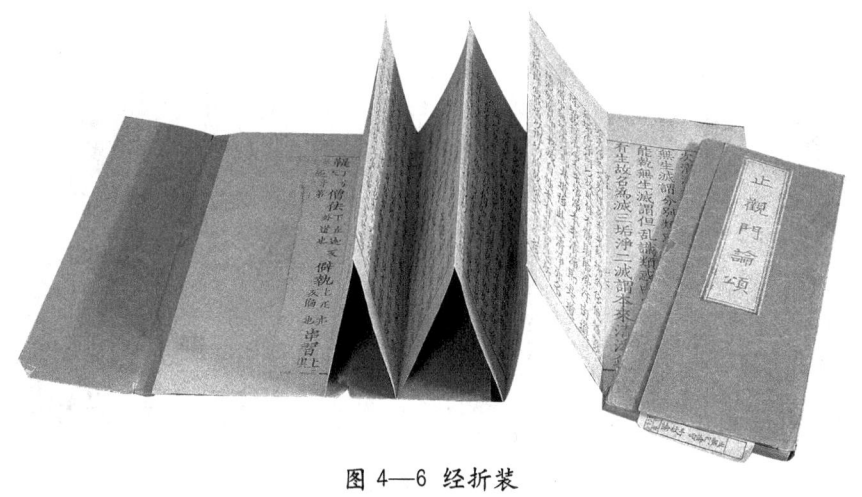
图 4—6 经折装

由经折而册页的演变过程。

经折装是在卷轴装的基础上融入梵夹装的成分而形成,是书籍装帧脱离卷轴装向册页装的过渡形制。经折装对于阅读、检索、收藏书籍都比较方便,历代多有采用,是佛经与法帖的主要装帧形式。

关于经折装出现的时间,学术界尚无定论,一般认为敦煌遗书中唐代《大乘入楞伽经》(一说为《入楞伽经疏》)是现存最早的经折装书籍实物。

旋风装:关于旋风装的形制,由于存世实物罕见,文献记述欠详,学术界还没有统一的看法。

一种意见认为,旋风装即龙鳞装,是以长条纸作底,以每叶右边无字空条处,逐叶向左鳞次相错地粘裱在首叶末尾的底纸上。看去错落相积,好似龙鳞,故亦称龙鳞装。其实物即现藏故宫博物院唐写本王仁煦《刊谬补缺切韵》。

图 4—7 旋风装

另一种意见认为旋风装即经折装。马衡《中国书籍制度变迁之研究》说：

> 所谓旋风叶者，谓以卷轴之长幅，变卷舒以为折叠，自首至尾，可以循环翻检，今俗称经折式，唐宋时谓之旋风叶。释教经典至今犹有作此式者。（《图书馆学季刊》一卷二号，1926年6月）

近年来，程有庆等学者认为旋风装是经折装的雅称。另外，旋风叶子装是"包背式经折装"——封面封底连为一体的经折装，即用一张较大的硬纸，将经折装的封面和封底，连同书脊一起包裹起来的装帧形式；"蝴蝶式经折装"也属于旋风叶子装。（程有庆《古书旋风装形制赘言》）

第二节　魏晋南北朝隋唐五代经典著作

一、陶渊明诗

陶渊明（约365—427），东晋末南朝宋初诗人、文学家、辞赋家、散文家。字元亮，又一说名潜，字渊明，号五柳先生，私谥"靖节"，东晋浔阳柴桑人（今江西九江）。曾做过几年小官，后辞官回家，从此隐居。田园生活是陶渊明诗的主要题材，其诗歌成就也主要表现在田园题材的开创和写作，相关作品有《饮酒》《归园田居》《桃花源记》《五柳先生传》《归去来兮辞》等。

陶渊明坚持个人高洁的品格，追求自身道德的完善，以其独特的个性人格美,成为魏晋风流的代表。

陶渊明是中国士大夫精神的一个归宿,他崇尚自然,"采菊东篱下,悠然见南山"。他的安贫乐道的生活境界以及"不为五斗米折腰"的人格气节,深刻影响了中国乃至东亚地区的文化构成和美学格调。他在唐宋以后备受推崇,被目为"古今隐逸诗人之宗"。以他为代表,构成了中国隐士文化的核心内容。因此,他在思想史和文化史上也同样是影响深远的伟人。

陶渊明诗自然平淡,是诗歌中至大至美的境界。陶渊明在中国诗歌史上是个永恒的亮点,他的诗品和人品,永恒地感动着一代又一代的读者。

陶诗崇高地位的确立经历了漫长的过程。早在南朝梁,陶渊明诗文集就有萧统整理编辑的八卷本,一卷为序、目、诔、传,其余七卷是诗文,该本大部分已佚失,仅存《陶渊明集序》和《陶渊明集传》;之后,北齐阳休之又编有十卷本。不过,在风行骈体文的魏晋南北朝时期,缺少华美辞藻、"质直"的陶诗并不受重视。到了唐代,随着诗文风貌的逐渐转变,陶诗的地位有所提高,李白、杜甫、白居易都有热情颂扬陶渊明的诗句,陶诗也影响了王维、孟浩然、柳宗元等诸多文人。宋代古文运动之后,终于确立了陶渊明在汉魏六朝诗歌领域的首席地位。苏轼曾追和陶诗109篇,自许"不甚愧渊明"。

宋代宋庠编定《陶潜集》十卷,之后的各种陶集大多出于宋庠本。随着陶诗在宋代获得极高赞誉以后,其注本也不断涌现,宋代有汤汉注、李公焕笺注。陶集著名的宋元刻本有宋绍兴鲁铨刻"苏体大字本"《陶渊明文集》十卷,原刻已不存,现有清康熙三十三年(1694)汲古阁毛扆覆刻本存世；宋绍熙三年（1192）曾集刻本《陶渊明诗》一卷《杂文》一卷；宋刻本汤汉注《陶靖节先生诗注》四卷补注一卷；元刻本李公焕《笺注陶渊明集》十卷。

陶集自明代以来翻刻甚多，各种版本达到200余种。明清时期陶集的各种评本、注本、选本，也多达数十种。明代何孟春注《陶靖节集》十卷、黄文焕《陶诗析义》四卷、张自烈《笺注陶渊明集》六卷较为著名，清代中期陶澍所注《陶靖节集》十卷，搜集资料最完备，注释最详尽，是陶集注本的集大成者，广为流传。

图4—8 宋淳祐元年（1241）汤汉刻本《陶靖节先生诗注》

单行本之外，《艺文类聚》《太平御览》《册府元龟》《乐府诗集》等大型类书和文集中均收录陶集。

二、《世说新语》

《世说新语》，南朝宋刘义庆主持编撰，记述自汉末到刘宋时名士贵族的遗闻轶事，其中有许多人物评论、清谈玄言和机智应对的故事，反映了"魏晋风流"的士人风貌,是南北朝时期著名的志人小说。

刘义庆(403—444),南朝宋武帝刘裕的侄子,袭封临川王。政治家、军事家,曾出任豫州诸军事、豫州刺史、督淮北诸军事、荆州刺史重要职务,军功、政绩卓著。他喜好文史,《世说新语》主要是由他招募的一批文学之士,如袁淑、陆展、何长瑜、鲍照、何偃、王僧达等共同完成的。

《世说新语》篇幅短小、语言简练,运用对照、比喻、夸张等文学技巧,将人物的性格、特征描绘得活灵活现,创造了许多脍炙人口的名言佳句和文学典故,对后世作品产生巨大影响。唐诗宋词中有大量的典故出自《世说新语》,著名古典长篇小说《三国演义》中的某些故事情节如望梅止渴,和人物描写即源自《世说新语》。

《世说新语》有许多极其著名的故事,很多成语都来源于此书。如:

晋明帝"举目见日,不见长安"(夙惠第十二),记述晋明帝司马绍才几岁的时候,一次,元帝把他抱在膝上接见从长安渡江过来的人,元帝即问明帝:"你看长安和太阳相比,哪个离我们远啊?"明帝回答说:"太阳远。因为没听说过有人从太阳那边来。"元帝听到他的回答,又高兴,又惊奇。第二天,晋元帝召集群臣宴饮之时,当着群臣的面问司马绍:"长安和太阳,哪个离咱们近?"不料明帝却回答说:"太阳近。"元帝又问:"你为什么和昨天说的不一样了呢?"明帝回答说:"因为我们抬起头就能看见太阳,可是看不见长安。"

"登车揽辔"(德行第一)是礼贤下士的著名典故。记述陈番到豫章任太守,一到豫章,立刻前去看望名士徐孺子。豫章主簿告说:众人希望你先到府衙。陈番说:"吾之礼贤,有何不可?"

"柳絮因风起"（言语第二）是著名的文学典故。记述晋谢安在一个寒雪之日，集家人儿女等讲论文艺，他问："白雪纷纷何所似？"兄子谢朗说："撒盐空中差可拟。"兄女谢道韫说："未若柳絮因风起。"谢道韫比喻得非常形象，谢安闻之大喜。

"传神写照"（巧艺第二十一）是著名的绘画典故。记述大画家顾恺之画人，画完形体之后，不点眼睛；有些画，甚至好多年都没有点睛。人问其故，顾恺之回答说："四体妍蚩，本无关妙处，传神写照，正在阿堵中。"又说："手挥五弦易，目送归鸿难。"古语说："画龙点睛"，画人更要注重点睛啊！

"云兴霞蔚"（言语第二）是著名的文学典故。记述顾恺之从会稽还，人问那里的山川之美。顾回答说："千岩竞秀，万壑争流，草木蒙笼其上，若云兴霞蔚。"

《世说新语》成书之初，就有学者为其做注，其中以南朝梁刘孝标注最为著名。刘孝标考订异说，纠正原文的错误，为众多典故注明出处，同时对生僻字或方言俚语训释疏证，为后人带来极大的便利；且注释先后互见，详略得当。刘注为《世说新语》补充了大量史料，许多注文使原文内容更为丰富，人物更加生动，自产生以来，就一直与《世说》原文相辅而行，成为不可分割的有机整体。刘注因材料丰富、见解精当、体例周全，备受后世推崇。

《世说新语》在唐以前已广有流传，今仅有唐写本残卷存世，藏于日本京都。宋代的刻本有多种，流传到清代以后的宋刻本有绍兴八年（1138）董弅刻本和淳熙十六年（1189）湘中刻本。董弅刻本现藏于日本。淳熙十六年（1189）湘中刻本系清初徐乾学所藏，清人蒋篁亭、沈宝砚曾据此本与袁氏嘉趣堂本对校，并撰有《校语》。

一般认为，目前通行的三卷（或每卷又分上、下，计为六卷）三十六篇系经北宋晏殊整理删订而成，宋末元初，刘辰翁、刘应登对《世说新语》做过批点，刘辰翁批点重点在分析作品的艺术性，刘应登则以注释为主。

明嘉靖年间，何良俊仿《世说新语》体例作《何氏语林》三十卷，"昉自两汉，迄于宋元，下上千余年，正史所列，传记所存，奇踪胜践，渔猎靡遗，凡二千七百余事，总十万余言。……元朗贯综深博，文辞精粹，见诸论撰，伟丽渊宏，足自名世"（《何氏语林·文征明序》），该书自两汉至宋元，从未间断，具有叙事的历史连续性，故问世不久，当时的文坛领袖王世贞就将其与《世说新语》一同删并刊行，题为《世说新语补》。此书一出，"学士大夫争佩诵焉"（《世说新语补·凌濛初序》）。《世说新语补》盛行，乃至"海内不复知有临川矣"（《世说新语补·凌濛初序》），日本江户时代兴起研读《世说新语》之风，也是因为《世说新语补》的传入。

王世贞之弟王世懋，以及思想家、文学家李贽都曾批点《世说新语》，王世懋批点侧重文字疏释，李贽则重在思想批判。

明代《世说新语》版本大致有三大系统：普通本、批点本、《世说新语补》本。普通本有三卷、六卷、八卷等不同种类，其中以嘉靖十四年（1535）袁褧嘉趣堂刻《世说新语》三卷本为最善，民国时期商务印书馆《四部丛刊》即据此本影印。批点本包括刘辰翁批点本、王世懋批点本、王世贞批点本，其中以凌瀛初刻南朝宋刘辰翁、刘应登、明王世懋评四色套印八卷本最为著名。《世说新语补》系统有万历年间张文柱校刊王世懋批点《世说新语》六卷《世说新语补》二十卷，万历十四年（1586）太仓王氏刻李卓吾批点《世说新语补》二十卷，凌濛初改订本《世说新语》三卷《世说新语补》四卷。

清代基本沿袭明代刊本的系统，其中道光八年（1828）周心如纷欣阁刻本和光绪十七年（1891）王先谦思贤讲舍刻本对前代版本中的讹误有所纠正。

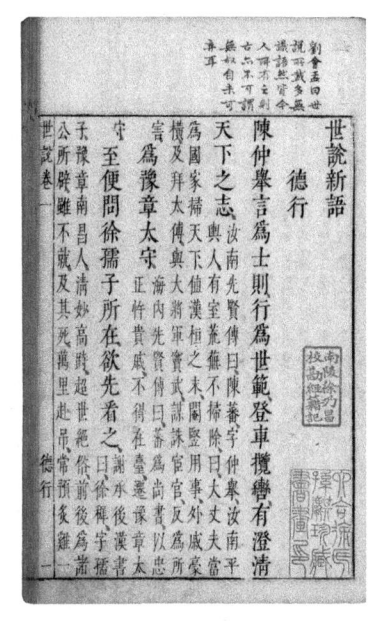

图4—9 明凌濛初刻四色套印本《世说新语》

三、《水经注》

《水经注》是北魏郦道元撰写的一部重要的地理学著作。《水经》为汉代桑钦所作，原书仅1万多字。《水经注》虽是为桑钦《水经》作的注，但实际是在《水经》基础上，旁征博引，增补了大量内容。如桑钦《水经》记河流只有137条，《水经注》记水道多达1252条，并且详细叙述了各河流流经区域的地理情况，包括山脉、土地、物产、城市的位置和沿革、村落的兴衰、水利工程、历史遗迹等，其字数多达34万，是《水经》原书的30多倍。

郦道元（约470—527），字善长，范阳涿鹿（今属河北）人，曾任颍川太守、鲁阳太守、河南尹、御史中尉等职，游历多地，见识很广。南北朝是一个战火纷飞，山河破碎的时代，郦道元内心向往祖国的统一，向往西汉王朝的一统天下。《水经注》记录的大江南北的水道，即是以西汉王朝版图为基础的；其笔下描绘的每一条河流，都如诗如画，字里行间，饱含着对祖国大好河山的深厚感情。

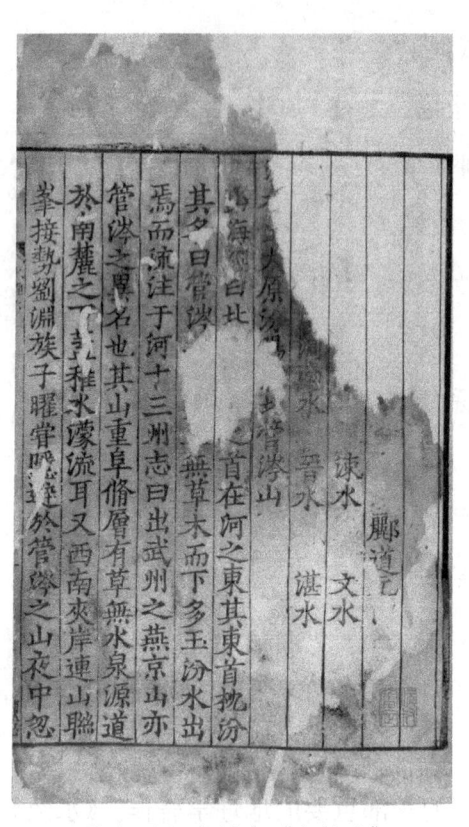

图4—10 宋刻本《水经注》

《水经注》内容翔实，包罗宏富，引用的文献多达400多种，不仅涵盖地理学的各个分支，甚至涉及历史、民族、考古、碑版、语言等各个学科。很多失传的书籍，幸赖此书得以保存。唐代虞世南《北堂书钞》、徐坚《初学记》、杜佑《通典》、李吉甫《元和郡县制》以及北宋时期的《太平御览》《太平寰宇记》等，都曾援引《水经注》中的大量资料。

郦道元是全世界中世纪最伟大的地理学家，也是世人公认的山水游记的鼻祖。他不仅博览群书，还跋山涉水，对很多河流实地考察，"脉其枝流之吐纳，诊其沿路之所缠，访渎搜渠"。在搜访过程中，甚至对一块残碑也不放过。北宋苏轼名篇《石钟山记》就通过实地考察，证明了郦道元《水经注》记述的准确性及其文献的可靠性。

《水经》云："彭蠡之口有石钟山焉。"郦元以为下临深潭，微风鼓浪，水石相搏，声如洪钟。是说也，人常疑之。……

余是以记之，盖叹郦元之简，而笑李渤之陋也。

《水经注》文笔清丽隽永，文学价值很高。唐代陆龟蒙、宋代苏轼都有阅读《水经注》的嗜好。明末清初的学者张岱说："古人记山水，太上郦道元，其次柳子厚，近则袁中郎。"德国著名地理学家李希霍芬（1833—1905）称《水经注》是"世界地理学的先导"。《水经注》在中国科学文化发展史上有着极其巨大的影响，历代有许多学者研究，形成"郦学"。

《水经注》诞生之初，完全依靠传抄流传。唐代类书《北堂书钞》《初学记》等都曾经引用，其中有不少内容不见于今本。据文献记载，宋代刻本有成都府学宫刻本和元祐二年（1087）刻本。元祐二年（1087）刻本的内容，与明清以后流行的版本已经大同小异。目前仅存的宋刻本是国家图书馆藏十二卷残本，有学者认为该本属于元祐二年（1087）刻本系统。

明代的重要版本有永乐年间的《永乐大典》本，该本源于宋元善本，保留了《水经注》序，文字也较其他本子错误少，有较高的版本价值。明代《水经注》刻本的种类较前代有不少增加，影响较大的嘉靖十三年（1534）黄省曾刻本，万历十三年（1585）吴琯刻本，万历四十三年（1615）朱谋㙔《水经注笺》，崇祯二年（1619）钟惺、谭元春评点本。其中朱谋㙔本在校勘和笺注方面首屈一指，黄省曾本和吴琯本皆从宋本而来，钟惺、谭元春评点本则本于朱谋㙔本。

《水经注》的校勘和注释自明末始不断取得新成就，清乾嘉以后，出现全祖望、赵一清、戴震等治郦名家，其版本也随之发展。重要的清代刻本，有沈炳巽《水经注集释订讹》，康熙五十四年（1715）项絪群玉书堂刻本、全祖望校本、赵一清《水经注释》、孔继涵微波榭本、乾隆时期的武英殿聚珍版本、嘉庆三年（1798）张匡学《水经注释地》、同治四年（1865）杨希闵《水经注汇校》、光绪十八年（1892）王先谦合校本等。这些版本中，多以明代黄省曾本或清武英殿本作为底本，而武英殿本则完全吸收了赵一清本的成果，成为这一时期最高水平的代表性版本；全祖望七校本和王先谦合校本在郦学研究史上也占有很重要的地位；流传较广的乾隆十八年（1753）黄晟槐阴草堂刻本则是康熙项絪群玉书堂本的翻刻本。

明末清初以来，有不少郦学名家的校本和稿本流传至今，如浙江图书馆藏孙潜校本、复旦大学图书馆藏何焯校本、南京图书馆藏佚名临赵琦美、孙潜、何义门诸家校本、清末杨守敬、熊会贞撰稿本《水经注疏》等。

四、《文选》

《文选》是中国现存最早的诗文总集，南朝梁萧统编著。萧统（501—531），梁武帝萧衍长子，未及即位而卒。约梁普通七年（526）前后，萧统编选《文选》30卷，共收录先秦至齐梁八代130多位作家的700多篇作品，反映了先秦至梁代初叶各种文体发展的轮廓。因萧统死后谥"昭明"，故《文选》又称"昭明文选"。

《文选》编选诗文有两个特点：一是划定文学作品与非文学作品

的界限，将哲学论辩，史籍记事和一些应用文章摒弃于文学作品之外，强调文学作品的艺术构思和词句华美的特征。划定文学范畴，明确文学概念，是文学发展到一定阶段的必然要求，有利于促进文学作品性质认识的深化，很有积极意义。二是采用略古详今和偏重文采的原则。《文选》成书之后，结束了秦汉以前文学被经学吞吃的局面，意味着文学的独立和勃起，受到普遍重视，影响深远。

唐宋时期的科举考试，诗赋是重要的考核内容，《文选》便成为读书人案头的必备书。宋代更有"《文选》烂，秀才半"之语。

《文选》成书之后，相关的注释随之产生。萧统的侄孙萧该所作《文选音》三卷，应该是最早对《文选》进行音释的。之后的南朝末至唐初人曹宪著有《文选音义》，敦煌遗书中发现有唐写本《文选音》和《文选·辨亡论》。

唐代出现多个《文选》注本。曹宪的门生、学者李善、公孙罗和许淹均有《文选》相关注本行世；唐玄宗开元年间，吕延祚组织吕延济、刘良、张铣、吕向和李周翰等作"五臣注"；另有现藏日本的旧抄本《文选集注》，有陆善经等人的《文选》注释等。这些注释多散佚，仅李善注和"五臣注"流传至今。

唐代以后的《文选》版本大致有三个系统，即李善注本、五臣注本和六臣注本。唐显庆三年（658）进呈的李善注本，分原书三十卷为六十卷；唐开元六年（718）吕延祚进呈的五臣（吕延济、刘良、张铣、吕向、李周翰）注本，仍为三十卷；后世又将李善注与五臣注合刊，称"六臣注《文选》"，六十卷。

刊刻最早的是五臣注本，五代蜀毋昭裔曾主持刊刻过，遗憾的是该本久已失传。现存的五臣注本有台湾图书馆藏南宋绍兴三十一年（1161）陈八郎刻本，以及南宋杭州开笺纸马铺钟家刻本，钟家刻本仅存两卷（卷二十九和卷三十），分藏于北京大学图书馆和国家图书馆。

六臣注本分为六家本（五臣在前，李善在后）和六臣本（李善在前，五臣在后）两种，六家本的传世版本主要有宋广都裴氏刻本，宋明州刻本、明袁褧复广都刻本；六臣本有南

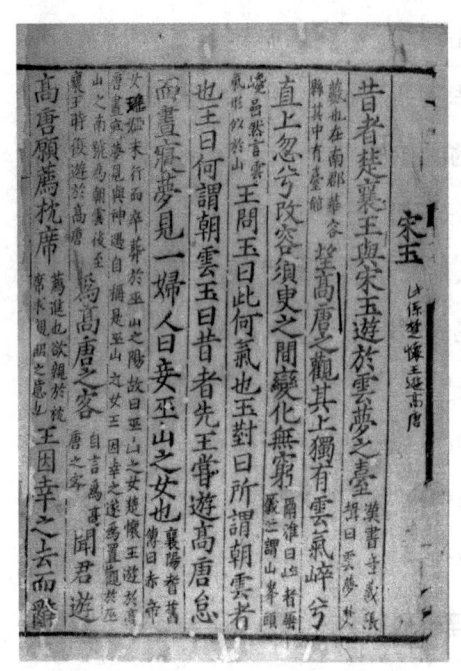

图4—11 北宋刻递修本《文选》

宋赣州刻本、建州本（民国时期商务印书馆《四部丛刊》即据建州本影印）以及元代茶陵陈仁子古迂书院刻本（又称茶陵本）等。

李善注本最早者为北宋天圣年间刊刻的国子监本，其后有南宋淳熙年间尤袤刻本、元代张伯颜刻本。

明清间的刻本均由宋元版本而来，流传较广的明末毛氏汲古阁刊本据南宋尤袤刻李善注本，其中又吸收了部分五臣注本的内容。

《文选》在8世纪传入日本，对日本文学史上第一部和歌集《万叶集》产生了直接影响，《文选》在日本受到高度重视，日本的"文选学"十分发达。

五、《齐民要术》

《齐民要术》是北魏贾思勰编撰的一部杰出农书。它是现存最早而且完整的中国古代农书，也是世界农学史上最早的专著之一。全书10卷，分92篇，大约成书于北魏末年（533—544）。

贾思勰，生卒年不详，生活在6世纪，即北魏和东魏时期。益都（今山东寿光市东南）人。曾做过高阳郡（今山东临淄）太守。

该书系统地总结了6世纪以前黄河中下游地区农牧业生产经验、食品的加工与贮藏、野生植物的利用、造纸染潢等，对中国古代农学的发展产生了重大影响。

《齐民要术》一直受到历代政府的重视。后世的农书，如元代司农司《农桑辑要》、王祯《农书》、明代徐光启《农政全书》、清代鄂尔泰等《授时通考》等，均受其影响。

《齐民要术》的最早刻本是北宋仁宗天圣年间的崇文院刻本，现仅存两卷（卷五和卷八），原藏日本京都高山寺，故称"高山寺本"。1914年罗振玉将高山寺本以珂罗版影印，编入《吉石盫丛书》，印数不多，现已成为珍本。高山寺本有几个抄本，分别是文化五年（1808）抄本（日本内阁文库藏）、澁江氏所藏抄本（日本帝国图书馆藏）和天保九年（1838）小岛尚质影写本（中国农业科学院图书馆藏）。

北宋天圣崇文院刻本，只颁给"劝农使者"，"非朝廷要人不可得"，数量很少，流传不广。曾经有一些抄本流传，但大部分均已散佚，目前仅存一个比较完整的抄本，即日本金泽文库旧抄卷子本。该抄本系金泽文库创始人北条实时于文永十一年（1274）据仁安元年（1166）抄写的仁安抄本转抄而成，曾经权臣丰臣秀吉之子丰臣秀次、德川家康递藏，后归尾张（今名古屋）德川家，现藏德川家东京蓬左文库。此本为卷轴装，故称"卷子本"，现存九卷（卷三已佚），每卷装为1至3轴，共22轴。1948年日本农林省农业综合研究所用珂罗版影印，此影印本在中国数量不多。

南宋绍兴十四年（1144）张辚于龙舒（今安徽舒城）据北宋崇文院本重刻《齐民要术》，称"张辚刻本"或"龙舒本"。原书已佚，现在所见的只是几部残缺不全的校宋本，即据张辚刻本所校的明《秘册汇函》本残卷。

张辚刻本之后，还有其他的南宋刻本，不过原书也不存，仅有邓邦述群碧楼旧藏的明抄本流传下来，民国时期商务印书馆《四部丛刊》本即据此抄本影印。

元代官修农书《农桑辑要》引用了大量《齐民要术》，正是以官府收藏的两宋本为底本，可靠性很高，故《农桑辑要》成为清代《学津讨原》诸本纠正明代刻本错误的重要依据。

元代以后的版本品质欠佳，文字脱误较多，且元刻原本早已不存，只能从明代版本中窥其概貌。明嘉靖三年（1524）马直卿刊刻《齐民要术》于湖湘（今湖南长沙），称为"湖湘本"，据元刻本系统覆刻而来，存世孤罕。万历以后，有胡震亨所刻《秘册汇函》本和毛晋汲古阁所刻《津逮秘书》本，这两个丛书本都是湖湘本系统的覆刻本，而流传最广、影响最大的要数毛晋《津逮秘书》本。这些明代刻本与元刻本一脉相承，错误频出，其中以《秘册汇函》本和《津逮秘书》本为最差。

清代乾嘉以后，学者们注意到明代刻本的错乱，开始努力纠谬。张海鹏《学津讨原》本和袁昶《渐西村舍丛刊》对明代劣本进行勘谬，有一定程度的勘正，但仍远不及两宋本质量。

《齐民要术》很早就传入日本，后来又译为英、德等西方文字，在世界范围内受到农业科学家的高度重视。

六、唐诗

"一代之兴，必有一代绝艺足称于后世者。"（元孔齐《至正直记》引虞集语）唐诗正是如此。明胡应麟说："甚矣，诗之盛于唐也！"《诗薮》外编（卷三）唐代是中国古典诗歌发展的全盛时期，也是中国古代诗歌发展的顶峰。

唐代产生了李白、杜甫、白居易、王维等一大批世界闻名的伟大诗人，知名诗人有2300多人，犹如满天的繁星，杰出诗人数量之多，为中国诗歌史所仅见。唐诗数量空前绝后，《全唐诗》中保存的诗歌近5万首。唐诗的题材主要有豪情满怀的边塞诗、宁静悠远的山水田园诗，以及大量的感怀诗。在创作方法上，既有现实主义，也有浪漫主义，而许多伟大的作品，则又是这两种创作方法相结合的典范，形成了中国古典诗歌的优秀传统。

唐代诗人以恢弘的胸怀气度、兼容的文化心态、饱满的进取精神、浓郁的个人情致，创造出多姿多样的诗歌风貌：刚健、玲珑、清丽、豪迈、自然、奔放、沉郁、顿挫、冷寂。如"初唐四杰"的慷慨悲凉，高适、高岑的瑰奇壮伟，李白的豪放飘逸，杜甫沉郁顿挫，白居易的平易通脱，韩愈的奇崛，韦应物的淡雅，李商隐的隐僻，温庭筠的绮靡，各具神髓，令人感叹。

李白（701—762），字太白，号青莲居士，唐朝浪漫主义诗人，被后人誉为"诗仙"。祖籍陇西成纪，出生于碎叶城（当时属唐朝领土，今属吉尔吉斯斯坦），4岁再随父迁至剑南道绵州。李白存世诗文千余篇，有《李太白文集》传世。

李白生活在盛唐时期，有"诗仙"之称，他的诗歌显示出超凡的创造力、博大雄伟的气魄，代表着自由与解放。千古名句："黄河之水天上来，奔流到海不复回"，"安能摧眉折腰事权贵，使我不得开心颜"，"抽刀断水水更流，举杯消愁愁更愁"。

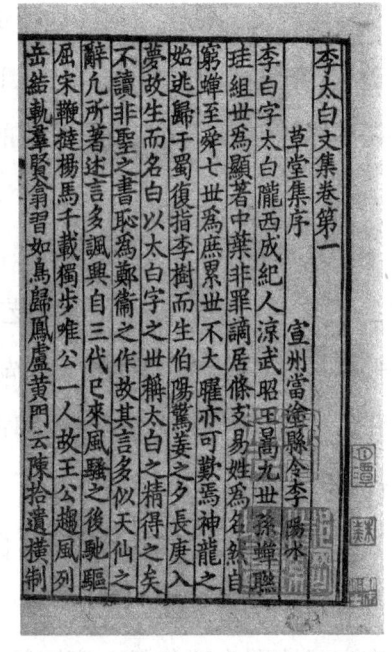

图4—12 宋刻本《李太白文集》

杜甫（712—770），字子美，自号少陵野老，世称杜工部、杜少陵等，河南巩义人。杜甫被世人尊为"诗圣"，其诗被称为"诗史"。

杜甫忧国忧民，人格高尚，诗艺精湛，1400余首诗被保留了下来，集为《杜工部集》，在中国古典诗歌中备受推崇，影响深远。代表作"三吏"、"三别"，《茅屋为秋风所破歌》《春望》《兵车行》等。

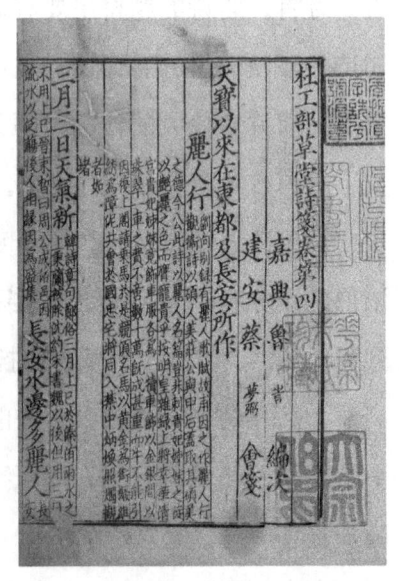

图4—13 宋刻本《杜工部草堂诗笺》

像"朱门酒肉臭,路有冻死骨""烽火连三月,家书抵万金""国破山河在,城春草木深"等诗句,情景交融,流传万世。

王维(701—761,一说699—761),字摩诘,河东蒲州(今山西运城)人,祖籍山西祁县。苏轼评价"味摩诘之诗,诗中有画;观摩诘之画,画中有诗"。重要诗作有《相思》《山居秋暝》等。王维精通佛学,诗书画音乐都很有名,多才多艺。与孟浩然合称"王孟"。

白居易(772—846),字乐天,号香山居士,河南新郑人,唐代三大诗人之一,他的诗歌题材广泛,形式多样,语言平易通俗。有《白氏长庆集》传世,代表诗作有《长恨歌》《卖炭翁》《琵琶行》等,都是流传千古的名篇。

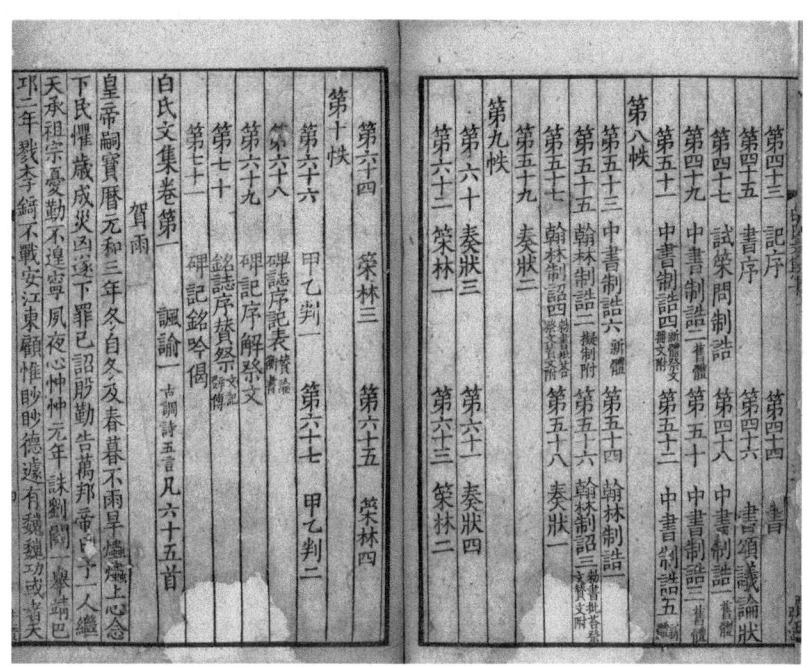

图4—14 宋刻本《白氏文集》

唐诗是后世诗人效法的典范，自唐代开始，唐诗的各种汇集编纂工作就从未停止。唐人诗文集代有刊刻，唐诗总集、选本层出不穷。除了各个作家的专集流传，历代唐诗总集数量巨大，现存的还有400余种。比较重要的唐诗总集有唐人殷璠《河岳英灵集》、高仲武《中兴间气集》、顾陶《唐诗类选》（已佚），五代蜀人韦縠《才调集》；宋金元时期的王安石《唐百家诗选》、洪迈《万首唐人绝句》、元好问《唐诗鼓吹》、方回《瀛奎律髓》；明代的高棅《唐诗品汇》，李攀龙《唐诗选》，钟惺、谭元春《唐诗归》，清代金人瑞《贯华堂选批唐才子诗》，席启寓《唐诗百名家全集》等影响比较大。尤其是明末胡震亨《唐音统签》（1333卷）和清初季振宜《唐诗》（717卷），是较早的网罗面较广的唐诗总集，清康熙四十四年至四十五年（1705—1706）清政府组织编纂《全唐诗》（900卷），基本上是以《唐音统签》和《唐诗》为底本，再加校补而成。《全唐诗》于康熙四十六年（1707）由扬州诗局刊刻。

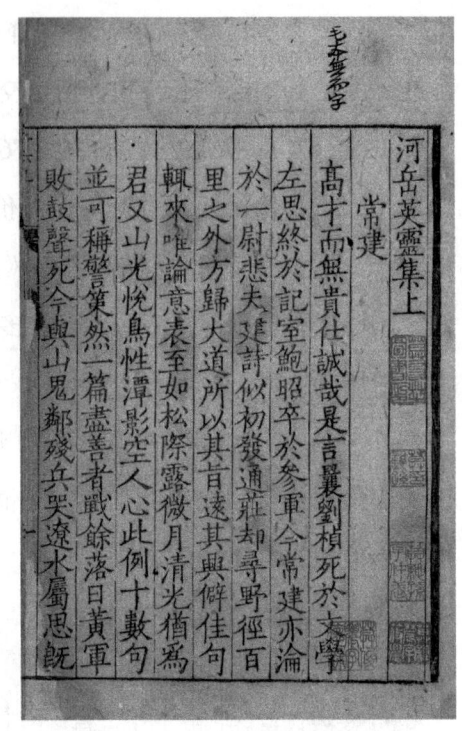

图4—15 宋刻本《河岳英灵集》

北宋初年文学类书《文苑英华》也收录了数量可观的唐诗。

唐诗在唐五代主要以抄本流传，敦煌遗书中唐写本《唐人选唐诗》以及抄写时代不明的《白香山诗集》，留下了唐诗的早期文本资料。宋代以后唐人诗集大量刊刻，印刷术的发明，为唐诗的传播与保存，作出了巨大贡献。宋代刊刻的唐人诗集，流传至今的还有蜀刻唐人集等多部，明清以后更是版本繁多，难以计数。

唐诗早在唐代就被遣唐使带回日本，王维、李白、杜甫、白居易成为海外最熟悉的唐代诗人。

表4-1　唐代著名诗人及其诗文集

时期	代表人物	作品集
初唐时期	王勃（649—675）	《王子安集》
	杨炯（650—693？）	《杨盈川集》
	卢照邻（约635—约689）	《幽忧子集》
	骆宾王（约626—684后）	《骆临海集》
	陈子昂（约659—700）	《陈子昂集》
盛唐时期	孟浩然（689或691—约740）	《孟浩然集》
	王维（701—761）	《王右丞集》
	李白（701—762）	《李太白集》
	杜甫（712—770）	《杜工部集》
	王昌龄（约690—约756）	《王昌龄集》
	高适（700—765）	《高常侍集》
	岑参（约715—770）	《岑嘉州集》
中唐时期	刘禹锡（772—842）	《刘禹锡集》
	白居易（772—846）	《白氏长庆集》

(续表)

时期	代表人物	作品集
中唐时期	孟郊（751—814）	《孟东野诗集》
	贾岛（779—843）	《长江集》
	韩愈（768—824）	《昌黎先生集》
	李贺（790—816）	《李贺诗歌集注》
晚唐时期	李商隐（813—858）	《李义山集》
	杜牧（803—852）	《樊川文集》

七、佛教、道教典籍

中华文化除了最重要的儒家思想外，还有佛教、道教的思想。佛教自两汉之际传入中国后，儒学在发展过程中大量吸收佛教、道教的思想，不断充实内容，完善形式，从而保持自己蓬勃的生命力。魏晋玄学与佛学合流，宋明理学糅合佛道，三教归一。中国文化逐渐形成以儒家为主干，佛道为羽翼的局面，儒释道三家共同支撑起中华文化之鼎。与此相适应，儒释道三家的典籍也分别庋藏，独立编目，自成体系。

魏晋时期，佛教因与玄学思想的相似而受到士大夫欢迎。在分裂割据、军阀混战的时代背景下，佛教因果报应和彼岸世界的教义迎合了处于动乱中的广大民众寻求精神寄托的需要。这个时期统治北方地区的少数民族领袖，以外族身份入主中原，在心理上更容易接受佛教，故大多对佛教采取亲善的态度。佛教因此迅速传播开来，逐步深入地进入中国的社会生活和精神文化中去。佛教给中华文明带来了一大类新鲜思想，它与中国文化和思想相融合，为中华文明的发展加进了新的成分，并最终成为中华文化的一部分。

从汉末开始的佛经翻译工作，一直延续到北宋初年，前后持续将近1000年。其时间之久，规模之大，全世界首屈一指。翻译成汉文的佛经，目的是宣传宗教教义，但其中往往也有极具文学性质的内容，有些章节甚至可以被视为文学作品。例如三国时康僧会编译的《六度集经》、西晋时僧人竺法护翻译的《生经》，十六国时期鸠摩罗什翻译的《大庄严论经》和《杂譬喻经》、北魏西域僧人吉迦夜与昙曜合译的《杂宝藏经》、旧题北魏凉州僧人慧觉等传译的《贤愚经》、南朝萧齐时印度来华的僧人求那毗地译的《百喻经》等，都可以看作是一类故事的结集。这些故事设想奇巧，甚至诡异，又常常取譬于生活，有很强的艺术感染力，为中国文学增添了很多新的成分。

除文学之外，佛经和佛经的翻译在其他方面也产生了重要影响。在佛教传入、大规模开展的佛经翻译活动的刺激和推动下，中国人对照汉语，对于汉语自身的语言学特性也有了新的了解，很多学者认为古代汉语音韵学中"反切"理论和方法的产生与此有关。同时，由于这一时期文人学者们对于汉语声律理论的积极探索，导致了汉语语音中的"四声""平仄"理论以及永明体诗的出现。

唐代佛经的翻译和编撰成就非凡，产生玄奘、义净、不空、菩提流志等著名翻译大师，编撰了《广弘明集》《续高僧传》《大慈恩寺三藏法师传》《大唐西域记》《开元释教录》《法苑珠林》等一大批佛教名著，出版了《大藏经》和《妙法莲华经》《金刚经》等佛教零种的数量难以数计，为佛经的流传作出重要贡献。

宋元明清对于佛教典籍的整理和传播，主要表现在对大藏经的编纂和刊印。大藏经是一切佛教经典著述的总集丛书，又称"一切经"。

表 4-2　历代汉文大藏经一览表

书名	编纂刊刻时间	刊刻地点	主持人或捐资人	数量
开宝藏	北宋开宝四年至太平兴国八年（971—983）。咸平、天禧、熙宁年间有增补续修。	益州（今四川）	北宋中央政府	480函5048卷
辽藏（契丹藏）	辽重熙年间至咸雍四年（1032—1068）	南京（今北京）	不详	579帙
崇宁藏	北宋元丰三年至崇宁三年（1080—1104）。南宋绍兴、乾道、淳熙年间有续刻。	福州东禅等觉院	本寺僧慧荣、冲真、智华、智贤、普明等	580函1440部6108卷。
毗卢藏	北宋政和二年至南宋绍兴二十一年（1112—1151）	福州开元禅寺	本寺僧人本明、本悟、行崇等	595函1451部6132卷。
思溪藏（圆觉藏）（含资福藏）	北宋末年至南宋绍兴二年（1132）	湖州思溪圆觉禅院（后更名为安吉州思溪法宝资福禅寺）	密州致仕观察使王永从	548函1435部5480卷。
碛砂藏	南宋宝庆、绍定年间至元至治二年（1225—1322）	平江府碛砂延圣院	法忠禅师等	591函1532部6362卷
金藏	金皇统九年至金大定十三年（1149—1173）	山西解州天宁寺	崔公法师、崔法珍等	682帙6900余卷
普宁藏	元世祖至元十四年至至元二十七年（1277—1290）	杭州路余杭大普宁寺	道安、如一等	559函1430部6004卷

(续表)

书名	编纂刊刻时间	刊刻地点	主持人或捐资人	数量
元官藏	元至元二年（1336）开雕	大都（今北京）	元徽政院主持	不少于651函6500卷
洪武南藏	明洪武五年至洪武三十一年（1372—1398）	南京蒋山寺	明太祖朱元璋	678函1600部7000余卷
永乐南藏	约明永乐十年至正统五年（1412—1440）。明万历年间和清顺治年间有续刻。	南京大报恩寺	明成祖朱棣	636函1610部6331卷，万历十二年续刻41函410卷，清顺治十八年（1661）续刻"鱼"字号《密云圆悟禅师语录十二卷附年谱一卷》。
永乐北藏	明永乐十九年至正统五年（1421—1440）	北京内府	明成祖朱棣	636函1621部6361卷（万历续刻36种41函410卷，并附《永乐南藏》4种经卷和目录，计5种16函163卷）

(续表)

书名	编纂刊刻时间	刊刻地点	主持人或捐资人	数量
嘉兴藏（径山藏）	明万历十七年至清康熙十六年（1589—1677）	山西五台山妙德庵，后迁至浙江余杭县径山寂照庵和兴圣万寿寺	紫柏、道开倡导发起刻藏	正藏210函，续藏90函又续藏43函，共计209部12600余卷。
龙藏（清藏）	清雍正十一年至乾隆三年（1733—1738）	北京贤良寺	雍正帝首倡，允禄、弘昼主持	724函（正藏485函，续藏239函）1669部7168卷

注：据《中国大百科全书》第1版·宗教卷·《汉文大藏经》条目（童玮撰），部分存疑大藏经未收入此表。

　　除了表格中所列汉文大藏经外，其他少数民族文字的大藏经还有西夏文大藏经、藏文大藏经、蒙文大藏经、满文大藏经、傣文大藏经。

　　道教是中国土生土长的固有宗教，与中华本土文化紧密相连，并对中华文化的各个层面产生了深远影响。道教始于东汉张道陵在四川创立的五斗米教和张角在河北创立的太平道，初期主要采用招神劾鬼等道术，追求长生成仙，处于比较原始的状态，仅限于民间活动。道教主要分为全真派和正一派两大教派，奉老子为祖师，以《老子》为主要经典。早期道教典籍包括《道德经》《太平经》等，它们为宣传道教思想、促进道教的产生与发展发挥了重大作用。魏晋南北朝时期，道教典籍大增，出现的《三皇经》《灵宝经》《上清经》等大批道教新经典对后世道教发展影响重大。东晋葛洪、刘宋陆修静和梁朝陶弘景是这一时期的重要人物。葛洪著《抱朴子内篇》是道教史上一部具有完整理论体系和包罗各种方术的著作，其中《遐览篇》包含最早的道经目录，著录道经共1299卷。陆修静所编《三洞经书目录》著录道经1228卷，与葛洪所录大同小异。该目首创"三洞分类法"（洞真、洞玄、洞神。洞即通、同之意，洞真是通向真仙之道；洞玄是通向玄妙之道；洞神是通于神灵。）对后世产生了深远影响。陶弘景对道教教义和理论多有发展，完成了南朝士族道教徒对民间道教的改造。

唐代是道教的繁荣时期。唐代皇帝自称老子为李姓始祖，把老子抬到无以复加的高度，将道教当作李姓宗教，以凭借神权维护封建统治。由于最高统治者的重视，加之道教典籍大量增加，唐代开始编纂汇集所有道教经典及其相关书籍的大型丛书——道藏。唐玄宗时期编成第一部道藏《开元道藏》，收录道教典籍3744卷。

宋代道教典籍也随着雕版印刷的普及而大规模编刻，宋朝诸帝曾先后6次诏令编撰道藏，编撰篇目由3000多卷不断增至5400卷。其中最著名的是宋真宗大中祥符年间张君房总纂的《大宋天宫宝藏》（简称《天宫宝藏》）4565卷，以千字文为函目。张君房还据《天宫宝藏》编辑了一个节本，名《云笈七签》，俗称《小道藏》。宋代道教的学术思想对宋代理学产生了较大影响。

金、大蒙古国时期各修道藏一部。金章宗明昌元年（1190），由孙明道主持，据宋《政和万寿道藏》残版补刊的6455卷《大金玄都宝藏》。蒙古太宗九年（1237），宋德方倡议汇刻道藏，至蒙古乃马真后三年（1244）竣工，共7800余卷，名《玄都宝藏》。后来这两部道藏都相继焚毁。

明永乐四年（1406）开始，张宇初、张宇清等相继奉敕编修道藏，至正统十年（1445）完成刊刻，是为正统《道藏》。万历三十五年（1607），万历皇帝又敕令张国祥续刊道藏32函，是为万历《续道藏》，正、续道藏共计5485卷，对保存和传播道教典籍发挥了重要作用。清康熙间，彭定求从《正统道藏》中选出200余种，编为《道藏辑要》；嘉庆年间，蒋元庭编《道藏辑要目录》著录279种。

道教典籍是中国古籍的重要组成部分，是研究古代哲学、历史、文学、艺术、化学、医学等学科不可或缺的资料宝库。

表4-3 历代道藏一览表

书名	编纂刊刻时间	刊刻（缮写）地点	主持人或捐资人	数量	备注
开元道藏	唐开元年间（713—741）	长安（今西安）	史崇玄等	3744卷	
宝文统录	北宋大中祥符二年至大中祥符三年（1009—1010）	汴京（今河南开封）	王钦若	4359卷	
大宋天宫宝藏	北宋大中祥符三年至天禧三年（1010—1019）	汴京（今河南开封）	张君房	466函 4565卷	以千字文为函目，始"天"终"宫"，故名。
政和万寿道藏	北宋崇宁年间至政和年间（1102—1117）	福州闽县万寿观	元妙宗、王道坚等校勘	540函 5481卷	
大金玄都宝藏	金明昌元年（1190）开始	中都（今北京）十方大天长观	孙明道	6455卷	金章宗泰和二年（1202）焚于火。

(续表)

书名	编纂刊刻时间	刊刻（缮写）地点	主持人或捐资人	数量	备注
玄都宝藏	蒙古太宗九年至乃马真后三年（1237—1244）	平阳（今山西临汾）玄都观	宋德方	7800余卷	
正统道藏	明永乐四年至正统十年（1406—1445）	北京	张宇初、张宇清、邵以正	480函5305卷	张国祥《道藏经目录》著录为1415种4517卷
万历续道藏	明万历三十五年（1607）	北京	张国祥	32函180卷	

注：据《中国大百科全书》第1版·宗教卷·《道藏》条目（赵宗诚撰）

第三节 中古时代的典籍宝库——敦煌遗书

敦煌遗书指1900年于甘肃省敦煌县莫高窟第17窟中发现的近6万件4至11世纪的纸质文献。其中90%以上为佛教典籍，其他文书典籍内容丰富，涵盖政治、经济、军事、文学、历史、宗教、科技等多方面，语种涉及汉文、藏文、回鹘文、于阗文、粟特文等，时代跨越南北朝、隋唐、吐蕃统治时期（786—848）、归义军统治时期（848—1036）。装帧形制大多为卷轴装，也有梵夹装、经折装、旋风装、包背装、缝缋装等，文献制作类型包括写本、刻印本、捺印本（由小型木刻或其他材料雕刻后戳印而成的）、拓本。敦煌遗书具有极高的文

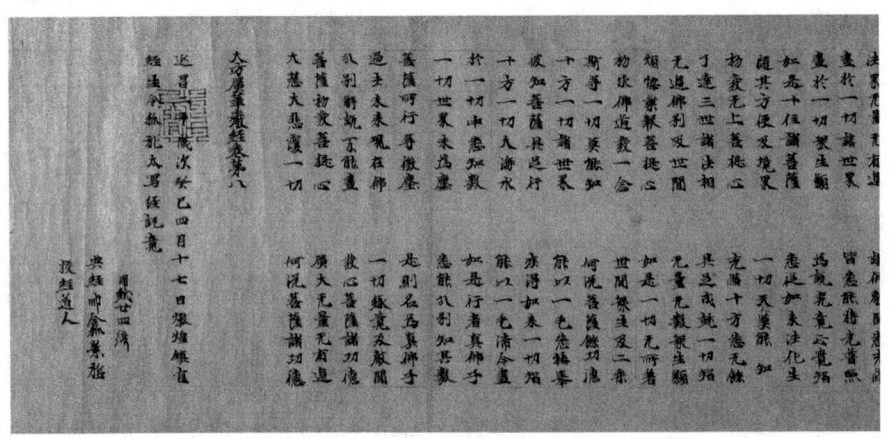

图 4—16 北魏延昌二年（513）写本《大方广佛华严经》

物、文献价值，被誉为"中古时代的百科全书"。以敦煌遗书为主要研究内容之一的"敦煌学"，已成为世界性的显学。

敦煌遗书沉睡其中约 900 年的莫高窟第 17 窟，只是敦煌莫高窟的一个小小的组成部分。敦煌莫高窟被誉为 20 世纪最有价值的文化发现，坐落在河西走廊西端的敦煌，以精美的壁画和塑像闻名于世。它始建于十六国的前秦时期，历经十六国、北朝、隋、唐、五代、西夏、元等历代的兴建，形成巨大的规模，现有洞窟 735 个，其中有壁画和彩塑的 492 个，壁画 4.5 万平方米、泥质彩塑 2415 尊，是世界上现存规模最大、内容最丰富的佛教艺术圣地。

中国敦煌吐鲁番学会会长、著名学者季羡林说："世界上历史悠久、地域广阔，自成体系，影响深远的文化体系只有四个：中国、印度、希腊、伊斯兰，再没有第五个；而这四个文化体系汇流的地方只有一个，就是中国的敦煌和新疆地区，再没有第二个。……敦煌 492 个大大小小的洞窟竟有这样多、这样精彩的宝物，那个小小的石室竟藏有四万余件极其宝贵的典籍……我们怎能不感慨万端，怎能不油然生起民族自豪感！"（《敦煌学、吐鲁番学在中国文化史上的地位和作用》，《季羡林全集》第十四卷学术论著六，北京：外语教学与研究出版社，2010年，第217—218页）

1900年6月22日，道士王圆箓在敦煌莫高窟第16窟甬道北壁发现一个一丈见方，六尺多高的复洞（现编号为第17窟），洞内重重叠叠堆满了从十六国至北宋时期的经卷和文书，这就是所谓"敦煌遗书"，一共约6万件。

敦煌遗书被发现不久，便遭到西方列强掠夺。第一个是斯坦因，他于1907年和1914年两次到敦煌，骗走汉文遗书13600件，吐蕃文和其他文字2000件。目前这些遗书均藏于英国大英图书馆东方部；第二个是法国伯希和，1908年他骗取汉文文书4000多件，吐蕃文及其他文字文书3000多件。伯希和精通汉语和多种文字，而且到洞内直接挑选，盗走的经卷文书都是精华。这些文献后来都入藏法国国家图书馆。同时带走的绢、纸画和丝织品，入藏于法国吉美博物馆。剩余的14000件由罗振玉等学者抢救至京师图书馆（今国家图书馆前身），之后在全国各地又征集到2000多件，也一并入藏京师图书馆，故国家图书馆的收藏量是16000多件。另有沙皇俄国的奥登堡于1914至1915年到敦煌停留了好几个月，收集到19000件敦煌遗书，大部分是碎片，较为完整的只有四五百件，大概收购了王道士手中私藏的剩余部分，和流散在敦煌私人手中的经卷文书外，还对藏经洞进行了彻底清理，这部分敦煌遗书被奥登堡带回俄国，收藏在今天的俄罗斯联邦科学院东方学研究所圣彼得分所，共计19000多件。以上便是敦煌遗书的四大藏家。

其余的一些零散的敦煌遗书被不同国家的机构和个人收藏。现在敦煌遗书一共藏于欧亚美洲的9个国家和地区的80多个博物馆、图书馆和文化机构以及一些私人手中。6万多件敦煌遗书中，相对比较完整的有3万多件，其余的都是残片。

敦煌遗书以汉文为主，也保留了不少古代胡人的胡语文献。最多的是吐蕃文（古藏文），即唐五代时期吐蕃人使用的文字。吐蕃人于786年至848年管辖敦煌，曾在敦煌推行吐蕃制度和吐蕃语言文字，敦煌遗书中有8000多件吐蕃文的文献。

第二是回鹘文文献。唐宋时期，回鹘人曾在敦煌历史上发挥过重要的作用。敦煌遗书中共有50多件回鹘文文书，包括书信、账目和佛教文献。

于阗文。这是居住在新疆和田地区被称为"塞人"的民族使用的文字。五代至宋，控制敦煌的曹氏归义军政权和于阗王室有姻亲关系，两地交往密切。敦煌遗书中的30多件于阗文文献，包括佛典、医药文献、文学作品、使臣报告、地理文书、公私账目等。

粟特文。粟特人居住在中亚，两汉以来，大批粟特人往来于敦煌及其他丝绸之路上的城镇。唐宋时期，一些粟特人甚至在敦煌建立了移民聚落，所以在敦煌遗书中也保存了20多件粟特文的文献，主要是翻译自汉文的佛教经典。

梵文，即古印度语言，也是佛教的经典语言。唐宋时期西行求法和东来弘道的高僧在路经敦煌时，会将一些梵文佛典遗留在敦煌，所以敦煌藏经洞中也包括了几件梵文佛教经典。

敦煌遗书内容丰富，具有极高的文献价值。

宗教文献。敦煌遗书中的佛教典籍占90%，其中很多佛经在传世的大藏经中未见留存，是全新的发现，增加了佛经的资料。即使有传世本存在的，也因为敦煌遗书的抄写年代早，具有重要的校勘价值。而且，一些敦煌写本佛经是从唐都城长安流通至敦煌的宫廷写经，这类写经经过京城高僧大德的反复校对，是可以信赖的善本，这些宫廷写经纸质精良，抄写认真，校勘精细，比其他遗书具有更高的文物价值，同时也是精美的书法艺术品。

而一些传世大藏经未囊括的佛教典籍，则具有更高的文献和研究价值。敦煌在内地的战乱和唐武宗废佛事件中没有受到波及，保留了一些内地已经毁掉的佛经经典；还有些是尚未传入中原，仅流传于西北一带的。所有这些都在一定程度上补充了现存的汉文大藏经的缺失。

一些中国僧人撰写的佛教著作因唐代编纂大藏经时未被收入，逐渐散失，在敦煌也被保存下来，是研究佛教中国化的重要资料。如保留了一批在隋唐时期被取缔的佛教宗派三阶教典籍。三阶教由北周僧人信行创立，在隋文帝至唐玄宗时期几次遭到禁毁，三阶教销声匿迹，其典籍也大多散失。敦煌遗书中保存的三阶教的典籍，为了解隋唐时期三阶教的活动、思想提供了重要资料。

佛教认为"经"都是佛所说的，凡假托佛说编造的佛教经典，则被视为伪经，不能判别其真伪的，称为疑经。在漫长的佛教传播过程中，曾出现很多假托佛说的"佛经"，中国佛教徒一贯重视辨伪，以保持佛教的纯洁，历代僧人在整理佛教经典时总是力图将疑伪经排除在外，所以历史上的大部分疑伪经都失传了。而敦煌遗书保留了一部分疑伪经。事实上，这些疑伪经反映了当时的社会情况，民间信仰和习俗，具有很高的史料价值。

很多敦煌写经都附有写经题记，具有重要的学术价值。题记在正文之后，官府写经一般记录写经时间、书手、用纸数、装潢手、初校再校三校详阅和监制者的姓名。这些信息使我们了解唐代官府写、校经的制度，或者佛经翻译机构（译场）的程序和分工。私人写经，一般都会写明具体的目的，或为平安、或为病愈、或是给已故的亲人追福。这些题记反映出各时期佛经的流行情况，民众对佛教的信仰情况，以及当时的社会背景，具有重要的资料价值。

道教典籍。目前唐宋金元历代编纂的道藏已经亡佚，存世仅有明正统《道藏》和万历《续道藏》。敦煌遗书中保存了800多件道经及其相关文书抄本，有超过半数的不见于传世《道藏》，其中20件毁于元代。这批道教遗书对研究南北朝隋唐道教史具有极为重要的价值。比如《老子道德经》之抄本，可以校对传世本的文字。还存有失传的最早的一部大型道书《太平经》，可供研究汉代原始道教。反映佛道斗争的《老子化胡经》（西晋道士王浮依据以往的传说所作。讲述老子过西域入天竺，变化为佛陀，教化胡人之事），是道教徒为攻击佛教而编造的经书，元代初年因道士在佛道辩论中失败，《老子化胡经》和大批道书被元世祖焚毁。敦煌遗书中保存了《老子化胡经》，为研究佛道两教关系提供了重要资料。

基督教的一个教派在唐代被称为景教，流行于唐太宗至武宗时期，后来被取缔，其典籍也大多散佚。敦煌遗书中景教的典籍，为研究唐代景教提供了重要资料。

摩尼教的典籍在敦煌遗书中也有保留，已经被翻译成法、英、德等多种文字。祆教的文献在敦煌得到保留。

历史文书。敦煌遗书中的唐代公文书，包括制书、敕书、告身（任职证书），为我们了解唐代公文书的原貌与公文运行情况提供了珍贵资料；法律文书包括律（规定罪名和刑罚）、令（有关官制、礼制、田制、兵制、赋役等制度的规章和条文）、格（皇帝发布的制、敕的汇编，具体内容是有关尚书省各部分职掌的具体规定）、式（有关各级官府施政的各种规章细则）四个部分。以上这些法律文书，只有唐律和律疏完整保存至今，令、格、式都在宋以后散佚了。而敦煌保存的写本律、令、格、式残卷，为了解唐代法律文书的真实面貌提供了珍贵资料。

经济文书包括户籍、差科簿（各县编制的征伐徭役的簿册，作为差派徭役的依据）、契约等。

敦煌及其周边地区历史和西北少数民族史料的文书。唐大中二年（848）至11世纪上半叶，唐朝在沙洲设立归义军节度使，沙洲大族张议潮家族和曹议金家族相继控制归义军政权达100多年，统治着周边的瓜州、沙洲以及吐鲁番的于阗王国等，中原王朝始终未能有效控制以上地区，故当时官修史书对吐蕃管辖时期西北地区的情况和归义军政权及其周边少数民族政权的有关情况记载极为简略，且多讹误。幸赖敦煌遗书保留了一大批属于这个时期的官私文书和史籍。

历史地理文书，包括全国性的地志文书、地方性的地志文书和游记。

俗文学文献的内容和价值。主要包括讲经文、因缘、变文、话本、词文、故事赋、诗话等。讲经文中穿插故事情节，采用比喻、场景描绘、人物对话等。因缘是僧人说唱佛经故事的底本。变文和讲经文属于同类，其文本形态都是散文和韵文相间，表演形式有说有唱。变文的题材更广泛，更注重故事性和文学性，有时还配有图片。话本类似现在的说书。早期话本的文本在宋代就基本散失了。敦煌遗书中保留了几种完整的话本，情节曲折生动，语言通俗流畅，具有很强的艺术感染力。词文是艺人用吟唱的方式演说故事的底本，这种表演形式及其文本对后代的鼓词和弹词都具有深刻影响。

科技文献包括医药、天文历算、算书等。

剩余部分称为四部书，即经史子集四大类。它们具有重要校勘价值，也反映了当时敦煌地区的文化面貌以及这些重要典籍的流传情况，比如《论语》《诗经》《尚书》《史记》《汉书》《三国志》《孔子家语》《刘子新论》《搜神记》《周公解梦书》《阴阳书》《文选》《玉台新咏》《高适诗集》等等。

第五章
印刷术的应用与宋辽西夏金元经典著作

雕版印刷术产生于唐代,成熟于宋代,对中国古代文化的发展乃至人类文明的进程起到重大的推动作用。活字印刷术发明是印刷技术的革命性进展。印刷术的应用标志着中国书史迈入崭新的阶段。

宋代是继唐代之后的又一文化高峰。国家统一、中央集权加强,统治者右文重儒,教育日益普及。科举入仕者增多,对"内圣外王"的追求,"治学"与"从政"的沟通蔚为风潮,宋代士人的总体学术水平及个人修养达到空前的高度。城市发展和市民兴起,促进了宋词的繁荣。印刷技术成熟普及、城市经济繁荣,作为文化载体的书籍得以广泛传播。宋人对古代典籍的整理工作比较顺利地展开,迅速提升了宋代社会的文化水准。

北方民族建立的辽、西夏、金、元政权重视儒家思想,推动民族融合和民族文化发展,特别是医学、自然科学、佛教等方面典籍得到发展。元代士人社会地位低下,更多地参与并促进了市民文化蓬勃发展,最有代表性的是杂剧和南戏的兴起和繁荣。

第一节　雕版印刷术

一、雕版印刷术的发明与应用

印刷术的发明是中国古代灿烂文化长期积累的结果,也是社会需求的产物。

印刷术的定义,根据《中国科学技术史:造纸与印刷卷》:

> 传统上所说的印刷术,包括雕版印刷和活字印刷:雕版印刷是按原作品文字、图画在一整块木板上刻成凸面反体,于板面上涂着色剂,将纸覆盖于板上,用刷的压力施于纸的背面,从而显示正体文字、图画作读物的多次复制技术;活字印刷是将原作品稿文字在硬质材料上逐个制成单独凸面反体字块,再按原稿内容将单独字块拼合成整版,以下程序与雕版印刷同。二者的不同只在印板的制造方式上。雕版印刷是印刷术的最初表现形式,活字印刷是从雕版印刷的技术基础上发展起来的,后来又由这两种印刷演变成其他技术形式,因此雕版印刷是一切印刷之母。但在传统印刷定义中至少应包括雕版印刷及活字印刷。(潘吉星《中国科学技术史:造纸与印刷卷》,第22页)

雕版印刷术起源于何时?学术界主要有两种不同的观点,一种是唐代说,另一种是隋代说。从物质基础和现存实物的情况看,唐代说更具有说服力。

从商周到隋唐的2000多年里，人们以刀刻或手写的方式制作出浩如烟海的书籍，推进了文明进步、社会发展。世易时移，对于书籍的大量需求，纸、墨等材料的广泛使用，雕刻、治印、传拓技术的长期流行，推动并促进了雕版印刷术的产生，这是书籍生产方式上的伟大变革。

雕版印刷术的发明是在社会迫切需求的条件下产生的。没有社会需求，就没有雕版印刷术。社会需求主要包括读者需求、外交需求、佛教传播需求等方面。古人著书的目的大多是为了传之久远、永垂不朽，在传世思想的驱使下，著者人数不断增加，雕版印刷术就在这样的需求中诞生了。唐代重视教育，发展学校，学生人数众多，对教材的需求量非常大。随着水陆交通的开通，中外交往在唐代发展极盛。双向交流中，外国更需要中国的文化和中国的书籍，书籍成为中外文化交流的重要内容，需要大量复本，手工抄写远远满足不了这种如饥似渴的外交要求，对雕版印刷的迫切需求就格外突出。佛教的发展和传播需要高速的文献复制技术，也刺激和促进了雕版印刷术的产生和运用。

印刷术发明以前，早已存在多种制造复本的方法。起初是对书卷进行手工誊抄，稍后出现了机械的方法，包括印章印于封泥、帛、纸上，在金属上铸字及在石板上刻字，再由所刻金石上以墨拓印，以及用漏版在纺织物与纸上漏印花纹。这些方法为雕版印刷术以及后来的活字印刷术开拓了道路。

唐代纸、笔、墨的生产达到极盛，满足了雕版印刷术的物质基础。

唐代纸张盛行，品种增多，质量高，能够满足雕版印刷的需要；毛笔的生产在汉魏六朝已经非常成熟，隋唐时期数量多、名牌笔产生、专业笔匠的大量出现，毛笔东传日本，毛笔制作已经完全能适应雕版印刷"写样"的需要；唐代的治墨地域之广、名家之多、技术之精是史无前例的。雕版印刷术的技术基础成熟，印刷字体——易写、易刻、易识的楷体字在唐代已经成熟，刻字技术已经达到很高的水平。这些都为雕版印刷术的发明创造了条件。

20世纪以来，不断有唐代的印刷品被发现，如1974年西安柴油机厂唐墓中发现的唐初（武周以前）梵文《陀罗尼经咒》单页印刷品，1966年韩国庆州佛国寺释迦塔内发现的唐武周刻本《无垢净光大陀罗尼经》。在这些唐代印刷品实物中，1901年发现于敦煌藏经洞的唐咸

图5—1 唐咸通九年（868）刻本《金刚般若波罗蜜经》

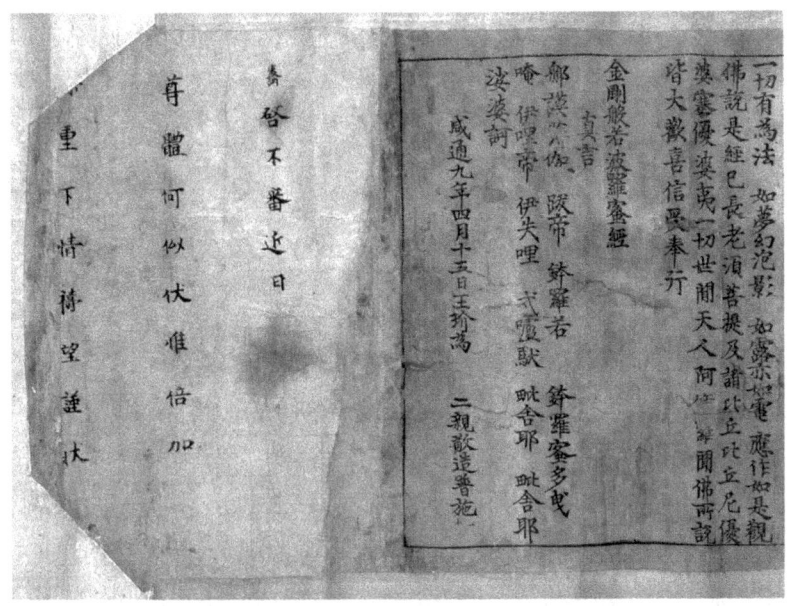

图 5—2 唐咸通九年（868）刻本《金刚般若波罗蜜经》题记

通九年（868）雕印的《金刚般若波罗蜜经》，简称《金刚经》，不仅版刻精美成熟，而且有明确的纪年。

此件唐咸通九年（868）雕印的《金刚般若波罗蜜经》，是现存的全世界最早有明确刊印纪年的雕版印刷书籍实物，20世纪初被斯坦因从敦煌藏经洞掠走，现收藏于大英图书馆。其卷尾有"咸通九年四月十五日王玠为二亲敬造普施"题记一行；近年新发现的五代后唐天成二年（927）《佛说观弥勒菩萨上生兜率天经》，卷末有"功德主讲上生经僧栖殷""雕经人王仁珂""天成二年十一月日邑头张汉柔"题记三行，其刻印时间仅次于《金刚般若波罗蜜经》，是全世界第二件早期的有明确刊印纪年的雕版印刷品实物。

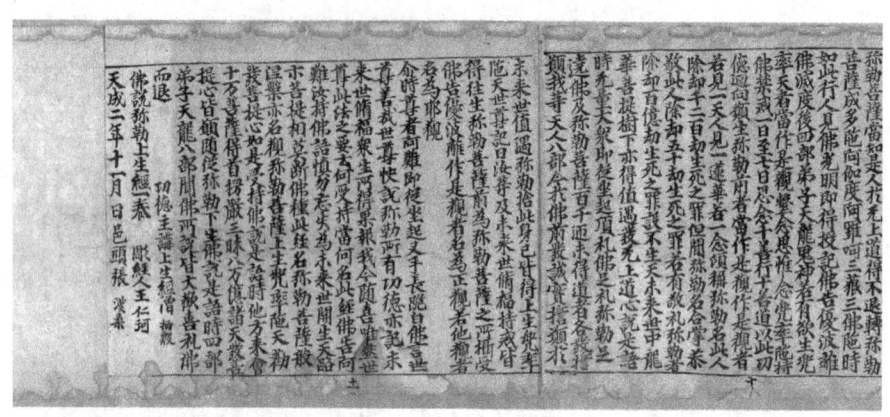

图 5—3 后唐天成二年（927）刻本《佛说观弥勒菩萨上生兜率天经》

这些早期的唐代、五代印刷品实物堪称雕版印刷术发明于中国的铁证。他们无可辩驳地向世人昭示——中国是印刷术的故乡。

晚唐以后，书籍制作开始大规模使用雕版印刷术。五代后唐宰相冯道、李愚等发起，由国子监历时四朝七帝22年，即后唐长兴三年（932）至后周广顺三年（953），根据唐开成石经刻印《周易》《尚书》《毛诗》《周礼》《仪礼》《礼记》《春秋左传》《春秋公羊传》《春秋谷梁传》《孝经》《论语》《尔雅》共12种儒家经典经注本，并沿开成石经之例，将两部辨正经传文字的字书——张参《五经文字》和唐玄度《新加九经字样》——一并刊刻。这是公元10世纪规模最大的出版工程，也是人类历史上第一次大规模采用最先进的复制技术，对于雕版印刷的普及具有重要作用。

五代吴越国时期，为保统治长久，祈福国泰民安，吴越国王钱俶从显德三年（956）开始，大量雕版印刷《一切如来心秘密全身舍利宝箧印陀罗尼经》（简称《宝箧印经》）。开宝八年（975），更在西湖

图 5—4 北宋开宝八年（959）吴越国王钱俶刻本《一切如来心秘密全身舍利宝箧印陀罗尼经》（雷峰塔经）

边造塔，砖塔中存放印刷的《宝箧印经》小经卷，号称8.4万卷。人称此塔为"雷峰塔"，其中的经卷则称为"雷峰塔经"。经卷雕刻精细，印刷数量庞大，是吴越国时期雕版印刷技术的代表。1924年雷峰塔倒塌，"雷峰塔经"出。这些印刷品，成为中国早期雕版印刷的珍贵文物。

雕版印刷术的运用，使书籍雕一版而印千万，大大加快了书籍制作的速度，有利于更广泛而迅速有效地传播知识。另一方面，刻本对文献的定型起到重大作用，内容形式唯一性和稳定性，避免了传抄过程中的各种错误和窜改，对文化和学术发展具有重要意义。雕版印刷术的发明与应用，标志着中国书籍跨进了一个新的时代。

二、刻印本书籍的制作

雕版印刷术发明之后，书籍的生产制作方式用人工抄写转化为雕版印刷，中国书史也由写本时代迈入刻印本时代。刻印本书籍的生产一般经过写版、雕刻、印刷、装潢等工序，从事这些书籍生产环节的工匠称为书业工匠。在所有的书业工匠中，在书籍中以刻工留下的名字和资料最多，可以作为这些雕版印书的生产者的代表。

刻工又称"刊生""雕字匠""开字匠"等，也往往自称"雕字""刊字""镌手""雕印人"等，他们承担着整个刊印行业中最重要、也是最辛苦的一道工序。为了便于计算工作量和报酬、区分责任、保证质量，宋代刻工在刊版时，常常在每块书板的版心下方，镌刻有刻工的姓名，有的还刻有每版的字数。刻工的姓名就这样被保留下来。有记录的宋代刻工达3000人，明代刻工达6000人。清代因畏惧文字狱，私家刻书、书坊刻书，刻工多不愿在书上显露自己的姓名。所以清代虽然距今较近，书籍上很少留下刻工名。

刻工分别受雇于官府或私家书坊，多为临时性的劳动组合。为首的称为"作头"。刻工的流动性很大，经常在各地官府、书坊之间频繁迁移。流动刻工的地域性较强，宋元时期的刻工几乎都是杭州人或浙江人，明代则以江西人为主，也包括福建和浙江。很多刻工并不识字，有时按照笔画来分工，横平竖直等简单笔画由普通刻工完成，而复杂的笔画则由有经验的高手来负责。

刻工收入微薄，社会地位低下。他们辛苦工作，却只能勉强维持温饱，甚至常常发生拖欠工钱的情况。南宋王明清《投辖录》载："近岁淮西路漕司下诸州，分开《圣惠方》，而舒州匠以工食钱不以时得，不胜愤躁，凡用药物，故意令误，不如本方。忽大雷电，匠者六而震死者四，昭昭不可欺也如此。"洪迈《夷坚志》也从不同的角度记录了这一事件，反映了刻工遭遇不平待遇无处申诉，只能采取极端方式泄愤的悲哀境遇。

随着雕版印刷业的不断发展，刻工因技术、地域等差异加剧了分化。晚明出现一些顶级的文人刻工，例如明代中期以后皖南徽州府歙县的黄氏家族，以其精巧细致的雕刻技艺获得较高的报酬，赢得了声望和财富。他们的刊刻起初以徽派风格著称，后来影响到其他地区的刊刻风格，其中一些人成为徽派插图刊刻家。

历代刻工以男性为主，但在宋代已经有个别妇女参加刻字，如《思溪藏》有很多家族参与刻书，其中不少是女性。到了清代，妇女参加雕刻或印刷的比较普遍，江西金溪县浒湾，广东顺德县马冈，均把书版作为财产，嫁女时常以书版作为嫁妆，其中就有这些姑娘在未出嫁前自己刻成的。马冈的刻字主要依赖妇女，因为女工工资低廉。

写工：写版是刊印书籍的第一道工序，写工优劣对书籍制作的成败至关重要。朱熹重视刻书，并亲自参与到刊刻出版实践中，他对写工非常熟悉，曾写下七言诗《赠书工》"平生久耍毛锥子，岁晚相看两秃翁。却笑孟尝门下士，只能弹铗傲西风。"（《晦庵先生文集》卷十），形象描绘了写工终身写版，直至晚年人秃顶、笔秃头的奉献牺牲精神，高度评价了写工的作用。写工的收入略高于刻工，其文化水平也高于刻工，其职业受尊重程度也高于刻工，不过写工留下姓名的不多。明刻本中注明写工姓名的，以苏州人为多。

印工：印工在宋代称"印书""印匠"或"印经作头"。宋代《开宝藏》本《大般若波罗蜜多经》有"陆永印"长方墨印。元代印刷匠可考者只有汾西县庞家经坊的主人庞和。无锡华氏和安氏的活字印本有少数印工的记录。清代印书工人称为"印手",苏州印工在康熙雍正年间曾多次发动自发的罢工斗争。

装潢工:唐代以前的书多为卷轴装,宋本为蝴蝶装,故装订工人在唐称为"装潢手",在宋称为"裱褙匠"或"装背匠"。元初的焦庆安揭露了裱褙书籍药糊的秘方。

装订工一般也兼任书籍修复的工作。清嘉庆间著名藏书家黄丕烈的书多依赖装订修复名匠钱端正,钱端正号半岩,装订修复技术高,但速度很慢,每每装修一册书需要半年,故有"钱半年"之称。黄丕烈说"余家古书装潢皆出工人钱端正手,余延至家装书,由老屋以至迁居、再迁居,几二十余年矣。"(黄丕烈《黄丕烈藏书题跋集·荛圃藏书题识再续录》卷二《子类》,上海:上海古籍出版社,2013年,第899页)钱端正为黄丕烈装过抄本《近事会元》,明抄本《雁门集》。钱端正去世后,儿子钱伊人继续为黄丕烈修复书籍,如嘉庆十九年(1814)装潢了宋刻抄补本《事类赋》。

除了上述的专职书业工人之外,有时刻工、写工等也由某些特殊人群充任,比如金代的佛经刊刻,写工和刻工常常就是寺庙里的和尚。明代南京国子监补刊正史,就用国子监生充任写工和刻工。

非专职人员参与书籍刊刻工作的情况在写工群体中体现得尤为明显。历代雕版都不乏名家书写者,如宋嘉定六年(1213)善书欧体字的书法家傅穉手写上版的施元之等撰《注东坡先生诗》。有时甚至著者亲自手书上版,如绍兴二十三年(1153)吴说《古今绝句》自跋云:"手写一本,锓木流传";嘉定五年(1212)杨次山《历代故事》十二卷成,乃次山手书付刊,书法娟秀可喜;岳飞之孙岳珂著《玉楮诗稿》,

自己手书，通计107版；淳祐四年（1244）俞松自著自写《兰亭续考》大字行楷，写刻最精。

明代也有少量名儒手书的刻本。如洪武十年（1377）刻本刘基所编宋濂文集《宋学士文粹》，为宋濂学生方孝孺等五人所写，浦江郑济刻版。明刻本文林著《文温州集》相传为其子书法家文徵明手书，受人珍重。隆庆五年（1571）刻本王世贞辑《尺牍清裁》，系其弟王世懋手书上版。叶盛菉竹堂隆庆五年（1571）刊刻《云仙杂记》，请其工书友人俞允文书写，行书流丽。

清初刻书多请工楷书者为之。如侯官名书家林佶所书汪琬《尧峰文钞》、陈廷敬《午亭文编》、王士禛《古夫于亭稿》《渔洋山人精华录》，被文坛和藏书家誉为"林佶四写"。乾嘉时期许翰屏以书法闻名，当时黄氏士礼居、秦氏石研斋、孙氏平津馆、汪氏艺芸书舍等所刻影宋秘笈，包括著名的胡克家刻《文选》，皆延请许翰屏影宋本写样。

这些书法家、学者、名流参与到书籍制作的环节中，产出了一大批品质精良的珍贵书籍。

三、刻印本书籍的装帧形式

雕版印刷术普及之后，书籍的装帧形式也随之产生变化、发展，传统的卷轴装逐步被经折装和册页装所代替，经折装主要用于佛经、道经等宗教书籍的装帧，册页装主要用于非宗教书籍的装帧。册页装也不断有所变化，先后经历了蝴蝶装、包背装和线装等不同的发展阶段。

蝴蝶装产生于唐代末年，是宋元时期广为流行的装帧形式，明初

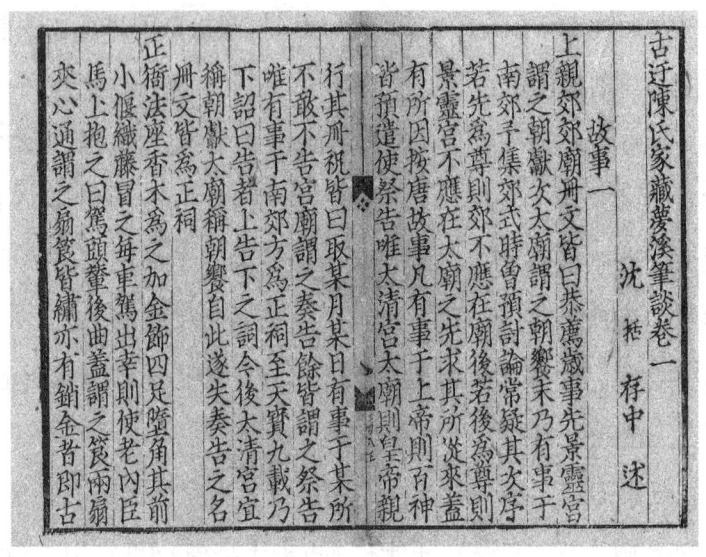

图 5—5 蝴蝶装

仍有使用。因其版心在内，翻阅时左右书叶如蝴蝶展翅而得名。

蝴蝶装的装订方式是将书叶版心向内对折，文字一面向里，再将若干折好的书叶以折边居右戳齐成为书脊。书脊处用浆糊逐叶粘连，再用整纸中间折出与书册厚度相同的折痕，粘在抹好浆糊的书脊上，做成书的前后封面。蝴蝶装适应了刻印本书籍一版一叶的特点，文字朝里有利于保护版框内文字。但翻阅时会遇到无字叶面，而且书叶易与书脊相脱离。

南宋又出现了包背装，即将印页对折，版心向外，用纸捻在书脑部分装订成册，并以书皮包裹书背。因书皮包裹书背，故称为包背装，也称裹背装。装订完成的包背装外表与现在的平装、精装书相似。包背装改变了蝴蝶装版心向内的形式，不再出现无字叶面。

包背装盛行于元代及明中期以前，明清时期政府的官书几乎都是

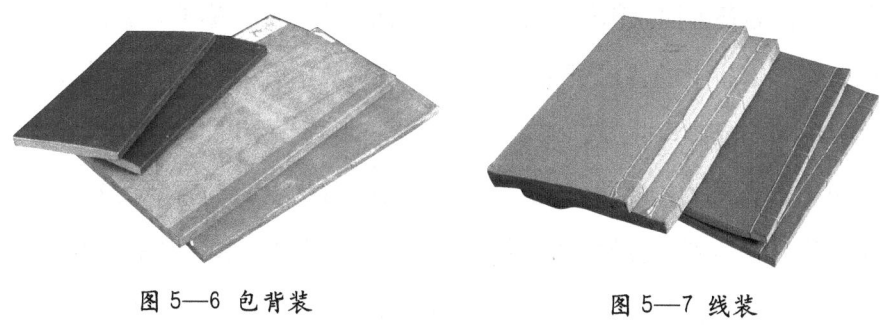

图 5—6 包背装　　　　图 5—7 线装

包背装。

明中叶以后,线装形式开始大行其道。线装和包背装的折叶方式相同,但书背外露,只需钉眼穿线,便可装订成册。装帧简便,易于拆开修补书叶,重复装帧。线装解决了蝴蝶装、包背装易于脱叶、不便修补重订的缺点,而且外形美观,经济实用。

线装是明中期直至清末最主要的书籍装帧形式。

第二节　宋代刻书

一、雕版印刷的全盛期

宋代,雕版印刷术得到广泛应用。出版机构多样化,官府、私家与书坊、寺观竞起刊刻。刻印品种类丰富,包括儒家经典著作、正史、诸子、医书、算书、字书、类书和名家诗文等,照顾到更广泛阶层的文化需求;刊印规模宏大,很多几千卷的书刻印,动用大量人力物力;刻书业几乎遍及全国,尤以汴京、浙江、四川、福建、江西最为繁荣,并形成了不同的地域特征;雕印水平达到前所未有的高峰,雕刻、纸墨、装帧等各方面，都极具艺术性。刀法娴熟，纸精墨洁，装帧精美，是人们对宋版书的普遍赞誉。一部宋版书就是一件精美的艺术品，后代雕版印刷品难以企及。宋版书中的插图版画，也可以反映出宋代雕版印刷的高度艺术水平，充分说明雕版印刷技术经过唐五代的发展，到宋代已经达到高度发展的新阶段。而雕版印刷技术的繁荣发展，又促进了文化教育的普及和学术思想传播，成为宋代文化高度繁荣的重要原因。宋代发达昌盛的刻书事业，对后世产生了极其深远的影响。

官府刻书简称官刻，包括中央政府刻书和地方政府刻书两大部分。宋代中央政府刻印书籍的机构主要有国子监、秘书省崇文院、印经院等。国子监刊刻的书籍主要有九经、十七史、《说文解字》《群经音辨》《道德经》《庄子》《千金翼方》《金匮要略》《王氏脉经》《补注本草》《图经本草》《圣惠方》等；崇文院是秘书省官署，刊刻过《吴志》《广韵》《隋书》《齐民要术》《算经》等。《开宝藏》虽然在益州雕版，但印造却多在京师汴京。

地方政府刻书机构包括各州、军、府、县政府，各路转运司（漕台、计台）、茶盐司、提刑司、各地公使库、各级官学等。许多地方官热衷于刊刻书籍，如陆游父子，洪括、洪遵、洪迈三兄弟，朱熹，尤袤等人，都在地方官任上主持过各种书籍的刊刻。现存的官府刻书多是南宋刻本，如宋绍兴二年至三年（1132—1133）两浙东路茶盐司公使库刻《资治通鉴》和《资治通鉴考异》，绍兴四年（1134）温州州学刻《大唐六典》；绍兴十二年（1142）汀州宁化县学刻《群经音辨》；淳熙二年（1175）镇江府学刻《新定三礼图》；淳熙四年（1177）抚州公使库刻《礼记》和《礼记释文》；淳熙七年（1180）筠州公使

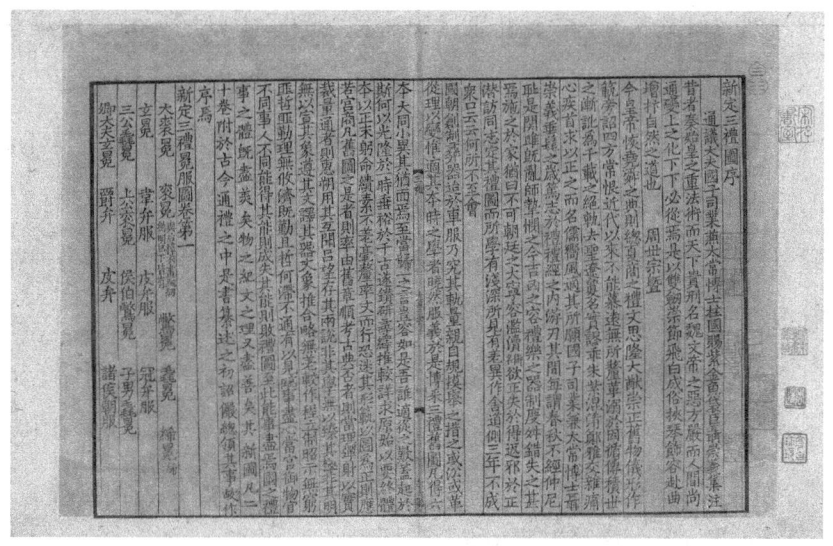

图 5—8 宋淳熙二年（1175）镇江府学刻公文纸印本《新定三礼图》

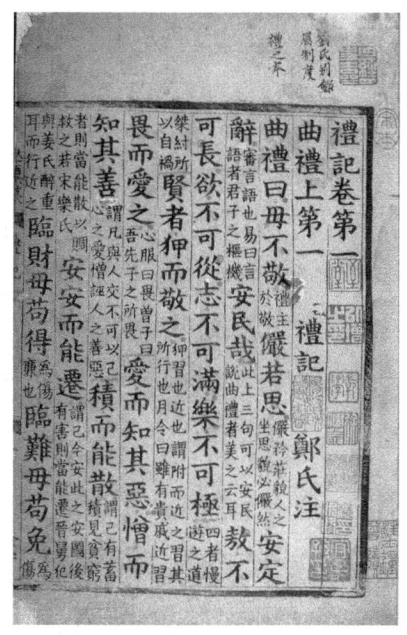

图 5—9 宋淳熙四年（1177）
抚州公使库刻本《礼记》

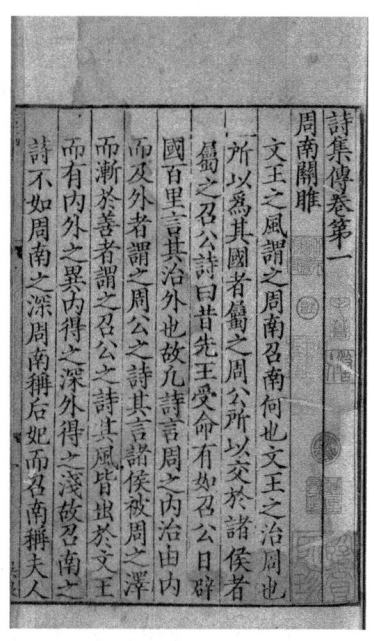

图 5—10 宋淳熙七年（1180）
筠州公使库苏诩刻本《诗集传》

库苏诩刻《诗集传》；嘉定九年（1216）兴国军学刻《春秋经传集解》等等。

官府拥有比较雄厚的财力支持，不需考虑成本，还可以调集有经验的刻工参与刊刻，底本优秀、校勘认真，所刻书往往开版宏阔，纸精墨莹，校勘精良。宋代官府刻书涵盖经、史、子、集等各部类书籍，具有很高的学术价值、艺术价值和文物价值。

官府往往能够成功组织一些卷帙较多，体量较大的书籍刊刻活动，如千卷的《册府元龟》《文苑英华》《太平御览》，500卷的《太平广记》，300余卷的《资治通鉴》等，无一不反映出宋代官府刻书的规模以及当时雕版印刷技术的繁荣和兴盛。

政府对刻书的投资非常大，据《宋史·孔维传》记载，国子监祭酒孔维曾经贪污印书专项经费"三十余万"，可知当时官方对刻书事业的投资之巨。

私家刻书简称家刻。家刻本又称家塾本，其

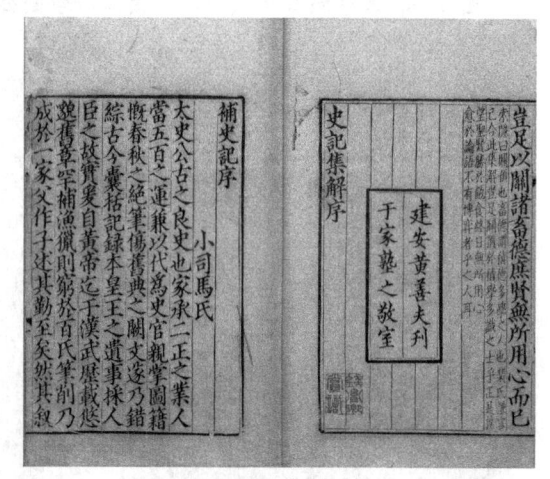

图5—11 宋黄善夫家塾刻本《史记》

主人多是藏书家，在书牌上常有"××家塾""××书塾""××堂""××斋"字样。宋代影响较大的刻书家及其代表作品，有建阳地区的黄善夫刻《史记》、蔡梦弼刻《史记》、刘仲吉刻《类编增广黄先生大全文集》、朱熹刊刻的四经（《周易》《尚书》《诗经》《春秋左传》)、四子(《论语》《孟子》《大学》《中庸》)、《程氏遗书》等40多部著作;庐陵周必大刻《六一居士集》《文苑英华辨证》等;山阴(今浙江绍兴)陆游刻《岑嘉州集》等、其子陆子遹刻《剑南诗稿》《渭南文集》《老学庵笔记》等、邵武廖莹中刻《昌黎先生集》《文选》等。

书坊刻书简称坊刻。宋代坊刻集中在汴京、四川、浙江、福建、江西等地。著名的有临安陈起陈宅书籍铺刻《江湖诗集》《王建诗集》《南宋群贤小集》《周贺诗集》《唐女郎鱼玄机诗》,临安府太庙前尹家书籍铺刻《续幽怪录》《搜神秘览》《历代名医蒙求》,杭州猫儿桥河东岸开笺纸马铺钟家刻《文选》,钱塘王叔边刻《后汉书》,建安余仁仲万卷堂刻九经三传(传世的有《礼记》《春秋经传集解》《春秋公羊经传解诂》《春秋谷梁传》)和《王状元集百家注分类东坡先生诗》等。

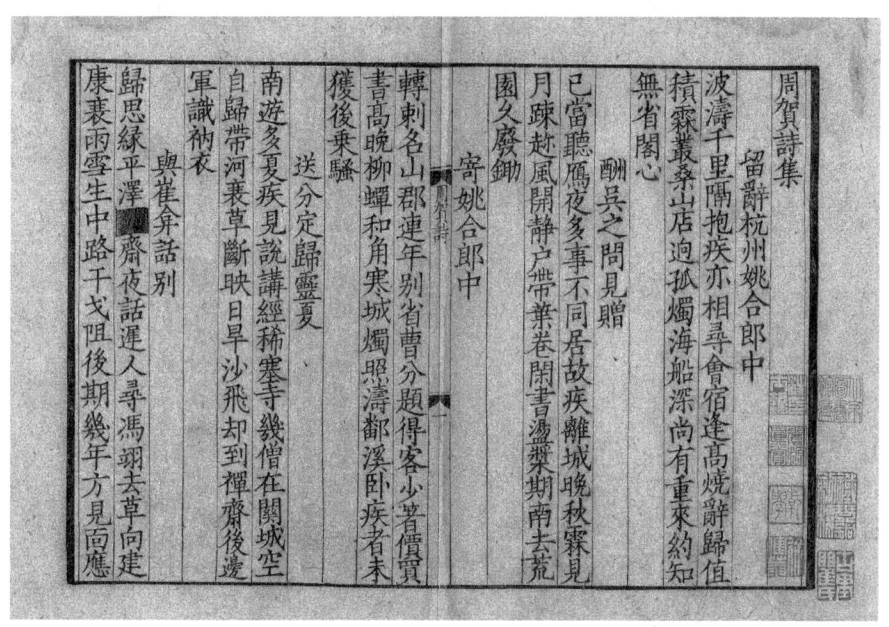

图5—12 宋临安府陈宅书籍铺刻本《周贺诗集》

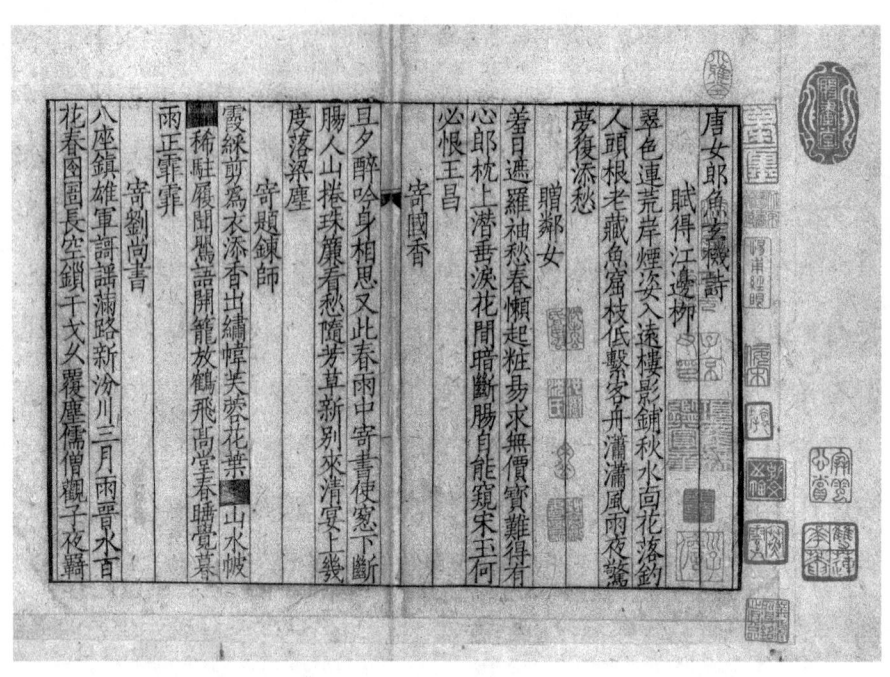

图 5—13 宋临安府陈宅书籍铺刻本《唐女郎鱼玄机诗》

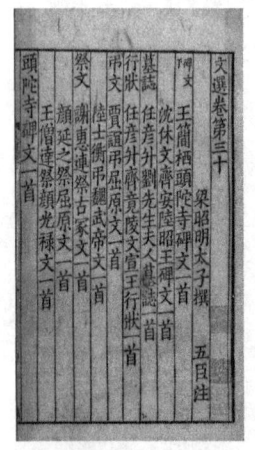

图 5—14 宋杭州开笺纸马铺钟家刻本《文选》

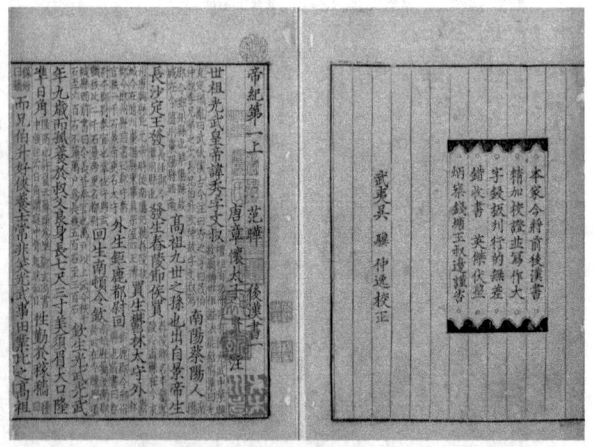

图 5—15 宋王叔边刻本《后汉书》

民间的书院、寺庙、道观等也展开刻书活动。除了北宋初年官刻《开宝藏》，后来的《崇宁藏》《毗卢藏》《思溪藏》等，都是寺庙刊刻的，比如《崇宁藏》是福州东禅寺刻，《毗卢藏》是福州开元寺刻，《思溪藏》是湖州思溪圆觉寺刊刻的，规模都特别大，每部有五六千卷之多。

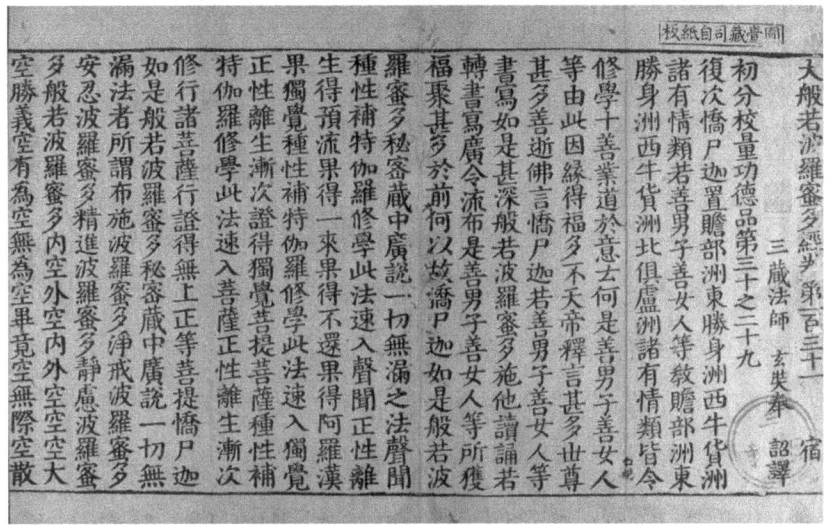

图 5—16 宋刻思溪藏本《大般波罗蜜多经》

二、刻书地域及其风格

浙江

自五代以来，浙江地区经济繁荣，盛产纸张。北宋官刻本多付杭州雕印。南宋时，该地刻书业更加发展，逐渐形成有地区风格的"浙本"。临安及附近的绍兴、湖州、温州、台州、明州、婺州、衢州、建德等地，刻书都很著名。

浙本特点：书写多用欧体，字体结构方正，书写认真，挺拔秀丽。

版心多是白口，有上鱼尾，上下双鱼尾偶然有之。版框大都左右双栏，四周双栏较少。浙本大多在版心下端镌刻刊工名字，对考证版本很有帮助。书品宽大，多用皮纸和竹纸。

福建

福建地区刻书主要集中在建阳。建阳是古代雕版印刷事业最发达的地区之一，其刻书以麻沙、崇化两镇的书坊为主。据《方舆胜览》记载，麻沙、崇化两镇号为"图书之府"，各地书贾云集于此。书坊刻印经史百家、唐宋名家诗文集，还与当地文人合作编印科举用书，以及医药、小说之类。建阳刻书行销各地，影响很大。建阳刻书常冠以"建安"之名，自古建阳均是建安的属县，故宋元以来建阳地区各刻书家族往往自称"建安某氏"。

建本特点：字体多似柳体，瘦劲清秀，结构方整。早期刻本，多是左右双栏，细黑口；后渐为四周双栏，粗黑口。建本在栏线外多有书耳，内刻篇名或小题，便于读者查找。纸多用竹纸，质地较薄，颜色发暗。

四川

四川刻书，由来已久，主要集中在成都与眉山。五代时成都为后蜀都城，是当时文化中心，蜀相毋昭裔提倡刻书，蔚然成风。宋开宝四年（971），朝廷派人到益州（今成都地区）开雕《大藏经》5000余卷，规模宏伟，是为《开宝藏》。南宋时，刻书中心逐渐移往眉山。井度（字宪孟）以主持刊刻"眉山七史"著称于世。此外，四川地区还刊刻了许多唐、宋名家著作，如李太白、李长吉、孟东野、三苏父子和秦少游等人文集以及地志、医书等。

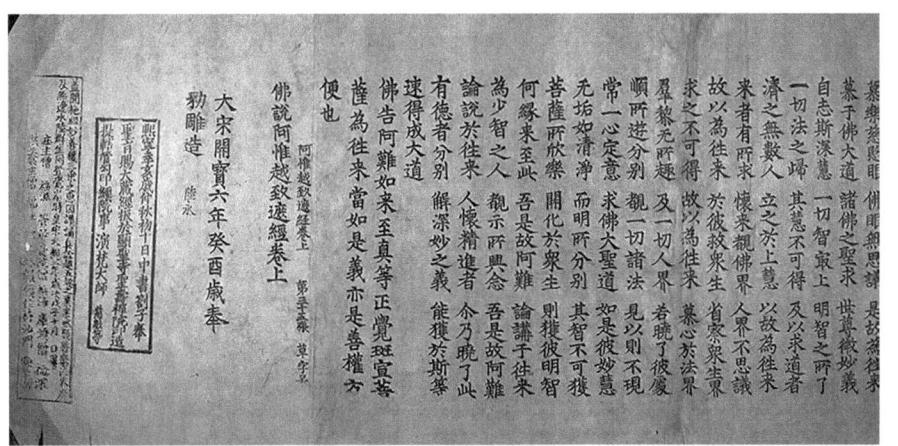

图5—17 北宋开宝六年（973）刻大观二年（1108）印开宝藏本《佛说阿惟越致遮经》

蜀本特点：字体多似颜体，字划肥劲朴厚，结构架势雄浑壮丽，版式疏朗悦目，左右双栏。版心多白口，下端有刻工姓名。纸张洁白，校勘精当。经宋末兵燹，蜀本流传至今者比浙本、建本要少得多。

江西

宋代是江西人文鼎盛时期，在中国历史上有"两宋文人半江西"的说法，欧阳修、王安石、曾巩、黄庭坚、杨万里、辛弃疾、姜夔、洪迈、文天祥都是江西人。南宋时江西地区刻书不少，尤以吉安和抚州为著名，官私刻书成为风气。著名者如庆元二年（1196）吉安周必大刻《欧阳文忠公集》，嘉泰元年（1201）周必大刻《文苑英华》，嘉定十七年（1224）白鹭洲书院刻《汉书集注》，淳熙年间抚州公使库刻《礼记注》《春秋公羊传解诂》《王荆公唐百家诗选》等。

江西与浙江、福建毗邻，所刻书多四周双栏，字体或似颜体，或似柳体。

第三节 辽、西夏、金、蒙古刻书

在与宋王朝同时代的中华大地上,先后并存着几个少数民族建立的封建政权,他们分别是辽、西夏、金和大蒙古国。这些少数民族政权在与北宋、南宋的战和之间,无一例外地接受了汉文化的影响,各种文化既有冲突又有交流,都比较重视文化和刻书事业的发展。

辽、西夏、金和大蒙古国的刻书活动,几乎都是接受汉文化影响的产物,其刻书的地点一般都位于与中原接壤、文化相对发达的地区,如辽之南京(今北京),金之中都(今北京)、平阳(今山西临汾);其刻书内容多沿袭北宋或其他汉文化圈的经史子集四部书;辽、金等国虽有文字,但很少用于刻印本书籍。辽创制了"契丹大字""契丹小字"、金颁行女真大小字、大蒙古国也创制了自己的文字,但所刻多为汉文书籍,本民族文字刻书数量不多。比较特殊的是西夏王朝,它的刻书是汉文书籍与西夏文书籍并存,而且西夏文书籍所占比例不小,成为有代表性的亮点。

因西夏刻书的特殊性,我们将之置于本节最末来介绍,另一并对古代少数民族文字古籍的概况略作说明。

一、辽代刻书

辽朝(916—1125)是契丹族为主体建立的封建政权,最强盛时期的领土,东至日本海,西达阿尔泰山、北抵额尔古纳河、外兴安岭一带,南到河北中部的白沟河。辽代印刷业最发达的是燕京、范阳(今河北保定一带)以及河北、山西北部一带。刻书种类包括儒家经典、各类史书、诗集和佛经等。辽与北宋互相为敌，禁书外出，故传世很少。辽代刻本不仅传世极罕，有关文字记载亦甚少。辽代皇帝崇信佛教，辽印经院印制了不少佛经，现存的少量辽代印刷品多是佛经。

目前能见到的辽代刻本中，最重要的是两部汉文大藏经残卷，即大字本和小字本《辽藏》，又称《契丹藏》。辽圣宗统和元年至道宗清宁十年（983—1064）的82年中，以"契丹"为国号，1974年在山西应县木塔发现12卷《契丹藏》，刻于辽圣宗统和年间（984—1012）的南京（今北京），称大字本《契丹藏》（大字楷书），《契丹藏》5000余卷，505帙，其内容源于唐代《开元录藏》，故而其价值较《开宝藏》更为凸显。有学者认为，应县木塔所出的12卷中，只有7卷是《契丹藏》，其余的只是后来的一些翻刻本。（方广锠《辽大字藏的定名与存本》）

另外一部重熙《契丹藏》是辽兴宗重熙年间至咸雍四年（1032—1068）刻于南京（今北京），579帙，卷数比统和藏大字本多，狭行细字，俗称小字藏。1976年在丰润县天宫寺塔内发现数册，约20卷。

除了大藏经《契丹藏》之外，应县木塔里还发现了35件辽代的单刻佛经，以及一册儿童启蒙读物《蒙求》残本，也极为珍贵。单刻佛经主要内容包括《妙法莲华经》《大方广佛报恩经优波离品》《佛说大孔雀咒王经卷》《佛说八师经》《佛说观世音经》《高王观世音经》《佛名集》《大方广佛华严经疏》《大方广佛华严经随疏演义钞》《大华严经钞》《上生经疏科文》《释摩诃衍论通赞疏》《释摩诃衍论通赞疏科》《成唯识论述记应新抄科文》《法华经玄赞会古通今新抄》《涅槃义记》《八师经报应记》。其中7件有卷首扉画，显示出辽代雕版印刷的高超技艺。

内蒙古赤峰地区也发现了一些以经咒为主的辽代单刻佛经。

据史料记载，辽代还刊刻过解释佛经字音字形的《龙龛手镜》，解释佛经经义的《神变加持经义释演密钞》，除此之外，还有经史子集四部书《易》、《诗》《书》、《春秋》、《礼记》、《史记》、《汉书》、《大苏小集》（苏轼诗选）、《贞观政要》、《五代史》、《通历》、《白氏讽谏集》、《方脉书》等，民间还雕印过《肘后方》《百一方》等，遗憾这些书均已不存。

二、金代刻书

金朝（1115—1234）是由女真族建立的封建王朝。其鼎盛期疆土包括今库页岛以西、华北平原、东北地区以及秦岭淮河以北一带，与南宋王朝对峙。

金人受汉文化影响很大，重视书籍典藏，灭辽时尽取宫中藏书；靖康元年（1126）攻陷北宋都城东京开封府时，将宋朝的"……三馆书籍、监本印板……宋人文集、阴阳医卜之书"悉数掳去。金朝官方设有刻书机构，主持刻书。其官刻以国子监刻书为代表。科举考试中需要的六经、十七史、《孝经》、《论语》、《孟子》、《荀子》、《扬子法言》、《老子》等教本，多由国子监印行后下发。

平阳（今山西临汾）是金代的刻书中心。平阳府位于平水之阳（北），金代曾置平水县，故平阳刻书又称平水刻书。这里物产丰富，文化发达，盛产麻纸，其地在宋、辽、金战乱中不当要冲，未受到战争冲击，农业、商业、刻书业均得以平稳发展。

金人攻下开封府时，将一部分书肆和刻工迁至平阳，继续从事刻书活动，天会八年（1130），金朝政府又在此设置了国家出版管理机构——经籍所。平阳一带刻书坊鳞次栉比，逐渐发展成为北方地区的出版中心，"家置书楼，人畜文库"（孔天监《藏书记》，《金文最》卷二十八）。

平阳的私家和书坊刻书很多。私刻多经史文集，坊刻多医书、类书及说唱诸宫调等。著名的金刻本有诸宫调《刘知远》《南丰曾子固先生集》，平阳姬家雕印的《四美图》和《赵城金藏》。《四美图》即《随朝窈窕呈倾国之芳容》，黑水城出土，现藏俄国圣彼得堡。描绘赵飞燕、王昭君、班昭、绿珠（晋代石崇的爱妾），是靖康之变后平阳坊刻招贴画的代表作。

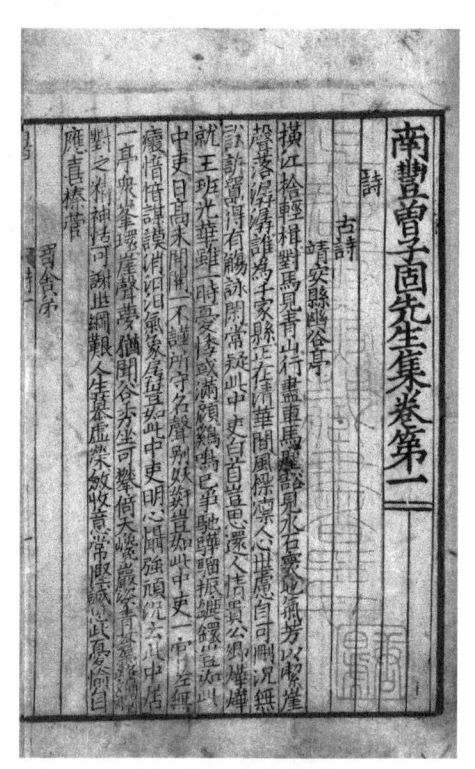

图5—18 金刻本《南丰曾子固先生集》

金人笃信佛教，刊刻了不少佛经。《赵城金藏》因收藏于山西赵城县广胜寺而得名。该大藏经由13岁潞州民女崔法珍断臂化缘，皇统九年（1149）以北宋初年《开宝藏》为底本，在解州天宁寺开雕，历经30余年，于大定十八年（1178）完成，共6980卷。解州地近平阳，亦属于平阳刻书的区域。

图 5—19 赵城金藏本《大般若波罗蜜多经》卷前扉画

图 5—20 赵城金藏本《大般若波罗蜜多经》卷末经文题记

三、蒙古刻书

1206年,铁木真(成吉思汗)统一蒙古各部,建立大蒙古国,统治着东至兴安岭、南临金朝、西括阿尔泰山、北至贝加尔湖的广大草原地区,之后领土不断扩张。自大蒙古国建立至1271年元世祖忽必烈改国号为元,为大蒙古国时期。古籍版本学界一般将大蒙古国时期的刻本称为"蒙古刻本"。

大蒙古国政权非常重视刻书,其版刻书籍著名的有蒙古定宗四年(1249)平阳府张存惠晦明轩所刻《重修政和经史证类本草》,蒙古宪宗六年(1256)北京地区赵衍刻《歌诗编》,以及道士宋德方于蒙古太宗九年(1237)至乃马真后三年(1244)在平阳玄都观所刻道教大

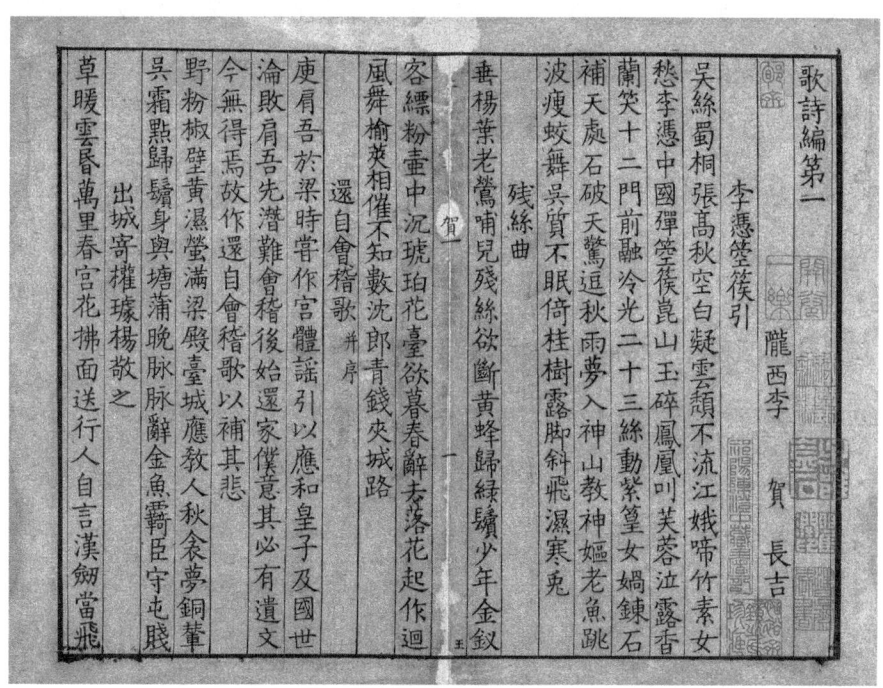

图5—21 蒙古宪宗六年(1256)赵衍刻本《歌诗编》

藏经《玄都宝藏》7800余卷。至元十八年（1281）忽必烈下令焚毁一切道教经典，《玄都宝藏》幸存者只有《太清风露经》一卷和《云笈七签》残叶。

四、西夏刻书

西夏（1038—1227）是以党项族为主体的王朝，其疆域大致位于今宁夏、甘肃、青海东北部、内蒙古西部及陕西北部地区，先后与北宋、辽鼎立，后来又和南宋、金对立。中央政府设有"造纸院""刻字司"，管理纸张生产和刻印书籍，刻印有佛经、字书、法律、文集、医书、历书等等。佛教寺院也是重要的雕版印刷场所。西夏刻本包括汉文儒学经典、史书、类书、兵书的各文种译本，文种涉及西夏文、汉文、藏文。西夏地区雕印技术高超，其书可与宋、金刻本媲美，存世的西夏古籍500多种，共计数千卷。

西夏的汉文刻本多为佛经，如《夹颂心经》《大方广佛华严经普贤行愿品》《金刚般若波罗蜜经》等，印制特别精美，品质很高。藏文佛经数量也不少，如《顶髻尊胜佛母陀罗尼功德依经摄略》、单叶《护轮图》。

西夏文书籍是西夏刻书最具特点的部分。现存的西夏文刻本有100余种，包括《文海宝韵》《天盛改旧新定律令》《贞观玉镜统》《番汉合时掌中珠》《三才杂字》《圣立义海》《贤智集》等，还有翻译著作《论语》《经史杂抄》《孙子兵法三注》《黄石公三略》等等，另有大量佛教经典，如现存最早的西夏文刻本，刊刻于惠宗大安十一年（1085）的《佛说阿弥陀经》等，这些佛教经典涵盖了显宗、密宗等不同宗派，有翻译自汉语或藏语的，也有用西夏文编著的。

中国自古就是一个多民族国家，除了汉族文化之外，各种少数民族文化也丰富发展着中华民族文化。不少民族创制和使用各具特色的本民族文字，编撰各类著述，有的以抄本形式流传，也有的雕印出版；有的少数民族在吸收汉文化过程中，将一些汉文书籍翻译为本民族文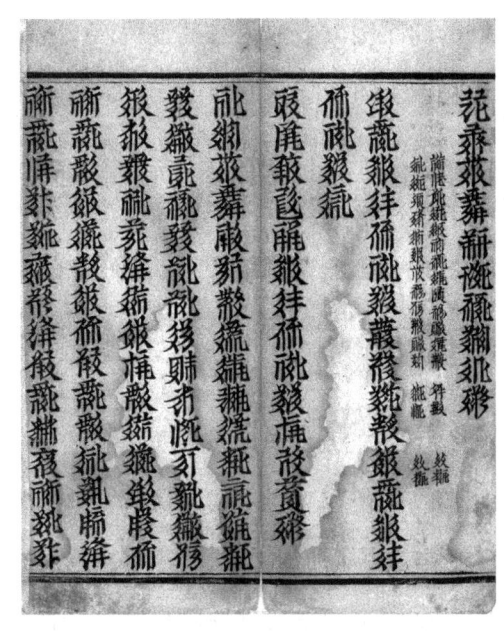

图5—22 西夏刻本西夏文《慈悲道场忏法》

字出版；也有出于宗教、政治或文化交流的需要，各个少数民族文字之间互相翻译，如藏文、蒙文、满文互译。这些各民族文字的书籍，充实和繁荣了中华民族宝贵的典籍文化。

中国的少数民族文字历史悠久，种类繁多，古印度的佉卢字母在公元前就传入中国，彝文可能在汉代已经开始使用，藏文、傣文等已经有1000多年或几百年的历史。西北地区有佉卢字、焉耆—龟兹文、粟特文、于阗文、回鹘文、西夏文、察合台文，东北和北方地区有突厥文、契丹大字、契丹小字、女真大字、女真小字、回鹘式蒙古文、八思巴字、满文，南方地区有彝文、藏文、东巴文、哥巴文、四种傣文、白文、方块壮字、尔苏沙巴文、水书、侗文等等。这些少数民族文字，囊括了象形、表意和表音文字等不同的文字类型，其中有些文字是独创的，而绝大多数是在其他民族文字影响下创制的。受其他民族文字影响产生的文字，可分为受汉字和腓尼基字母影响两大类。

各少数民族在不同历史阶段产生的古籍浩如烟海、难以计数，在漫长的流传过程中，不可避免地大量散佚和损毁，而保存至今的也数量巨大。敦煌藏经洞发现的古藏文手卷有5000卷之多，存世的西夏文写本和印本有数千卷，彝文和纳西文书籍有3万余册，傣文、察合台文、蒙古文等书籍也十分丰富，比较晚近的满文书籍更是数量庞大。少数民族文字古籍具有不同类型的版本，与汉文书籍相比，其独特之处不仅体现在文字形式，还有材质、装帧形式的不同，他们使得古籍的版本类型更加多样化和丰富多彩。西夏文古籍中保存了世界上最早的活字印本，傣文佛经以贝叶刻写而成，藏文书籍借鉴梵夹装，形成有特点的长条形书式的装帧方法，西夏又将此版式从横写发展成为竖写。察合台文的写本受阿拉伯文化影响，有些装饰十分华丽。不同类型的少数民族文字古籍，极大地丰富了中国古籍的形式和内容。

少数民族文字古籍具有丰富的内涵，对研究文字学、语言学、历史学、宗教学、哲学、文学、版本学，以及自然科学中的天文历法、医学、地理学等都具有重要的学术价值和文物价值。一些少数民族文字在创制和使用过程中，与邻近的一些亚洲民族甚至距离较远的民族发生了不同程度的联系，反映出世界各民族文化的交流，这些少数民族文字古籍，不仅对研究文字的起源和流变，对研究古籍版本的形成和发展，甚至对研究各民族文化的发展史都有重要意义，在世界文学、版本学的研究中占有十分重要的地位。

较早出现刻印本的少数民族文字书籍是藏文。大约在12世纪末

13世纪初，印刷术传入西藏地区，藏族人民创办了多处印刷场所，逐渐出现雕版印刷书籍。随着藏传佛教向内地传播，内地也大规模地印刷藏文佛经，其中最重要的是皇室、官府雕印的藏文大藏经。藏文雕版书籍多采用梵夹装，封面书题多为藏文、梵文对照。

西夏的藏文刻本是迄今为止发现的最早的藏文刻本，反映了早期藏文雕版书籍的特点。西夏邻近藏区，境内也有很多藏族居民，藏文佛经在西夏广泛流传，如黑水城出土的藏文写本《圣般若波罗蜜经》。藏文哲理诗集《萨迦格言》(《善说宝藏》)是西藏文学史上最重要的著作之一，不仅在藏族地区广为流传，在国内外都产生了一定影响。

第四节　元代刻书

元代刻书业在宋代的基础上有所进步。元朝统治者重儒兴学，笼络知识分子以维护统治，客观上促进了社会文化包括刻书业的发展；他们注意保护百工，在统一中原的战争中，各地屠城，"唯匠得免"，刮籍匠户的过程中，一些自宋朝以来的书坊，如余氏勤有堂、叶氏广勤堂等保存下来，宋、金时期一些以刻书出版为职业的工匠也幸存下来。元朝政府也有意识地保护旧有的文化事业，如消灭西夏王朝之后，还在雕版印刷业最发达的杭州地区用河西字（西夏文）为西夏人刊印其需要的书籍。统一中国后，元朝版图大大超过宋代，刻书地区合宋、辽、西夏、金之所有，遍布全国，更为普遍，其中以福建建阳和山西平阳为最繁荣，形成麻沙、平阳两个刻书中心。浙江、江西刻书业也很发达，官刻书多奉诏下杭州、江西刻版。江南、江东、湖广各地在刻书方面也有所发展。至元十四年（1277），元世祖将经籍所从平阳迁至大都，北京刻书业随之兴盛。

中央政府刻书机构有兴文署、艺文监广成局、国子监、太史院印历局，还有御史台、司农司、徽政院等。其中兴文署刻印过汉文、蒙古文、畏吾儿文《资治通鉴》，广成局刻印皇帝圣训，国子监刻印《玉海》《汉书艺文志考证》《通鉴地理通释》《周易郑康成注》《小学绀珠》等，印历局负责印造每年的

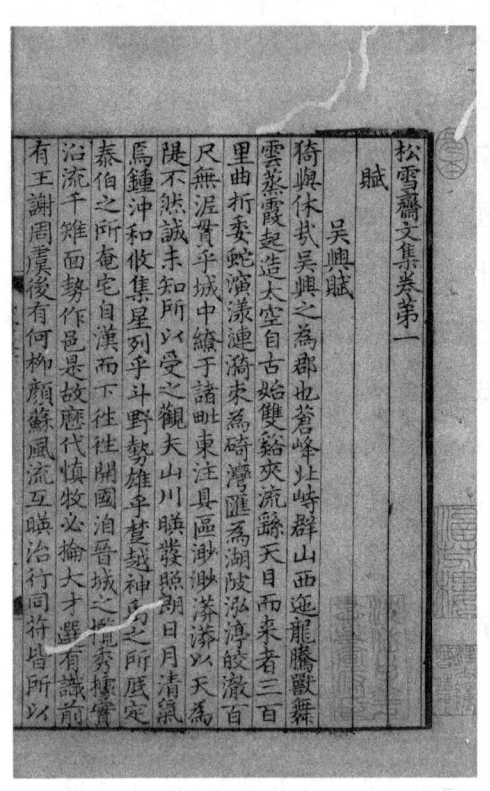

图5—23 元至元五年（1339）花溪沈伯玉家塾刻本《松雪斋文集》

历书，御史台刊印《秋涧先生大全集》，司农司刻印《农桑辑要》，徽政院是为皇太后服务的内廷官署，后至元二年（1336）校刻出版《元官版大藏经》（简称《元官藏》）。

地方政府刻书，主要包括行中书省、肃政廉访司、官医提举司、各路转运使司等。不过，由于元代社会经济力量不及南宋，很多刻书只能从学校钱粮内凑钱付梓，导致了官署出版并不发达，而各路儒学和地方书院出版兴盛的现象。

各路儒学积极参与刻书活动，其中著名的刻本主要有江浙行省儒

学刊刻的《六书统》《书学正韵》《仪礼经传通解》《唐诗鼓吹》《晦庵先生朱文公文集》；集庆路儒学的《五代史记》《乐书》《救荒活命类要》；福州路儒学的《礼书》《雪楼集》；宁国路儒学的《汉书》《后汉书》《隶释》《隶续》；嘉兴路儒学《陆宣公文集》《诗外传》《吕氏春秋训解》《文心雕龙》等，庆元路儒学的《玉海》《归田类稿》，以及抚州路儒学与临川郡学合作刊刻的《庸虞先生道园类稿》等等。

书院刻书兴盛。元代书院官学化，书院的负责人由吏部统一任命，书院学生的待遇与官学学生待遇一致，所以书院格外发达，出版业活跃。著名的古迂书院（又称东山书院，位于湖南茶陵）、圆沙书院、西湖书院（杭州）、宗文书院（宗文堂）、梅溪书院、梅隐书院、紫阳书院等均有刻书。著名的书院刻本有古迂书院《古迂陈氏家藏梦溪笔谈》《申鉴》《说苑》《尹文子》，圆沙书院《周易程朱先生传义附录》《广韵》《大广益会玉篇》，西湖书院《文献通考》《国朝文类》，宗文书院《经史证类大观本草》《艺文类聚》《五代史记》，梅溪书院《校正千金

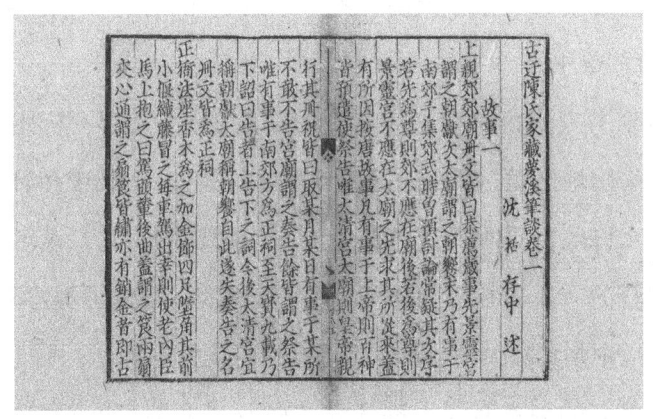

图5—24 元大德九年（1305）茶陵陈仁子东山书院刻本《古迂陈氏家藏梦溪笔谈》

翼方》《说文韵府群玉》《皇元风雅》《资治通鉴纲目集览》，梅隐书院《魁本大字详音句读周易》《书集传》，紫阳书院《周易集义》《周易要义》等。其中元大德九年（1305）古迂书院陈仁子刻《古迂陈氏家藏梦溪笔谈》是书院刻书的代表。

元代行政机构设置非常健全，也很严密，为朝廷对出版的管理提供了组织保证。"元时书籍，并由中书省牒下诸路刊行"（《天禄琳琅书目·天禄琳琅鉴藏旧版书籍联句》），"尝爱元人刻书，必经中书省看过下所司，乃许刻印。"（明陆容《菽园杂记》卷十）很多重要的书出版，都是经过这个管理程序的，故元代刻印的官书、政书的质量都能得到基本保证。

元代私家刻书者很多，其中最著名的有范氏岁寒堂和荆溪岳氏家塾。岁寒堂系范仲淹家塾的堂号，其八世孙范文英于天历和元统年间刻印过范仲淹及其子范纯仁的著作《范文正公集》《范忠宣公文集》等。荆溪家塾是岳飞九世孙岳浚的堂号，刊刻过"九经三传"。曾任吏部尚书等职的著名文学家苏天爵，刻印出版过《石田集》《伊洛渊源录》《两汉诏令》等书。

书坊刻书主要集中在平阳（今山西临汾）、大都、杭州地区、建阳等地。平阳地区著名的书坊有张存惠晦明轩、王氏中和轩、平阳府梁宅、平水许宅、平水曹氏进德斋、平阳司氏颐真堂，著名的刻本有王氏中和轩的《新刊礼部韵略》、平水许宅的《重修证类本草》、曹氏进德斋的《中州集》、司氏颐真堂的《御药院方》等。

大都著名的刻本有《大都新编关张双赴西蜀梦》《大都新编楚昭王疏者下船》《大都新编关目的本东窗事犯》等以及燕山窦桂芳活济

堂刊刻的《黄帝明堂针灸经》《针灸四书》。

杭州也刻印过不少元杂剧，如《古杭新刊的本关大王单刀会》《古杭新刊关目的本李太白贬夜郎》《赵氏孤儿》《古今杂剧》等。

书坊最集中而刻书数量最多的是福建建阳地区，这里的书坊著名的有余氏勤有堂、刘氏翠岩精舍、刘氏日新书堂、虞氏务本堂、郑氏宗文堂、武夷詹光祖月崖书堂、熊氏万卷堂、博雅堂、卫生堂、武夷洪源书堂等，其中余氏勤有堂的《太平惠民和济局方》《分类补注李太白诗集》《集千家注分类杜工部诗》《三辅黄图》《唐律疏议》《诗童子问》《书蔡氏传旁通》《仪礼》《洗冤录》《古列女传》；刘氏翠岩精舍的《翰苑集》《程朱二先生周易传义》《诗集传附录纂疏》《韩鲁齐三家诗考》《国朝文类》《注陆宣公奏议》《大学章句》《中庸章句》《苕溪渔隐丛话》（前集、后集）。刘氏日新书堂的《广韵》《揭曼硕诗集》《伯生诗续编》《四书辑释》《增广事联诗学大成》《春秋胡氏传纂疏》《太平金镜策》《诗集传通释》《增修互注礼部韵略》《韵府群玉》《五百家注音辨昌黎先生文集》《唐诗鼓吹》；虞氏务本堂的《四书待问》《增刊校正王状元集注分类东坡先生诗》《至治新刊全相平话三国志》《道德经河上公章句》等，郑氏宗文堂的《经史证类大观本草》《本草衍义》《静修先生文集》《艺文类聚》《五代史记》《大广益会玉篇》《太平惠民和剂局方》；詹光祖月崖书堂《资治通鉴纲目》《黄氏补千家集注杜工部诗史》《朱子语录类要》；熊氏出版过《山谷外集诗注》《新编西方子明堂灸经》《易学启蒙通释》《孝经大义》《新编事文类聚启札云锦》等等。

建阳地区还有其他一些小有名气的书坊，它们也刻过不少书，如陈氏余庆堂的《宋季三朝政要》《续宋中兴编年资治通鉴后集》，郑明德宅的《云庄礼记集说》李氏建安书堂的《皇元风雅》，傅子安刻印的《楚辞集注》，郑氏积诚堂刻印的《纂图增新群书类要事林广记》，崇川书府刻印的《春秋诸传会通》，同文堂的《四书经疑问对》，高氏日新堂刻印的《太平惠民和剂局方》，书林刘克常的《新笺决科古今源流至论》。

建阳书坊刊刻了不少元人的散曲，如《朝野新声太平乐府》《乐府新编阳春白雪》《梨园按试乐府新声》；也刻过不少类书和贴括经义的辅导考试用书，如《程朱二先生周易传义》《诗传通释大成》《事文类聚》《翰墨全书》《排韵增广事类氏族大全》《联新事备诗学大成》《启札截江网》《群书会元截江网》《类编皇朝大事记讲义》。

除了平阳、大都、杭州、建阳等比较集中的以外，江西庐陵也有不少著名的书坊刻书，如胡氏古林书堂的《新刊补注释文黄帝内经素问》《新刊黄帝内经灵枢》《新刊素问入式运气论奥》《增广太平惠民和剂局方》等，竹坪书堂的《周易程朱先生传义附录》《程子上下篇义》《朱子易图说》《永类钤方》，孙氏益友书堂的《范德机诗集》《新编翰林珠玉》，泰宇书堂的《增修笺注妙选群英草堂诗余》。其他地区，如金华、明州等地，也有不少书坊的刻书活动。

四川刻书在元代已经走向衰落，不知何故。

寺观刻书。元王朝笃信佛教，始自元世祖忽必烈对吐蕃僧人八思巴的尊信。元代政教合一，佛教盛行，大量佛教典籍刊印出版。除了徽政院刊印的《元官藏》、杭州路大万寿寺雕印河西字（西夏文）《大藏经》外，其他还有杭州路大普宁寺刊印的《普宁藏》、福建建阳县报恩万寿堂陈觉琳募化重刊的《毗卢藏》等。

总体而言，元代刻书仍以当时士大夫诵读必需的经、史为多，诸子书、类书以及新编农书、医书、科举用书等刻印量均很大。

元代刻本大致有如下特点：黑口、赵字、无讳、多简。黑口指每版的中缝线为粗大黑线。赵字即元代刻书大部分模仿赵孟頫的字体。元代刻书一般无避讳字，元王朝礼制观念薄弱，查禁不严，有时也会出现翻刻宋本时沿袭的旧有讳字。元刻本多简体字或俗字，元朝以蒙古新字为国字，对汉字的管理不是很严格，故一些书坊刻书为提高效率、减少成本尽量从简，使用简体、俗体等笔画比较少的不规范字体成为一种普遍现象。

回鹘式蒙古文和八思巴文是元代的官方文字。目前所见的八思巴文书籍有藏传佛教文学名著《萨迦格言》译本的元刻本残叶，八思巴字与汉文对照刻本《百家姓》和清抄本《蒙古字韵》。

元朝于天历二年（1329）创立艺文监，元顺帝至元六年（1340）改为崇文监，专门负责将汉文书籍翻译为蒙古文，翻译为蒙古文出版的著名汉籍有《孝经》《尚书》《贞观政要》《百家姓》《千字文》等。元政府设立的蒙古与回回子学，除专门传授汉文儒经外，也用蒙古文翻译书籍，如《通鉴节要》。现存的元代所刻蒙古文书籍只有汉蒙合璧的《孝经》残本，蒙古文《入菩提行经注疏》残本，元代蒙古文抄本《亚历山大传奇》残页。

《蒙古秘史》又名《元朝秘史》，是蒙古族的第一部历史文献，被誉为蒙古族的百科全书，最初系口耳相传，元太宗十二年（1240）用回鹘式蒙古文记录成书，收藏在国史院内，秘不示人。蒙古文原本已佚，现存明初四夷馆蒙古文汉字译音写本。

第五节　活字印刷术的发明

雕版印刷相较人工手书具有不可比拟的优越性，但也存在一些局限，因此宋代又出现了一种新的印刷技术——活字印刷术，实现了书籍制作史上的又一次变革。

雕版印刷以叶为单位，一块版就是一叶，其上雕刻的是一个叶面的文字内容，一般在200—1000字（半叶100—500字）不等，这些文字及其排列顺序固定无法改动，所以每部书需要制作很多块雕版，有些大书动辄上千版，少的也有几十版。一套版只能刷印一种书，每一部新书都需要重新雕刻一套。如何能将雕版重新组合多次利用，以降低成本，是摆在出版行业面前的现实课题。

活字印刷术最小的雕版单位是单字，即先制作独立的单字，然后根据文稿的内容，在字盘里摆排一个个单字，涂墨印刷。印完之后拆散单字，下次仍可排印其他书。这样每次排印一个新书，便无需一块一块版地雕刻，节省了劳力费用，又减少了存储雕版的空间，提高生产效率。活字版的选材范围比雕版宽，可以有木、泥、磁、铜、铅、锡等多种材质。宋人经过长期的探索和实践，终于在北宋中期发明活字印刷术，实现了这个技术创新。

活字版因制作时代、方法或材料的差异，而有不同的称呼。如宋元称为"活板""活字""活书板""活字书版""碎字"，之后因排列方式与雕版不同，单字可以集合，排摆成版，有称为"排版""排字版""摆字版""集字版""集锦版""活套书版"或"合版""合字版"，有时又称为"便版""子版""斗版"。清代乾隆皇帝以活字之名不雅，改称"聚珍版",朝鲜、日本有时也称为"聚珍版"。

活字印刷术的发明最早见于宋代沈括《梦溪笔谈》中的记述:

> 庆历中,有布衣毕昇,又为活版。其法用胶泥刻字,薄如钱唇,每字为一印,火烧令坚。先设一铁版,其上以松脂、蜡和纸灰之类冒之。欲印,则以一铁范置铁板上,乃密布字印,满铁范为一板,持就火炀之;药稍熔,则以一平板按其面,则字平如砥。若止印三二本,未为简易;若印数十百千本,则极为神速。常作二铁板,一板印刷,一板已自布字,此印者才毕,则第二板已具,更互用之,瞬息可就。每一字皆有数印,如"之""也"等字,每字有二十余印,以备一板内有重复者。不用,则以纸帖之,每韵为一帖,木格贮之。有奇字素无备者,旋刻之,以草火烧,瞬息可成。
>
> 不以木为之者,文理有疏密,沾水则高下不平,兼与药相粘,不可取;不若燔土,用讫,再火令药熔,以手拂之,其印自落,殊不沾污。昇死,其印为予群从所得,至今保藏。(《梦溪笔谈》卷十八)

这段文字详细记录了毕昇的活字排版印刷技术,其中对制作方法及各道工序流程的叙述,尤为具体,简明扼要。因此,尽管毕昇所创活字印刷品实物没能留存下来,但后人足可依其记述的工作方法予以复制还原。据南宋中期周必大《致程元诚》(《文忠集》卷十八)说:"近用沈存中(沈括)法,以胶泥铜板移换摹印,今日偶成《玉堂杂记》

二十八事。"周必大据以复原的印刷实践，有力地证明了毕昇活字印刷术的发明权是实至名归，无可辩驳。

现在发现的最早的木活字实物，是 20 世纪初在敦煌莫高窟发现 1000 余枚回鹘文木活字。这些木活字的年代大约在 13 世纪，现分藏于法国吉美博物馆和中国敦煌研究院。据专家考证，这些活字中单音节的木活字约占 60%，双音节或三音节但不是完整词的约占 20%，单字母活字约 5%，以词为单位的占 15%。

活字印刷书籍的早期实物主要是出土于黑水城和宁夏、甘肃等地的西夏时期西夏文佛经。最近一个多世纪以来，不断有西夏活字印刷书籍出土和发现，为我们提供了较多早期活字印刷品实物。如 19 世纪末 20 世纪初黑水城出土的西夏文禅宗著作《三代相照言文集》，以及西夏中晚期刻印的《维摩诘所说经》和《德行集》；1987 年甘肃武威新乡亥母洞遗址出土的西夏文《维摩诘所说经》，1991 年在宁夏贺兰县拜寺沟出土的西夏文佛经《吉祥遍至口和本续》，以及一些汉文历书残页；2005 年贺兰山山嘴沟石窟发现的西夏文佛经，包括了泥活字印本《妙法莲华经要集义镜疏》第八、《圆觉注之略疏》第一上半和木活字印本《占察善恶业报经》。其中《妙法莲华经要集义镜疏》卷末题款说明了当时活字印刷各工序使用人工的大致比例，是活字印刷史上的重要发现。另外，国家图书馆收藏的西夏文《大方广佛华严经》残本 60 卷，史金波也认为是泥活字印本（《文苑瑰宝：国家图书馆藏西夏文献》）。

据史料记载，大蒙古国时期和元代有两次活字印刷实践。一是大约在蒙古太宗十三年至定宗年间（1241—1250），曾做过忽必烈谋士的河南辉县人姚枢命弟子杨古仿毕昇活字之法印刷朱熹《小学》《近思录》以及吕祖谦《经史论说》等书。由此看来，活字印刷在当时应已较为普遍。

二是元大德年间，王祯采用木活字印书，用木质致密的梨木或枣木制造活字，并用竹片嵌夹字模，较好地解决木活字印书的技术问题。同时，王祯还发明了转轮排字架，大大提高了排字效率。王祯以自己创制的活字试印了他自己纂修的《旌德县志》，不足一个月，就印成了百部。他还专门撰写了《造活字印书法》，详细记述了活字制作，捡字排版，印刷等具体方法：

……然而板木工匠所费甚多，至有一书字板，功力不及数载难成，虽有可传之书，人皆惮其工费，不能印造传播。后世有人别生巧技，以铁为印盔、界行，内用稀沥青浇满，冷定，取平。

火上再行熁化，以烧熟瓦字，排于行内，作活字印板。为其不便，又有以泥为盔，界行内用薄泥将烧熟瓦字排之，再入窑内，烧为一段，亦可为活字板印之。近世又（有）铸锡作字，以铁条贯之作行，嵌于盔内，界行印书。但上项字样，难于使墨，率多印坏，所以不能久行。今又有巧便之法，造板木作印盔，削竹片为行，雕板木为字，用小细锯锼开，各作一字，用小刀四面修之，比试大小高低一同，然后排字作行，削成竹片夹之，盔字既满，用木楔楔之，使坚牢，字皆不动，然后用墨刷印之。

《写韵刻字法》：先照监韵内可用字数分为上下、平、上、去、入五声，各分韵头校勘字样，抄写完备，择能书人，取活字，样制大小，写出各门字样，糊于板上，命工刊刻，稍留界路，以凭锯截。又有语助辞之乎者也字及数目字，并寻常可用字样，各分为一门，多刻字数，约有三万余字，写毕，一如前法。今载立号监韵活字板式于后，其余五声韵字，俱要仿此……

《锼字修字法》：将刻讫板木上字样，用细齿小锯每字四方锼下，盛于筐筥器内；每字令人用小裁刀修理齐整，先立准则，于准则内试大小高低一同，然后另贮别器。

《作盔嵌字法》：于元写监韵各门字数嵌于木盔内，用竹片行行夹住、摆满，用木（楈）轻捐之，排于轮上，依前分作五声，用大字标记。

《造轮法》：用轻木造为大轮，其轮盘径可七尺，轮轴高可三尺许，用大木砧凿窍，上作横架，中贯轮轴，下有钻臼，立转轮盘，以圆竹笆铺之，上置活字板面，各依号数上下，相次铺摆。凡置轮两面，一轮置监韵板面，一轮置杂字板面，一人中坐，左右俱可推转摘字，盖以人寻字则难，以字就人则易。此转轮之法，不劳力而坐致。字数取讫，又可铺还韵内，两得便也。

《取字法》：将元写监韵另写一册，编成字号，每面各行各字俱计号数，与轮上门类相同，一人执韵依号数喝字，一人于轮上元布轮字板内取摘字只，嵌于所印书板盔内。如有字韵内别无，随手令刊匠添补，疾得完备。

《作盔安字刷印法》：用平直干板一片，量书面大小，四围作栏，右边空，候摆满盔面。右边安置界栏，以木楈捐之。界行内字样，须要个个修理平正，先用刀削下诸样小竹片，以别器盛贮，如有低邪，随字形衬觉撋之，至字体平稳，然后刷印之。又以椶刷顺界行竖直刷之，不可横刷。印纸亦用椶刷顺界行刷之，此用活字板之定法也。

前任宣州旌德县县尹时，方撰《农书》，因字数甚多，难于刊印，故用己意，命匠创活字，二年而工毕。试印本县志书，约计六万余字，不一月，而百部齐成，一如刊板，便知其可用。后二年，予迁任信州永丰县，絜而之官，是时《农书》方成，欲以活字嵌印，今知江西见行，命工刊板，故且收贮以待别用。然古今此法未见所传，故编录于此，以待世之好事者。为印书省便之法，传于永久，本为《农书》而作，因附于后。（《农书》卷二十二《农器图谱》二十）

王祯是一位伟大的生产革新家，他所创制的木活字印书法，尤其是他发明的转轮排字盘，实现了"以字就人"，大大减轻了劳动强度，提高了工作效率。对古代印刷事业的发展进步，做出了重大贡献。

王祯试行木活字印刷在历史上影响很大，加之毕昇主要是采用泥制活字印刷，之后周必大又仿照施行，以至于不少人认为是王祯发明了木活字印刷。考察早年各类关于印刷史的著述，很多都提到采用木活字印书首先是从元代王祯开始的。但试想一下，在雕版印刷广为流行的宋代，木板是最常见的雕刻材料，既然能够想到用泥活字印刷，怎么可能想不到用木活字印刷呢？木活字印刷出现的时间问题，很值得进一步探讨和思考，否则，毕昇发明活字印刷术250年后才出现木活字印刷，令人不可思议。

实际上，出土西夏文献已经证明早在王祯木活字印刷之前，就已有木活字印刷，如上文提到的1991年9月出土的《吉祥遍至口和本续》等。宁夏考古研究所在宁夏贺兰县拜寺沟方塔废墟中，发现了西夏文佛经《吉祥遍至口和本续》等共9册，蝴蝶装。据牛达生等专家研究，这些印本版框、栏线接角处缺口较大，版心行线与上下栏线不衔接，墨色浓淡不匀，印背透墨且深浅不同，同一面出现的同一字的笔锋、形态不一，经名简称和页码用字混乱，而且存在错排、漏排以及页码数字倒置等现象，具有典型的活字本特征，是12世纪下半叶的西夏中后期遗物。（牛达生《西夏文佛经〈吉祥遍至口和本续〉的学术价值》；史金波《现存世界上最早的活字印刷品——西夏活字印本考》。）西夏文木活字印本的出土，对中国印刷史、尤其是活字印刷史的研究，具有重要价值。由于此件实物的存世，纠正了以往王祯发明木活字印刷的说法。

其实，沈括《梦溪笔谈》中那段广为人知的记述，足以证明毕昇对木活字印刷早有具体的实践：

> 不以木为之者，文理有疏密，沾水则高下不平，兼与药相粘，不可取；不若燔土，用讫再火，令药熔，以手拂之，其印自落，殊不沾污。

这段文字说得很明白，毕昇的活字印书，之所以"不以木为之者"，是因为通过实践，发现木活字印书的效果没有泥活字的好，他才采用泥活字印书。从两种方法中择优而用，这显然是明智而科学的做法，怎么能由此得出毕昇木活字印书不成功的结论呢？！因此，木活字的发明权与泥活字一样，应该归毕昇所有。

另外，活字印刷术发明强调的是技术革新，似乎不宜再以材质区分。活字印刷术革新的关键是"活"，每个单字都是独立的，可随意调整、组合，这是它与雕版印刷术的本质区别，也是它优于雕版印刷术之处；而材质的不同只不过是对此项新技术的运用材料的选择而已，属于次要问题。忽视活字印刷术发明的本质，片面强调采用某种材料制作活字的所谓发明权的问题，其意义到底有多大？还需要从科学的角度多加思索，才能避免陷入一些无谓的争端。

中国是世界上最早发明活字印刷术的国家，这是中国对世界印刷术的一大贡献。活字印刷术大约在14世纪传到朝鲜、日本，又由中亚传至小亚细亚与埃及，并影响于欧洲。欧洲最早使用铅、锑、锡合金所制之活版印刷，是1450年德国人古腾堡（J.G.Gutenberg）所创，距毕昇发明活字已经400余年了。

西方所谓印刷术，一般多指活字印刷术，雕版在欧洲流行了700多年，但不是印刷术的主流。中国的情况正好相反，雕版印刷始终占据主流位置，活字印刷术虽然在11世纪中期就已发明，但一直只是雕版印刷术的补充，所占比重很小。

从工作效率来说，活字印刷使用的材料、人工、时间和费用都比雕版印刷节省，生产比较迅速，在印刷史上是一种很大的进步。从工艺的难易程度而言，活字的制作和检排都较雕版更为复杂，是一种较高级别的发明创造。

不过，活字印本在中国古代印刷出版业的日常使用中并不被看好，主要原因是校对不精，字句脱误；同时字体不整齐，行格歪斜，排列不齐，用墨不匀，不如雕版整齐美观。中国活字印本的特殊价值，主要是活字本数量不多，流传较少，物以稀为贵。

活字本未能成为中国印刷术主流，还有其他一些原因，其中最主要的是字汇繁杂。一套汉字活字，至少需要有6000—7000个不同单字才能印成书，而且每字均需要数印以至数十印，那么一套活字版至少要有10万至20万单字，如果字再分大小，则需达到40万—50万字。如此巨大的活字制作数量，自然减低了活字印书的优越性；而西文字母大写、小写加上数字、符号，大约几十枚不同的活字就可以印书，当然容易得到推广。中国现存最早的1000多枚木活字实物恰是回鹘文拼音字，也许正好能说明拼音字母更适合活字印刷。

其次，排检困难。汉字无论是按照声韵、部首、笔画、笔顺等来检索，都不如西文字母有固定的顺序那样易于检索，所以汉字的活字印刷过程中，大部分的人工和时间都用于检字、排摆、归字等过程，这样繁复的工作程序，大大降低了工作效率，便不如雕版简便。

第三，活字版面不易保存。活字版以独立的单字为单位，方便随时调整，使用灵活，这是它的最大优势；不过，从保存或固定的角度而言，这也正是它的弱点。整块雕刻的雕版可以随意存放，长期保存，随时取用。而活字排版完成之后，只有采用特殊保护措施才能避免排版的散乱，保证每个单字固定在原位。导致活字版往往仅限于一次性使用或短期使用，不便多次利用。

另外，活字印刷投资巨大。制作活字，再加槽板、夹条、字盘、字柜等设备，开始时需要有较大的投资，这也限制了活字印刷术的发展。雕版印刷术虽然费时较久,但成本较少,容易推广。所有这些,都限制了活字印刷术在中国的发展。

第六节　宋元经典著作

一、宋代四大书

《太平御览》是北宋初年的一部著名类书,由李昉、扈蒙、李穆、徐铉等十几位学者奉敕编纂。为编纂此书,专门成立了临时性的编书机构——太平御览书局,始于太平兴国二年(977)二月,终于太平兴国八年(983)十二月,历时6年零9个月。《太平御览》采以群书类集之,重新整理,分门别类,主要目的是纠正前代类书门目众多,编次混乱等问题。全书共1000卷,以天、地、人、事、物为序,分成55部550门,可谓包罗古今万象。初名《太平总类》,因宋太宗每日翻阅三卷,一年读完,故更名为《太平御览》。书中共引用古书1000多种,保存了大量宋以前的文献资料,其中十之七八已经亡佚,更使本书显得弥足珍贵。

《太平御览》编成之后,以抄本或刻本等不同形式广为流传,不少文人学士都有机会接触它,甚至远播高丽和日本。当时,出于文化保护的初衷,汇集了海量资料的巨著《太平御览》被宋王朝列为"禁书",不允许流出国门,但高丽和日本孜孜以求之,最终还是获得了少量几部。历经千年,北宋中央政府官刻的《太平御览》早已不存于世,现存最早的刻本是北宋末南宋初年的闽刻本,刊印质量不佳,藏日本静嘉堂文库,仅存345卷;另一宋刻本是南宋庆元五年(1199)

刊刻的蜀刻本，该本由成都府路转运判官兼提举学事蒲叔献主持刊刻，校勘精审，现藏日本宫内厅书陵部（"图书寮"），稍有残缺，抄补配齐；该蜀刻本另有一部残卷存于日本京都东福寺。明代的刻本有万历元年（1573）无锡倪炳刻本（因倪炳请无锡学者黄正色为该书作序，又称"黄正色本"），万历二年（1574）周堂铜活字印本，另有抄本若干部。

清乾隆四十五年（1780），清廷"四库全书馆"以明万历倪炳刻本作为底本，校以它本，将《太平御览》抄录入《四库全书》。四库馆臣推崇其在辑佚史料方面的作用，评价说："世所传宋以前书，可考见古籍佚文者，仅六七种，……其一即此书也。"

清代《太平御览》的刊刻有嘉庆九年至十四年（1804—1809）张海鹏从善堂刻本，和嘉庆十二年至十七年（1807—1812）鲍崇城刻本。张海鹏从善堂刻本印刷数量少，不久版片因战火遭到损坏。鲍崇城刻本影响较大，翻刻、影印者不绝。

《太平广记》是按类编纂的小说总集，北宋李昉、扈蒙、李穆等奉太宗之命编纂，始于太平兴国二年（977），次年完成。由太平御览书局编纂，是该书局的前期编纂成果，故名《太平广记》。

《太平广记》共500卷，收录了宋代以前近7000个故事，根据故事、传闻的不同内容，分成92个大类，汇集成一部规模空前的文言小说总集。内中充斥着道教的神仙、佛教的因果报应、妖魔鬼怪、人间奇闻等，其中最出色的作品有《李娃传》《霍小玉传》《柳毅》《长恨传》《非烟传》《莺莺传》等，这些小说达到了唐人小说的高峰。

《太平广记》取材宏富，实为资料之宝库。后人常常用其中的材料来考证史料、语言，同时它也是辑佚的渊薮，文字校勘的重要参考书。尤其重要的是，《太平广记》对后世小说产生了深远的影响。明清时期的小说"三言""二拍"，《西游记》《聊斋志异》《儒林外史》《隋唐演义》，以及宋元明清的戏曲，无不借鉴《太平广记》，从中取材。

从北宋开始，《太平广记》便在文人学者中有所流传，宋祁、苏轼、晁补之、唐慎微、阮阅等都曾提到过该书。《太平广记》的故事，也逐渐成为文人诗赋中的典故，甚至高丽使者朴寅亮对《太平广记》中的典故也非常熟悉，可见其影响已经远及朝鲜。宋代的《崇文总目》《郡斋读书志》《遂初堂书目》等公私目录都对《太平广记》有过著录，其中《遂初堂书目》著录的"京本太平广记"，应该就是东京汴梁书坊翻刻的版本。不过，宋代的原本，无论刻本抄本都早已不存，现在所见的《太平广记》版本，不下20种，最早的刻本是明嘉靖时期的谈恺刻本。谈恺刻本是后世诸本之源，《太平广记》开始广泛流传，正是始于该本。明代另有活字本，与谈恺刻本差别很小。万历年间著名的许自昌刻本源自谈恺本，又对谈恺本有所校补。清乾隆二十年（1755），黄晟据谈恺本刊刻了巾箱本（袖珍本），对谈本有所辑补，此本流传亦广。

明末冯梦龙在利用《太平广记》的同时，"厌其芜秽"，将其合并部类、删减篇目、删节文字，编成80卷的《太平广记钞》，对其中大部分篇目做了评点，共2000多条，对其篇目的出处有所改正或补充。《太平广记》至迟在南宋已经传入朝鲜，很受欢迎，因篇幅巨大不利于传播，朝鲜世祖时期的成任从中辑录了一个选本即《太平广记详节》五十卷，于世祖八年（1462，明英宗天顺六年）刊行，该本的底本是宋本，具有珍贵的校勘价值。

《文苑英华》是南朝梁末至五代间的文学总集。该书由文苑英华书局编纂，主持者为李昉等，参与者有扈蒙、吕蒙正、徐铉、宋白等20人。始于太平兴国七年（982），成书于雍熙三年（986）十二月。全书1000卷，分38类及其下若干门目，可视为《昭明文选》的续作。全书录2200位作家的约2万篇作品，以唐代作品为多。

《文苑英华》成书之时，雕版印刷初兴，韩、柳、元、白之文，尚未甚传，而此书于柳宗元、白居易、权德舆、李商隐等人的作品或全卷收入，令唐人诸集多趋散佚后，成为后人的赏鉴、辑佚、校勘、考订之依据。《文苑英华》所辑文献丰富，书中所收诏诰、书判、表疏诸篇，足以订载籍之是非，补史传之阙漏，自清代以来，治唐史者已多取材于此。此书可谓著作之渊海，史料之府库。

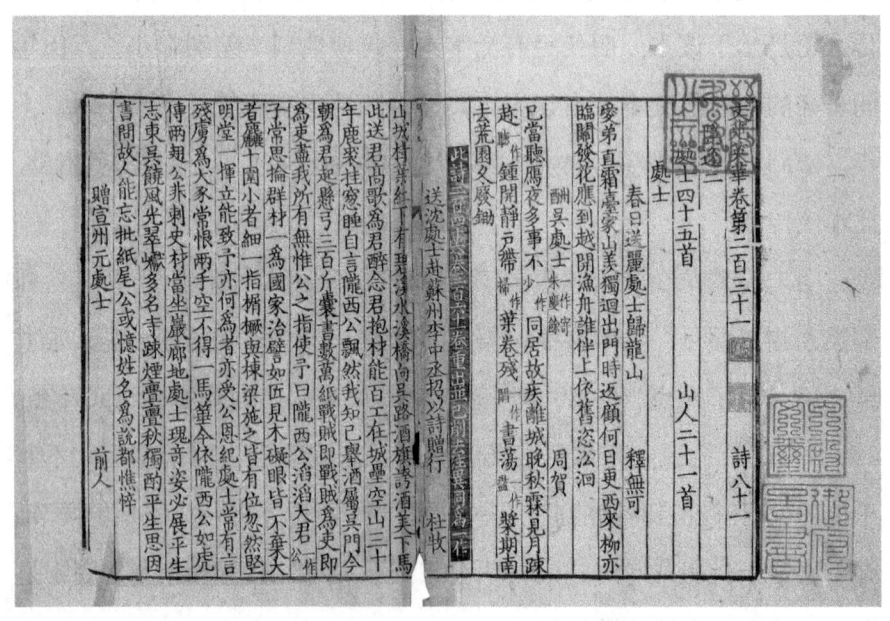

图5—25 宋嘉泰元年至四年（1201—1204）周必大刻本《文苑英华》

与大多数官修的鸿篇巨制一样,《文苑英华》存在着明显的缺点,如篇题讹误,分类混乱,文字错漏等问题,之后进行过几次校理,至南宋庆元年间,致仕丞相周必大在乡贡进士彭叔夏等士友的配合下,重新整理校对了《文苑英华》,并刊行于世。此宋刻本现存一百多卷。明清以后流传较广、影响较大的是明隆庆元年(1567)胡维新、戚继光福建刻本。

《册府元龟》是一部史学类书,系北宋王钦若、杨亿、孙奭等18人奉敕编修的历代君臣事迹。编撰工作始于宋真宗景德二年(1005),成书于大中祥符六年(1013)。

该书采撷经、史、诸子百家著作如《国语》《管子》《孟子》《韩非子》《淮南子》《晏子春秋》《吕氏春秋》《韩诗外传》等,以及历代

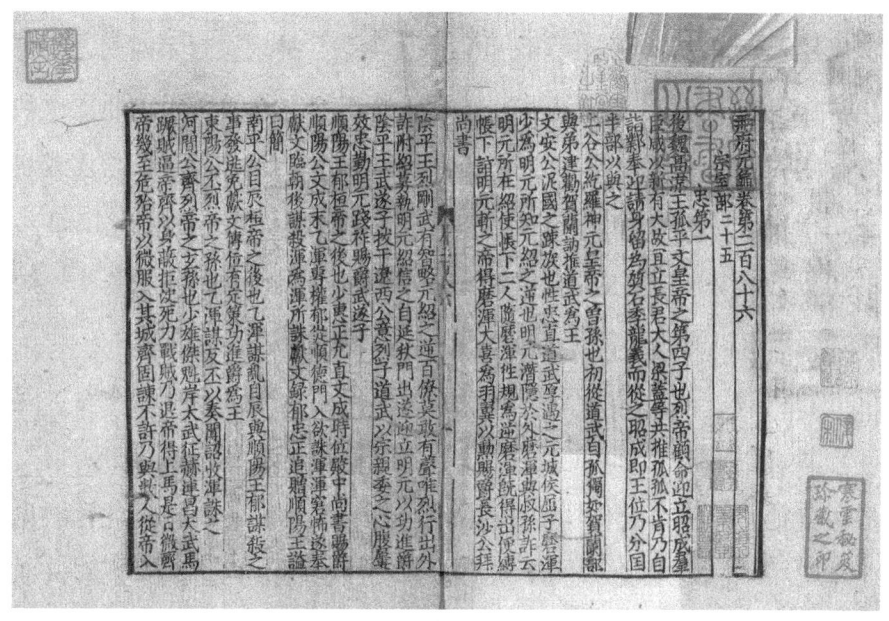

图 5—26 宋刻本《册府元龟》

类书、《修文殿御览》等分类编纂而成。全书1000卷，采用编年体和列传体相结合，分31部1104门，门有小序，述其指归。诏题《册府元龟》，"册府"是帝王藏书的地方，"元龟"是大龟，古代用以占卜国家大事。意即作为后世帝王治国理政的借鉴。

该书征引繁富，成为后世文人学士，运用典故，引据考证的一部重要参考资料。其中唐、五代史事部分，是《册府元龟》的精华所在，不少史料为该书所仅见，即使与正史重复者，亦有校勘价值。宋刻本现仅存几十卷。明代有崇祯十五年（1642）黄国琦刻本，该本于清康熙十一年（1672）又经黄九锡修版再印。另有多个明抄本存世。

二、司马光与《资治通鉴》

司马光（1019—1086），字君实，号迂叟，陕州夏县（今山西夏县）涑水乡人，世称涑水先生。历仕仁宗、英宗、神宗、哲宗四朝，北宋史学家、文学家。《资治通鉴》是司马光奉敕主编的编年体通史，共294卷，历时19年告成。它以时间为纲，事件为目，叙述了自周威烈王二十三年（前403）至五代后周世宗显德六年（959）共计1362年的历史。该书总结历史经验，供统治者借鉴。以历史的得失作为鉴诫来加强统治，所以定名为《资治通鉴》。（以下简称《通鉴》）

《通鉴》是全世界记载时间最长的编年史，1362年间的史事，逐年记载，且凡某一时间发生的重大事件，皆一一详细记载，细密周详，胜过其他史籍，在纪传体史书如《史记》《汉书》等，一事往往散见于本纪、列传、书志之中，而《通鉴》则加以综合，以呈现其整体；《通鉴》克服了史事割裂的缺陷，尽量在叙述一事时，兼叙其起讫；另外，

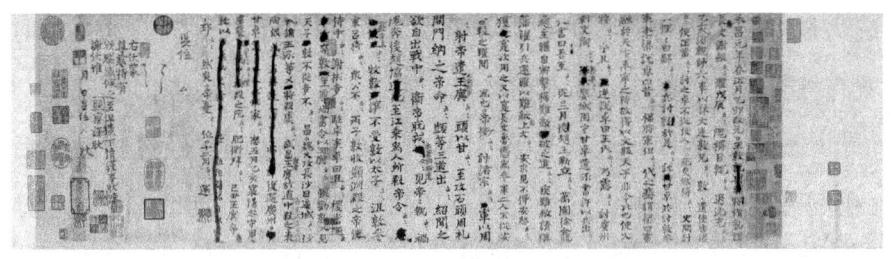

图 5—27 北宋司马光《资治通鉴》残稿

《通鉴》在叙述一千多年的重大历史事件的同时，兼顾了各个时代的典章制度，尤为难能可贵。

参加编写的有杰出的史学家刘攽、刘恕、范祖禹等，刘攽负责西汉至隋代的丛目、长编；刘恕负责五代的丛目、长编；范祖禹负责唐代的丛目、长编；最后由司马光总其成。各人分工明确，又有史官之才，故全书体例严谨、取材审慎、内容翔实、考订精确，在史学史上产生了极大影响。先组织编排材料成为长编，再完成全书的编纂方式，对后世的史书编纂工作产生了重大影响。

《通鉴》以其广博的取材，考证的精确，剪裁的细致，理想的文字润饰，达到了史学创作的又一个高峰。

《通鉴》问世后，产生了一大批与其相关的史学著作，对史书编纂工作起到了推动作用。如刘恕《通鉴外纪》、金履祥《资治通鉴前编》、李焘《续资治通鉴长编》、李心传《建炎以来系年要录》、袁枢《通鉴纪事本末》、朱熹《资治通鉴纲目》等。

《通鉴》成书后不久就有注释出现，南宋史炤作《资治通鉴释文》三十卷，在南宋很流行。不过，史炤释文的错误不少，到了宋末元初，胡三省著《通鉴释文辨误》十二卷、《资治通鉴音注》二百九十四卷，成为最有影响的《通鉴》注释，称为"胡注"。元代刊刻《通鉴》时就有将胡三省《音注》插入正文者，使二者成为一个整体。

《通鉴》成书于元丰七年（1084）。至元祐年间，经过校勘之后由国子监送杭州雕版，元祐七年（1092）雕成刊印。此北宋监本（亦称"杭本"）早已不存，现存最早的《通鉴》是南宋绍兴二年至三年（1132—1133）两浙东路茶盐司公使库刻本。此本之外，南宋还有其他的刻本，都是直接或间接地来源于两浙东路茶盐司公使库刻本。

元代《通鉴》版本主要有兴文署刻本与临海县刻本两种。明代南京国子监印本和清嘉庆胡克家刻本皆以临海县刻本作为祖本。

《通鉴》在明代有10余种版本。清嘉庆二十一年（1816），胡克家覆刻元临海刊胡三省注本，是现存胡注本中的佼佼者。清末有光绪十四年（1888）上海蜚英馆石印本。

三、唐宋八大家散文著作

"唐宋八大家"一词，最初是明朝人提出的。《四库全书总目》卷一百八十九明茅坤所编《唐宋八大家文钞》条云："考明初朱右已采录韩、柳、欧阳、曾、王、三苏之作为《八先生文集》，实远在坤前。然右书今不传，惟坤此集为世所传习。"《明史》卷二百八十七《文苑传》云："坤善古文，最心折唐顺之。顺之喜唐宋诸大家文，所著《文编》，唐宋人自韩、柳、欧、三苏、曾、王八家外，无所取，故坤选《八大家文钞》。其书盛行海内，乡里小生无不知茅鹿门者。"

明人选唐宋八家文章，是有见于唐代韩愈、柳宗元反对六朝文章的浮华，倡导古文运动；有见于宋代欧阳修、曾巩、王安石、苏洵、苏轼、苏辙六家，反对五代文章的腐恶，发动古文革新运动。八家倡导古文运动的成功，依靠他们古文创作和创作古文理论的成功，对后世的文学创作影响极大。明代的有识之士，希望通过倡导唐宋八大家的古文运动，来抵制明代文坛的浮华文风。

唐宋八大家都有自己的艺术风格，各有其独特的文学成就，在中国古代文学中形成"重镇"，其总体成就，可与十三经、二十四史、《资治通鉴》等共称传统文化的瑰宝。

韩愈、柳宗元的散文在宋代影响很大，有所谓"韩文如江，柳文如海"之称。韩柳的文集，宋代屡有刊刻，而且常常是二书并刊。如著名的廖氏世彩堂所刻《昌黎先生集》《河东先生集》，宋蜀刻本《新

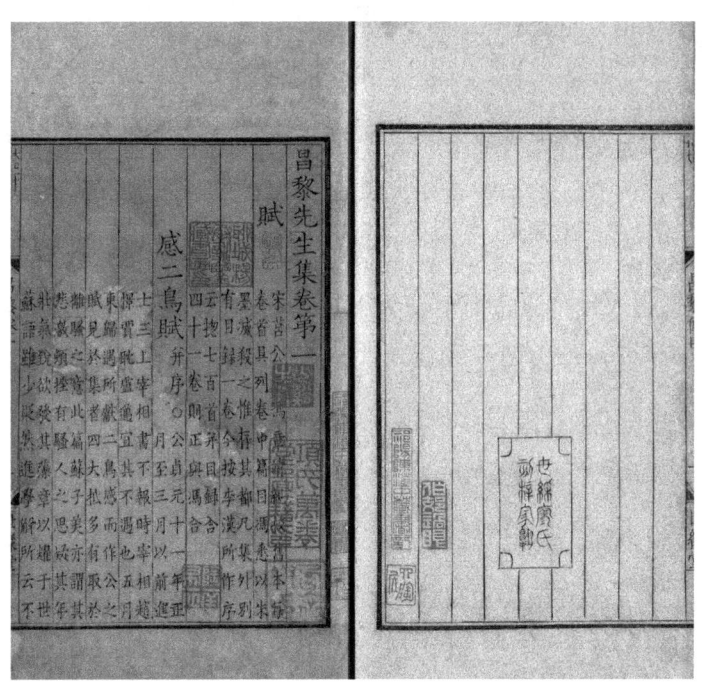

图5—28 宋咸淳廖莹中世彩堂刻本《昌黎先生集》

刊经进详注昌黎先生文》《新刊增广百家详补注唐柳先生文》等。宋六家的文章，也都有宋刻本存世。

韩愈（768—824），字退之，河南河阳（今河南孟州）人。郡望昌黎，世称"韩昌黎""昌黎先生"。韩愈是唐代古文运动的倡导者，被后人尊为"唐宋八大家"之首，与柳宗元并称"韩柳"，有"文章巨公"和"百代文宗"之名。宋苏洵《上欧阳内翰书》说："韩子之文，如长江大河，浑浩流转，鱼鼋蛟龙，万怪惶惑，而抑遏蔽掩，不使自露；而人望见其渊然之光，苍然之色，亦自畏避，不敢迫视。"苏轼《潮州韩文公庙碑》赞誉韩愈散文说："文起八代之衰，而道济天下之溺。"著有《昌黎先生集》等。

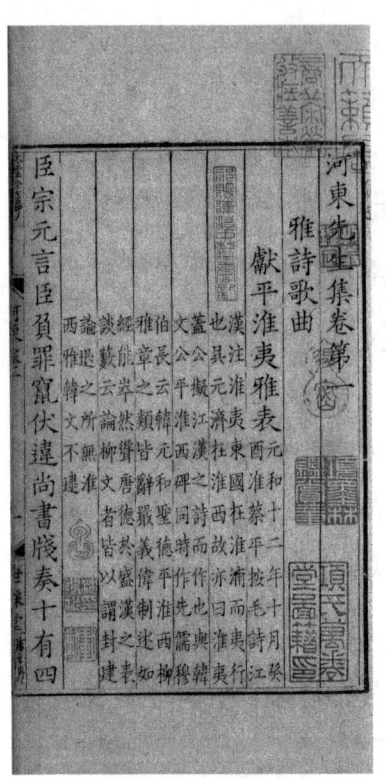

图5—29 宋咸淳廖莹中世彩堂刻本《河东先生集》

柳宗元（773—819），字子厚，河东（今山西运城永济一带）人，世称"河东先生"。因官终柳州刺史，又称"柳柳州"。柳宗元与韩愈并称为"韩柳"，与刘禹锡并称"刘柳"。柳宗元散文论说性强，笔锋犀利，讽刺辛辣。游记写景状物，多所寄托，有《河东先生集》。

欧阳修（1007—1072），字永叔，号醉翁，晚号六一居士，吉州永丰（今江西永丰）人。欧阳修是在宋代文学史上最早开创一代文风的文坛领袖。他的散文气势旺盛，具有平易自然、流畅婉转的艺术风格。曾主修《新唐书》，并独撰《新五代史》。有《欧阳文忠公集》传世。

曾巩（1019—1083），字子固，南丰（今江西南丰）人。《宋史》本传称："为文章，上下驰骋，一时工作文词者，鲜能过也。少与王安石游，安石声誉未振，巩导之于欧阳修，及安石得志，遂与之异。"著有《元丰类稿》。

王安石（1021—1086），字介甫，号半山，临川（今江西抚州市临川区）人。熙宁二年（1069），任参知政事，次年拜相，主持变法。王安石散文简洁峻切，短小精悍，论点鲜明，逻辑严密，有很强的说服力，充分发挥了古文的实际功用，有《临川先生文集》等存世。

苏洵（1009—1066），字明允，自号老泉，眉州眉山（今四川眉山）人。苏洵散文擅长政论，议论明畅，笔势雄健。著有《嘉祐集》二十卷。

苏轼（1037—1101），字子瞻，又字和仲，号东坡居士。眉州眉山人。苏轼是北宋中期的文坛领袖，在诗、词、散文、书、画等方面取得了很高的成就。其文纵横恣肆，豪放自如。有《东坡集》《东坡乐府》等传世。

苏辙（1039—1112），字子由，一字同叔，晚号颍滨遗老，眉州眉山人。苏辙与父亲苏洵、兄长苏轼齐名，合称"三苏"。其散文擅长政论和史论，苏轼称其散文"汪洋澹泊，有一唱三叹之声，而其秀杰之气终不可没"。有《栾城集》行世。

明代茅坤编《唐宋八大家文钞》是流传最广的唐宋八大家的文集，其重要版本除万历七年（1579）毛一桂刻一百四十四卷本外，还有崇祯四年（1631）毛著刻一百六十六卷本。此外，另有明末归有光辑《八大家文选》三十九卷本，清人姚培谦编《唐宋八家诗》五十二卷本等。

四、朱熹及其理学著作

朱熹是南宋哲学家、思想家、教育家,理学之集大成者,中国古代儒家的主要代表人物之一。

朱熹(1130—1200),字元晦,一字仲晦,号晦庵,又号晦翁、遯翁。祖籍歙州婺源(今江西婺源),曾寓居建州崇安(今福建武夷山市)和建阳(今福建南平市建阳区)。绍兴十八年(1148)进士,历官知江西南康军、提举江西常平茶盐公事、提举浙东常平茶盐公事、漳州知州、秘阁修撰、潭州知州兼湖南安抚使、焕章阁待制兼侍讲等职。朱熹生前在政治上并未取得较高的权位,但在社会上讲学授徒,著书立说,影响广泛。死后其学说和著作得到宋理宗赵昀的推崇,从此,朱熹的学说成为理学的正统,理学成为官方哲学。

宋代学者注重钻研儒家的义理,探讨所谓性理之学。北宋以来周敦颐、邵雍、张载、程颐、程颢等融合佛、道入儒学,改造传统的儒家思想,开创理学的先河。朱熹继承发展了上述诸人的理学思想,成为两宋理学的集大成者,后人一般将理学称为程朱理学。理学实际上是儒、释、道三家合流在更高层次上的发展,也称为"新儒学"或"宋学"。由于理学家们继承了韩愈的"道统论",故理学又被称为道学,那些著名的理学家被称为道学先生。

理学的发端是北宋的周敦颐,以后发展为两派:一派是北宋的周敦颐、程颐等,至南宋朱熹为集大成者,他们认为,"天理"是自然和人事命运的主宰,是客观唯心主义理学。另一派是北宋的邵雍、程颢等,由南宋的陆九渊总其成,他们主张"天理"就在人的心中,因此"宇宙即是吾心,吾心便是宇宙",属于主观唯心主义理学,又被称为"心学"。这两派都提出"存天理,灭人欲"的口号。

朱熹建立了一套比较完整的客观唯心主义理学体系——理是产生万物的本源,是自然和人类社会的主宰。他将永恒的理引申到封建道德范畴中,借以宣扬封建的"三纲五常"思想。"三纲五常"即君为臣纲,父为子纲,夫为妻纲,以及仁、义、理、智、信。朱熹将这些封建伦理说成是天理,是先天就有的,他强调"存天理,灭人欲",要求人们都必须遵守封建伦理纲常,听命于封建统治。

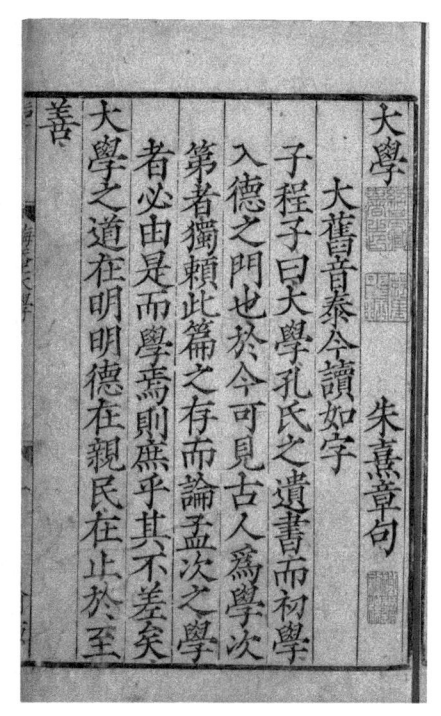

图5—30 宋淳祐十二年(1252)当涂郡斋刻本《四书章句集注》

朱熹运用这些理学思想去阐释儒家经典,他的一整套客观唯心主义思想体系,多半是通过对古代文献的解说表述出来的。他主张分析义理与训诂考证相结合;考辨群书,指伪纠谬;重视校勘,得失相兼。朱熹一生著述宏富,主要分两类:一是解说综录前辈道学家的著作,如《论语要义》(已佚)、《程氏遗书》、《论孟精义》、《资治通鉴纲目》、"八朝名臣言行录"、《太极图说解》、《伊洛渊源录》、《近思录》等,二是综合多家的基础上提出独立见解,如《四书章句集注》《诗集传》《周易本义》《易学启蒙》《孝经刊误》《小学》《楚辞集注》等。这些著作被后世封建统治者提到儒学正宗的地位。

宋代理学中，朱熹讲"存天理、灭人欲"，与佛教的禁欲主义相通，周敦颐说太极是从"无"产生的，与道家的"有生于无"的思想是吻合的，他的太极图正是从道教那里来的。佛教、道教宣扬的"行善"内容，又都与儒家的仁义、天命思想相合拍。儒、释、道三家的相互融合、渗透，在宋代已经发展到一个新高度。建于五代、宋的四川大足石窟，和其他一些寺庙里，就出现了佛、道、儒三家的教主释迦牟尼、老子、孔子造像同时供奉在一窟的现象，正是三教合流的形象表现。在中国人的文化心理上，此三家都是教人为善的，并不矛盾。

朱熹的理学思想，成为元明清三代的官方意识形态，对文化思想影响巨大。朱熹的学术思想在世界文化史上也有重要影响，朝鲜、日本、越南的朱子学，曾一度在历史上成为主导的意识形态。

理学一经构成，便对中国文化产生极为深刻的影响，理学所展开的伦理学主体性的本体论，将中国文化重伦理重道德的传统精神推到极致，引出极为复杂的文化效应。第一是礼学秩序重建。礼是中国文化中强劲的意识形态，它由初民的祭祖仪式发展而来，经过孔子、孟子、荀子以及董仲舒等哲学家的反复改铸，终至形成具备完整哲学体系与礼仪程序的礼治秩序，强有力地规范着人们的生活行为，心理情操以及是非善恶观念。然而，东汉末年以来，社会政治长期动荡不宁，南亚佛教的传入以及少数民族"胡"文化的大规模渗入，礼制秩序逐渐趋于式微，魏晋南北朝的反礼法思潮活跃一时，隋唐时期人们的礼法观念也颇为薄弱，这样的情形至理学推出以后才为之一变。

由理学家强化并重新推广的礼制秩序给中华民族带来深重的精神创伤，礼治秩序从根本上否定个体的独立价值；"存天理灭人欲"灭绝了个体快乐幸福与利益；对妇女的束缚推向极致，对中国妇女的文化心理造成长久的重压。

但是理学也给中华民族精神留下积极的成分，这就是道德自觉的理想人格的建树。宋明理学讲求"立志""修身""涵养德行、变化气质"以完成"内圣"人格。这种建树理想人格的理论与观念，对中华民族注重气节、注重道德、社会责任与历史使命的文化性格无疑产生了深远影响。张载"为天地立心，为生民立命，为往圣继绝学，为万世开太平"，文天祥"人生自古谁无死，留取丹心照汗青"，顾炎武在明清易代之际发出"天下兴亡，匹夫有责"，这些社会责任感、历史责任感以及道义责任感，闪烁着理想人格的灿烂光辉，侵润了宋明理学的精神价值与道德理想，成为中华民族精神文化的"脊梁"。

明永乐年间，胡广等奉敕编纂《四书大全》《五经大全》《性理大全》三部理学大典，其主要内容均来源朱熹及其弟子的《四书章句集注》《诗集传》《周易本义》《书集传》等著作，宣扬程朱理学思想，成为读书人的必读规范教材，科举考试也以程朱理学思想作为答题的准则。经过封建统治者的大力倡导，理学思想牢牢地占据统治地位。读书人只能用死板的八股文来重复一些迂腐的说教，"代圣贤立言"，不允许人们有自己的独立思考。理学已经僵化和教条化，成为愚昧人民、禁锢人们思想的工具，并逐渐走向没落。

长时间僵化的思想束缚，导致学术思想停滞不前，学术空气沉闷，这种局面引发了越来越多读书人的不满，终于促成了明代中后期阳明学派的崛起。阳明学派的创始人是明代中叶的王守仁，浙江余姚人，因在家乡阳明洞讲学，人称阳明先生，他以陆九渊的心学来反对朱熹的客观唯心主义理学思想,形成阳明学派,对明朝中后期的儒学思想产生较大影响。王阳明的名言"破山中贼易,破心中贼难"——消灭局部的人民武装反抗容易,而消灭人民心中的反封建思想才是最难的,说明在这一时期,封建制度已经出现根本性危机,封建社会进入没落阶段,摧垮封建纲常伦理的民主意识开始萌生。

明末清初,一批思想进步的知识分子开始批判理学的流弊,从思想、学术方面探求明朝灭亡的原因。代表人物是顾炎武、黄宗羲、王夫之等人。这些进步的思想家,在政治上坚持反满抗清,在读书人中影响较大。

顾炎武主张学习经书要有益于治国安邦。他重视音韵、训诂的研究和经史的考证,其《日知录》《天下郡国利病书》《音学五书》等重要著作,开创了清代考据学风的先河。

王夫之对儒学的批判涉及面广泛,在哲学上总结和发展了古代传统的唯物主义,对封建统治有力批判。因为隐居石船山,称为船山先生。有《船山先生》传世。

黄宗羲的民主思想最为鲜明。他认为臣不是为君而设的,臣应该为万民谋利益。他甚至大胆批判皇帝:"为天下之大害者,君而已矣。"他的这些思想直接冲击了"君为臣纲"的伦理,是对封建专制主义的有力批判。代表作是《明夷待访录》。

顾炎武等开明学者对宋明理学一派空谈和迂腐说教进行全面批判,他们大力倡导实用之学,使得学术领域中一种继承汉代古文经学,注重训诂考证的考据之学逐渐兴盛起来。当然,考据之学兴盛,也与清朝统治者加强文化专制统治,大兴文字狱,迫害知识分子有关。许多文人学者在治学中尽量回避政治，甚至将毕生精力用于对古书的辑佚、考证工作。这就是考据学在清代大盛的另外原因。这些学者从校订儒家经书扩展到史籍诸子，从考释典籍文字扩大到考究典章制度。其治学重在辑佚、校勘和考证音韵字义、名物训诂，学风比较朴实，所以又称为朴学。考据之学在清乾隆嘉庆时期最盛，后世称为乾嘉学派。一般来说，乾嘉学派分为以惠栋为首的吴派和以戴震为首的皖派。这方面著名的学者还有汪中、江永、梅文鼎、焦循、阮元、王念孙、王引之等等。

五、宋词

宋词以其高度的繁荣与唐诗并称。词是"曲子词"的简称，"以文写之则为词，以声度之则为曲"。词兼有文学与音乐两方面的特点，它所配合的音乐是燕乐——一种在宴会上演奏的音乐。词的起源可以上溯到隋代，到中唐以后迅速发展，其创作贯穿于唐、五代、宋、元、明、清。

词根据长短规模大致可分小令（58字以内）、中调（59—90字）和长调（91字以上），故别名"长短句"。一首词只有一段，称为单调；有的分两段，称双调；有的分三段或四段，称三叠

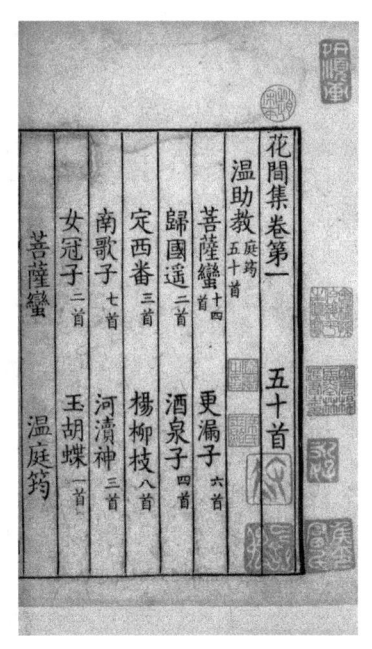

图5—31 宋绍兴十八年（1148）建康郡斋刻本《花间集》

或四叠。每首词都有一个调名,叫作"词牌名",依调填词称"依声"。词根据创作风格可分为婉约派和豪放派。

词源自民间,初期风格俚俗粗鄙,后经文人拟作、加工、提高,逐渐成为可以配乐演唱的一种诗体。北宋初期的柳永推出了盛极一时的文人俗词,这是一种高层文化向低层文化汲取营养以滋润自身的文化运动。宋词多以描写艳情为主,是第一个抒写艳思恋情的专门文体。苏轼作为文人抒情词传统的奠定者,"以诗为词",推动了宋词"雅化"进程。

宋词的繁荣是适应社会娱乐消费需求的产物。宋代城市的规模和城市中的手工业、商业活动迅速发展,市民活跃。唐代城市中互相隔

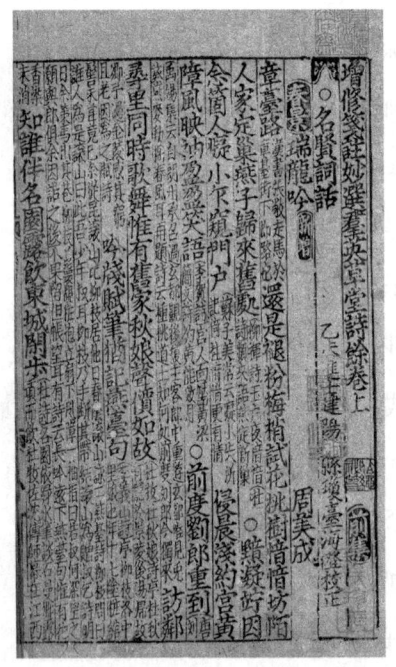

图5—32 明洪武二十五年(1392)遵正书堂刻本《增修笺注妙选群英草堂诗余》

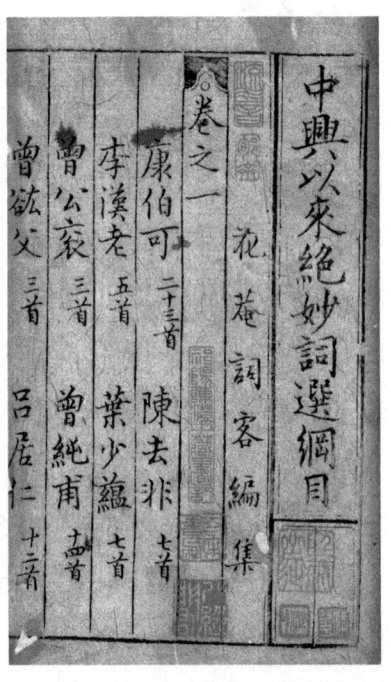

图5—33 宋淳祐九年(1249)刘诚甫刻本《中兴以来绝妙词选》

离的里坊，代之以便于交通和商业的街市，街市两边店铺鳞次栉比，其中不少是被称为秦楼楚馆、瓦舍勾栏的娱乐场所。词的演唱作为佐欢侑酒的娱乐手段，便是适应城市的娱乐需要而发展起来的。著名的词人有欧阳修、王安石、苏轼、黄庭坚、陆游、柳永、周邦彦、辛弃疾、姜夔、秦观、李清照等。经过宋代词人们300多年的不断探索，宋词发展到一个全新的高度，中国文学的感觉和表现更加细腻，中国文化也呈现出更加丰富多彩的面貌。

宋代是词创作的鼎盛时期。据不完全统计，宋代词人有1330多家，词作在19900首以上。

宋代前期，以晏殊、欧阳修为代表的词人，继承南唐"花间"雍容、侧艳之词风；而柳永等词人，则远绍敦煌民间词风，反映世俗生活。北宋中叶，苏轼开词体豪放一路新境。北宋后期，豪放、婉约词风并行。周邦彦词雅俗并举，乃婉约一派集其大成者。

宋室南渡，岳飞、张元干等人开启慷慨悲壮词风。南宋中后期，辛弃疾将豪放词的创作推向巅峰，与陆游、陈亮、刘过等形成辛派词人，后来的刘克庄、刘辰翁、文天祥等人则承续辛派。南宋末期姜夔、吴文英、史达祖、王沂孙、张炎等词人，追求法度严谨、绵丽细密的婉约词风，与辛派词风迥然不同，但亦能融家国身世之感于一炉。

苏轼（1037—1101），世称"苏东坡"，豪放派词人的主要代表之一。其文汪洋恣肆，明白畅达，其诗题材广泛，内容丰富，现存诗3900余首。代表作品有《水调歌头》《赤壁赋》《江城子·乙卯正月二十日夜记梦》。

辛弃疾（1140—1207），南宋词人。原字坦夫，改字幼安，别号稼

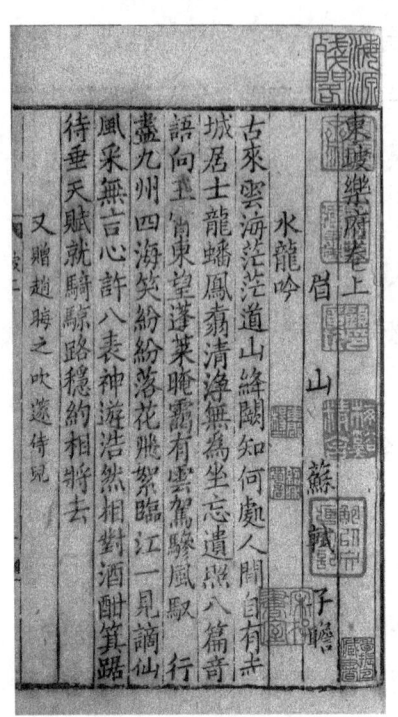 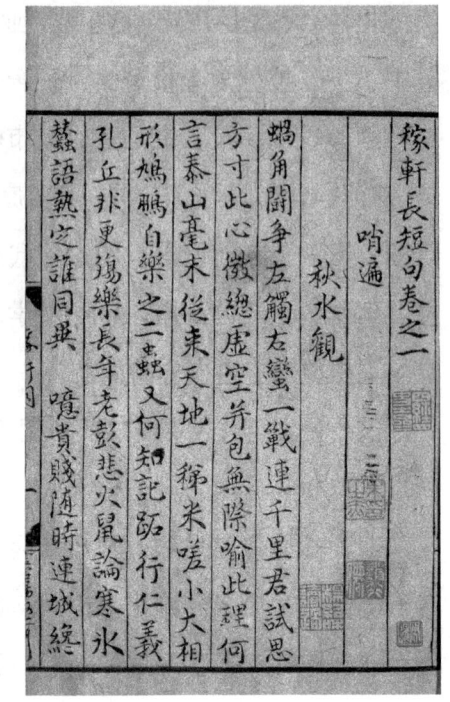

图5—34 元延祐七年（1320）叶辰南阜书堂刻本《东坡乐府》　　图5—35 元大德三年（1299）广信书院刻本《稼轩长短句》

轩，历城（今山东济南）人。历任湖北、江西、湖南、福建、浙东安抚使等职。一生力主抗金。曾上《美芹十论》与《九议》，条陈战守之策。其词抒写力图恢复国家统一的爱国热情，倾诉壮志难酬的悲愤，对当时执政者的屈辱求和颇多谴责；也有不少吟咏祖国河山的作品。题材广阔又善化用前人典故入词，风格沉雄豪迈又不乏细腻柔媚之处。

　　宋词的编纂结集，从宋代就开始了。北宋时期，词作为一种新兴的文体，还未被普遍认可，故北宋的词一般不收入文集，而是集外单行的，如晏殊《珠玉集》，苏轼《东坡词》等。南宋以后，随着词逐渐被正统文学接纳，词作一般都收入文集，同时另有不少专门的词别集，南宋陈振孙《直斋书录解题》卷二十一收录词别集 103 种，另有注本 3 种。

宋代还有词作总集，如长沙书坊的《百家词》、闽刻《琴趣外编》《典雅词》《六十家词》，其中大部分已经亡佚。宋人选词集，流传至今的有《梅苑》《乐府雅词》《草堂诗余》《唐宋以来绝妙词选》《中兴以来绝妙词选》《阳春白雪》《绝妙好词》《乐府补题》八种。

自元代始，宋词总集不断涌现。如元凤林书院辑《精选名儒草堂诗余》三卷，有元刻本存世。

明清时期的宋词选本不少，如明代吴讷《唐宋名贤百家词》、杨慎《词林万选》、明鳙溪逸史辑《汇选历代名贤词府全集》、陈耀文辑《花草粹编》。明末毛晋辑《宋名家词》九十卷收录宋词 61 家，有崇祯毛氏汲古阁刻本，这是宋以后大规模刊刻词集之始，也是流传最广的一部词集。

清代有朱彝尊、汪森辑《词综》三十卷、清沈辰垣、王奕清等辑《御选历代诗余》一百二十卷等。

宋词还收集于一些类书中，如《全芳备祖》《新编事文类聚翰墨大全》《永乐大典》等，通过类书得以保存和流传。

表 5-1　宋词名家及其代表作

姓名	作品集
柳　永（约 987—约 1053）	《乐章集》
晏　殊（991—1055）	《珠玉词》
欧阳修（1007—1072）	《欧阳文忠公全集》《六一诗话》《集古录》
晏几道（1030—1106）	《小山词》
苏　轼（1037—1101）	《东坡七集》《东坡乐府》

(续表)

姓名	作品集
秦　观（1049—1100）	《淮海集》
周邦彦（1056—1121）	《片玉集》
李清照（1084—约1151）	《易安居士文集》《易安词》《漱玉词》《漱玉集》
辛弃疾（1140—1207）	《稼轩长短句》

六、元曲

曲是韵文的一种，出现于南宋和金代，盛行于元代。人们一般将元曲作为元代杂剧、南戏、散曲的通称，根据元曲的文体形式，可以分为剧曲和散曲两类。

剧曲包括杂剧和南戏。杂剧又称北曲，是一种以曲词为主，带着宾白（对话、独白）和科介（动作）的舞台戏剧艺术，其结构一般分为"四折一楔子"（折即"幕"或"场"，楔子即剧前的序幕、开场或两折之间的过场）。在曲、白、科三部分中，曲最为重要，是杂剧的灵魂，故后人常常径直将元杂剧称为"元曲"。宋金时期，北方的金朝流行一种戏曲形式"院本"，元杂剧即是在金"院本"、诸宫调、宋杂剧和散曲的基础上发展而来的，最初盛行于山西、河北地区，其中心在大都（今北京），元灭南宋统一中国之后，随着北方政治、军事势力南下，杂剧南移，杭州逐渐成为元杂剧的另一个中心。

与杂剧并行的还有南戏（又称南曲）。南宋初年，浙江温州地区兴起一种民间戏曲，用南方方言演唱，称为"永嘉杂剧"，这种杂剧通常被称为"南戏"，以区别于北方的宋元杂剧，因其音乐均以"村坊小曲为之"，又称为"南曲"。元杂剧中心南移杭州以后，北曲与南戏交流融合，元代戏剧艺术发展日臻成熟。

杂剧兴盛于元，最重要的原因是女真和蒙古统治者对歌舞戏剧的喜好，促使北方都市聚集了大量艺人，伎艺演出的气氛十分浓厚。其次，元朝统治者将人分为蒙古、色目、汉人、南人四等，汉族知识分子的地位一落千丈，不能在政治上施展才智，他们中一部分人选择了戏剧的创作，将智慧和才能直接诉诸广大观众，在社会下层寻找知音，他们流连市井，亲近市民阶层，在勾栏瓦肆之中激发出创作情绪，产生了"书会才人"创作群。另外，蒙古统治者的文化辖制和思想禁锢十分苛严，但在包括杂剧在内的词曲这个领域，却相对比较宽松，杂剧作者得以比较自由地表达那个历史时代的悲愤、抗争与苦闷。在农村，戏剧在祠庙、戏台上演出。城乡演出的活跃，使叙事文学成为文坛创作主流。在这样的背景下，杂剧和南戏这两种戏剧形式便迅速兴起并臻于鼎盛。戏剧的演出以城市为中心向周围辐射，遍及北方和南方。

余秋雨在《中国戏剧文化史》中指出，元杂剧在精神上有两大主调：第一主调是倾吐整体性的郁闷和愤怒（如《窦娥冤》《包待制陈州粜米》），第二主调是讴歌非正统的美好追求（爱情婚姻剧，如《西厢记》《墙头马上》《拜月亭》）。

现存元代剧本名目，杂剧有530余种，南戏210多种，大部分已散佚，流传至今的有约160种，主要保存在元刊《古今杂剧》三十种、明臧懋循编《元曲选》、明脉望馆抄校本《古今杂剧》、《古名家杂剧》、《柳枝集》、《酹江集》和今人隋树森辑《元曲选外编》中。据元人钟嗣成《录鬼簿》所载，有姓名可考的剧作家近百人，著名者如关汉卿、白朴、马致远、王实甫等，他们以丰富的社会生活阅历、深厚的诗词写作素养，驾驭世俗喜闻乐见的体裁，上则朝廷政治之得失，下则家庭人情之厚薄，以至豪侠神道、商贾巫医、殊方异域等事，塑造了许多鲜明的人物形象，歌颂了受压迫者的反抗精神，展现出元代丰富多彩的社会生活和普通民众复杂微妙的精神世界。关汉卿代表作品《感天动地窦娥冤》，白朴代表作品《梧桐雨》、马致远代表作品《汉宫秋》、王实甫代表作品《崔莺莺待月西厢记》。

元杂剧《赵氏孤儿》是中国最早传至欧洲的戏曲作品。伏尔泰将其改编为五幕剧本，英国剧作家威廉赫察特改编为《中国孤儿》。有人赞之为"来自东方之神"。

散曲是相对于剧曲而言的，它不是戏剧的组成部分，较近于词，是作者自己抒情的文体。散曲又称为乐府、新乐府、今乐府或北乐府，其体式包括小令、套曲（套数）两类，小令为独曲、套曲为组曲。散曲题材多为叹世归隐之作，读书人在仕途阻断之后反思历史、感怀现实，寄情声色、逍遥山林，所以恋情、山水、咏史成为元散曲中重要主题。在元代，散曲与剧曲互为借鉴，相互影响，共同发展。

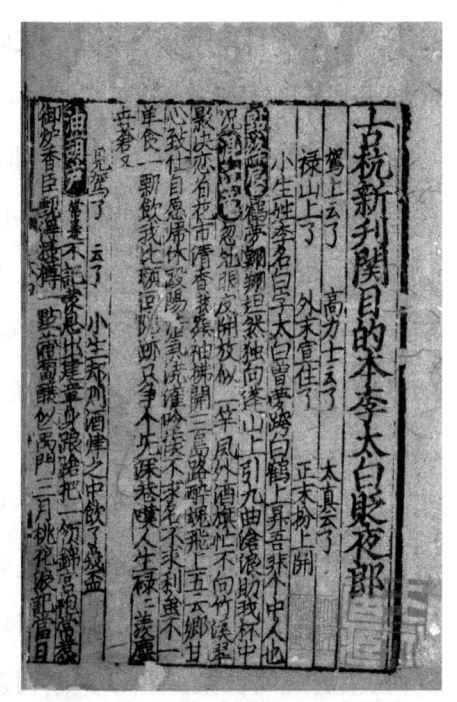

图5—36 元刻本《古今杂剧》

据今人隋树森编《全元散曲》，现有曲作存世的元散曲作家有200余人，著名的有元好问、关汉卿、白朴、马致远、张养浩、张可久、

图 5—37 明万历刻本《元曲选图·窦娥冤》

图 5—38 明万历刻本《元曲选图·赵氏孤儿》

乔吉等；现存元散曲小令3800余首，套曲400余篇。与唐诗、宋词相比，元散曲存世数量极少，其主要原因在于曲作家社会地位低，曲作难以结集流传；二是明代人多囿于夷夏之别，对元曲的整理收集工作较为轻视。

元代散曲的很多别集和总集都散佚了，保存下来的较少。现存的别集有张养浩《云庄张文忠公休居自适小乐府》（简称《云庄乐府》）、张可久《小山乐府》《张小山小令》、乔吉《梦符散曲》《乔梦符小令》。元人汇集的散曲总集流传至今的有杨朝英辑《乐府新编阳春白雪》（简称《阳春白雪》）和《朝野新声太平乐府》（简称《太平乐府》），佚名辑《梨园按试乐府新声》（简称《乐府新声》）和胡存善辑《类聚名贤乐府群玉》（简称《乐府群玉》）。

正如王国维所言："凡一代有一代之文学：楚之骚，汉之赋，六代之骈语，唐之诗，宋之词，元之曲，皆所谓一代之文学，而后世莫能继焉者也。"（《宋元戏曲史》自序）元曲的繁荣，标志着中国戏剧艺术的成熟，也掀开了中国文学崭新的一页。元曲在中国文学史上取得了和唐诗、宋词并称的崇高地位。

表5-2　元曲作家及其代表作

姓名	代表作品
关汉卿（约1220—1300）	《窦娥冤》《救风尘》《望江亭》《拜月亭》《鲁斋郎》《单刀会》《调风月》
白朴（1226—1306后）	《墙头马上》《梧桐雨》
马致远（约1250—约1321）	《汉宫秋》《青衫泪》
郑光祖（约1264—约1328）	《倩女离魂》
乔吉（1280—1345）	《扬州梦》《金钱记》《两世姻缘》

(续表)

姓名	代表作品
高明（约 1307—1359）	《琵琶记》
睢景臣（卒于 1330 年之前）	《高祖还乡》
纪君祥（？—？）	《赵氏孤儿》
王实甫（？—？）	《西厢记》
张养浩（1270—1329）	《水仙子·咏江南》
张可久（约 1280—约 1348）	《小山乐府》《张小山小令》《张小山北曲联乐府》
徐再思（1320 年前后在世）	《酸甜乐府》

第六章
印刷术的繁荣与明代典籍

　　明代的出版业承前启后，继往开来。其刻书数量之多，内容涉及之广，都远超宋元两代。书籍品种达到一两万种，内容涉及经典著作、诸子百家、医药百科、方志家谱、史书画谱、戏曲小说等，品类繁多，令人目眩。金属活字和彩色套印等新的技术广泛使用，印刷技术水平迈上新的高度。

　　明代中后期经济发展水平超过前代，促进了文化繁荣。城市发展，商品经济繁荣，社会风尚明显变化，市井文学发达，出现对宋明理学、专制政治的抨击、追求个性解放的启蒙思想、民主意识等。明末清初西学东渐，科学技术达到了新的高度。中国书籍的发展也在这一时期迎来新高潮。

第一节　明代出版业的繁荣

明朝建国之前，元末农民战争持续了十几年，地域遍及全国，江苏、浙江、四川等几个书籍出版的重要地区，都因战乱遭受到了巨大的破坏。今天所能见到的明初时期的刻本很少，显然与当时刻书业受到重创尚未恢复有关。

明初，太祖朱元璋十分注意书籍的保护与出版，将元杭州西湖书院保存的宋元书籍的版片，全都收归国子监。洪武元年（1368），明廷下令书籍、笔墨、田器不得征税。洪武二十三年（1390），朱元璋"命礼部遣使购天下遗书善本，令书坊刻行"。这些措施，对因遭战争破坏的刻书业的恢复及其之后的发展，起到了积极的推动作用。

经历了初期的萧条之后，刻书业在明代中叶开始全面复苏并得到很大发展。据陆容《菽园杂记》所载成化、弘治初年的情形：

> 国初书版，惟国子监有之，外郡县疑未有。观宋潜溪《送东阳马生序》可知矣。宣德、正统间，书籍印版尚未广。今各处书版日增月益，天下右文之象，愈隆于前已。

至正德、嘉靖、隆庆以后，不仅有大量的书籍出版，而且版刻技术得到进一步提高、发展，书籍出版日益兴隆，重新焕发了蓬勃向上的朝气。

明代出版业的昌盛主要反映在三个方面：

其一，刊刻出版的书籍数量、种类繁多，超过宋元各代的总和。

明代的刻书事业比前代更加发展和普及。明代中期以后手工业、商业迅速发展，社会结构、社会风气和学术风气都发生巨大变化，出现了一大批高产作家，如杨慎、胡应麟、王世贞、焦竑等；普通学者和读书人的创作数量也大大增加。中后期对书籍出版限制比较少，刻书的成本很低，书籍出版和销售得到极大发展。

明代刻书所用多是竹纸，产量大，价格便宜，容易满足一般百姓对生活类、通俗文学作品和科举考试用书廉价的要求。

根据清初黄虞稷《千顷堂书目》的记载，明人著述达15400余部，另据《明史·艺文志》《国史经籍志》等明代艺文志、经籍志统计，共著录明代书籍约2.9万余部，杨家骆统计"明代著作共有14024部、218029卷"（《中国古今著作名数之统计》，《新中华》复刊，1946年第4卷第7期）。而《宋史·艺文志》所著录宋嘉定以前历朝著作的总和仅9800部。虽然这些统计数字未必准确全面，但基本反映出明代出版著述的大致情况，足以说明明代的出版物数量已经远超宋元以前各代。

刻书的内容多种多样。传统的正经正史以及诸子著作，都曾反复刊刻，版本众多。官府刻书有政书、历朝实录、法令、一统志、地方志、历书、登科录。明代中后期，私家刻书和书坊刻书，大量科举考试用书及文人写诗作文所用之参考书，以及以小说戏曲为主的通俗文学兴盛，明末出现大批有识之士汇编的经世致用之书，如《皇明经世文编》等。西方传教士在中国的译著达200余种，包括宗教类、人文科学类和自然科学类，并带动产生了《天工开物》《徐霞客游记》等一批自然科技类著作。

成书于万历中期的史志目录《国史经籍志》将所收书籍分为制书、经、史、子、集五大类,其下又分50部类342个细目,充分反映了明代出版物品种繁多,形式多样。

值得注意的是,嘉靖以后,编纂、辑刻丛书蔚然成风,《说郛》《宝颜堂汇秘笈》《格致丛书》《顾氏文房小说》《津逮秘书》等诸多大型丛书编辑出版。丛书出版的繁荣,与市民文化发达、普通民众对书籍的需求增长有关,丛书中适合市民阶层的小说、戏曲、生活医学等方面用书所占比例很大;丛书出版也与明代商品经济发达密切相关,将同类的著作编纂在一起,一是方便读者购买收藏,二是可以降低出版和销售的单位成本,是书商的一种经营策略。从另一个角度说,丛书是私人藏书兴盛的产物,同时也推动了私人藏书的发展。

类书在明代的编纂出版十分活跃,除了满足文人写诗作文、引经据典和科举应试的类书之外,还有不少指导日常生活的日用类书。

有明一代还雕刻了《洪武南藏》《永乐北藏》《永乐南藏》《嘉兴藏》《道藏》《续道藏》等佛道大藏,都充分显示了当时出版业的巨大能力。至于医学用书《本草纲目》、科技书《天工开物》、家谱、《百家姓》、《千家诗》等生活书籍以及戏曲《牡丹亭》、小说《三国演义》《水浒传》《西游记》、"三言二拍"等各类通俗读物,更是多不胜数。

其二,书籍出版机构、出版人众多,刻书地域广泛。

明代刻书,以出版机构来说,官方从中央到地方,私营从私家到书坊,以及寺庙,都刊刻了大量书籍;以刻书地域论,遍布全国各地,而以江苏、浙江、福建等地为最多。

1. 官府刻书

明代中央官府刻书，一般称为内府刻书。内府刻书属司礼监掌管，由司礼监的附属机构经厂刻印。经厂颇具规模，嘉靖以后，司礼监经厂有1200多人从事出版印刷。经厂本特点是版框宽大、行格疏朗、字大如钱，每册都钤有"广运之宝"大印。经厂本纸墨选用上品，雕印择技术良工，阅览起来悦目醒神，缺点是校勘不精。经厂刻书约200种，其中卷帙较大的有《永乐北藏》《藏文大藏经》（《甘珠尔》）《道藏》《文献通考》《历代名臣奏议》《事文类聚》《大明会典》《资治通鉴纲目》《少微通鉴节要》《大学衍义》《历代通鉴纂要》《大明一统志》《性理大全》《雍熙乐府》《增定华夷译语》《四书大全》《大明集礼》《重刻证类本草》等。

除经厂本外，中央政府各部院、都察院等机构也都刻书，特别是礼部、兵部、工部，刻书较多。

国子监也是中央官府刻书的重要机构。南京国子监利用前朝国子监遗留的宋元两代的大量版片，以及元代各路儒学所刻书版，继续刷印。对于一些残缺不全、字迹漫患的旧版，进行修补或重刻。嘉靖以后对史书进行了较大规模的重刻，如重刻十七史。据《古今书刻》《南雍志》等不完全统计，南监刻书300余种，包括制书、经、史、子、集、类书、韵书、杂书等类。北京国子监刻书较南监少，且多就南监本翻刻，品质不如南监。据《古今书刻》《明太学经籍志》记载，北监刻书大约有100种，其中最主要的是万历十四年至二十一年（1586—1593）刻印的《十三经注疏》和万历二十四年至三十四年（1596—1606）刻印的《二十一史》。

地方官府刻书。明代的地方官刻，则有各省布政司、按察司、盐运司等所刻书籍。很多府县都刊刻本地方志。各地儒学、书院也间或刻印书籍。

明代的少数民族文字刻本主要有藏文《大藏经》。藏文《大藏经》分《甘珠尔》和《丹珠尔》两部分，是藏族传统文化的重要组成部分，堪称藏族百科全书，是藏学研究最重要、最基本的藏文古籍。藏文《大藏经》多次雕印，版本众多，印刷数量巨大。根据文献记载，早在元代皇庆二年至延祐七年（1313—1320），西藏那塘曾雕印藏文《大藏经》，称为那塘古版，不过学术界对此版的认识尚有分歧，也有认为是抄本的。

永乐年间刊刻的永乐版藏文《大藏经》是现存最早的一部藏文刻本《大藏经》，仅存《甘珠尔》部分。这是明成祖朱棣为过世的妃子追荐冥福，以藏文《蔡巴甘珠尔》写本为底本，于永乐八年（1410）在南京开刻，共108帙。明万历三十三年（1605）又续刻了《丹珠尔》。

藏文史学著作有《红史》《西藏王统记》《贤者喜宴》（又称《洛札教法史》）等。《红史》成书于元至正六年（1346），明嘉靖十七年

图6—1 明永乐版藏文《甘珠尔》

(1538)由班钦·索南查巴修改后,名为《新红史》,以抄本传世。

现存明代的回鹘式蒙古文文献有蒙汉合璧抄本《华夷译语·杂字》。

彝文文献,有抄成于嘉靖四十四年(1565)的现存最早的彝文经典《六部经书》。

2. 藩府刻书

明代采取分封同姓的制度,把王室子孙封到各地为王,形成辽藩、晋藩、秦藩、蜀藩、益藩、鲁藩、宁藩、潞藩、徽藩、衡藩、楚藩、唐藩、宁藩、郑藩、襄藩等诸多藩王。藩王宗室养尊处优,锦衣玉食,他们在政治上无所作为,其中一部分便投身于文化艺术或学术研究,产生了不少博学多才的学者,在经史、文学、戏曲、音乐、书画、医学、园艺等领域颇多建树,著名的如周王朱橚、朱睦㮮、宁王朱权、周宪王朱有燉、郑藩朱载堉等等。藩府藏书丰富,藩王们喜以刻书扬名,成为一种风气。藩府常常聘任

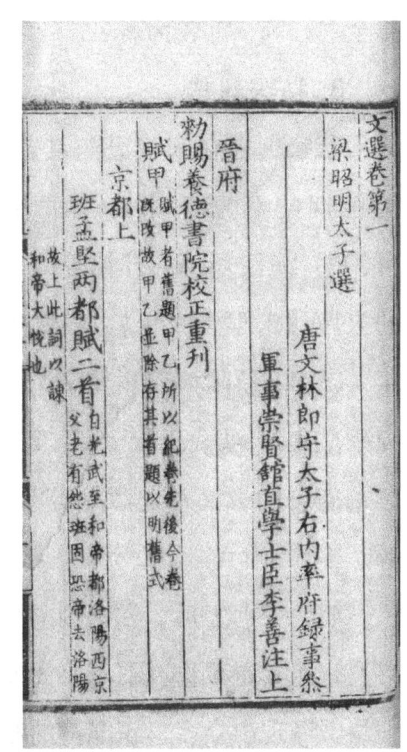

图6—2 明嘉靖四年(1525)晋藩刻本《文选》

学者担任秘书、教员等职,他们参与藩府编书,刊刻书籍时又能充任编辑校对。藩府财力雄厚,刻书大多纸墨精良,刻书数量多而品质上

乘，很有特点。根据张秀民统计，藩府刻书至少有430余部，其中如晋藩于嘉靖四年（1525）刻《文选》、嘉靖十六年（1537）刻元苏天爵《元文类》；秦藩于嘉靖十三年（1534）刻《史记》；徽藩崇古书院于嘉靖十四年（1535）影刻无锡华氏会通馆铜活字本《锦绣万花谷》，嘉靖三十年（1551）刻《词林摘艳》；蜀藩于嘉靖二十年（1541）刻《栾城集》；吉藩于万历六年（1578）刻《二十家子书》，万历间郑藩刻《乐律全书》等，都较为著名。

3. 私家刻书

私家刻书在宋代已非常普遍，明前期的私家刻书有洪武十年（1377）浦江郑济、郑洓等人刻印的宋濂《宋学士文粹》，洪武十七年（1384）新喻傅若川辑刻的《傅与砺文集》，洪武三十一年（1398）蔡伯庸刻的《高季迪赋姑苏杂咏》等。

明代中期之后，私家刻书日渐兴盛，尤其是正德、嘉靖年间发展很快，涌现出众多学识渊博的私人刻书家。很多私人刻书家往往又是著名藏书家，丰富的藏书为出版提供了书源。

明代私家刻书的兴盛，不仅表

图 6—3　明嘉靖四年至六年（1525—1527）王延喆刻本《史记》

现在整体数量的增加，更重要的是，出版品质精良的著名私人刻书家的数量也非常可观。江西丰城游明，天顺年间曾翻刻元代中统刻本《史记》《宋史全文续资治通鉴》；震泽王延喆，嘉靖六年（1527）刻《史记》；福建汪文盛，嘉靖二十八年（1549）刻《前汉书》《后汉书》以及《五代史记》等；余姚闻人诠，嘉靖十八年（1539）刻《旧唐书》；顾春世德堂，嘉靖十二年（1533）刻《六子书》，嘉靖十三年（1534）刻《王子年拾遗》；吴县郭云鹏宝善堂和济美堂，嘉靖二十二年（1543）刻《分类补注李太白诗》，嘉靖三十八年（1559）刻《曹子建集》《河东先生集》；徽州吴勉学师古斋，万历期间刻有《十三经》《四书集注》《资治通鉴》《古今医统正脉全书》《二十子全书》等。

4. 书坊刻书

书坊刻书在明代有了很大发展，达到前所未有的水平。

第一，市场广阔，需求多样，刻书坊数量增多。城市经济繁荣，市民阶层的文化需求日益增长；藏书成风，藏书家和私人藏书的数量都较前代有了大幅度提高，为书籍生产提供了广阔的市场。市场需求带来了刻书坊和刻书数量剧增，据张秀民《中国印刷史》研究统计，明代刻书坊不下千余家，刻书数量也随之增多。书坊刻书既有十三经、二十一史、诸子百家等"正经正史"，又涵括了科举考试备课的举业书、通俗文学、日用类书等。

第二，随着明代中后期社会生产和商品经济的发展，出现一批投资大，以生产高质量精品书籍著称的书坊，如无锡安氏，金陵唐氏，常熟毛氏，吴兴（今浙江湖州）凌氏、闵氏，徽州汪氏，建阳余氏等，使书坊刻书迈向一个新的发展高度。其中常熟毛氏汲古阁刻书，吴兴凌、闵家族所刻套印本书，金陵唐氏世德堂、富春堂戏曲，建阳余氏三台馆所刻通俗小说都非常著名。这些知名书坊，每家的刻书数量都达到百种以上，甚至几百种，影响极大。其他的书坊也非常重视产品质量，他们加强与文人合作，带来高质量的作品，如"三言"、"二拍"、《金瓶梅》的出版都是书坊与文人合作的产物；注意聘请技术高超的名工，如善雕版画的徽州刻工，四处受聘，保证了书坊刻书整体质量的提高。

第三，书坊之间的激烈竞争使得生产技术不断创新和提高，主要表现在活字印刷、版画和彩色套印的使用。一些书坊如无锡安国、建阳游氏、饶氏，探索性地使用木活字和铜活字印书以谋求自身发展。为吸引读者增加销量，往往在书中配以插图，尤其是万历以后，版画插图特为盛行，几乎无书不图，刺激了版画艺术不断发展，成为一门真正的艺术，形式多样，并出现不同流派；彩色套印中的饾版、拱花等新技术开始运用。

第四，更加重视市场销售。注重广告效应，广告形式多样，字数多，说明更细致，更富有鼓动性；为占领市场在外地开设分号，扩大生产和销售。产供销逐渐分离，书坊经营不断发展和成熟。

明代书坊广告，可以北京金台汪谅为例。嘉靖元年（1522）刻印《文选》，该书目录后附刻鬻书广告、刻书牌记："金台书铺汪谅，现居正阳门内西第一巡更铺对门。今将所刻古书目录列于左，及家藏古今书籍，不能悉载，愿市者览焉"。广告所列目录如下：

翻刻司马迁《正义注解史记》一部。

翻刻梁昭明解注《文选》一部。

翻刻黄鹤解注《杜诗》一部。

翻刻千家注《苏诗》一部。

翻刻解注《唐音》一部。

翻刻《玉机微义》一部。

翻刻《五经直解》一部，刘寅进士注。

以上俱宋元版。

重刻《名贤丛话诗林广记》一部。

重刻《韩诗外传》一部，十卷（韩婴集）。

重刻《潜夫论》，汉王符撰，一部。

重刻《太古遗音大全》一部。

重刻《臞仙神奇秘谱》一部。

重刻《诗对押韵》一部。

重刻《孝经注疏》一册。

以上俱古版。

目录末题："嘉靖元年十二月望日金台汪谅古板校正新刊。"

由此目录可见金台汪谅刻书数量之多。

明代刻书坊主要集中在福建建阳、金陵（今南京）、杭州、北京等地区。仅金陵一地，书坊即多至百余家。以下根据地域分述之：

（1）福建建阳

建阳著名书坊如翠岩精舍、尊德书堂、敬善书堂、清江书堂、进德书堂、自新斋、三台馆等。万历以后，建阳书坊刻印小说、故事，百科大全等民间读物极多。著名的出版物有：万历年间双峰堂余文台刻印《新刊京本编集二十四帝通俗演义》、书林熊大木编刻《全汉志传》《大宋中兴英烈传》等。

(2) 金陵

金陵著名的书坊很多，如唐姓的富春堂、广庆堂、世德堂、文林阁；周姓的万卷楼、大业堂；陈氏的继志斋等。富春堂主人唐对溪，刻书极多，如万历元年（1573）刻《新刻出像增补搜神记》；万历五年（1577）刻《校梓注释圈证蔡伯喈》《新

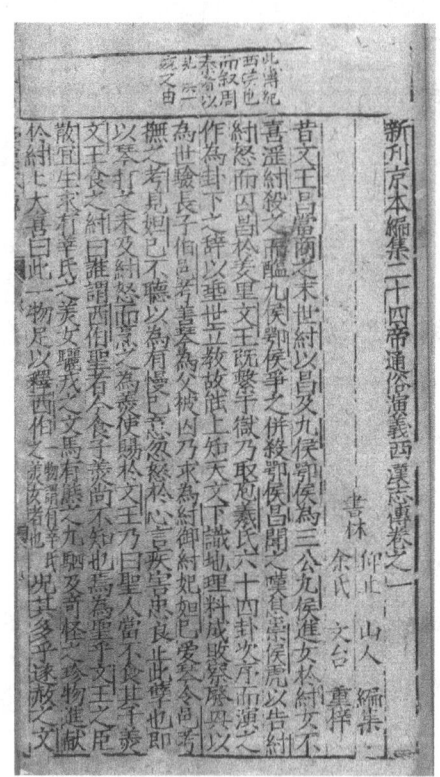

图6—4 明书林双峰堂余文台刻本《新刊京本编集二十四帝通俗演义》

刻出像音注点板徐孝克孝义祝发记》《新刻出像音注司马相如琴心记》，卷端下题：金陵书坊富春堂梓；万历十五年（1587）刻《新镌增补全像评林古今列女传》《新刻出像音注范雎绨袍记》等。

唐氏世德堂刻过《新刊重订出相附释校注拜月亭记》、明高濂撰《锲重订出像注释节孝记》、明吴世美撰《新锲重订出像附释标注惊鸿记题评》、明沈采撰《新刊重订出相附释标注裴度香山还带记》、明汤显祖撰《新锲出像注释李十郎霍小玉紫萧记》《新刊出像补订参采史鉴南宋通俗演义题评》等等。

万历年间金陵著名书坊还有陈氏继志斋,刻印有元马致远撰《新镌半夜雷轰荐福碑杂剧》,明高明撰《重校琵琶记》,明高明撰《重校玉簪记》《重校韩夫人题红记》。

大业堂刻有《新刊出像补订参采史鉴唐书志传通俗演义题评》,万历二十一年(1593)刻《新镌翰林考证历朝故事统宗》,每卷首有冠图一幅。

(3) 杭州

杭州曾是南宋中央政府所在地,全国政治经济文化中心,刻

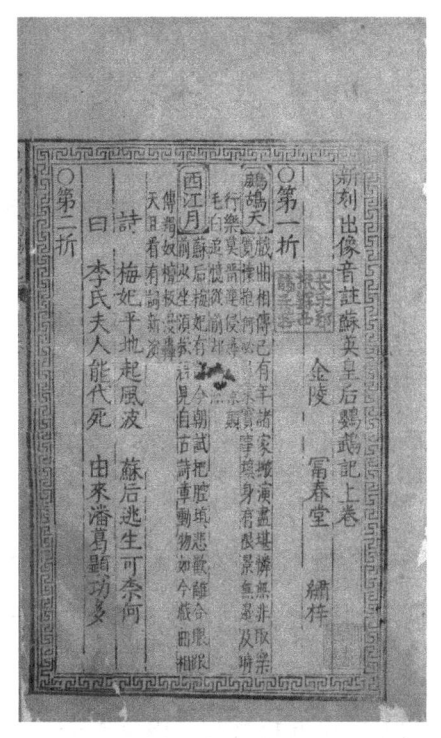

图6—5 明富春堂刻本《新刻出像音注苏英皇后鹦鹉记》

书事业十分发达。刻书多而精良,技艺上乘。明代杭州可考的书坊有容与堂、文会堂、更生斋、冯念祖卧龙山房、段景亭读书坊、徐象檀曼山馆等,其中最著名的是容与堂,其刻书有《李卓吾先生批评幽闺记》《李卓吾先生批评琵琶记》《李卓吾先生批评红拂记》《李卓吾先生评忠义水浒传》《李卓吾先生批评玉合记》《李卓吾先生批评北西厢记》等戏曲小说的评点本。

(4) 北京

北京自明永乐建立都城之后,刻书事业迅速发展起来,坊间刻书也非常活跃。特别是在正阳门、宣武门琉璃厂一带地区,书铺林立。

其中比较著名的书坊有永顺书堂、岳家书坊、金台汪谅、铁匠胡同的叶氏书铺等。岳家书坊于弘治十一年（1480）刻印《奇妙全相注释西厢记》。

书坊刻书中影响最大的是明末常熟的毛氏汲古阁。汲古阁是毛晋及其儿子毛扆的刻书坊。毛晋（1599—1659），字子晋，原名凤苞，虞山人。刻书室名有汲古阁、绿君亭等。自明末到清初40多年间，刻书多达600余种。其中著名的有《续补高僧传》《剑南诗稿》《神农本草经注疏》《三家宫词》《极玄集》等，包括宗教、医学、诗文集等各种门类。汲古阁于崇祯三年（1630）刻《津逮秘书》，崇祯七年（1634）刻《确庵文集》，崇祯十一年（1638）刻《元人十种诗》，以及自崇祯元年到十七年（1628—1644）刻成两部丛书《十三经注疏》和《十七史》。此外，还刻有《文选李注》《六十种曲》《汉魏六朝百三名家集》等大型丛书和名著，影响极大。

毛晋家中拥有藏书8.4万多册，他力求以宋版为底本，不惜重金征访；注重校勘，除了自己亲自校勘，还延请名士参与，以保证质量。汲古阁的书价格低，质量好，行销全国，"毛氏之书走天下""至滇南官长万里遭币以购毛氏书，一时载籍之盛，近古未有也"（钱谦益《隐湖毛君墓志铭》，《牧斋有学集》卷三十一）。汲古阁书数量多，不仅当时遍及全国，而且流传时间长，到清光绪年间，京师、湖南等地的书坊还比比皆是。

毛晋是读书人，刻书重视品位和质量，故有学者将汲古阁刻书归入"私家刻书"的范畴。对于一些藏书家或学者经营的书坊，有时确实很难严格划分私家刻书与书坊刻书的界线。

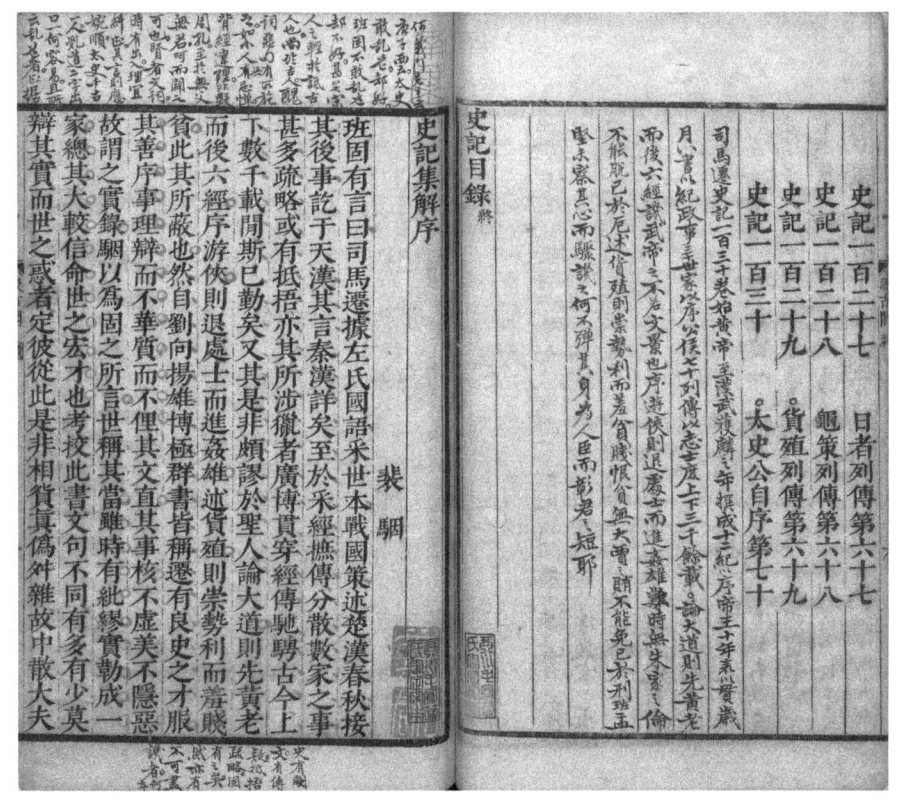

图6—6 明崇祯毛氏汲古阁刻本《十七史》

刻书地域。据张秀民《中国印刷史》，明代刻书地域极广，两京十三省无不刻书。各地刻书极多，重点地区有金陵、北京、杭州、吴兴、苏州、徽州和建宁。

胡应麟对明代各地的刻书质量曾有比较："余所见当今刻本，苏（州）、常（熟）为上，金陵（南京）次之，杭（州）又次之，今湖（州）刻、歙（州）刻骤精，遂与苏、常争价。蜀本行世甚寡，闽本最下。"又说："凡刻之地有三：吴也、越也、闽也。蜀本，宋最称善，近世甚稀。

燕粤秦楚，今皆有刻，类自可观而不若三方之盛。其精，吴为最；其多，闽为最；越皆次之。其值重，吴为最；其值轻，闽为最；越皆次之。"（《少室山房笔丛·甲部·经籍会通四》）

谢肇淛说："今杭刻不足称矣，金陵、新安、吴兴三地剞劂之精者，不下宋板。楚蜀之刻，皆寻常耳。闽建阳有书坊，出书最多而板纸俱最滥恶，盖徒为射利计，非以传世也。大凡书刻急于射利者，必不能精，盖不能捐重价故耳。近来吴兴、金陵骎骎蹈此病矣。"（《五杂俎》卷十三《事部一》）

通过胡、谢二人的评论可以看出，相较于宋元时期，明代的刻书中心已经发生变化：四川、平水印刷事业衰落，而建阳、苏州、杭州仍然称盛；明代中叶后，杭州转微而吴兴（今浙江湖州）代之而起；无锡、南京相继成为刻书中心；歙县后来居上，北京仍是北方刻书的重地。全国刻书业已逐渐集中到江苏、浙江、福建三地，而以江苏为首了。

其三，版刻印刷的技艺有了长足的进步

经过宋元两代的探索发展，版刻印刷工艺在明代开始走向定型化，主要表现在两个方面：一是版刻字体固定为宋体字。宋元的雕版书写体或颜体，或柳体、欧体、赵体，非常具有艺术魅力，但需要很多出众的书手，写版、雕版的难度都很大。明代中期（隆庆）以后逐渐定型为宋体字，横平竖直、四角崭方、匠气十足，艺术性大大降低，但非常规范化，便于学习，便于书写、运刀，普通工匠也容易掌握，大大减小刻版难度，提高效率。二是装帧形式确定为更为实用的线装。中国古籍在经历了卷轴装、经折装、梵夹装、蝴蝶装、包背装之后，到明代中期固定为线装。这种简单实用的装帧形式使大量生产制作书籍得到有力保障。

明中期，特别是万历以后，印刷技术也有了极为重要的发展。首先是活字印本的数量较宋元增加，铜活字印书以弘治年间无锡华氏会通馆、兰雪堂和嘉靖年间无锡安氏桂坡馆为最著名。其次是彩色套印技术和版画的广泛使用，书中大量增插精美的版画，使传统的雕版印刷技术达到了最为辉煌的顶峰。书籍出版也进入了一个新的历史阶段。

明代刻书在嘉靖万历时期达到极盛，刻书印书普及程度非常广，嘉靖时期著名学者唐顺之曾感慨说："数十年来读书人能中一榜，必有一部刻稿；屠沽小儿没身衣饱暖，殁时必有一篇墓志。此等板籍幸不久即灭，假使尽存，则虽以大地为架子，亦贮不下。"又说"近时之稿板，以祖龙手段施之，则南山柴炭必贱。"（清蔡澄《鸡窗丛话》）如此普及程度是宋元时期无法想象的。

第二节　活字印刷术的发扬

明代活字印刷术较宋元时期有了进一步发展。活字印刷的书籍数量增加，据学者研究，明代活字本大概有200种左右；其次，活字种类更加丰富，铜活字普遍使用。目前存世的明代活字本有木活字印本和铜活字印本两类，其中木活字100多种，铜活字六七十种。宋元时期有关金属活字的记载仅有只言片语，含混不清，无法证明是否使用过金属活字。而明代大量铜活字印本的传世，说明金属活字在当时的使用已经颇具规模。

除了数量和种类的增加，明代活字印刷术的发展还表现在以下两个方面。一是使用地域比较广泛，覆盖了江苏、浙江、福建、成都、江西、云南、广东等地，而主要集中在江苏的无锡、常州、苏州，以及福建；二是从出版机构的性质来看，藩府、书院、私家、书坊等都有活字印本，如益藩《辨惑编》，东湖书院《续古文会编》，贾咏《庄子鬳斋口义》、念初堂《函史》、福建书坊詹佛美《招摇池馆集》等。

明万历年间徐兆稷活字印本《世庙识余录》，书前附有识语曰：

是书成，凡十余年，以贫不任梓，仅假活板印得百部，聊备家藏，不敢以行世也。活板亦颇费手，不可为继，观者谅之。

由此可见，活字印书并非易事，少量印刷省时、省力、省钱，印数多了，困难会相应加大。这恐怕也是存世活字本数量不多的原因之一吧。

与雕版印刷书籍的数量相比，活字本的数量较少，存世量更少，影响了对活字印刷历史的深入研究。

一、木活字

明代活字印本中，以木活字最多。木材常见易得，制作工艺接近雕版，容易推行。胡应麟云："今世欲急于印行者有活字，然自宋已兆端。……今无以药泥为之者，唯用木称活字云。"（《少室山房笔丛·甲部·经籍会通四》）清人魏崧也说："活板始于宋……明则用木刻。"（《壹是纪始》卷九）由此可见，明代的木活字印刷十分普及。

明代木活字印刷多集中在万历之后。据张秀民《中国印刷史》统计，"明朝木活字本有书名可考者约一百余种，多为万历印本，弘治以前的极少见。其有地名可考者，除上述成都、建阳、南京等处外，又有江苏、浙江、福建、江西、云南等地"。

现存最早的明代木活字本是弘治年间碧云馆印制的《鹖冠子》，此本版心下方分别题"活字版""弘治年""碧云馆"等字样。此本在清代曾为扬州马氏小玲珑山馆旧藏，乾隆年间修《四库全书》时，

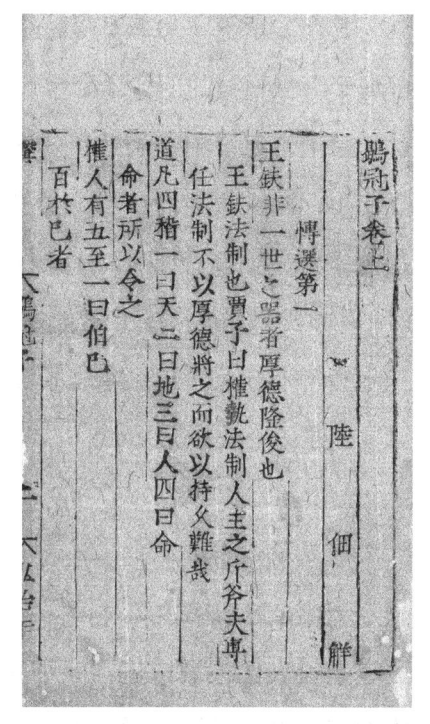

图6—7 明弘治碧云馆活字印本《鹖冠子》

马裕进献内府，即四库采进本，其书衣钤"乾隆三十八年四月两淮盐政李质颖送到马裕家藏鹖冠子壹部计书一本"朱文长方印，卷首钤"翰林院印"满汉朱文大方印。扉页有清高宗弘历乾隆三十八年（1773）题诗云：

> 铁器原归厚德将，杂刑匪独老和黄。朱评陆注因同显，柳谤韩誉两不妨。完帙幸存书著楚，失篇却胜代称唐。帝常师处王友处，戒合书绅识弗忘。乾隆癸巳季夏中澣御笔。

其余如正德《韦奄奏疏》、嘉靖《读易备忘》、嘉靖《犹贤集》等，都属于存世稍早的明代木活字印本。

家谱、宗谱中相同的字较多，用活字排印则相同的字可以多次重复使用，减少刻字的数量，经济实惠。明末南方出现大量用木活字印制的宗谱，如隆庆五年（1571）《曾氏宗谱》，万历三十四年（1606）《沙南方氏宗谱》，万历三十八年（1610）《喻氏统会大宗谱》，万历三十九年（1611）《遂邑纯峰张氏宗谱》，崇祯八年（1635）《方氏宗谱》，又有《东阳卢氏家乘》《袁氏宗谱》等。

二、金属活字

明代金属活字主要是铜活字，以弘治至嘉靖年间无锡华氏会通馆、兰雪堂和安氏桂坡馆铜活字印刷最具代表性。华氏铜活字时间稍早，主要集中在弘治、正德年间，安国桂坡馆活字印书约始于正德七年（1512），另外一个有纪年的书《吴中水利通志》标明"嘉靖甲申安国活字铜板刊行"，嘉靖甲申，即嘉靖三年（1524）。

华氏三代从事铜活字印书。华燧、华珵会通馆印了《会通馆印正宋诸臣奏议》《渭南文集》等20余种书，在明代铜活字印本中数量最多，时间又早，是中国最早的一批铜活字印本。其中弘治十三年（1500）以前印的《会通馆印正宋诸臣奏议》、《锦绣万花谷》、《容斋五笔》、《百川学海》、《会通馆集九经韵览》、《会通馆印正文苑英华纂要》、《音释春秋》、《会通馆印正辑补古今合璧事类》等8种，相当于欧洲的摇篮本，尤可宝贵。华燧（1439—1513），"会通公燧，字文辉，少于经史多涉猎，中岁好校阅异同，辄为辨证，手录成帙。……

既乃范铜板锡字，凡奇书难得者，悉订正以行。曰吾能会而通制矣，名其读书堂曰会通馆。”（华渚《勾吴华氏本书·华燧传》）华燧的叔伯华珵是官僚大地主，辟田千顷，收藏书画古董，又精于鉴赏。他的《渭南文集》印于弘治十五年（1502），比华燧的稍晚。华坚兰雪堂印《白氏长庆集》《春秋繁露》等10种书。

安国（1481—1534），字民泰，以布衣经商起家，是无锡三大富豪之一，当时有民谣说“安国、邹望、华麟祥，日日金银用斗量”，三家之中又以安国为首，富可敌国，称“安百万”。他喜欢购买古书名画，“铸活字铜板，印诸秘书，以广其传”（《胶山安黄氏宗谱》）。安国居无锡胶山，种桂花二里余，因自号“桂坡”。桂坡馆所刊铜活字书有《东光县志》《吴中水利通志》等。

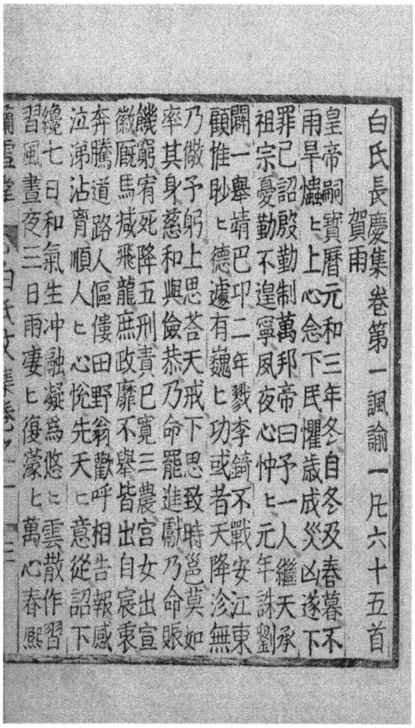
白氏長慶集卷第一諷諭一凡六十五首
賀雨
皇帝嗣寶曆元和三年冬自冬及春暮不
雨旱爞々上心念下民懼歲成災凶遂下
罪己詔殷勤制萬邦帝曰予一人繼天承
祖宗憂勤不遑寧夙夜心忡々元年誅劉
闢一舉靖巴邛二年戮李錡不戰安江東
顧惟眇々德遽有巍々功或者天降沴無
乃儆予躬上思荅天戒下思致時邕莫如
率其身慈和與儉恭乃命罷進獻乃命賑
饑窮宥死降五刑責己寬三農宮女出宣
徽廄馬減飛龍庶政靡不舉皆出自宸衷
奔騰道路人傴僂田野翁歡呼相告報感
泣涕沾胸順人々心悅先天々意從詔下
纔七日和氣生沖融凝為悠々雲散作習
習風晝夜三日雨淒々復濛々萬心春熙
蘭雪堂　白氏文集卷之一

图6—8 明正德八年（1513）华坚兰雪堂铜活字印本《白氏长庆集》

除以无锡为中心的江南地区外，铜活字在福建也运用得较多。嘉靖三十一年（1552）芝城铜活字蓝印本《墨子》颇负盛名，该书经清代著名藏书家黄丕烈、杨氏海源阁递藏，黄丕烈校并跋，今藏国家图书馆。同时期的芝城铜活字本还有嘉靖三十年（1551）印制的《通书类聚尅择大全》。芝城是建宁府的别称，即今福建建瓯市。

隆庆、万历年间，福建建阳的游廷桂、饶世仁用铜活字印制了宋代的大书《太平御览》1000卷；差不多同时，建阳游榕也用铜活字印制了《太平广记》500卷，字体与《太平御览》完全相同，很可能两部书出自同一套活字。游榕还用这套活版印制了徐师曾所著《文体明辩》。

明代铜活字印本可考者60余种，其中《百川学海》《艺文类聚》《太平御览》《太平广记》《记纂渊海》《锦绣万花谷》《会通馆印正宋诸臣奏议》等都是大书。后世藏家视明铜活字印本若宋元珍版，清黄丕烈跋铜活字本《开元天宝遗事》云："古书自宋、元板刻而外，其最可信者莫如铜板活字，盖所据皆旧本，刻亦在先也。"

这些铜活字本是否真的以铜质活字所印，学术界尚有争议，不少学者认为是以铜为版，实为锡质活字所印。

第三节　套印与彩色套印

随着雕版印刷术的不断成熟和发展，一些复杂的雕版印刷工艺自明代起得到充分运用和展示，成为明代以后出版物的重要标志，彩色印刷技术的运用就是其中之一。为方便行文，我们将用于文字的彩色印刷技术称为套印，用于图画的彩色印刷技术称为彩色套印，分类介绍如下。

一、套印

套印是彩色印刷技术的方法之一，即在同一版面上使用不同颜色印刷。套印的作用主要有二：第一，使段落、字句分明，词义凸显，使需要强调的文字部分十分醒目，起到助读的作用；第二，在白纸黑字中增加了别样的色彩，由此加强书籍的艺术观赏性，在一定程度上提高了读者阅读的兴趣。

套印最初只是在一块雕版上刷不同颜色一次印刷，明末以后随着科技水平的提高，形成了同一版面根据不同内容的需要，分别镌刻制作不同的版，每版各着一色轮番施印，如朱墨两色制两块，依次类推。一般所言的套印本即指后一种而言，"朱墨套印"即指红黑两色套印本。

套版印刷术由单色雕版印刷术发展而来，叶德辉《书林清话》认为"颜色套印书始于明季"。但 20 世纪 40 年代，发现了元至元六年（1340）中兴路江陵资福寺刻版套印的《金刚般若波罗蜜经》，此书以红黑二色印刷，经文黑色（部分经文印红色、黑色印小字），卷首的

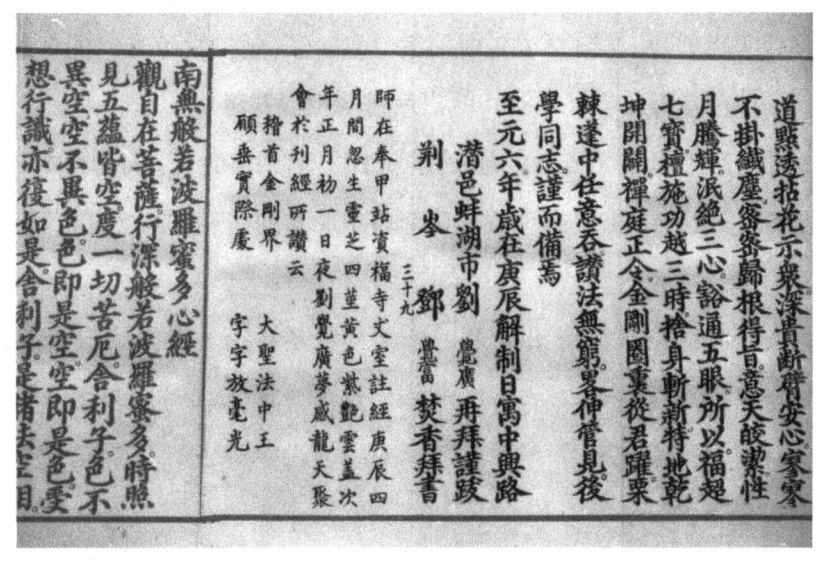

图 6—9 元至元六年（1340）朱墨套印本《金刚般若波罗蜜经》

灵芝和文中的图画印红色，这是现存最早的套印本（藏台湾图书馆），说明早在元代就已出现了朱墨套印的书籍。

明万历以后，朱墨套印书籍蔚然成风。出版家们刊刻套印本的初衷，一是为美观出新计，另外更重要的是为了适应明代盛行评点经史的学术风气。可以说，明代套印本盛行最重要的原因之一，就是明代评论之风盛行、评点著作流行。郑振铎认为："明人评点文章的风气，自八股文之墨卷始，渐及于古文，及于《史》《汉》，最后乃遍及经子诸古作"。（《劫中得书续记·批点考工记》，《郑振铎全集》卷六，第863页）

套印本一般是将评点与正文合刻，对一句一段的小评刻于书眉，对全篇的总评刻于篇末；正文与评点、注释文字，用不同颜色加以区别。读者持卷在手，泾渭分明，利于研习。

最著名的套印本出自吴兴（今浙江湖州）闵、凌二氏家族，世称"闵刻""凌刻"。以编撰《初刻拍案惊奇》《二刻拍案惊奇》闻名的凌濛初，早在万历九年（1581）就出版过《世说新语》的套印本。

万历四十四年（1616）闵齐伋、兄闵齐华刻印的朱、墨套印本《春秋左传》十五卷，被研究者看作明套印本成熟的代表。其《凡例》云：

> 旧刻凡有批评圈点者，俱就原板墨印，艺林厌之。今另刻一板，经传用墨，批评以朱，校雠不啻三五，而钱刀之靡，非所计矣！置之帐中，当无不心赏。其初学课业，无取批评，则有墨本在。

图 6—10 明凌濛初刻四色套印本《世说新语》

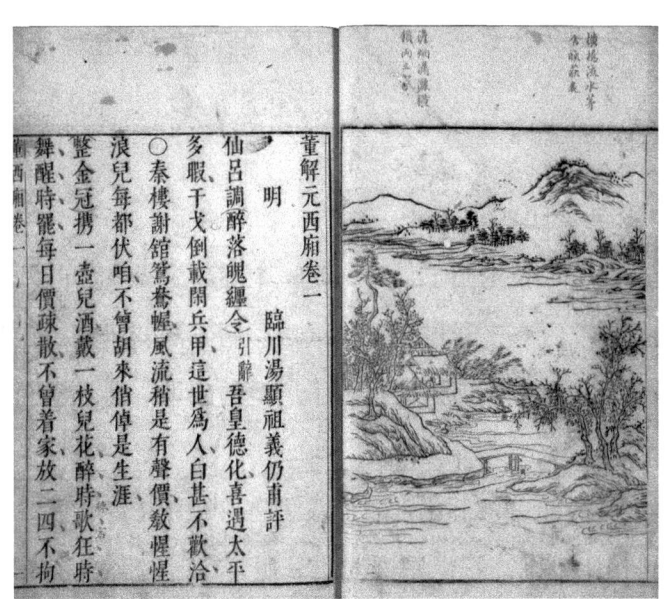

图 6—11 明凌濛初刻朱墨套印本《董解元西厢记》

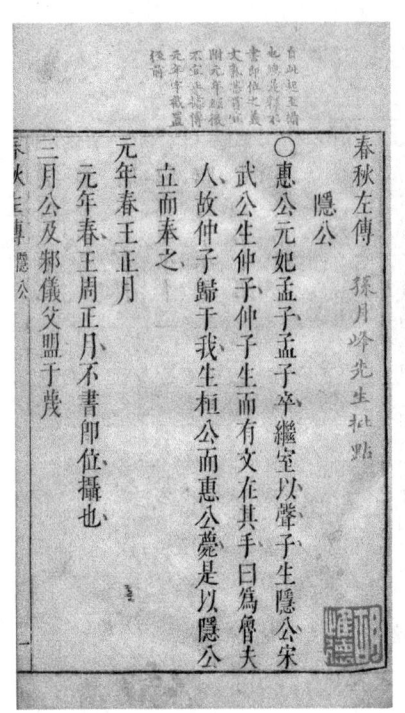

图6—12 明万历四十四年（1616）闵齐伋等刻朱墨套印本《春秋左传》

闵、凌刻印的多色套印书籍，由二色而三色、四色，甚至五色，如闵齐伋刻《苏老泉批点孟子》、凌君实刻《南华经注》为三色本，闵绳初刻《文心雕龙》为蓝、黄、朱、墨四色。

闵、凌二氏的刻书坊不仅限于吴兴本地，在南京等地也开有分所，二家的套印书总计140余种。凌氏刻书多于闵氏，但校勘质量上却逊于闵刻，谢肇淛批评说："吴兴凌氏诸刻急于成书射利，又悭于倩人编摩，其间亥豕相望，何怪其然。"（《五杂俎》卷十三《事部一》）

二、彩色套印

中国彩色套印技术始于何时，是一个随着考古实物的发现，不断被修正的问题。近年来通过对宋代纸币印制方法的研究，证明至少在宋代，彩色套印技术不仅已经得到了广泛的应用，而且已经达到了相当高的水平。

1974年，在抢修加固山西省应县佛宫寺释迦塔时，发现三幅彩色《释迦说法相》版画，三幅图画同出一版，印于绢上。图绘释迦坐于莲台上，头顶上部有华盖，佛前陈条案，摆放摩尼宝珠。两侧侍立诸天菩萨，并有胁侍及化生童子各一人，居于图下部左右两方，两侧饰折枝花朵，有缤纷花雨洒落。这些套印版画的存在，对研究中国早期套版彩印技术具有重要意义。

初期的彩色套印主要采用敷色法套印，即在一块版上涂几种颜色，如花上涂红色，枝干涂棕、黄色等，然后覆纸刷印。明万历刻本《花史》就是以敷色法套印版画的。万历程大约滋兰堂所印《程氏墨苑》中也有一些敷色套印版画，如"天老对庭"图、"巨川舟楫"图等，非常著名。

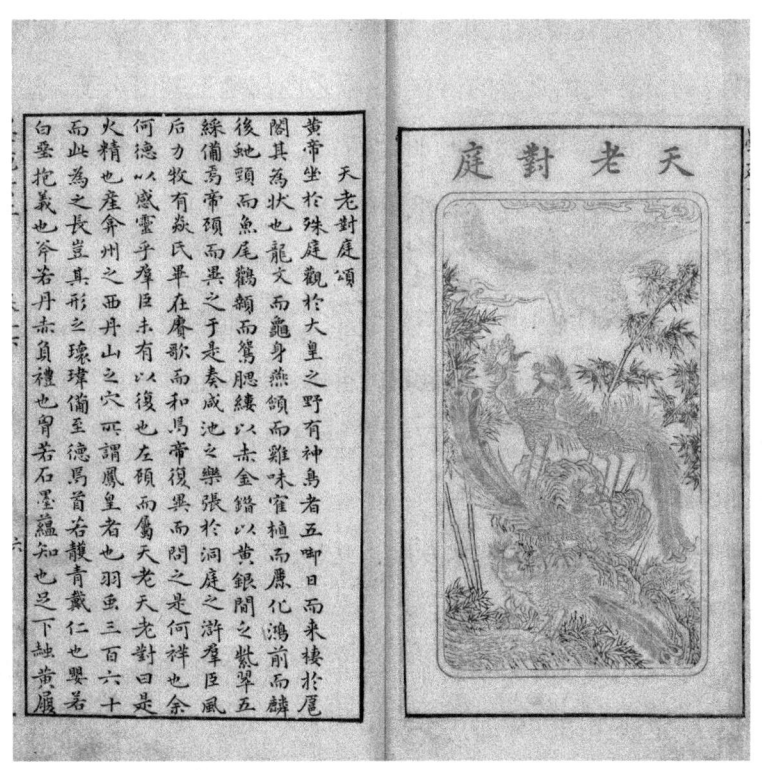

图6—13 明万历程氏滋兰堂刻彩色套印本《程氏墨苑》

《程氏墨苑》十二卷《附录人文爵里》八卷，明程大约编，明丁云鹏、吴廷羽等绘，明黄鏻、黄应泰、黄应道、黄一彬等镌刻，明万历三十三年（1605）安徽新安程氏滋兰堂刻彩色套印本。

明以前的彩印版画，一般多为两色，《程氏墨苑》敷色多至四色、五色，是中国古代最早的多色彩色印本之一。就单版涂色印刷技法而言，《程氏墨苑》中的彩图显得十分成熟，代表了单版敷色印刷的最高成就。尤其是它对后来多色笺谱、画谱等图籍的印制，在技术方法上有很大的启迪和影响。

《湖山胜概》刊刻于明万历中叶，残本现藏法国国家图书馆，中国国家图书馆藏有清康熙年间刻印的全本。法藏本存吴山图12幅，时人题写的赞誉吴山景观的诗作33幅。图都是工笔山水画，墨、蓝、红、黄、褐五色套印。绘写巧密而精细，线刻细长挺秀，灵逸生动，设色浓郁艳丽，对色准确自然、清丽典雅。诗皆由作者手书上版，行、楷、草体皆备，镌刻上乘，不失书家原意，是一部绘、镌、印俱至化境，诗中有画、画中有诗的山水画彩色套印杰作。此图由远及近，近、中、远景相连，一气贯通，并通过巍峨的群山、繁茂的林木、浩荡的江水、遍布的楼台馆阁，形成瑰丽而又恢弘壮观的画面，是有明一代少见的工笔山水画佳作。

明代末期，彩色套印技术发展为几种颜色分版套印，出现了饾版、拱花印刷方法。

饾版是用几块至几十块大小不等的版子，拼合印制图画。根据用色及其深浅浓淡阴阳，分刻几块版子，一次一版，分十余次或数十次，印成一张和原作相似的印刷品；拱花是刷印时不敷色，加上纸张之后，加以砑压，印出来的东西只有凹凸感，没有颜色，像是钢印的效果。

拱花和饾版相结合，在印出来的彩印品上，加上拱花，既有色彩，又有凹凸感，适用于印刷羽毛、浮云、水波、花朵等。拱花和饾版往往用来印信笺、诗笺，作为文房雅玩。

饾版和拱花的发明者是万历末至天启年间南京的胡正言和吴发祥等。天启六年（1626），吴发祥以"饾版"和"拱花"印刷术刊印《萝轩变古笺谱》，徽州胡正言于天启七年（1627）至崇祯年间刊印《十竹斋书画谱》、崇祯十七年（1644）刊印《十竹斋笺谱》，既反映了明代印刷技术的最高水准，又代表着中国古代印刷技术的最高水平。在中国版刻史上具有里程碑意义。

胡正言刊刻的《十竹斋书画谱》是中国古代最为著名的彩印画谱。全书分为书画谱、石谱、翎毛谱、竹谱、墨华谱、梅谱、果谱、兰谱8卷，每卷20图，合共160图。其中有胡正言自己的作品，也有当世名家如吴彬、倪瑛、魏之克、米万钟、文震亨及前代书画巨匠赵孟頫、

图 6—14 明崇祯胡氏十竹斋刻彩色套印本《十竹斋书画谱》

唐寅、沈周、文征明等人的作品。《十竹斋书画谱》以饾版套印，在表现手法上有所突破。它运用"掸"的技巧，即在刷印过一次浅色颜料的版面上，再加印一层较浓的颜色，使画面深浅变化浓淡相宜，具有天然的韵味。此外，它还充分发挥了水印版画的特点和水墨的性能，使中国写意画用色干、湿、浓、淡、虚、实的艺术效果尽皆跃然于纸上。

图6—15 明崇祯十七年（1644）胡氏十竹斋刻彩色套印本《十竹斋笺谱初集》

图6—16 明闵齐伋刻彩色套印本《西厢记》

《十竹斋笺谱》收图284幅，采用饾版和拱花两种工艺技术，印制成雅致的笺纸，汇辑成书，供欣赏之用。

饾版套印的另一部杰作是由明末著名的套版印书家闵齐伋主持刊行的《西厢记》彩色套印版画。原刊本现藏德国科隆肯斯特博物馆。这套版画共20幅图画，并无戏文。图画构思新颖、造意奇异、绘写精审、镌印精绝。绘图者通过比喻、象征、隐喻、假借等各种手法的综合运用，以绘画的语言，流畅生动、逸趣横生地表现了故事情节。例如《赓句》一图，绘写张生与崔莺莺隔墙酬韵故事，画面上既无墙，也无人，仅见两只翩翩飞舞的蝴蝶和两片枫叶，叶面上刻张生和崔莺莺赓和的诗句。蝴蝶与枫叶若即若离，恰到好处地表明了两人既心有灵犀，又患得患失的心态。复杂的故事情节通过图案化的艺术处理，变得简单而易于理解，并且显得隽永而含蓄，充满了无穷的艺术魅力。可以说，闵齐伋刊刻的《西厢记》彩色套印版画，在版刻色彩的艺术表现上，代表了古代彩色套印版画的最高水平。

雕版印刷是中国古代的重要发明，在传播文字的过程中，也造就了伟大的中国版画艺术。在木刻画发展的进程中，彩色套印技术的出现，使得版画艺术登上了一座新的高峰。

第四节　空前繁荣的版画插图

"版画是在木材或其他材料的平面上刻出图画，可以复制多份的工艺或艺术创作。分复制版画与创作版画两类。雕版印刷用的图画刻版为复制版画。"(《中国大百科全书》第一版)中国雕版版画产生很早，现存最早、有确切纪年的书籍雕版版画是唐咸通九年（868）印制的《金刚般若波罗蜜经》扉画"祇树给孤独园"。不过，自宋至明万历初年，书中的版画插图比较少见。直到明万历以后至清初，才出现了"中国历史上版画艺术的黄金时代"（傅惜华语），插图的应用十分普及，经典、历史、科举、占候、日用百科、农业、医药、武备、画谱以及戏曲、小说、启蒙读物等各类书籍，都有很多插图，几乎到了无书不图的地步。

明代的版画插图以万历为界，分前后两个时期，前期出版的书籍

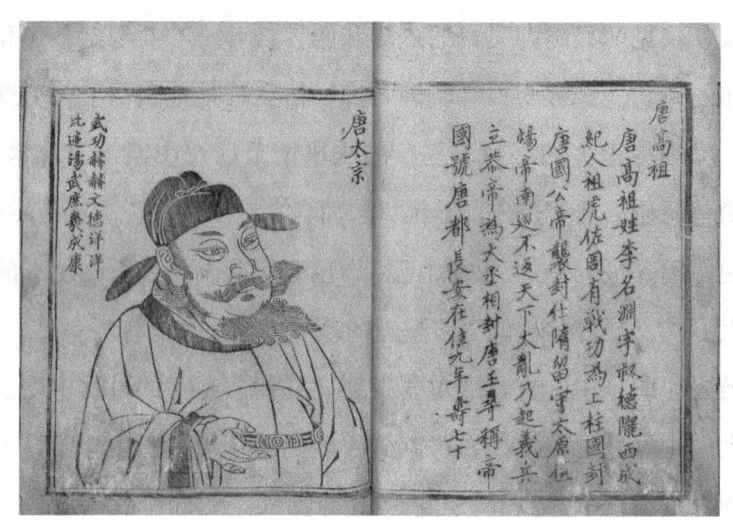

图 6—17 明弘治十一年（1498）刻本《历代古人像赞》

有版画插图的较少，比较引人注意的有弘治年间刊刻的《奇妙全相注释西厢记》和《历代古人像赞》。金台岳家书坊所刻《奇妙全相注释西厢记》插图多达 150 幅，其中二叶联为一幅，三叶联为一幅，以至五叶联为一幅的，近似连环画。《历代古人像赞》绘画自三皇五帝以来圣明帝王、名士百余人，人物形象各具特征，神情生动，是古代版画史上的别致之作。

总的说来，前期的版画由于没有著名画家参与其中，图画的人物和背景都较为简单，线条粗犷，难有精审之作。万历以后出版的书籍基本都有插图，而且很多书中有大量的插图，如《张深之先生正北西厢秘本》《三才图会》《本草纲目》《方氏墨谱》《程氏墨苑》等。此时的版画，画幅增大，出现了多叶连续和连环画的形式。以图为主的画册大量出现，如图录、画传、画谱、图像、诗配画等等。出现了双面合页的形式。一些有名的画家参与到版画创作中来，使得版画风格多

图6—18 明崇祯刻本《张深之先生正北西厢秘本》(陈洪绶绘,项南洲刻)

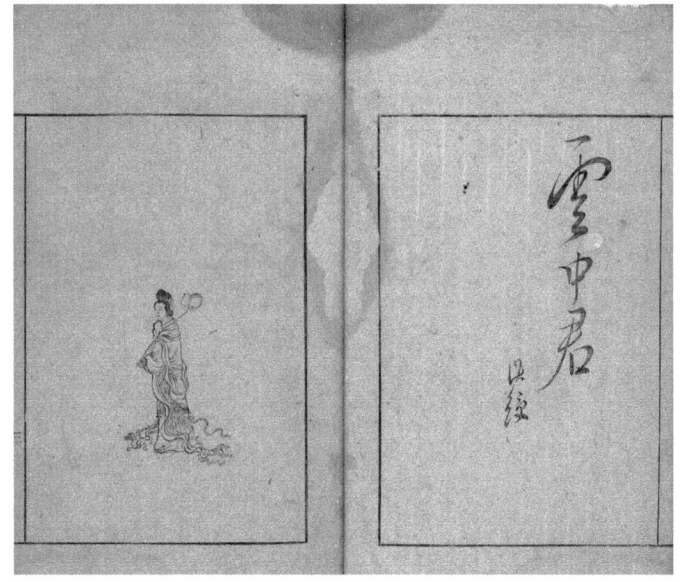

图6—19 明崇祯刻本《楚辞·九歌图》(陈洪绶绘)

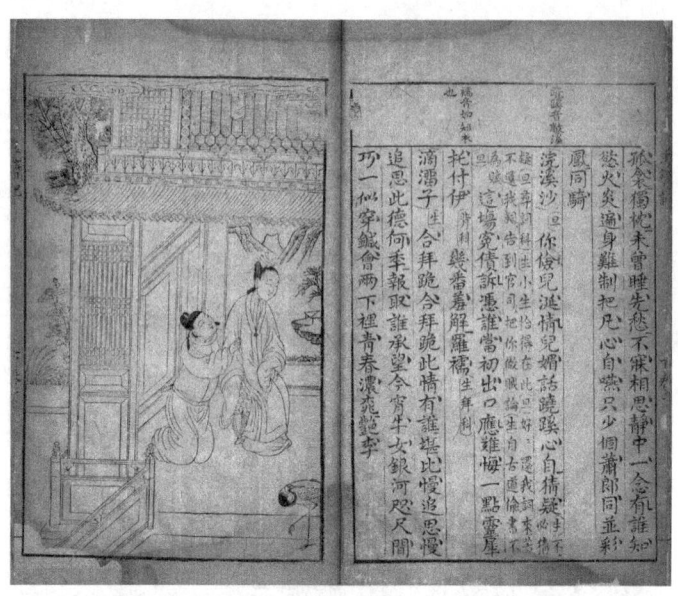

图 6—20 明陈氏继志斋刻本《重校玉簪记》

图 6—21 明万历容与堂刻本《李卓吾先生批评幽闺记》

样，而以工致细密著称的徽派版画更是大为风行，形成时代特色。

明代版画按照地区分为几个流派：金陵派、杭州派、姑苏派、建阳派、新安派（徽派）、吴兴派等等，其风格相异，各呈优长，并互相交流、融通，取长补短。

金陵派（南京）：著名的有唐对溪富春堂《新刻出像音注增补刘智远白兔记》、唐晟世德堂《新刻出像官板大字西游记》等；陈大来继志斋《重校玉簪记》等。

武林派（杭州）：以明万历容与堂刻本《李卓吾先生批评忠义水浒传》《李卓吾先生批评幽闺记》、明刻本《吴越春秋乐府》为代表。

徽派，有汪光华玩虎轩《琵琶记》，浣月轩本《新镌全像蓝桥玉杵记》，名工黄伯符刊刻的汪道昆《大雅堂杂剧》等。尤其是汪廷讷

图6—22 明万历二十五年（1597）汪光华玩虎轩刻本《琵琶记》

图 6—23 明万历三十七年（1609）汪氏环翠堂刻本《坐隐先生精订捷径奕谱》

环翠堂于万历三十七年（1609）刊刻的《坐隐先生精订捷径奕谱》，堪称是徽派版画上乘之作。

吴兴派：吴兴（今浙江湖州）地区的版画产生最晚，在明泰昌、天启年间异军突起，很快就取得了极高的成就，最为著名的是以朱墨套印出名的吴兴望族闵、凌两家，所刻多为戏曲版画，有《红拂记》《董解元西厢》《邯郸梦》《幽闺记》等，绘刻俱精。吴兴闵氏戏曲版画均为苏州画家王文衡所绘，其版画注意构图变化，以背景为主，意境深远，人物在画面所占比例较小；景致或萧疏荒凉，或清丽静穆。书中刻工有黄一彬、郑圣卿、汪文佐、刘杲卿等，均是徽州人。

郑振铎《〈中国版画史图录〉自序》对万历时期的版画艺术有高度评价：

或清丽潇洒，若云林之拳石小景；或隽逸深远，若米家之山水画轴；或娟娟若临流自媚之水仙；或幽幽若月下独奏之洞箫；

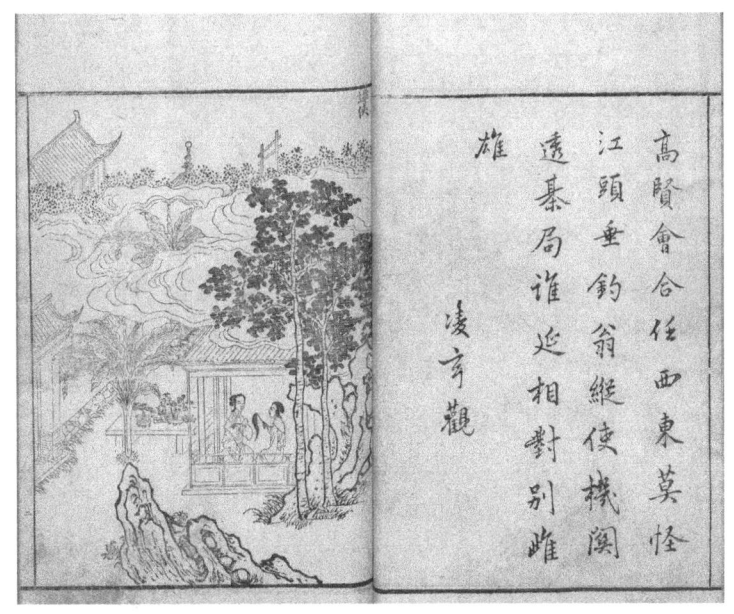

图 6—24 明凌玄洲刻朱墨套印本《红拂记》

或恬静若夕阳之明水；或豪放若天马之行空；或精致细腻若天方建筑之图饰；或疏朗开阔若秋空午日之晴明。即写壮士赴敌，忠臣就义，嫠妇夜泣，孤子啼血，乃至写樊哙之临鸿门宴，刘先主之跳澶溪，高渐离之击筑，段秀实之举笏，虽寓豪放雄迈之意，而终鲜剑拔弩张之态。甚至描春态，写恋情，亦温柔敦厚，适可而止……（《郑振铎全集》卷十四，第 237 页）

以书籍的类别而言，戏曲、小说插图，如玩虎轩刻本《琵琶记》、容与堂本《李卓吾先生批评忠义水浒传》；画谱类插图，如滋兰堂刻本《程氏墨苑》、环翠堂刻本《坐隐先生精订捷径奕谱》、万历刻本《历代名公画谱》，代表了中国古代版画插图的最高水平。另如饾版彩印

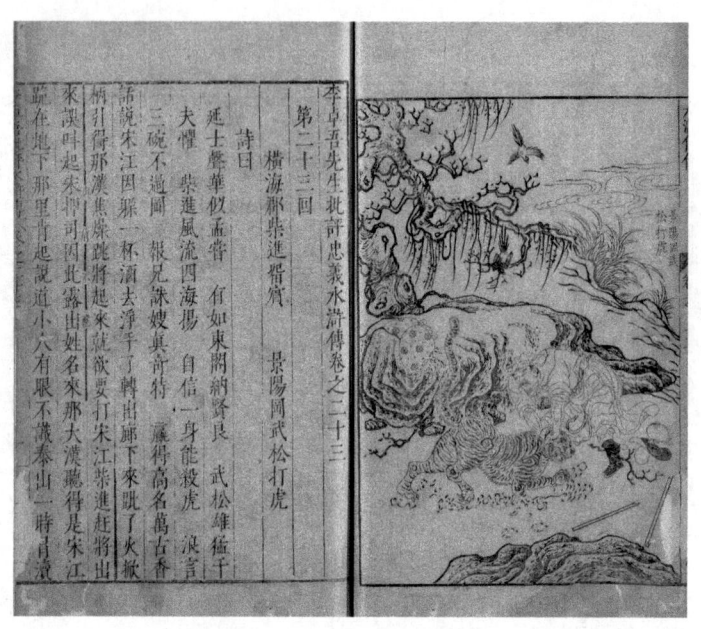

图6—25 明万历容与堂刻本《李卓吾先生批评忠义水浒传》

图6—26 明万历三十一年(1603)顾三聘、顾三锡刻本《历代名公画谱》

本闵刻《西厢记》插图,胡正言刻《十竹斋书画谱》《十竹斋笺谱》等,则代表了古代雕版印刷技术的最高水平。郑振铎《〈中国版画史图录〉自序》赞叹古代版画之雕版印刷技术说:

> 而其雕镂之技术,则纵横如意,无施不宜;有刚劲若铁者;有柔和若丝绢者;或细针密刺若宋明之锦绣;或点粒凸起,界画分明若立体之建筑;或花采重叠,繁琐精丽,而无损画面空间之布置;或疏朗稀阔,远水孤山,而不失深远无穷之意致。大凡皆足以表现东方艺术之品格与精神。(《郑振铎全集》卷十四,第237页)

第五节 明代经典著作

一、《永乐大典》

《永乐大典》是明永乐元年至六年(1403—1408)姚广孝、解缙等奉敕编纂的大型类书,全书正文22877卷,目录60卷,共11095册,约3.7亿字。参与纂修工作的人达到2169人,除去总裁、副总裁、纂修、编写等人外,誊写的人员1381人。

《永乐大典》是中国古代最大的"百科全书",汇集上至先秦,下至明初的重要典籍七八千种,保存了大量明初以前的古籍文献。其凡例云:"是书之作,上自古初,下及近代,经史子集,与凡道释、医卜、杂家之书,靡不收采。……凡天文、地理、人伦、国统、道德、政治、制度、名物,以至奇闻异见,庾词逸事,悉皆随字收载"。它收罗的范围比清代《四库全书》广泛得多，如戏曲、农学、科技、手工业、民俗文学、释藏道经等文献资料均囊括其中，为保存明初以前的丰富多元的中华文化做出重大贡献。

大典按韵检索，"用韵以统字，用字以系事"，改变了类书单纯分类，不易检索的弊端，是对传统类书编撰方式的突破。

该书作为世界上时代最早、卷帙最多的大型百科全书，抄录原书，直录原文，整段、整篇甚至整部书收录，一字不改，极大地保存了收录文献的原貌和完整性，很多明清以后佚亡的文献因此得以幸存。明代以后的学者陆续从中辑佚出近千部文献，这些辑佚书，不仅数量多，且大多具有极高的文献价值。清代学者全祖望称誉："或可以补人间之缺本，或可正后世之伪书，则信乎取精多而用物宏，不可谓非宇宙之鸿宝也"（全祖望《鲒埼亭集·外编》卷十七《抄永乐大典记》）。

明嘉靖四十一年（1562），受之前宫内失火的警示，嘉靖帝命徐阶、高拱、张居正等校理、誊录副本一部，另存他处，以防不测。隆庆以后，永乐正本下落不明。

嘉靖录副本《永乐大典》也不断遗失或遭到损毁。清雍正时，这部录副本由皇史宬移至东交民巷翰林院庋藏。乾隆年间纂修《四库全书》时，尚存9881册，从中辑佚出失传之书500余种，后将138种刊入《武英殿聚珍版丛书》。光绪二十六年（1900）八国联军攻陷北京后，《永乐大典》几乎散失殆尽。现仅存400余册，星散于8个国家和地区的30余个单位。

《永乐大典》是中国明初以前的历史文献资料的总结，也是15世纪人类文化史上的丰碑。该书在收集、保存中国古代文献上起到了极

图6—27 明嘉靖内府抄本《永乐大典》封面

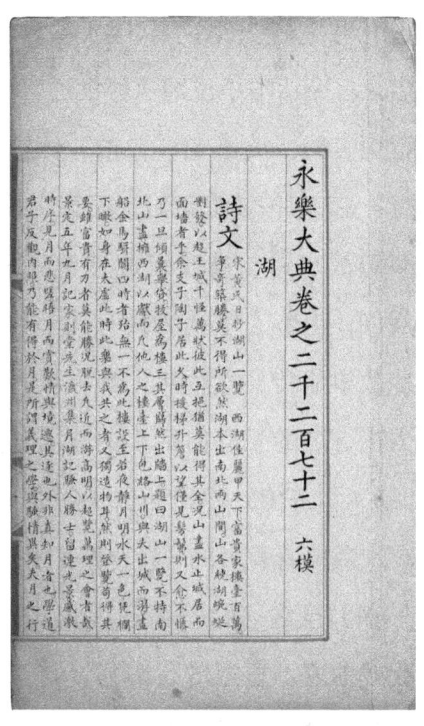
图6—28 明嘉靖内府抄本《永乐大典》

为重要的作用，成为珍贵的历史遗存和中国古代文化的代表，受到各国学者的高度重视。

二、通俗文学和四大小说名著

明中叶以后，城市日趋扩大与繁荣，市民阶层不断增长，适应社会经济的变化，新形式的戏曲、小说等市民文学蓬勃发展起来。

白话小说的底本是"话本"。白话小说的故事往往是先以说话、讲唱、演剧的形式流行，然后再由文人定写下来。著名的短篇白话小说有冯梦龙"三言"(《喻世明言》(又名《古今话本小说》)《警世通言》《醒世恒言》)、凌濛初"二拍"(《拍案惊奇》《二刻拍案惊奇》)。三言二拍200多篇故事中,被改编成传奇、评弹、戏剧、电影、电视的共有几十种,这些故事流传五六百年,具有长久的魅力;著名的长篇白话小说有《三国演义》《水浒传》《西游记》《金瓶梅》。

戏曲有著名的《牡丹亭》等。《牡丹亭》全名《牡丹亭还魂记》,是明代戏曲家汤显祖的代表作,与《紫钗记》《邯郸记》和《南柯记》合称"玉茗堂四梦"(汤显祖书斋名"玉茗堂")。

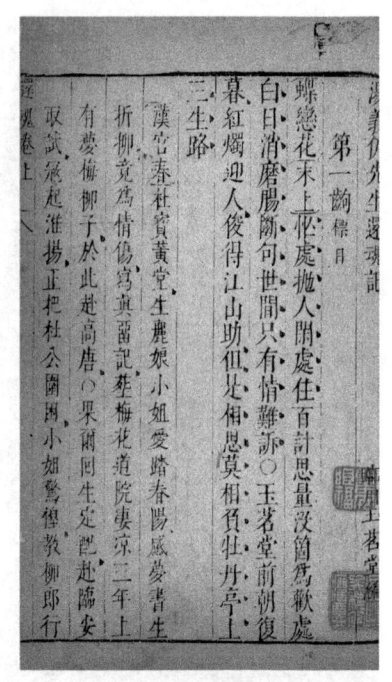

图6—29 明末张弘毅著坛刻本《玉茗堂四梦》

清代承明末余绪,也出现不少通俗文学的佳作。如康熙年间蒲松龄著短篇小说《聊斋志异》,嘉庆年间吴敬梓著长篇讽刺小说《儒林外史》,以及戏剧洪昇《长生殿》、孔尚任《桃花扇》。

《三国演义》全称《三国志通俗演义》,元末明初罗贯中(约1330—1400)编撰。该书以三国时期魏、蜀、吴三个统治集团相互间的斗争为主要描写内容,是中国第一部长篇章回体讲史小说,代表了古代历史演义小说的最高成就。

《三国演义》产生之前,有关三国的小说、戏曲等故事传说很多,罗贯中在充分吸收前人有关三国的小说、戏曲等创作成果的基础上,参考历史,以浅近的文言加以改编,使小说达到雅俗共赏的境界。自明代以来,《三国演义》广为流传,影响极为深远,致使其他有关三国故事的作品逐步被淘汰。

《三国演义》最突出的特点有二,一是描写战争波澜壮阔,如官渡之战、赤壁之战、夷陵之战等,每次战争都各有特点并发生变化;二是善于塑造人物形象,前人有所谓"三绝",即曹操的"奸绝"(奸诈过人),关羽的"义绝"(义重如山),孔明的"智绝"(机智过人)。

《三国演义》最初以抄本形式流传,嘉靖以后刻本渐多。目前所见最早刻本是嘉靖元年(1522,壬午)刊刻的"壬午本"和嘉靖二十七年(1548)叶逢春本;之后,《三国演义》在北京、金陵(今南京)、

图 6—30 清初刻本《三国志》

苏州、杭州、徽州，建阳等地广为刊刻，甚至远播海外，朝鲜也出现了不少翻刻本。

天启崇祯以后，出现了许多名人或假托名人的点评本，如题为李卓吾（李贽）、钟伯敬（钟惺）、李笠翁（李渔）、金圣叹等人的点评本。到了清康熙年间，毛纶（毛声山）、毛宗岗父子以李卓吾评本为基础，将240则合并为120回，把原文加以删节，每回前加总批，正文中插入双行夹批、眉批，编成《四大奇书第一种》评本《三国演义》，简称毛评本。毛评本逐渐成为《三国演义》的通行本。

《水浒传》又名《忠义水浒全书》，元末明初施耐庵著，罗贯中编次。全书取材于北宋末年以宋江为首的农民起义故事，是中国历史上最早用白话文写成的章回小说之一。作者以其高超的艺术表现力，生动丰富的文学语言，讲述了诸多引人入胜的故事，塑造了众多个性鲜明的英雄形象。该书脍炙人口，流传极广。《水浒传》成书过程漫长而复杂，屡经修改和润色，版本众多。大致分为繁本和简本两大系统，繁本有100回本、120回本和70回本，如正德嘉靖间书坊刻本《京本忠义传》20卷100回，嘉靖和万历十七年（1589）刻本《忠义水浒传》20卷100回，《钟伯敬先生批评忠义水浒传》100卷100回，万历容与堂刻《李卓吾先生批评忠义水浒传》100回，崇祯十四年（1641）贯华堂刻金圣叹评本《第五才子书施耐庵水浒传》70回等，其中明万历容与堂刻本《李卓吾先生批评忠义水浒传》是最完整的100回繁本，也是《水浒传》最有价值的版本之一。明末出现的金圣叹评70回本的艺术感染力强，文字洒脱，很受欢迎，逐渐成为通行本，其他各本便流传渐少。

简本系统有万历刻本《新刊京本全像插增田虎王庆忠义水浒传》，和万历刻本《京本增补校正全像忠义水浒志传评林》等，其中还包括一个与《三国志》合刻的版本——《三国水浒全传英雄谱》，分上下两栏，上栏是《水浒传》，下栏是《三国志演义》。

《西游记》是一部浪漫主义长篇神魔小说，作者吴承恩根据民间传说的唐僧取经的故事和有关话本及杂剧改编创作而成。

吴承恩（约1500—1582），字汝重，号射阳山人，山阳（今江苏淮安）人。嘉靖二十三年（1544）中岁贡生。曾任浙江长兴县丞、荆王府纪善。博学，工诗文。

《西游记》通过神话形式表现了丰富的社会内容，曲折地反映了现实中的社会矛盾，表达了广大人民群众反抗专制压迫、战胜邪恶和征服自然的强烈愿望。全书创造了神奇绚丽的神话世界，具有强烈的艺术感染力；人物塑造上采用神性、人性、物性三者有机结合的艺术手法；语言生动，富有鲜明的个性和浓厚的生活气息，表现出幽默诙谐的艺术情趣。《西游记》自问世以来在中国乃至世界各地广为流传，被翻译成多种语言。

《西游记》版本众多，现存的刻本以明万历二十年（1592）金陵唐氏世德堂本《新刻出像官板大字西游记》二十卷一百回为最早，未包含唐僧出身情节，此为繁本系统。简本系统的代表是万历中叶以后的朱鼎臣编辑《唐三藏西游释厄传》十卷六十七则，该本增加了唐僧出身故事。清康熙年间的《新镌出像古本西游证道书》一百回，将唐僧出身故事编为第九回，名曰"陈光蕊赴任逢灾，江流僧复仇报本"，原第九至十一回合并为两回（第十至十一），成为之后的《西游记》

通行本。

《金瓶梅》是明末著名长篇小说,比较细致地反映了明末的社会经济生活,由于描写男女欢爱之情稍多,屡遭禁毁。

三、《本草纲目》《天工开物》等科学巨著

明朝中后期,一批士大夫主张经世致用、崇尚实学,总结以往的科学技术,撰写出一批优秀的科学巨著,最著名的有《本草纲目》《天工开物》《农政全书》《徐霞客游记》等。

《本草纲目》是明末医药学家、博物学家李时珍继承和总结过去中医学成就的基础上,经过实践,历时27年、三易其稿而编成的一部本草学集大成之作。它详细记载并考证了1892种天然药物的名称、形态、产地、功效、主治等内容,记载了方剂万余首,反映出作者丰富的临床实践经验。

李时珍(约1518—1593),字东璧,号濒湖山人,人称李濒湖。蕲州(今湖北蕲春西南)人,出身于医学世家。著作有《本草纲目》《濒湖脉学》《奇经八脉考》等。

《本草纲目》以宋代《证类本草》为基础增删考订而成,所引用的文献上自战国,下迄明朝万历年间,总结了16世纪以前中国药物学的成就,堪称东方传统药物学的代表。它不仅改进了传统药物书的编纂和药物分类方式,在研究古代生物学分类方面也具有重要科学价值。其药物二级分类法比卡尔·林奈的生物分类学早200年,在当时世界传统药物学中是最先进的分类方式,同时也部分符合进化论的观点。

《本草纲目》不仅是一部药物学专著,其内容涉及植物学、动物学、

矿物学、冶金学、地质学、物理学、化学以及天文学和气象学等领域的知识，对世界自然科学的进步具有举世瞩目的公认贡献。

《本草纲目》的价值在世界范围内得到认可。英国生物学家达尔文称其为"中国古代的百科全书"。李约瑟在《中国科学技术史》第一卷中，称李时珍为"中国博物学中的无冕之王"，对李时珍及其《本草纲目》作了这样的评价，"毫无疑问，明代最伟大的科学成就，是李时珍那部在本草书中登峰造极的著作《本草纲目》。李时珍作为科学家，达到了同伽里略、维萨里的科学活动隔绝的任何人所不能达到的最高水平。"

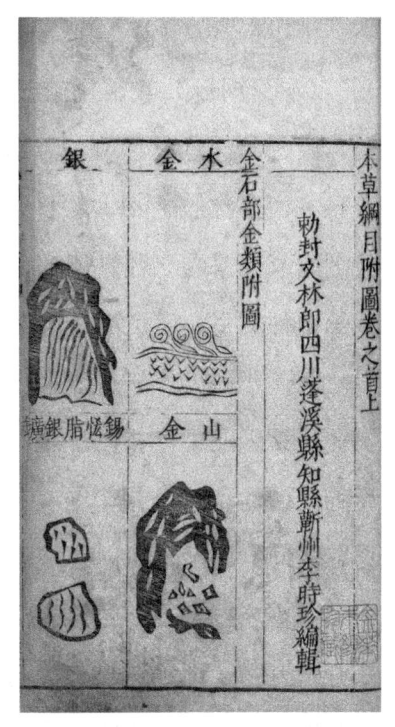

图 6—31 明刻本《本草纲目》

《本草纲目》成书于万历六年（1578），万历二十一年（1593）最先由金陵书商胡承龙刊印出版，世称"金陵版"。之后经过多次刻印，著名的版本有万历三十一年（1603）张鼎思刻"江西本"，后来的不少版本都据江西本翻刻而成，其中版刻比较精良的有崇祯十三年（1640）钱蔚起刻本。清顺治十二年（1655）太和堂刻《吴氏重刻本草纲目》以钱蔚起本作为底本，并纠正了200余处错误，《四库全书》本即以之作为底本；光绪十一年（1885）合肥张绍棠味古斋重校刊本，吸收了钱蔚起本、太和堂本等多个版本的校勘成果，之后的各种石印本、排印本以及 1957 年人民卫生出版社的影印本均以此为底本。

《本草纲目》被翻译成日、法、英、德、俄等多国文字在世界传播，产生了深远的影响。万历三十四年（1606），《本草纲目》首次传入日本，多次被翻刻，对日本药物学产生巨大影响。在韩国、越南等亚洲国家也深受欢迎。18 世纪至 20 世纪，它被翻译成日、法、英、德、俄等多种文字，广泛流传于世界，成为西方领域内学者的研究对象。

《天工开物》，宋应星撰。该书全面系统地总结和记载了中国古代农业、手工业生产技术和经验，是世界上第一部关于农业和手工业生产的综合性著作，是中国文化史上一部伟大的科技著作。"天工""开物"两词，均出于《周易·系辞上》，"天工"指与人工对应的自然力，"开物"是说根据人类需要开发资源，它们的核心思想是天工补人工来开发万物，即通过自然力与人力的互补，运用技术从自然界中为人类开发物产，充分体现"天人合一"思想。

宋应星（1587—约 1666），字长庚，江西奉新（今江西奉新）人，明末清初著名的科学家。青年时期科考不利，47 岁以后曾任江西分宜县教谕、福建汀州府推官、安徽亳州知州等职。1644 年清兵入关之后，弃官归里。宋应星才大学博，著有《天工开物》《论气》《谈天》《野议》《卮言十种》等。

《天工开物》内容十分丰富，涉及几乎所有重要工农业产品及其生产问题，宋应星对中国明代以前的农业和手工业方面积累起来的技术经验作了比较全面和完整的概括，注重实践和穷究试验，并以详细的文字说明及图解记载了各种产品从原料到成品的生产工序和方法。

现代科学家丁文江认为此书有五个特点：1. 一反明儒重科举轻实

用的陋习；2. 以所见所闻做系统的记录，"通篇未尝引用一书"；3. 着重数据和统计；4. 根据事实说话，"破除迷信"；5. "多列事实，绝少议论，间有之，则精粹绝伦"。

《天工开物》撰成之后，有多个版本流传于世。最早的版本是崇祯十年（1637）自刻本，此系宋应星受友人涂绍煃（字伯聚，1582？—1645）资助刊刻于南昌府，故也称"涂本"。该本是后世所有版本的祖本，比较稀见，仅存三部原刊本。之后又有书商杨素卿刻于明末而经过清初修补的坊刻本，俗称"杨本"；18世纪，日本书商伯原屋佐兵卫于明和八年（1771，清乾隆三十六年）刊印出版《天工开物》，伯原屋佐兵卫是菅生堂主人，故该版称为"菅生堂本"或"菅本"。

宋应星具有反清思想，故清乾隆中期以后其作品遭到禁毁，逐渐散佚，以至于清末民国初年的学者丁文江、罗振玉、章鸿钊都是通过东邻日本才得见原著。直到1927年陶湘涉园石印出版该书，才出现了明末清初"杨本"之后的第一个国内版本——"陶本"。

《天工开物》还被翻译为日、英、法、德等多国文字，在全世界广为流传，被外国学者称为"中国17世纪的工艺百科全书"。

《农政全书》，明末徐光启著，是中国古代农业科学之集大成之作，分农本、田制等12类，对农业生产的政策、制度、生产技术、水利等作了全面的论述。徐光启征引王祯《农书》等前代农学著作，又吸收了西方科技知识，其中包括他和传教士熊三拔翻译的《泰西水法》（西方水利的重要著作）。本书征引文献约八分之七，其余八分之一是徐光启自著的。徐光启对于摘录征引的文献，都经过精心剪裁，并用夹注、旁注或评语的形式加入了自己的精辟见解和经验体会，使全书成为一个完整的农学体系。

徐光启（1562—1633），字子先，号玄扈，松江府上海县（今上海市）徐家汇人，21岁（万历十一年）考中秀才，34岁在浔州教书，结识西方传教士郭居静，开始接触西方文化。36岁（万历二十六年）乡试第一，声名大振。39岁在南京会面利玛窦，进一步接受西方文化。43岁中进士第88名，被选为翰林院庶吉士，后又迁赞善。在这17年中，他和利玛窦等一同翻译了一批科学著作，如《几何原本》等。撰写一批政论，又训练新兵，并在天津、上海经行农垦，农垦面积3000多亩，这是他全面展开多方面社会活动实践的时期。

徐光启从小生长在农村，深知农业重要，青壮年时期长期从事垦殖，从国计民生的高度试验种植各种新品种，在北方种水稻、棉花，在南方种甘薯、芜菁，在瘠地种救荒草，多方实践。他编纂《农政全书》酝酿已久，全书整理编次可能是在60岁以后"冠带闲住"期间进行的。

《农政全书》包罗万象，历史和现实、理论和实际、政治和经济、文献和口传、中国和外国、他人经验和自己体会，凡是农业方面的问题，无所不有，故称为"农政"。

该书最早的刊本是明崇祯十二年（1639）平露堂刻本，因徐光启生前主张抗清，《农政全书》在清初一直被列为禁书，直至道光年间才有了贵州刻本、戊戌刻本。《农政全书》被翻译为法、英、德、俄等国文字。英国著名科学史家李约瑟称赞该书为"一部农业方面的卓越巨著"。

《徐霞客游记》是明末旅行家和地理学家徐霞客用毕生精力对祖国河山进行考察的科学记录，全书由《名山游记》和《徐霞客西游记》

两部分组成。

徐霞客（1587—1641），名弘祖，字振之，别号霞客，南直隶江阴（今属江苏）人。他21岁开始出游，30多年间对祖国河山进行实地考察。历尽艰险，足迹遍及现在的江苏、浙江、安徽、山东、河北、山西、陕西、河南、湖北、福建、广东、江西、湖南、广西、贵州、云南、天津、北京、上海等地，成为中国历史上以旅行考察为毕业事业的第一人。徐霞客每到一地，便将所见所闻真实而生动地记录下来，他去世之后，这些日记体的记录被整理成《徐霞客游记》。

《徐霞客游记》是一部地学百科全书，主要内容涉及地貌、岩溶、江河、水文地热、气象、物产、政区、交通、地名，书中记录和揭示了中国西南广大石灰岩地区溶蚀地貌的特征，以及由高度和纬度不同而形成的气候差异和影响动植物生态与分布的状况。它也是一部历史实录，生动真实地展现了从江南水乡到西南边疆的社会各阶层的生活，包括农业、手工业、商业、民族、政治、农民起义、宗教、文物等方方面面，其中尤以记地方史事见长。《徐霞客游记》也是文笔优美的文学名著，重视写实、力求准确、生动地再现祖国山河，用朴素的语言，清新流畅的文笔，饱含对祖国山河的真挚感情，具有强烈的感染力，这是《徐霞客游记》深受人们喜爱的原因。它的手稿，在当时就被人们争相传抄，被誉为"千古奇人、千古奇书"，"世间真文字，大文字，奇文字"。

李约瑟在《中国科学技术史》中说："他的游记读起来并不像是十七世纪的学者所写的东西，倒像是一位二十世纪的野外勘测家所写的考察记录。"

《徐霞客游记》于崇祯十五年（1642）形成最早的游记抄本，初期多以抄本流传，主要有李寄本和季会明本两个系统。清乾隆中后期以后始有刻印本出现，主要是乾隆四十一年（1776）徐镇刻本。徐镇石徐霞客族孙，他根据杨名时、陈泓等人的抄本，将该书校订刊刻行世，大大推动了《徐霞客游记》的传播。其后的嘉庆十三年（1808）叶廷甲刻本等均源于徐镇本，变化不大。

第六节　常见典籍举要

典籍是社会生活的反映，涉及政治、经济、社会、文化、科学的方方面面，因撰著者、阅读者、功用的不同等原因，典籍内容的品质有高有低，流传的范围有大有小，使用时间有长有短，流传后世的可能性等往往存在着巨大差别。

经典著作是各个时代文化精华的代表，历来备受瞩目。但每个时代都有一些普通的常见典籍，它们有的使用范围不广，有的流传时间不长，有些甚至难登大雅之堂，仅仅在社会中下层流传……这些典籍虽然名不见经传，其学术价值和历史地位无法与儒家经典、文学或科学名著相提并论，但它们往往数量巨大，在社会生活的方方面面发挥了重大作用，影响到社会各阶层，是当时社会状况的生动反映，其综合影响不亚于历代的经典著作。这类典籍留存到现代的数量也不少，成为珍贵的中华文化遗产的有机组成部分。

明代中期以后，社会生产力达到封建社会的最高水平，商品经济快速发展，城市规模扩大、城镇数量增加，文化科技水平和书籍出版也发展到极高的程度,典籍数量和种类都迅速增长。伴随着社会经济的发展和出版业的繁荣,这些数量巨大的普通典籍也进入繁盛期,种类、数量等都达到了前所未有的规模,对社会的影响力也越来越大,其中有代表性的常见典籍类型包括历书、蒙书、科举考试用书、通俗日用类书等,同时,一些区域性较强的典籍,如各级地方政府编纂的方志、民间修纂的家谱也在这一时期达到极盛。

现将这几类日常所见的普通典籍略做简单介绍,并追溯其基本的发展脉络,力求全方位展现古代典籍的类型和内容。

一、历书

历书是人们用来排列年、月、日、星期以及四时节气,以备查找的工具书,内容包括干支、月令、节气、闰月以及各种忌日、星象吉凶、符咒、卜卦等。

历书依据历法编制而成。历法,就是根据太阳、地球、月亮三者之间的相互运动的规律来制定,用以推算年、月、日以及相互间的关系,从而制定时间长度和顺序的法则。简言之,历法是制定计时系统的法则。历法主要分为阴历、阳历和阴阳合历三类。

历朝使用的历法,随着天文学的发展不断调整变化。春秋战国时期,各诸侯国分别使用黄帝、颛顼、夏、殷、周、鲁六种历法,合称古六历,战国时确定了二十四节气。秦代使用颛顼历,到西汉初年仍沿用不改。汉武帝元封七年(前104)开始使用太初历,经西汉末年天文学家刘歆改造,遂成三统历,是中国现存第一部完整的历法。南北朝刘宋时祖冲之撰成大明历。唐代僧一行编制出著名的大衍历。宋代历法改革频繁，平均17年就改历一次，这些历法的进步，主要的是一系列天文常数精度提高，以及某些推算方法的加详。元代郭守敬、王恂等人参照历代40多部历法，编制《授时历》，至元十八年（1281）以后颁行全国。授时历使用了363年（1281—1643），直至明末。明代使用的《大统历》，其内容完全脱胎于《授时历》。清代以后使用的历法则是参照西洋历法的制定的。

元明时期除了使用《授时历》，还有一种重要的历法，即回回历法。早在北宋年间，阿拉伯天文学传入中国，至元代形成传播高峰。元世祖至元四年（1267），回族星历学者札马鲁丁编撰《万年历》（即《回回历法》）进呈忽必烈，之后颁行全国，直至至元十八年（1281）颁行《授时历》以后才停止使用。郭守敬等制定《授时历》也吸收了《回回历法》的内容。明朝建国之后，《回回历法》也是明王朝的官方历法，长期为钦天监所使用，作为编定《大统历》的参考。目前存世的《回回历法》主要有成化十三年（1477）南京钦天监监副贝琳等编制的《回回历法》。

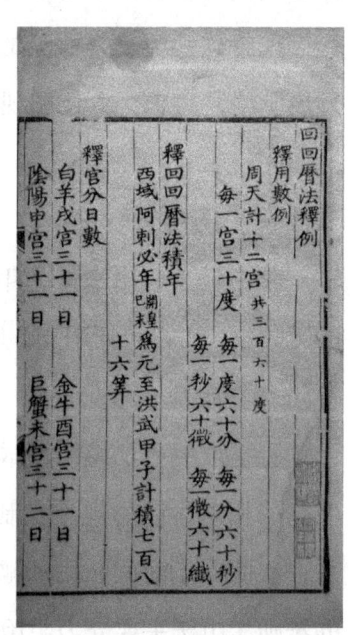

图6—32 明成化十三年（1477）刻本《回回历法》

历朝政府的天文专业机构或官员（如秦汉以来的太史令，唐之太史局、司天台，宋元之司天监，明清时期的钦天监）根据本朝实行的历法，制定出每一年的历书，颁行全国，供官民使用。中国现存最早

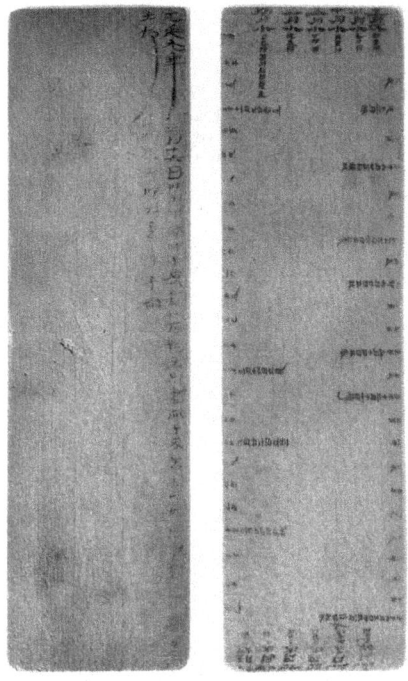

图6—33 尹湾西汉木牍《元延元年历谱》

图6—34 湖南大学岳麓书院藏秦简《质日》

的历书是甲骨文中的一枚甲骨历,证明商代历法已达到很高的水平,这也是世界上现存最早的历书实物。近年来不断有战国至秦汉的简帛历书出土,如安徽阜阳双古堆、长沙马王堆、湖北张家山、敦煌清水沟等地出土的《历谱》。出土简帛中还包括一些选择时日吉凶的占卜书,称为"日书"或"质日"。这些择日之书或历忌之书将各类事项的宜忌附在历书中,按历日排列,令人开卷即得,吉凶立现,方便大众使用,在民间广为流行。这些"日书"中也包含了历书的内容,为我们了解当时的历书提供了重要资料。

历书是百姓需求量最大的生活用书,且篇幅不多,最适宜刻印,

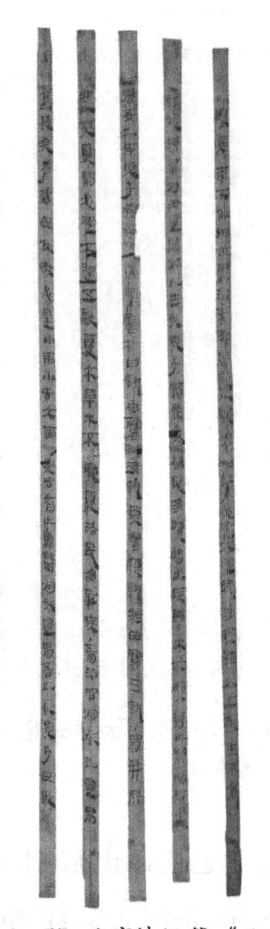

图 6—35 孔家坡汉简《日书》

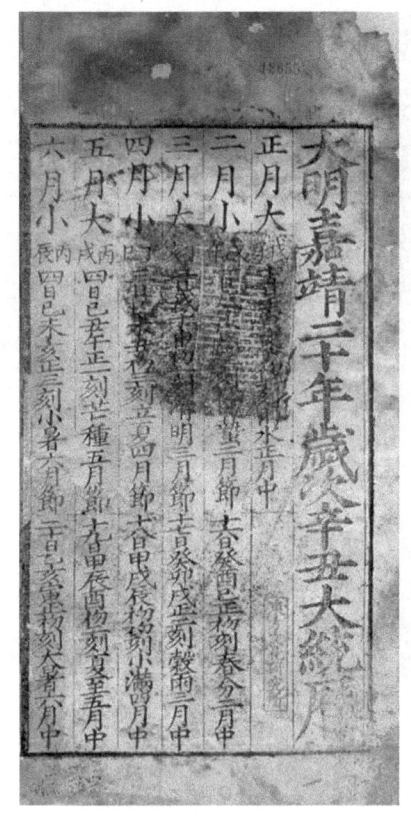

图 6—36 明嘉靖刻本《明嘉靖二十年岁次辛丑大统历》

所以雕版印刷术兴起之初就有历书的刻印。俄罗斯藏敦煌遗书《唐大和八年甲寅岁（834）具注历日》是目前发现的现存最早可以确定纪年的雕版印刷品。俄藏黑水城出土文献中有汉文历书残页数纸，是西夏神宗光定元年（1211）的日历《西夏光定元年（1211）辛未岁具注历》。

编印历书是国家天象观测机构的重要工作。历代政府禁止私人编制、刊印历书，所有的历书均由朝廷印刷，故俗称"皇历"，常常印有"伪造者依斩"等字样。明代中期以后允许民间印历,但必须按照官方历书印制,钤盖官府大印并由官府统一发放。《大明万历七年岁己卯大统历》牌记:"钦天监奏准印大统历日颁行天下,伪造者依律处斩。有能告捕者,官给赏银五十两。如无本监历日印信,即同私历。"

晚明以后徐光启等参用西方历法编制《崇祯历书》。清初,传教士又将《崇祯历书》略作整理进呈给清帝,改书名为《西洋历法新书》。乾隆朝时为避弘历名讳,更名为"时宪书"。

二、蒙书

启蒙,在古代又称"开蒙""发蒙"等,即小学教育阶段为"蒙养阶段",主要以8至15岁少年儿童为对象。在这一阶段使用的教材,亦即为启蒙而编的书,一般称为蒙养书,简称蒙书。

蒙书分两类,一类是官方认定的贯穿儒家宗法伦理道德的启蒙识字教材,为日后学习四书五经,准备科举考试打下基础;另一类是流行于民间中下层社会,列举日常所见事物名称及传授农工商经验知识的识字教材。

官方认定的蒙书在先秦两汉魏晋南北朝,主要在于识字教育和句读训练,

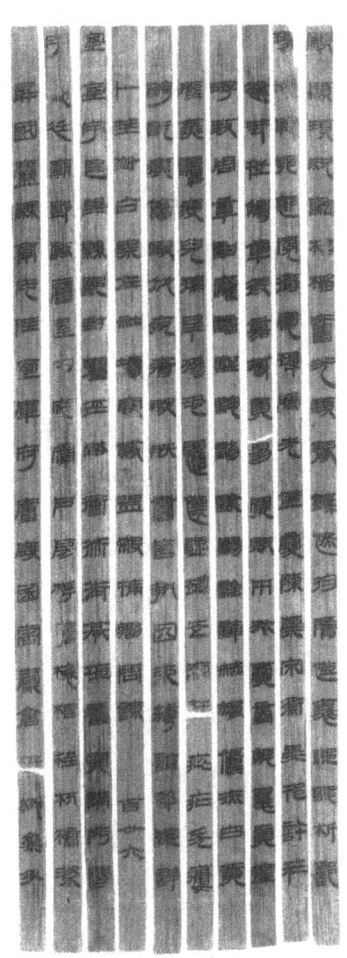

图6—37 北京大学藏西汉简《仓颉篇》

以字书为主，内容单纯，著名的有《史籀篇》《仓颉篇》《急就篇》(《急就章》)《千字文》等。流传至今的有《千字文》与《急就篇》。

《仓颉篇》是秦汉时期的识字教科书，共收3300字，4字一句。全书已佚，仅在一些汉唐著作的引文中有部分保留。20世纪以来出土的简帛书籍中有《仓颉篇》重现。

《千字文》系梁朝员外散骑侍郎周兴嗣受梁武帝萧衍之命，从王羲之书法中选取了一千个互不重复的字编纂而成的通俗易懂的启蒙读物。传说周兴嗣仅用一夜编成，用脑过度，次日鬓发皆白。《千字文》流传至今，是世界上使用时间最长、影响最大的启蒙识字教材。

隋唐五代时期衍生出道德、知识、应用等各类教材，林林总总。敦煌遗书中包含了不少蒙书，如识字类蒙书《千字文》《开蒙要训》(马仁寿撰)、德行类蒙书《太公家教》，还有《蒙求》(李瀚撰)，《兔园策府》(杜嗣先撰)，《百行章》(杜正伦撰)及《王梵志诗》，这些蒙书既有中原传统的教育内容，也具有西北边陲胡汉交融的地域文化特质。其中《兔园策府》成书于唐贞观年间，五代时期仍然在民间作为私塾课本，广为流传，几乎达到"家藏一本"的程度。"兔园"一词，源于汉代典故，后成为一些浅近书籍的代名词。"汉梁孝王有囿名兔园，孝王卒，太后哀慕之。景帝以其园令民耕种，乃置官守，籍其租税，以供祭祀。其簿籍皆俚语，故乡俗所诵谓曰"兔园册"(张岱《夜航船·文学部·著作》)。

宋元明清时期，官方认定的蒙书体裁样式推陈出新，趋多变多样。常见的有《千字文》《百家姓》《三字经》《龙文鞭影》《幼学故事琼林》等。

《龙文鞭影》原名《蒙养故事》，明代万历时进士（会试第一名）萧良有撰。后经杨臣诤加以增订，改名《龙文鞭影》。龙文是古代一种千里马的名称，它只要看见鞭子的影子就会奔跑驰骋。作者的寓意是，看了这本《龙文鞭影》，青少年就有可能成为"千里马"。《龙文鞭影》主要是介绍中国历史上的人物典故和逸事传说，四字一句，两句押韵，读起来抑扬顿挫，琅琅上口。它问世后，影响极大，成为最受欢迎的童蒙读物之一。

《幼学故事琼林》，又名《幼学琼林》，儿童启蒙读物。明末的西昌人程登吉（字允升）编撰，也有认为是明景泰年间的进士邱睿。在清朝的嘉庆年间由邹圣脉作了一些补充，并且更名为《幼学故事琼林》。后来民国时人费有容、叶浦荪和蔡东藩等又进行了增补。《幼学琼林》是骈体文写成的，全书全部用对偶句写成，容易诵读，便于记忆。全书内容广博、包罗万象，被称为中国古代的百科全书。书中对许多的成语出处作了许多介绍，读者可掌握不少成语典故，此外还可以了解中国古代的著名人物、天文地理、典章制度、风俗礼仪、生老病死、婚丧嫁娶、鸟兽花木、朝廷文武、饮食器用、宫室珍宝、文事科第、释道鬼神等诸多方面的内容。书中还有许多警句、格言，至今仍然传诵不绝。伟人毛泽东就能熟背《幼学琼林》，可见此书影响于世的程度。

第二类流行于民间中下层社会的识字教材，萌芽于两汉魏晋南北朝，宋代以后统称"杂字"，明清开始在民间广为流传。

杂字是中国古代流传在民间的非正规识字教材，多为市井中人或无名塾师编写。杂字读者不限年龄、不拘身份，男女老幼都可以通过杂字学习应付生活所需，杂字有时甚至突破了识字功能而具备了百科全书功能。

杂字起源于魏晋南北朝时期，《急就篇》和《开蒙要训》等都是各类杂字书的渊源和滥觞。敦煌遗书中杂字很多，有对民间日常生活各种重要语汇加以分类编排，以便检阅和学习的通俗要用字书，如《俗务要名林》《杂集时用要字》，以及解说日常生活口语的俗字类蒙书《碎金》等。还有一些作者不详、成书年代难以确定的作品，且大多为后世所不传、史志所不录的，足以说明敦煌杂字类蒙书深具民间教育的通俗特质。一般庶民子弟少有接受教育的机会，能受教育者亦多以识字、记账、写信为满足，或以学习应对进退与为人处世的基本规范为目的。且教学时间短，教学内容要求层次不高，多以基本识字、普通常识、伦理道德与处世箴言等为主。既非高文典，亦颇涉俚俗，致使史志不录，而为后世罕知。加之当时雕版印刷尚未普及，蒙书的流传仅靠传抄，保存不易。又既为启蒙，短期使用之后，很少有刻意保存者，故大多后世不存。

宋代，杂字作为一般农家和工商业者子弟的识字教材在民间流传开来，南宋识字教材增多，内容也较丰富，除了家喻户晓的"三百千"等综合性识字教材外，各类杂字也进入地方临时教育机构。陆游《剑南诗稿》卷二十五《秋日郊居》第七首"儿童冬学闹比邻，据案愚儒却自珍。授罢村书闭门睡，终年不着面看人"。诗下自注："农家十月，乃遣子入学，谓之冬学。所读'杂字'、《百家姓》之类，谓之村书。"更有甚者，内地的《四言杂字》被西夏王国翻译为西夏文，流行于西夏地区。

元代在宋代图文对照的识字课本《对相四言》的基础上，修订成带有较多北方骑射生活色彩的《新编对相四言》。元代统治者为了加速本民族封建化的进程，大力推进尊孔崇儒的"汉化"教育，曾经禁止使用杂字类通俗的民间识字教材。"至元十年五月，大司农各道劝农官申：各路府州司县在城关厢已设长学外，据村庄各社请教冬学，多系粗识文字之人，往往读《随身宝》《衣服杂字》之类，枉误后人，皆宜禁约。"（《大元通制条格》）卷五《学令·传习差误》

明清时期商品经济发展，市民阶层形成，民众的识字需求日益强烈，杂字因通俗易懂简单实用贴近生活而在民间广为流传、影响深远。杂字内容丰富，种类繁多，分类编排的的杂字大致有综合性分类杂字，如《新镌鳌头备用杂字元龟》，蒲松龄编《日用俗字》等；专门性分类杂字《日用时行杂字》《七言杂字》；还有一些不设类目的杂字，如《四言杂字》《六言杂字》，清林梁峰编的客家白话韵文《一年使用杂字》；晚清拔贡李润深著《妇女杂字》等；无韵杂字《捷径杂字》。图文对照杂字，上海锦章书局石印本《绘图庄农杂字》，清同治年间《广聪汇要　鳌头杂字　骰谱酒令》。释意杂字如清文萃堂刻行的王相《万全世事通考杂字》、清徐三省辑《释义经书便用通考杂字》。另有各地方言写成的杂字书。但一些综合性杂字基本上还是以自然现象、动植物、人体器官、建筑物、日用器皿、服饰饮食等为主要内容，一些杂字据此而分类编排。

三、科举考试用书

科举制度是隋唐以来通过考试选拔官员的制度。科举制度实行

1300年之久，长期影响着中国封建社会官吏的建设，影响着中国社会的政治文化面貌，影响着知识分子对生活道路的选择及其精神风习和情感形态。

隋唐至宋，通过科举入仕者并不占官僚队伍的多数，但自唐中期开始，他们在官僚体系中所处的位置日益重要。而科举取士的过程，也成为朝野内外关注的焦点，专供准备科举考试的学习参考书——举业书应运而生，成为读书人入仕做官的敲门砖，随之成为影响社会的读物。

唐代，科举考试的主要文体——对策成为流行的一种文体，出现大量的相关书籍，如《策问》《问对》等。国家图书馆藏敦煌唐写本《问对》残卷两件（BD14491、BD14650），缀合之后的写卷存策问30章，其中有章题者27章。从内容和结构上看，这个卷子与白居易《策林》、敦煌所出《兔园策府》及吐鲁番阿斯塔那二七号墓文书《唐经义〈论语〉对策残卷》非常接近，为典型的对策范本。每则策问都是四六骈文，对仗较为工整，长于用典。这一文献对于考察唐代科举考试及相关问题，都有较高的参考价值。

宋代以后，雕版印刷术逐渐普及，为举业书的生产提供了有利条件，指导应付考试的有关程文、墨卷、拟题、选本、房稿、时文、类书等大量出版。宋人岳珂曾说："自国家取士场屋，世以决科之学为先，故凡编类条目，撮载纲要之书，稍可以便检阅者，今汗牛充栋矣。建阳书肆，方日辑月刊，时异而岁不同，以冀速售。"（《愧郯录》卷九《场屋编类之书》）

元代仁宗皇庆二年（1313）重行科举之后，类书和贴括经义的辅

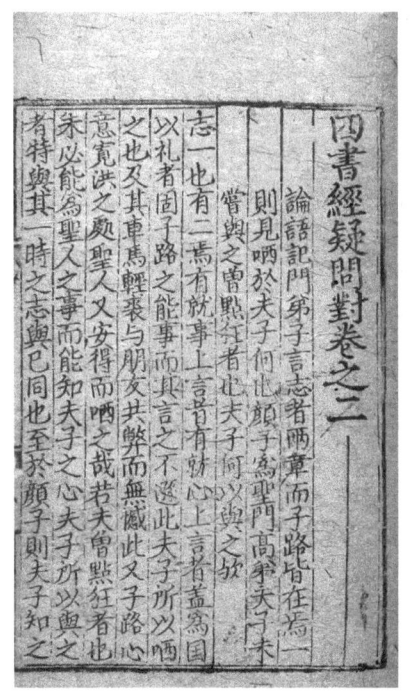 

图 6—38 元至正十一年（1351）建安同文堂刻本《四书经疑问对》　　图 6—39 元刻本《新编通用启札截江网》

导考试用的书籍，又成了大小书坊的热门出版物。《程朱二先生周易传义》《诗传通释大成》《事文类聚翰墨全书》《新编排韵增广事类氏族大全》《联新事备诗学大成》等书，都由书坊出版，方便举子备考。更有所谓《启札截江网》十集六十八卷、《群书会元截江网》《类编皇朝大事记讲义》等场屋用书，先后由建阳书坊出版。这些书很多是程文策论，应付科场的辅导材料。

明代举业书。明代考试的文章体裁有规定："其文略仿宋经义，然代古人语气为之，体用排偶，谓之八股，通谓之制义。"（《明史》卷七十《选举志二》）相应地，坊肆编刊的应试书，也以围绕八股文的撰写为主。这类书的编撰以苏、杭以及松江为多，而刊印以福建为多。嘉靖八年（1529）礼部奏折称："臣等访得科举之书，尽出建宁书坊。"（蔡清《易经蒙引》卷前勘合）

明清时期的举业书大致分为以下几类：第一类，经史要籍的通俗解释和提要。经书如《性理辑要》《性理书钞》《性理精纂约义》《性理纂要》；历史方面的，如《古今历代十八史略》《史记狐白》《汉隽》《古事纂》《史纲要领》等，其中以《资治通鉴》的摘要书最多，如《通鉴一勺史意》《便蒙通鉴》《通鉴策论摘题》。这些书都以比《通鉴》少得多的篇幅，从考试的角度进行提要揣摩猜测，力图达到事半功倍的最佳备考效果。

第二类，前朝和本朝考试的优秀答卷的选评。这是应试类书籍中数量最多的一种。如《古今名文珠玑》《类编古今文髓》《古今名文经国大业》《古文宗范》《古今名文走盘珠》《十六翰林科场急出题旨棘围丹纂》《国朝名文英华》《续文章轨范百家批评》等。

科举考试首场是经义（明弘治以后形成八股文），二三场是论、判、诏诰表、经史时务策的成绩。最初科举考试成绩以经义为主要衡量标准，二三场考试成绩仅供参考，并不受重视，故考卷选评多以经义为主要内容。随着科考竞争日益激烈，首场成绩优秀者众，难分高下，二三场的成绩便也逐渐成为取舍依据，日显重要，于是出现不少专门切对二三场的选文，如《二场表学司南》《卯辰二三场司南蜚关》《皇明论程文选、表程文选、策程文选》《名儒三场百段锦》《二三场群书备考》《十翰林评选注释名家程墨策纂论纂》。

第三类是文体模式以及典故辞藻的书籍。如《四六雕龙》《四六瑶函》《四六词坛》等。提供典故辞藻的书有各种"故事",如《天梯故事》《书言故事》,专门提供辞藻的有《词府灵蛇》《新刊名儒举业分类注释百子粹言》《举业古今摘粹玉圃珠渊》等书。

四、通俗日用类书

通俗日用类书是为适应市民、商人、下级官吏的需要而编纂的供日常生活或经商业务使用的工具书,兴起于南宋。南宋时期,城市商品经济发展到一定程度,日常生活变得空前丰富,民众面对眼花缭乱的世界,再也无法游刃有余地应付,需要专门的书籍进行指导。这种背景下,各种通俗日用类书应运而生,如宋代的《事林广记》《书言故事》等,元代的《居家必用事类全集》《多能鄙事》等更是贴近下层民众的日常实用。

通俗日用类书一般是由私家书坊设计编印出售,常常是由书贾亲自操觚编修,或下层士人与书坊合编,有时不署姓名,故其编者往往难以确考。其读者是以市民、商人、下层知识分子为主体的普通大众,范围比较广。语言口语化,注音、释义很多,大量采用歌谣、歌诀等形式,明代以后多图文并茂,以便满足不同层次读者的需要。因其内容包罗万象,也被通称为"万宝全书"。

通俗日用类书的类型纷繁多样。百科全书式的有宋代《事林广记》,明代《万用正宗不求人》;比较专门性的种类繁多,如各种医书、农书、尺牍、律历、商书、劝善书、通书、消遣娱乐书等。道德类故事类书,如《日记故事》系统《二十四孝》故事的影响力最大。明代中叶以后,适合文化娱乐的通俗日用类书如《国色天香》《绣谷春容》

《燕居笔记》。

通俗日用类书在福建编得最多，一再重版，销行全国。明代最有代表性的有：

《天下便用文林妙锦万宝全书》（简称《万宝全书》）三十八卷，万历四十年福建书林刘双松安正堂刻本。全书38门，每门一幅插图。天文、地舆、人纪、诸夷、官品、历法、武备、棋谱、书法、文翰、启札、丧祭、卜筮、养生、医学、全婴、训童、农桑、劝谕等等。

《新刻天下四民便览三台万用正宗》（简称《万用正宗》）四十三卷，万历二十七年书林余文台刻本。被日本学者仁井田陞认为是"十六世纪具有代表性的日用百科全书之一"。

一些日用类书是专门针对商人或下级官吏编制的。专供政府官员使用的这类日用书也称为"习吏书"，如徐元瑞编的《习吏幼学指南》，其内容多实用常识：1.文书契约活套（"活套"即规范格式）2.书信格式，3.经商路程，4.计算方法；5.官、商所需要的社会资料（如介绍各地风俗习惯，时令、人物、病症、五谷等）。

这些以商人、雇员为读者对象的书籍，在出版史上具有重要的里程碑的意义。中古以前"学在官府"，书籍只是少数上层人物的专利品，当供中下层人民使用阅读的书籍大规模产生，正是社会进步、经济发展、教育普及的反映。

通俗日用类书流传广泛、翻刻频繁，常常以递修本的形态传播后世，如《事林广记》版本多样，内容、体例差别较大。《日记故事》《书言故事》等流播海外之后便受到改造，面目全非。

五、方志

方志是详细记载一地的地理、沿革、风俗、教育、物产、人物、名胜、古迹以及诗文、著作等的史志。其起源，有认为是从古代史官的记述发展而来，如《周礼》记载"外史"掌"四方之志"；还有认为方志脱胎于地理学，是由中国最早的地理著作《尚书·禹贡》和《山海经》演变而成的。方志的发展过程按形态特点可分为地记、图经、方志三个阶段。

地记阶段（东汉至南北朝）。本阶段方志主要反映一方风土人物，内容和文字大都比较简略，代表著作有《越绝书》和《华阳国志》等。

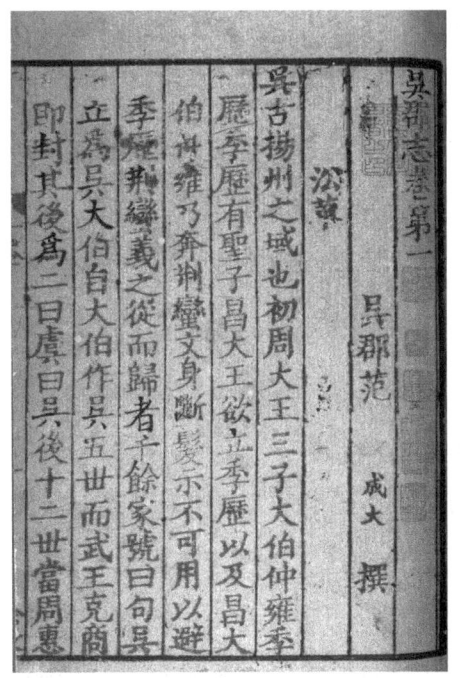

图 6—40 宋绍定刻元修本《[绍定]吴郡志》

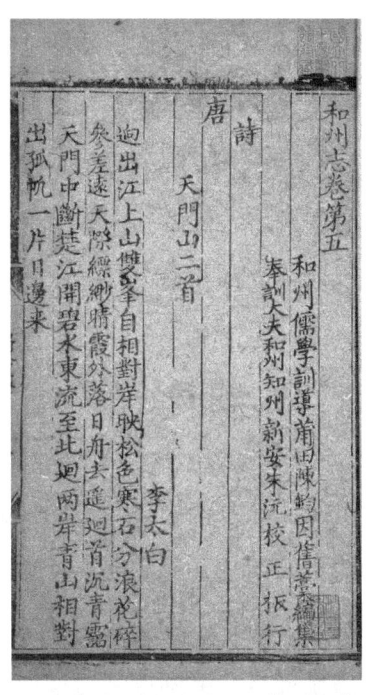

图 6—41 明正统六年（1441）刻本《[正统]和州志》

图经阶段（隋唐至北宋）。本阶段方志的主要形式是舆图与文字说明相结合，以图为主，以经为辅，如唐《沙州图经》《西川图经》等。

方志阶段（南宋至今）。南宋时期，方志体例基本定型、内容趋于完备，记述的重点开始从地理情况到社会众多方面，"人物"和"艺文"占据重要地位。明清是方志发展的鼎盛时期，明代志书有1500余种，现存400余种。清代保存至今的达5500种之多，出现了一大批方志学家和高质量的方志。

方志的类型按行政区划而定，有全国性的"一统志"，各省的"通志"，以及州、府、县志、乡、里镇志、卫志、关志、盐井志和土司志等；按自然对象分，则有山志、水志、湖志、塘志、河渠志等；就人文对象分，又有书院志、古迹志、寺观志、游览志、路桥志等；另外还有记一方之琐闻、轶事，也兼及政治、经济、文化的杂志。

方志具有地方性、广泛性、资料性、时代性和连续性等特征，并有"资治、教化、存史"三大功能。历代所修方志散佚情况十分严重，现今存世有8000余种。

六、家谱

家谱，亦称族谱、宗谱、家乘、通谱、统谱、世谱、支谱、房谱等等，是系统记述某一同宗共祖的血缘集团世系人物或兼及其他方面情况的历史图籍，包括家族来源、迁徙轨迹，以及家族生息、繁衍、婚姻、文化、族规、家约等历史文化的全过程。是由记载古代帝王、诸侯世系、事迹逐渐演变而来，但其起源最早可以追溯到周代以前的甲骨文、金文，甚至更早的口头家谱和结绳家谱。

先秦时期就有《周官》《世本》等谱学通书，秦汉以后，又出现《帝王年谱》等谱学著作。魏晋南北朝时期，门阀制度盛行，家谱主要作为官吏铨选和巨姓望族婚姻门第参考的依据。隋唐五代，修谱之风更从官方流行于民间，遍及各个家族。

宋代开始，编纂家谱的目的主要转为说世系、序长幼、辨亲疏、尊祖敬宗、睦族收族，且比较关注亲亲之道的提倡。宋以后官修公谱废绝，私修家谱兴盛。

明代，家谱体例趋于成熟和完善，数量和规模不断扩大，至清代和民国时期，家谱编修在各地普及，其数量之多、质量之高、内容之丰富、卷帙之浩繁，堪称中国家谱发展的高峰时期。当前世界各大图书馆收藏的中国家谱总数约有3.4万种之多，而散布在中国民间的家谱数量则浩若繁星，不胜枚举。家谱是对于历史学、民俗学、人口学、社会学和经济学的深入研究，均有其不可替代的独特功能。

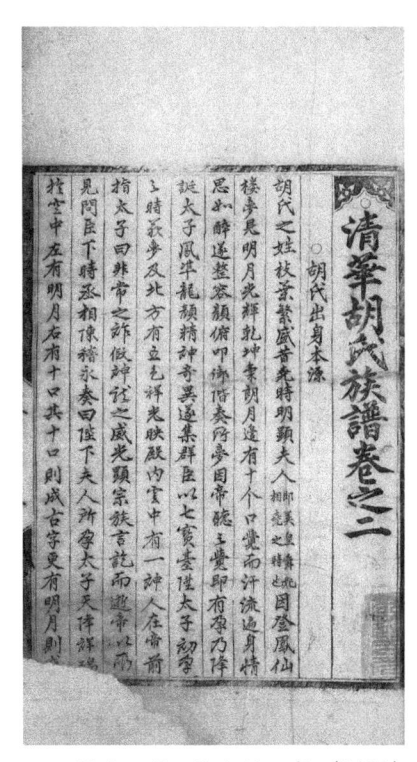

图6—42 明天顺二年（1458）家刻本《清华胡氏族谱》

第七章
传统印刷术的余晖与清代经典著作

清代的印刷技术在前代基础进一步发展，著作总量远超明代。清代前期，套版印刷技艺有了新的提高和改进，广泛应用活字印书，促进了印刷术更全面的发展。随着清晚期西方先进的现代印刷术传入，中国的传统印刷技术逐渐走向没落。

中国统一的多民族国家体制在清代得到进一步巩固，中央政府对传统文化典籍进行全面系统的整理、考订、诠释、汇集；清朝统治者对西方科技宽容接纳，科学技术水平达到了新的高度。中国古代书籍的发展也在这一时期达到巅峰。

第一节　清代出版印刷概况

清王朝统治者的主体是满族贵族，他们有自己的满族文化，但入关立朝以后，立即祭祀孔子，加封孔子为"大成至圣文宣先师"，孔

子后人仍袭"衍圣公"封号。康熙皇帝南巡时,还亲自到山东曲阜孔子故里祭奠孔子:

> 入大成门,行九叩礼;至诗礼堂,讲易经;上大成殿,瞻先圣像,观礼器;至圣迹殿,览图书;至杏坛,观植桧;入承圣门,汲孔井水尝之;……书"万世师表"额。(《清史稿·圣祖本纪》)

清统治者尊崇以孔子为代表的儒家学说,彻底接受了汉民族的传统文化思想。他们积极倡导程朱理学,以此加强、巩固对汉民族以及其他民族的统治。与此同时,清代统治者又实施高压手段,大兴文字狱,对于汉民族的反清思想及其相关著作,采取了严厉的镇压并加以销毁。仅在康、雍、乾三朝,从书籍著作中摘取字句,罗织罪名,所制造的文字狱冤案就达百起之多,成千上万的人遭受株连和迫害。康熙时期的戴名世《南山集》案、庄廷鑨案、雍正时吕留良《大义觉迷录》案,乾隆年间徐述夔《一柱楼诗集》案,除了书版、著作被销毁,每次都有几百人被害。

清王朝为维护自己的统治,不惜将一切有违碍之书加以销毁。其主要方法之一,就是"寓禁于征",编纂《四库全书》多次下令的征求图籍,是乾隆进行书籍检查的一个借口。由于害怕受文字狱牵连,民众乃至地方官员都对征书之事毫不积极。乾隆三十九年(1774),乾隆下谕说:

> 书中或有忌讳诞妄字句,不应留以贻惑后学者,进到时

亦不过将书毁弃，转谕其家，不必收存，与藏书之人，并无干涉。至督抚等经手汇送，更无关碍。（《清高宗纯皇帝实录》卷九百六十四）

乾隆的的御旨，把自己"寓禁于征"的意图暴露得清楚无遗。当他看到违碍书少时，又下了谕旨说：

乃各省进到书籍不下万余种，并不见奏及稍有忌讳之书。岂有裒集如许遗书，竟无一违碍字迹之理？况明季末造野史者甚多，其间毁誉任意，传闻异词，必有诋触本朝之语。正当及此一番查办，尽行销毁，杜遏邪言，以正人心而厚风俗，断不宜置之不办。（《清高宗纯皇帝实录》卷九百六十四）

被乾隆认为应该全部禁止或部分抽毁的书籍共有2000多种，曾几次列成目录，颁布全国，下令全国缴送销毁。单浙江一省，就献出538种，有些书籍竟因此被毁而遭亡佚。

清政府严酷的文字狱，禁锢了人们的思想，迫使许多学者埋头故书堆里，钻研古人的著作，由此，清初以来逐渐兴起的训诂学、音韵学得到发展，扩大到校勘学和考据学，至乾隆、嘉庆时期，出现了戴震《声韵考》、段玉裁《说文解字注》、王念孙《广雅疏证》以及王昶、毕沅的金石考证著述、钱大昕《廿二史考异》、王鸣盛《十七史商榷》、赵翼《廿二史札记》、章学诚《文史通义》等一大批重要著作，形成了乾、嘉时期清朝学术发展的鼎盛时代。

清代是中国传统印刷术发展的最后阶段，刻印技术在继承前代发展的基础上，进一步有所发扬。清代著作总计126649部、170万卷（杨家骆《中国古今著作名数之统计》，《新中华》复刊，1946年第4卷第7期），远远超过明代。尤其在清代前期，书籍的出版印刷业有一定的发展。套版印刷由于皇室的积极采用，对制版、镌刻、刷印各个工艺环节都有了新的提高和改进，同时带动私家、坊间也竞相印刷套版书籍。政府、民间广泛兴起应用活字印书，促进了印刷术更全面的发展，呈现出传统印刷事业继续向前发展的大好趋势。清代后期，西方新型印刷术传入，经过融汇和撞击，传统的中国手工印刷技术终于被先进的新技术所取代。

一、武英殿刻书

清代出版的重要的规模较大的著作，几乎全是中央政府所刻，具体而言，就是武英殿刻本。

武英殿，康熙十九年（1680）设立，最初为武英殿造办处，后改名武英殿修书处。修书处分设监造处、校对书籍处，监造处专掌监刻书籍，分为铜字库、书作、刷印作；校对书籍处负责书籍付印前后之文字校正工作。康熙四十年（1701）以后，清政府编纂的书籍种类和数量大增，武英殿刻书的数量也不断增加，进入发展期。雍正、乾隆时期，武英殿刻书日渐成熟，大量刻印书籍，并发展到顶峰，嘉庆之后逐渐走向衰落。

武英殿刻书范围很广，内容种类繁多。比较重要的一类是御纂、御制、敕命之书，较早的有顺治十二年（1655）刻《资政要览》，康熙十六年（1677）刻印库勒纳等奉敕撰《日讲四书解义》；康熙四十二年（1703）刻高士奇、宋荦奉敕编《圣祖御制诗集》初、二、三集；康熙五十年（1711）刻张玉书等奉敕编《圣祖御制文集》初、二、三集，康熙五十四年（1715）刻《御纂性理精义》；雍正五年（1727）刻王鸿绪等奉敕撰《钦定诗经传说汇纂》；雍正六年（1728）刻沈崇敬等奉敕撰《御定骈字类编》；雍正八年（1730）刻王顼等奉敕撰《钦定书经传说汇纂》等。乾隆四年（1739）刻《钦定十三经注

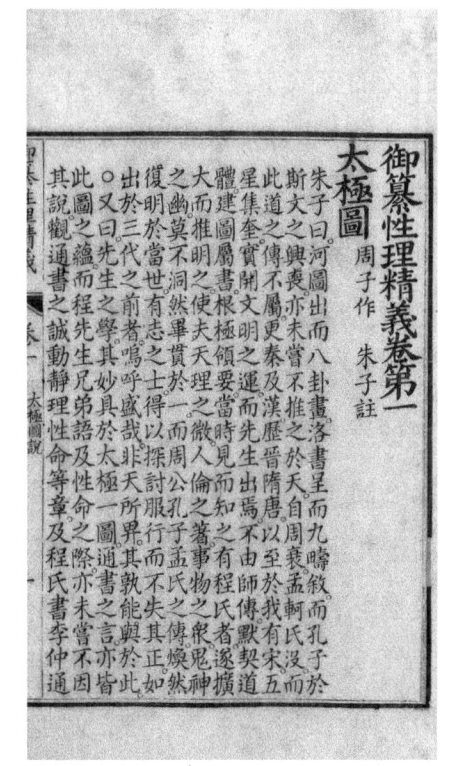

图7—1 清康熙五十四年（1715）武英殿刻本《御纂性理精义》

疏》和《钦定二十四史》，即重校刻明万历北监本《十三经》《二十一史》，增刻《明史》《旧唐书》，又辑刻《旧五代史》，合为《二十四史》。《二十四史》之名即始于此。殿版书由此发展到极盛时期。乾隆当政60年，所刻经、史、子、集四部数量浩大。

除此之外，武英殿还刻印《通典》《通志》《文献通考》等典章制度类书籍，以及康熙四十七年（1708）刻印记平定噶尔丹的《亲征平定朔漠方略》；乾隆年间记平定准噶尔部的《平定准噶尔方略》，记平定大小金川的《平定两金川方略》，记平定回族马明心起义的《钦定

兰州纪略》，记平定台湾林爽文起义的《钦定平定台湾纪略》，以及记平定廓尔喀的《钦定廓尔喀纪略》等。

武英殿也刻印字书、类书、丛书、诗文集。其中最著名的，当属康熙五十五年（1716）刊刻的卷帙浩繁、收录4.7万余汉字的《康熙字典》，以及康熙四十九年（1710）刻印的《渊鉴类函》四百五十卷，康熙五十年（1711）刻印的《佩文韵府》四百四十四卷等。雍正四年（1726），以铜活字排印的大型类书《古今图书集成》一万卷，以

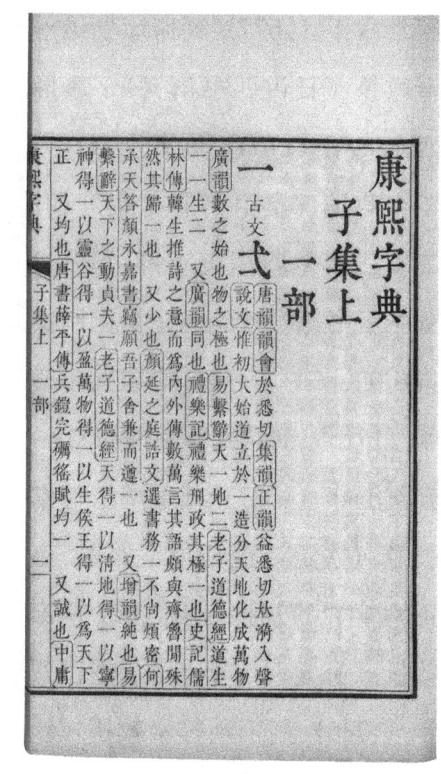

图7—2 清康熙五十五年（1716）武英殿刻本《康熙字典》

活字刊印了《武英殿聚珍版丛书》。又刻有《御定历代赋汇》《御选历代诗余》以及《全唐诗》九百卷。

殿版书除殿版刻本之外，还有扬州诗局承刻的书籍，即不在武英殿修书处刊刻而交付扬州诗局、苏州诗局刻印者，世称扬州诗局本、苏州诗局本。康熙四十年（1701）以后，随着刻书数量逐渐无法满足政府出版的需求，武英殿便将书稿发交扬州、苏州开局承刻。扬州诗局由曹寅主持。曹寅字子清，一字楝亭，号荔轩，满洲正白旗人。康熙时历官通政使，两淮盐政，江宁织造，同时主持扬州诗局校勘古籍

工作。扬州诗局所印各书校刻俱精，《全唐诗》九百卷即由扬州诗局刊刻，此外还有《佩文斋书画谱》《词谱》《佩文斋咏物诗选》《历代诗余》《全唐诗录》《宋金元明四朝诗》《御定历代题画诗类》《渊鉴类函》《御定历代赋汇》《御制诗》初、二、三集等10种书，将近3000卷。皆工楷写刻，有的蝇头细书，秀丽天成，极为精美。

清王朝是少数民族建立的统一王朝，非常重视藏文、蒙文以及清王朝本民族语言满文的刻书出版活动。康熙朝之后开设天清经局，刊印了许多蒙藏文书籍，很多经版保存至20世纪50年代中期。西藏地区刻书活动兴盛，始建于雍正七年（1729）的德格印经院是规模最大的藏文书籍雕印中心，收藏着藏文书版达20余万块，所印书籍流传很广。

藏文《大藏经》的雕印。清康熙二十二年（1683）和雍正二年（1724），在北京嵩祝寺刊刻了藏文《甘珠尔》和《丹珠尔》，称为北京版藏文《大藏经》，或嵩祝寺版藏文《大藏经》、朱版藏文《大藏经》；德格版藏文《大藏经》于雍正八年（1730）至乾隆二年（1737）在德格印经院雕印，经版藏德格寺；那塘新版《大藏经》于雍正乾隆年间在那塘雕成。

清康熙二十六年（1687）五世达赖下令修订刊印《四部医典》（藏文名"居悉"，一译作《医方四续》）。该书是藏医学集大成之作，诞生于唐代中叶，之后不断丰富发展。

蒙文官府刻本中数量最多的是藏传佛教经典。满清政府为巩固北方边疆的安全，大力提倡藏传佛教，用宗教来巩固与蒙古各部的关系。这些蒙文佛经多由藏文翻译过来，或者是蒙藏或满汉蒙藏几种文字合璧。康熙二十二年至三十九年（1683—1700），历经17年刊刻由藏文译为蒙古文的《如来大藏经》。康熙五十九年（1720）在北京刊印蒙古文《甘珠尔》108函，乾隆十四年（1749）刊印《丹珠尔》225函。

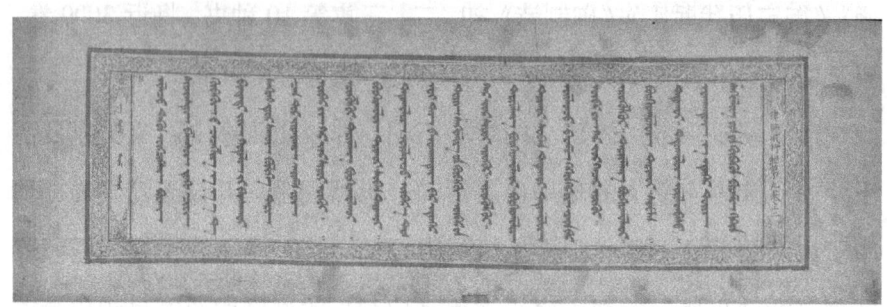

图7—3 清北京版蒙古文《甘珠尔》

另一类重要的蒙文官府刻书籍是辞书。康熙四十七年（1708）刻印《御制清文鉴》，随即又加注蒙古文，康熙五十六年（1717）在武英殿刊印《御制满蒙文鉴》。乾隆时期，对《御制清文鉴》做了较大增删，并加注蒙古文、汉文等，题为《御制满洲蒙古汉字三合切音清文鉴》再次刊印，并收入《四库全书》。这些官方编印的辞书对蒙古文的使用发展有着重要的指导作用。

《钦定西域同文志》是一部用汉、满、蒙古、藏、托忒、维6种文字对照的有关西域人名地名词典，乾隆二十八年（1763）奉敕编撰，收入《四库全书》，由武英殿刊印出版。

《诸汗根源之珍宝史纲》是反映蒙古族历史的重要著作，该书有内府抄本，乾隆四十二年（1777）译为满文和汉文，乾隆皇帝更名为《蒙古源流》，由武英殿刊印。《格斯尔的故事》是由藏族史诗《格萨尔》与蒙古史诗相结合的一部英雄史诗，主要有康熙五十五年（1716）北京刻本，以及多种抄本。

清代蒙古文书籍以抄本形式流传的数量也相当大，包括佛经、小说等。

托忒蒙古文书籍有《四卫拉特史》和《和鄂尔勒克史》抄本，刻本有《格斯尔的故事》《江格尔》《乌巴什洪台吉的故事》等文学名著，《蒙古托忒汇集》是蒙古文、托忒蒙古文、满、汉四种文字合璧的一部音序词典，有嘉庆二年（1797）北京刻本。一些佛经如《金光明经》《金刚经》《长寿经》也有托忒蒙古文本。

满文是清朝统治者本民族的文字，很多重要的汉文书籍都被翻译为满文，或者采用满汉、满蒙甚至满汉蒙藏合璧的方式刊印出版。满文书籍的刊刻贯穿整个清代，从未间断。

清朝建立伊始，即开始刻印汉文书籍的满译本。顺治三年（1646）刻印的《辽史》《金史》《元史》和《洪武宝训》（一名《洪武要训》），是清入关后首次刻印的满文书籍，顺治七年（1650）又刊刻了满译本《三国演义》。康熙年间，清政府在翰林院中选拔既懂满文，又对汉文化有研究的满族学士，设立内翻书房（简称翻书房），负责将各类汉文书籍翻译为满文，并即付刻印，主要翻译谕旨、起居注、御论、讲章、敕文、碑文，儒家经典等，同时还翻译了《西厢记》《金瓶梅》等民间小说。这个时期编纂的一批宣扬儒家思想的书籍，一般均以满汉两种文本同时印行，如《劝学文》《御制人臣儆心录》《御制资政要览》《御制劝善要言》《御纂内政辑要》《太上感应篇》。

康熙乾隆时期是官府刻印满文书籍的兴盛期。著名的有《日讲四书解义》《日讲书经解义》和李光地编《性理精义》满译本。满文政书有康熙二十三年至二十九年（1684—1690）编撰的《大清会典》，和《大清律集解附例》《刑部新定现行例》《大清太祖高皇帝圣训》《亲征平定朔漠方略》。语言文学类的书有满文分类辞典《御制清文鉴》，此书前后经35年方告完成，共280类12000余条。文学类书籍的代表作品是徐乾学奉敕编纂的《御制古文渊鉴》，收春秋至唐代文共693篇，康熙二十四年（1685）武英殿刊刻，有汉、满两种文本。满文本版印精美，是康熙时期满文刻本的典范，该书是清代大规模翻译汉族古代散文的第一部文集，对后世产生了深刻影响。

乾隆时期的官府刻满文书籍20余种，从数量、内容和版刻质量上看，都超过了前三朝。内容上包括以下几个方面：重新整理翻译"四书"《诗经》《春秋》《礼记》等儒家经典；继续编纂刻印前代皇帝的《圣训》；加强政书的修纂和刊印，如重新修纂《大清律例》，以满汉两种文本刊印，其后又刊印了《大清律续纂条例》《大清律续纂条例总类》；重修《大清会典》，乾隆二十九年（1764）刊行满文《大清会典》《钦定大清会典则例》。不断修订和完善《八旗则例》《兵部督捕则例》《旗务则例》《国子监则例》。

翻译成满文的史籍有《平定准噶尔方略》《平定金川方略》，专用满文刻印的还有《宗室王公功绩表传》《太祖皇帝大破明师于萨尔浒山之战书事文》《皇清开国方略》《钦定外藩蒙古回部王公表传》等历史书籍。

文学类书籍有乾隆三十八年（1773）编成《御制增订清文鉴》，在此书基础上，又发展到四体《清文鉴》和五体《清文鉴》。

重视佛教典籍的满文翻译和刊印。为稳定蒙藏地区，清政府崇奉喇嘛教，乾隆三十八年（1773）开始翻译满文大藏经，至乾隆五十五年（1790），历时18年方才告成。翻译刻印其他佛教典籍，如《御制满汉蒙古西番合璧大藏全咒》《皈依经》《普贤行愿品经》。乾隆帝还亲自翻译过《吉祥偈》《金刚经》等佛经。满文佛经的刻本绝大多数都是乾隆朝翻译刊印的，这些佛经一般作为供奉或者供皇家寺庙中喇嘛念诵，很少散入民间。

清代满文官府刻书籍均由内府统揽。清中叶以后，个别地方官署也刊刻满文书籍，如嘉庆年间西安将军署刻印了《清文指要》，广州将军衙门和荆州驻防翻译总学在光绪年间也刻印了《清文总汇》《清语辑要》等书，这些地方官署刊印的都是学习满文的教科书和工具书，

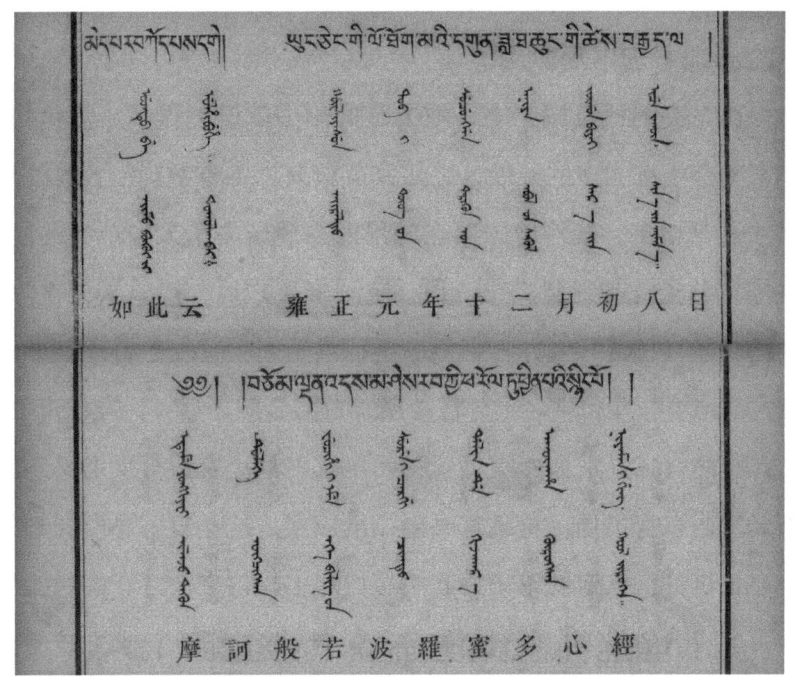

图7—4 清雍正刻本藏满蒙汉合璧《般若波罗蜜多心经》

以满足当地八旗子弟学习满文的需要。

嘉道以后，国力衰微，满文官刻书籍逐渐式微。

彝文书籍。大约在康熙至雍正年间成书的《西南彝志》是较全面记载西南地区彝族历史的彝文文献，被誉为"百科全书式的巨著"。

生活在西双版纳等地的傣族使用傣文。傣文来自印度字母在中南半岛的某种变体，在公元13至14世纪左右随着小乘佛教传播而开始在傣族地区流行。最重要的傣文古籍是大约处于清王朝时期的傣文《大藏经》，这些《大藏经》用贝叶写成，称为贝叶经。贝叶是傣族文化的重要载体，所以傣族文化又称为贝叶文化。傣文《大藏经》有三种不同方言文字写刻本，即西双版纳傣文本、德宏傣文本和傣绷文本。

二、地方官书局刻书

相比中央的武英殿刻书，地方政府刻书就逊色得多。清代初期，地方官刻并没有太多的开展，之后武英殿允许各省翻刻，各省的官府刻书才逐渐增多。晚清曾国藩在施用武力镇压太平天国革命的同时，号召知识分子维护封建文化，他在攻占安庆之后，以重兴文化为名，于同治二年（1863）创办官书局，延请洪全奎、莫友芝督理创办书局事宜，并选委一些积学名士分任校勘。攻陷金陵之后，又设江南书局。不久，金陵官书局、浙江官书局、四川官书局、安徽敷文书局、山西官书局、山东官书局、直隶官书局相继成立。这些官书局所刊刻的书籍，多是御纂、钦定的本子，其中经史居多，诗文次之。同时，为了迎合一般读者的需要，所刊刻的普通读物，定价低廉，求之较易。各官书局用底本、校勘精劣、纸墨好坏也各有差异。官书局刻书，成为清代后期地方官府刻书的重要代表。

金陵官书局。同治三年（1864）由曾国藩设立，其前身为江南官书局。洪全奎（字琴西）总其事。张文虎、戴望、冯煦、刘恭冕等人分任校勘。金陵官书局第一部刻书是同治二年至四年（1863—1865）完成的《重刊王船山遗书》三百三十二卷，曾国藩亲自参加校阅。同治七年刻印《五种遗规》，极力宣扬封建道德规范。此外还刻印过《文选》《楚辞》《十三经读本》《唐人万首绝句选》等书。金陵官书局刻书大都以毛晋汲古阁版复刻。其校勘任职最久的是张文虎。文虎字孟彪，号啸山，自号天目山樵，博览群籍，精研深造。初馆金山钱熙祚家30年，为钱氏勘校《守山阁丛书》《指海》等书数百种。

浙江官书局。浙江布政使杨昌浚、按察使王凯泰于同治三年（1864）呈进巡抚马新贻设立。同治六年（1867）以后刻印了《钦定七经》和《御批历代通鉴辑览》等书。依托杭州著名藏书家丁丙、丁申兄弟的八千卷楼善本书室，浙江官书局刻书选用底本非常方便。担任校勘的是著名的经史学家、词章学家谭献、黄以周、张大昌、张颜、王治寿等人。

据丁申《武林藏书录》记载：

> 官书局先后刻书二百多种。经部除上述《钦定七经》外，还刻有《四书集注》《四书约旨》等，史部刻《九通》《孔子编年》《续资治通鉴长编》等，子部除《二十二子》以外有《张氏医书七种》《玉海》等，集部刻有《沈氏三先生文集》《古文渊鉴》《唐宋文醇》等等。

其中名刻《二十二子》，以各家校刊及明世德堂本为依据，是子书丛刻中最完善的本子。

浙江官书局刻书的另一特点是校勘精审。如所刻《玉海》《九通》等书，错讹极少，超过殿本。此外，浙江书局与丁氏所刻《当归草堂丛书》《武林掌故丛编》等书，版式差不多完全一致。字体秀丽，校印精良，胜过金陵书局刻本。浙江官书局所刻书籍，在局本中居首要地位。

湖北官书局。又名崇文书局，同治六年（1867）设立于湖北武昌。刻印书籍200余种。所刻书有《经典释文》《说文解字》《康熙字典》《湖北通志》《五代史》《旧五代史》《史记》《明史》，还有《子书百家》《沈氏尊生书》以及《文选》《唐宋八大家类选》等。湖北官书局刻书侧重实用，版式排列比较紧密、字体宽扁，校勘不够精审。其刻书流传较广，但质量不高。

湖南官书局。湖南官书局亦名湘南书局，同治年间创立，光绪年间更名为思贤书局。刻印《船山遗书》《曾文正公全集》和

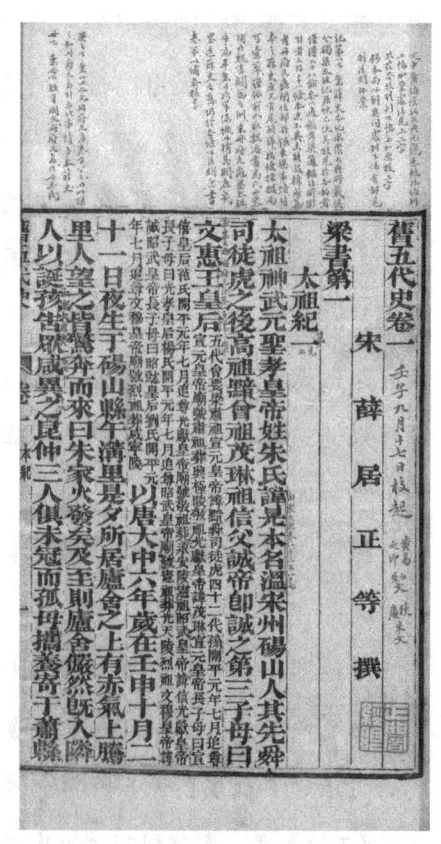

图7—5 清同治十二年（1873）湖北官书局刻本《旧五代史》

一些经、史著作。选刻书籍侧重于近人著作，如王先谦《汉书补注》和《后汉书集解》，叶德辉所著观古堂各书，孙诒让的《周礼正义》《墨子閒诂》等。字体雅致，校勘认真，甚为畅销。

江西官书局。同治二年（1863）设立于江西南昌。刻印有《通鉴纪事本末》《左传纪事本末》《宋史纪事本末》《元史纪事本末》《明史纪事本末》，俗称"五朝纪事本末"，以及《御纂七经》《重刊宋本十三经注疏》《御纂医宗金鉴》《王荆公笺注》等，此外还覆刻了《武英殿聚珍版丛书》。

广雅书局。光绪十二年（1886）设立，王秉思任书局提调，著名学者武进屠敬山、会稽陶浚寅、元和王仁俊、长洲叶昌炽等都曾参与校书。刻书总数达 300 多种，包括《武英殿聚珍版丛书》《钦定全唐文》等巨帙，其中《广雅丛书》对研究历史颇有参考价值。广雅书局本字形稍扁，墨口宽栏，不甚雅致，有些书校勘不够精审。

山西官书局。前身是浚文书局，民国二十三年（1934）改名山西书局。刻有《十三经读本》《山西通志》以及经史书籍。所刻各书比较粗糙，品质不高。

山东官书局。设立于山东济南。刻有《十三经读本》。刻书校勘较为精审，字体方整，纸墨亦佳，在官书局刻书中，属于上乘之作。

直隶官书局。光绪七年（1881）天津县知县劳乃宣奏请总理各国事务衙门批准后设立，由孙家鼎总理其事。初衷是刻印与各国有关的法律、经济、农业、工业、测算、武备外交等，以及有利于国计民生与对外交涉的译文图书，后因经费原因未能实现。自光绪二十二年（1896）始，专营寄售各官书局刻书和承揽代销私家印制的书籍，如商务印书馆、文明书局编印的各种课本，李光明书庄印制的童蒙读本等，都交直隶书局代销。起初设在当时省会所在地——保定府，光绪末年又设分局于天津、北京，委刘春霖、边怡园、宋星五分任经理。后官府停止拨款，官书局为刘春霖等三个私人所有。民国时期，直隶书局因经营不善，京、津、保三处相继停业。

各官书局以浙江、广雅刻书最多，他们的有些书版被完好地保存下来，所刻印的书籍有的至今仍在社会上流通。

三、私家刻书

在清代的雕版书籍中，私家、坊刻佳本不多。但私家刻书中有两类值得注意：一类是著名文人所刻自己的著作和前贤诗文，这类书大都是手写上版，即所谓写刻本。选用纸墨比较考究，是刻本中的精品，世称"精刻本"。另一类则是考据、辑佚、校勘学兴起之后，藏书家和校勘学家辑刻的丛书、逸书，或影摹校勘付印的旧版书。

康熙年间开始，兴起了精写上版的风气，手写精刻，蔚然成风。至乾隆嘉庆时期发展到极盛，

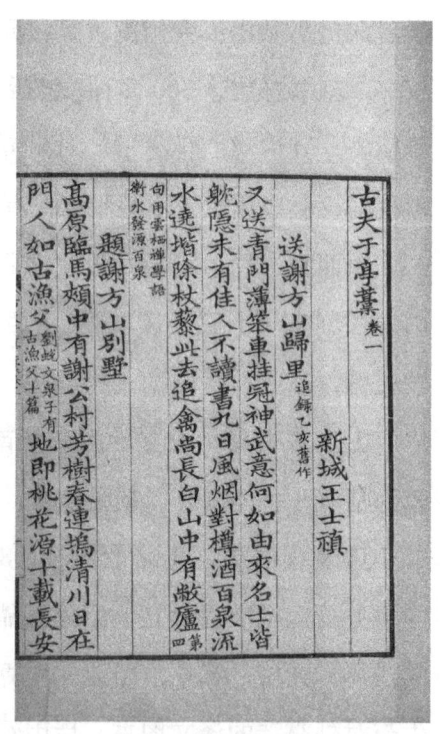

图7—6 清康熙四十六年(1707)成文昭刻本《古夫于亭稿》

精本佳刻迭出不穷。当时的许多著作，都是由名家精心缮写付梓的，最著名的如"林佶四写"《尧峰文钞》《午亭文编》《古夫于亭稿》《渔洋山人精华录》。

康熙中期胡介祉谷园写刻的《王司马集》《陶靖节集》《谷园印谱》，康熙三十八年（1699）顾嗣立秀野草堂刻的《韩昌黎先生诗集注》，吴郡名刻工邓明玑、曾唯圣刻，刻印秀美至极，为清代版刻的杰出之作。康熙四十二年（1703）的《汤子遗书》为古吴范稼庵写，金陵名匠刘文藻刻。雍正九年（1731）

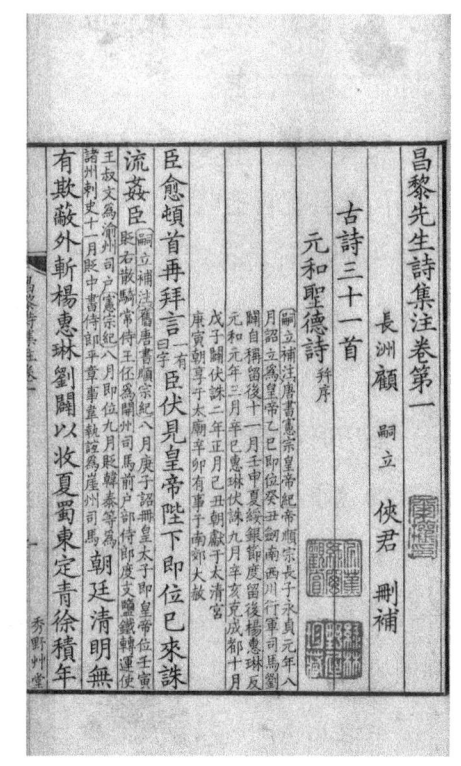

图7—7 清康熙三十八年（1699）顾氏秀野草堂刻本《昌黎先生诗集注》

江都（今江苏扬州）陆钟辉水云渔屋刻陆龟蒙《重刊校正笠泽丛书》及陆氏所辑《南宋群贤诗选》，写刻工整秀丽，选用开花纸（开化纸），刷印极精。雍正十一年（1733）广陵（今扬州）般若庵写刻本《冬心先生集》，字体笔画磅礴豪迈，纸墨上乘，印刷极为精致。著名的精刻本还有雍正年间张亭俊写、何元安刻的浦起龙撰《读杜心解》，雍正十三年（1735）梁溪（今江苏无锡）华育渠写、辛浦校刻的汪琬《汪氏说铃》。此外还有许多是未署写刻人名而字体书写刻印纸墨精湛的，如陈撰的《玉几山房吟卷》，卓尔堪的《三家诗》，李光暎的《观妙斋金石文考略》，都是软体字书写上版，字体秀美，笔力遒劲，纸墨版式亦无不精雅悦目。

乾隆时期，私家精写精刻本的代表作品有乾隆十二年（1747）林佶同门歙县程哲七略书堂写刻的《带经堂集》，黄晟写刻的《水经注》，乾隆十四年（1749）郑燮亲自书写并由其门徒司徒文膏刻字的《板桥集》，乾隆六年（1741）吴江沈守义所刻《南船纪》，乾隆二十二年（1757）春晖堂刻《菊谱》，海宁拜经楼吴氏辑刻之《海昌丽则》等等。

嘉庆时期的部分私家刻书，尤其崇尚写刻，名校勘家黄丕烈手写上版的《季沧苇藏书目》，字画圆润而苍劲，刻印不失原书神韵。嘉庆十五年（1810）松江沈氏古倪园所刻唐《唐女郎鱼玄机诗》《薛涛诗》，宋杨皇后《杨太后宫词》，元孙淑《绿窗遗稿》，世称《四妇人集》，刻印极精。

至道光年间，精刻如道光三年（1823）汪喜孙刻印其父汪中所著《述学》，书写刻印以及版式纸墨，无一不佳。另外，海昌（今浙江海宁）古韵阁主人许槤所刻各书，书写刊印，用纸用墨，为世人称道。传本中常见到的如《六朝文絮》《笠泽丛书》《字鉴》等，均为藏书家所重视。

乾嘉时期一些私人刻书家刻印的翻宋、仿宋本，无一不精，对刻书业产生了巨大影响。黄丕烈、顾广圻就是其中杰出的代表。顾广圻一生都为官僚地主和藏书家教书、校书、刻书。经他手校刻印的宋元本书，有为黄丕烈校刻的宋本《国语》《战国策》《隶释》《易林》《舆地广记》；为孙星衍校刻的宋本《古文苑》、元本《唐律疏议》；为汪士钟校刻的宋本《仪礼疏》；为张敦仁校刻的宋本《仪礼注疏》《礼记注疏》；为吴鼒校刻的宋本《韩非子》等等，皆极为有名。这些精刻本，直到近现代还一再翻刻、影印。

在清代私家刻书中，比较引人注目的还有一些著名校勘家校刻汇印的丛书，如黄丕烈《士礼居丛书》、鲍廷博《知不足斋丛书》、卢文弨《抱经堂丛书》、毕沅《经训堂丛书》、孙星衍《平津馆丛书》等等。至于嘉庆年间阮元所刻《十三经注疏》和《皇清经解》更是清代汉学研究的重要文献，影响巨大。

道光以后，清廷政治腐败，帝国主义入侵，民不聊生，对刊版印书方面的要求也日趋降低，精品版印书籍渐渐难觅踪迹。

四、书坊刻书

清代的书坊刻书数量很大，但版刻精美者少。著名的书坊如明代后期创建于苏州的扫叶山房，主人洞庭席氏，取古人"校书如扫落叶"之义，以"扫叶山房"为肆名。刻印经、史、子、集四部之书，以及笔记小说、村塾所用经史读本，多达数百种。至光绪年间，还在上海、汉口等处开设分号，并增添铅、石等影印设备，业务范围逐渐扩大。

扫叶山房现存最早的刻本是补刻汲古阁本《十七史》中的《旧唐书》《旧五代史》，其次是乾隆六十年（1795）所刻宋王称《东都事略》一百三十卷。至同光间，刻书种类更多，数量更大，行销大江南北，常见的有《毛声山评点绣像金批第一才子书三国演义》《绣像评点封神榜全传》《千家诗》，《龙文鞭影》初、二集附《童蒙四字经》。刻印字画清晰，惠及村塾蒙童。清末民国初，扫叶山房出版各书，多用新法石印，逐步代替了刻版刷印。

苏州书业堂刻书以小说为重点，也有医书等生活实用类书籍。传世本有乾隆四十四年（1779）刻《说呼全传》。乾隆四十六年（1781）刻艾衲居士编《豆棚闲话》；乾隆五十八年（1793）刻《新刻批评绣像后西游记》。

道光以后直到清末，书坊的集中地仍以南北两京和苏、扬二州为中心，如南京李光明庄、聚锦堂、德聚堂；北京老二酉堂、聚珍堂、善成堂、文宝堂、泰山堂、荣禄堂、文贵堂、本立堂、宝文堂、龙文阁、文光楼、文锦斋、文友堂、文成堂；苏州宝兴堂、聚文堂、绿荫堂、文学山房、三经堂；扬州文富堂；宁波群玉山房等，都刻印了不少书。晚清书坊刻书最多，发行面最广，对文化教育影响较深的是南京李光明庄，和北京的老二酉堂、聚珍堂。

李光明庄所刻各书，前面多印有推广文字的告白启事。版心下刻"李光明庄"四字，有的还在刊叶附刻目录。据所刻《书经》刊叶目录所载，李光明庄刻印了167种书，计经部41种，史部6种，子部3种，集部52种，启蒙类24种，闺范类4种，医算杂学类24种，善书类13种。目录下方用白文标明"以上价目　一律制钱　不折不扣"。李光明庄刻印的书籍在当时坊本中是比较好的。

北京老二酉堂、聚珍堂、善成堂、文贵堂、文友堂等，所刻书大部分是村塾采用的《五经》《四书》和启蒙学的《三字经》《百家姓》《千字文》《弟子规》《七言杂字》以及初学书写临摹的字帖等。

清代后期，江浙地区的书坊刻书有苏州文学山房。主人江氏，于光绪二十五年（1899）设肆于苏州获尤街嘉余坊。刻有谢家福辑《望炊楼丛书》7种，蒋凤藻辑《心矩斋丛书》10种等。以木活字排印《江氏聚珍版丛书》（亦名《文学山房丛书》）为最著名。

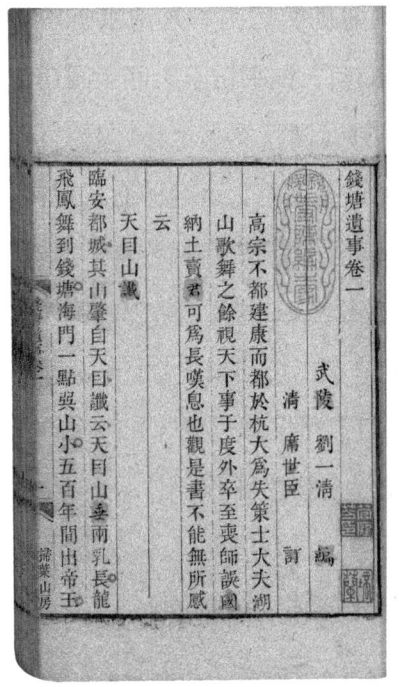
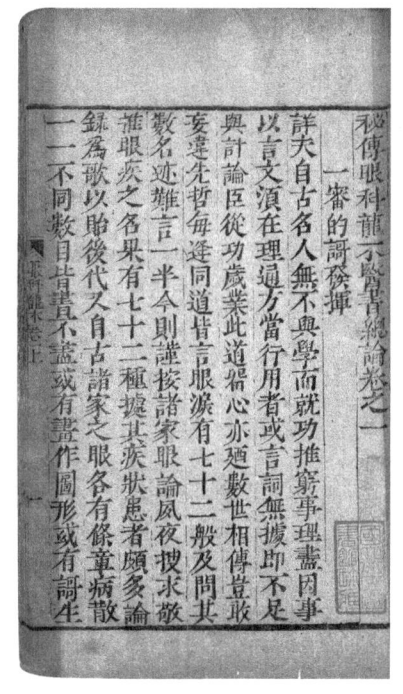

图7—8 清嘉庆四年（1799）席世臣扫叶山房刻本《钱塘遗事》

图7—9 清书业堂刻本《秘传眼科龙木医书》

书肆多重营利，往往因降低成本，影响书品质量，不如官刻、家刻版本精美。但是它在繁荣市场、普及文化教育方面所作的贡献是不容抹煞的。

在政府对少数民族文字刻书的推动和影响下，民间的少数民族文字书籍的刊刻也有了进一步发展。清代蒙古文书籍的坊刻本也较多，大部分是用于启蒙与科举考试用的四书五经，以及《三字经》《名贤集》等。当时北京琉璃厂的保翠斋、三槐堂、文真堂和护国寺的萧氏都刊刻蒙古文书籍，荆州驻防翻译总学等也有刻本。这些刻本大多是满汉蒙合璧或蒙汉合璧。

满文书坊刻本。有明确纪年的最早的满文坊刻本是南京听松楼刻印的《诗经》，刊刻于顺治十一年（1654）。该书坊于康熙年间还刻印过满文本《清书全集》《同文广汇全书》《满汉类书全集》《孙吴子兵法》。而刊刻满文书籍的书坊最集中的却是北京，著名的有三槐堂、文盛堂、聚珍堂等十余家，刊印有《大清全书》《三字经注释》，满汉合璧的《西厢记》《六部成语》《圣谕广训》《满文启蒙》《读史论略》《钦定清汉对音字式》《音韵逢源》等，成为满文书坊刊刻中心。

光绪三十三年（1907）北京石印馆刻了满汉蒙合璧《分类汉语入门》，宣统元年（1909）有石印本《满蒙汉合璧教科书》。

第二节　活字印刷术

活字印刷术在清政府的积极推动下，呈现出不俗的业绩。木活字印刷普及，数量大大增加，地域已经遍布大江南北，全国各地。金属活字印刷也体现出很高的印刷水平，并不断尝试泥活字等其他的活字材质。

一、木活字

清代的木活字印本数量很多。清代木活字印本除家谱之外，流传至今的还有约 2000 种。活字印本单种书的印刷数量一般较刻版为少，有的只刷印几部，最多也不过印数十部或百余部而已。

最有影响的木活字印本是乾隆时期内府刊印的《武英殿聚珍版丛书》。乾隆三十八年（1773），四库馆臣在纂修《四库全书》时，从明代《永乐大典》中辑出了大量失传的珍稀古籍，乾隆下令选择一部分交武英殿刊刻流通。但因数量大，刻版所需时间太长，且耗费财力、人力，当时管理武英殿刻书事务的四库馆副总裁金简，建议依照元代王祯创造的木活字印书。他进呈奏折说：

>……但将来发刊，不惟所用版片浩繁，且逐步刊刻亦需时日，臣详细思维，莫若刻做枣木活字版一份，印刷各种书籍，比较刊版工料省简悬殊。臣谨按御定《佩文诗韵》详加选择，除生僻字不常见于经传者不收集外，计应刊刻者约六千数百余字。此内虚字以及常用之熟字，每一字加至十字或百字不等，约共需十万余字。又预备小注应刊之字，亦照大字每一字加至十字或百字不等，约需五万余字。大小合计不过十五万余字。遇有发刻一切书籍，只须将槽版照底本一摆，即可刷印成卷。

乾隆御批："甚好。照此办理。"（清乾隆木活字印武英殿聚珍版丛书本《钦定武英殿聚珍版程式》）

于是金简主持刻造木活字，至乾隆三十九年（1774），共刻字25万。在当时，这套木活字的造价，每百字用木料二钱二分，写工二分，刻工四钱五分，连同应用的附带工具，如摆字木槽、字盘、格子、版箱、大柜、木凳等，统共用银2339两7钱5分。刻成后，乾隆认为"活字"的名称不雅，改称"武英殿聚珍版"。用这些活字排印的丛书，就叫《武英殿聚珍版丛书》。此后，凡活字排版印出来的书，又可称作"聚珍本"。

金简把制造木活字印书的经过和方法，详细记录下来，写成《钦定武英殿聚珍版程式》。书中将活字印刷的工艺流程各项分别条目，一一绘成生动图示意，并做简要说明，从理论上概括总结了活字印刷的全部工艺流程。金简的记述清晰，比王祯《造活字印书法》显得更为全面、系统。

根据《钦定武英殿聚珍版程式》的记述，《武英殿聚珍版丛书》的排印步骤大致如下：

排印事宜者为6人。

首先，先将刻成的活字按《佩文韵府》诗韵分于10个木箱内，每箱抽屉8层，每层又分若干小格盛字。

图7—10 清乾隆武英殿木活字印本《钦定武英殿聚珍版程式·摆书图》

其次，同时2人专管摆版，4人分管平上去入四声，摆版人按书稿所需用的字向管韵人唱取，管韵人按韵检字，由摆版人摆成一叶版。

最后，交付刷印样书，再由翰林校对无误后，照书样刷印成书。

《武英殿聚珍版丛书》，全书共138种，其中前4种书是刻板印刷，其余134种书都用木活字排印。

在内府的带动下，各地官私机构纷纷效仿。地方官署如江宁藩署、吴门节署、四川提署、黔南抚署、汀州官署等，均印制过为数不多的活字本。同、光以后各省的官书局也有使用木活字印书的，如同治年间金陵书局的《两汉刊误补遗》《三国志注》《史姓韵编》《吾学录初编》等，光绪年间江南书局的《周易折衷》，江西官书局的《毛诗补笺》等。

书院的木活字印书，如乾隆末年安徽紫阳书院的《婺源山水游记》，光绪年间湖北两湖书院的《金正希年谱》等。

私家木活字更为盛行，著名的有清初岭南寿经堂的《陈同甫集》，乾隆五十八年（1793）长洲甫里周氏易安书屋《甫里逸诗》，嘉庆十五年（1810）吴县吴志忠真意堂《有竹石斋经句说》，嘉庆十六年（1811）吴志忠《真意堂丛书三种》，嘉庆十六年（1811）苏州的《禹贡节注便读》，嘉庆二十四年至二十五年（1819—1820）著名藏书家张金吾印制的《爱日精庐藏书志》《续资治通鉴长编》等，嘉庆间成都龙万育印制的《天下郡国利病书》《读史方舆纪要》，道光年间六安晁氏的《学海类编》。

书坊用木活字印书的，有北京的龙威阁、善成堂、荣锦书坊、聚珍斋、隆福寺聚珍堂、琉璃厂半松居士等，北京的萃文书屋于乾隆五十六年至五十七年（1791—1792）印制的《红楼梦》一百二十回本，琉璃厂半松居士印《南疆绎史》，聚珍堂在光绪五年（1879）梓行的《艺菊新编》目录后，附聚珍书目12种，光绪七年（1881）摆印的《极乐世界传奇》第八册末附有聚珍版书目《红楼梦》等16种；常昭排印局印《通鉴论》，汀州东壁轩活字印书局印黎士弘的《托素斋集》《仁恕堂笔记》。"聚珍堂""排印局""活字印书局"等名称已经成为名副其实的活字排印书坊的名称。

清代木活字印家谱，以江苏、浙江、安徽、湖南为主，尤以浙江绍兴府，江苏常州、无锡，安徽徽州府、桐城等地数量最多，每地都有几十到几百种。其他的江西、湖北、福建、四川等地也有种数不等的活字家谱。江浙一带有专门从事印谱的工人，挑着字担，到乡镇做谱。字担上的木字或称木印，只有2万多字，分大、小两号，遇缺字则临时补刻。家谱一般印七八部至数十部，或二三十部，也有多至四五十部甚至百部的，多用白连史纸印。开本多为30厘米左右，宽约20厘米，甚至有高达40—50厘米，宽30—40厘米的。

清代木活字除印书籍之外，又印报纸，如《京报》，登载上谕、奏折、官吏升迁、请假、谢恩等信息，供各级官僚内部参考的。戊戌变法时期，维新派曾用木活字印刷过《万国公报》（后更名为《中外纪闻》），随《京报》附送王公大臣。

二、金属活字

1. 铜活字

清代的金属活字以铜活字为主。铜活字印本首推清雍正四年（1726）内府武英殿铜活字印刷的一万卷巨帙《古今图书集成》，该书纸墨精良、版式整齐，印刷清晰、装潢富丽。除此之外，内府铜活字本还有康熙时的《律吕正义》《御制钦若历书》《御制数理精蕴》《御选宝筏精华》《金屑一撮》《妙圆正修智觉永明寿禅师心赋选注》等。乾隆以后内府未见铜活字本。

清代民间的铜活字，最重要的是福州林春祺所制"福田书海"。林春祺根据《洪武正韵》笔划，于道光二十六年（1846）刻成楷书铜字大、小各20余万字，大、小书籍皆可印刷。这项大工程共花费白银20多万两，历经21年。林春祺原籍福清龙田，故此铜版名为"福田书海"。林氏用这套铜活字印了顾炎武《音学五书》,扉页有"福田书海铜活字板,福建侯官林氏珍藏"4行16字。其中《音论》卷首附有林春祺所作《铜板叙》,说明造铜活字的原因与经过,是中国目前仅见的制造铜活字资料。

其他铜活字本有康熙二十五年(1686)常熟吹藜阁的《文苑英华律赋选》,嘉庆十二年(1807)武隆阿在台湾印《圣谕广训注》,咸丰二年(1852)杭州吴钟骏印制其祖父孙云桂的《妙香阁文稿》《妙香阁诗稿》,

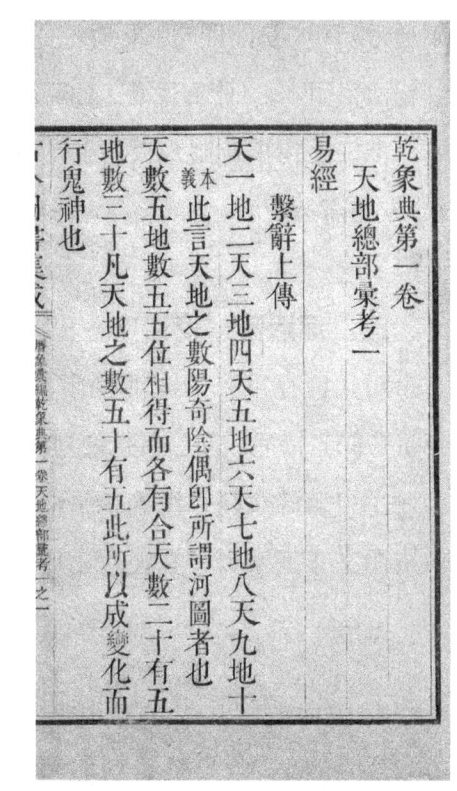

图7—11 清雍正四年(1726)武英殿铜活字印本《古今图书集成》

咸丰三年(1853)满人麟桂在浙江做官时排印的《水陆攻守战略秘书》7种,咸丰八年(1858)徐隆兴等《九修毗陵徐氏宗谱》等。有学者认为杭州印制的《妙香阁文稿》《妙香阁诗稿》《水陆攻守战略秘书》,系使用福州福田书海的铜字印制,因为其字体与福林书海的字体完全相同。

2. 锡活字和铅活字

根据美国人卫三畏记载,广东佛山邓氏印工在道光三十年(1850)铸造锡活字印刷彩票,在咸丰二年(1852)刷印了元代马端临的《文献通考》348卷，订成120册，字大悦目，纸白墨黑，这是世界上第一部锡活字印本。（张秀民著、韩琦增订《中国印刷史》，第613—614页）

淮安王锡祺自制铅板，于光绪二十一年（1895）用铅活字印制了《小方壶斋丛书》。

三、泥活字、瓷活字

明代留存下来的泥活字印本极少，清代的却颇有一些。乾隆元年（1736）前后，新昌吕抚使用秋米、棉花和泥作为原料制作泥活字，印制了自著的《精订纲鉴二十一史通俗衍义》。他先用泥压在雕版上做成阴文正字字母，在泥片上印出阳文反字，制成泥版，用以印刷。

图7—12 清道光十年（1830）李瑶泥活字印本《南疆绎史勘本》

图7—13 清道光十二年（1832）李瑶泥活字印本《校补金石例四种》

这种活字与整版相结合的印刷方式是一种独创，使得造字的数量大大降低，7000余字就可以印刷书籍，快捷便利。该书卷二十五末介绍了该活字泥版印书工艺，包括制泥、刻字、制版、印刷等多个步骤，对于自制泥活字字母、制泥版印刷此书方法及所用各种工具有详细记载。

道光年间，苏州李瑶用泥活字排印自己编纂的两部著作。道光十年（1830）排印根据温睿临《南疆逸史》辑补的《南疆绎史勘本》，道光十二年（1832）排印《校补金石例四种》。

清道光二十四年（1844），安徽泾县人翟金生根据沈括《梦溪笔谈》中关于毕昇泥活字的方法，经30年的不断研制，成功制成大、中、小、次小、再小等5副不同字号的泥活字，共10万余活字，用毕昇泥活

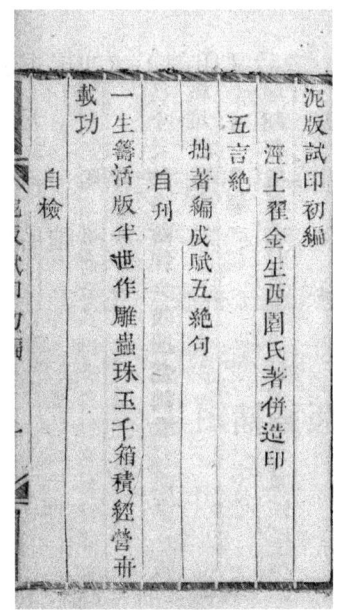

图7—14 清道光二十四年（1844）翟金生泥活字印本《泥版试印初编》

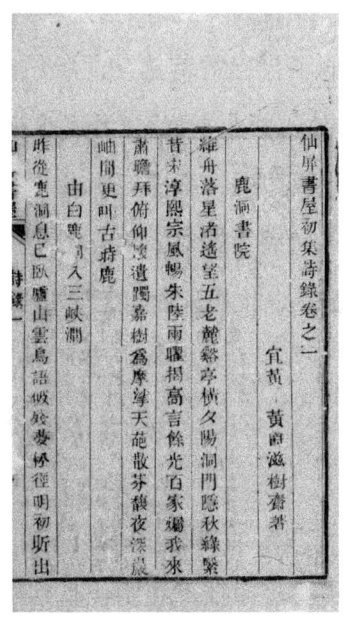

图7—15 清道光二十七年（1847）翟金生泥活字印本《仙屏书屋初集诗录》

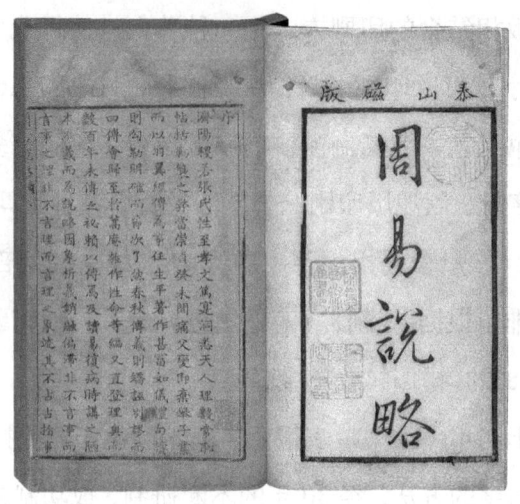

图 7—16 清康熙五十八年（1719）徐氏真合斋刻瓷版印本《周易说略》

字印刷了自己的诗集《泥版试印初编》。之后又印制了《仙屏书屋初集诗录》《修业堂集》《泾川水东翟氏宗谱》等书。

瓷版印书。康熙五十八年（1719）山东泰安徐志定瓷版印行的张尔岐撰《周易说略》和《蒿庵闲话》。瓷版就是泥活字上磁釉后烧成的瓷活字，也可能是泥活字拼版后再上磁釉烧成瓷版。

第三节　套印与版画插图

一、套印和彩色套印

清代套印技术在明代基础上进一步发展。康乾之时，内府曾以三色、四色、五色（红、蓝、绿、黄、黑）套印过《御选唐宋诗醇》《古文渊鉴》《劝善金科》等书，是清代的套印精品。清宫套印用色数量多，

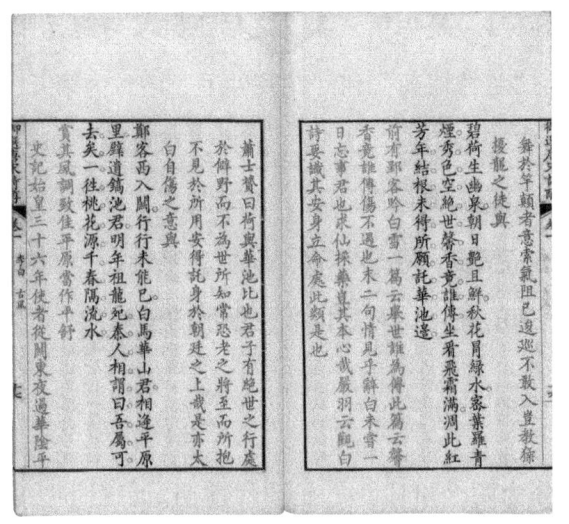

图7—17 清乾隆十五年（1750）内府刻四色套印本《御选唐宋诗醇》

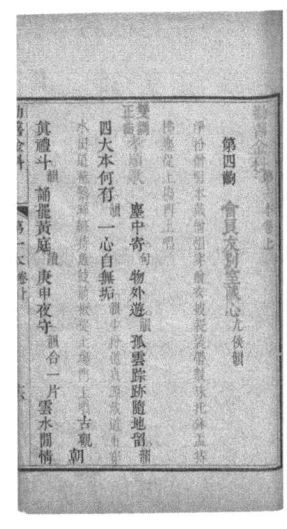

图7—18 清乾隆内府刻五色套印本《劝善金科》

套色准确、印制精良、清晰悦目，使这个精细复杂的技术也达到近乎完美的境地。

清代的彩色套印，多有推陈出新、发扬光大之处，《芥子园画传》即是其中的佼佼者。康熙年间，戏曲家李渔之女婿沈因伯延请当时的画坛巨匠王槩，在明末画家李流芳

图7—19 清康熙十八年（1679）芥子园甥馆刻彩色套印本《芥子园画传》

原有的43幅画稿的基础上继续补绘完成，共计133幅，康熙十八年（1680）由李渔主持，运用饾版技术刊印，因刻于李渔南京的居所"芥

子园"中，故名《芥子园画传》，是为第一集。之后王槩又与胞兄弟王耆、王臬一起，共同编绘"兰竹梅菊"和"花卉翎毛"谱，为第二、三集。《芥子园画传》的内容涵盖山石、人物、花卉、草虫等。镌刻精工、色彩明艳，单色墨线图画刀刻纤劲平稳，镌刻技艺之纯熟。大量的饾版彩色套印版画，画面繁复，色彩丰富、明丽。刻绘、印刷精美绝妙。代表了清代彩色套印的高峰，对后世产生很深的影响。

二、版画插图

清代版画大体上可以分为两个阶段，一是清代前期，包括顺治、康熙、雍正、乾隆四朝；一是清嘉庆至清亡。

明末几十年是版画插图的黄金时代，清初接其余绪，也产生了一些非常优秀的作品。清初刻本《离骚图》，有插图64幅，其中《九歌》9幅，《天问》54幅，三闾大夫、卜居、渔父合绘1图，绘刻俱精。绘图者为清初著名画家萧云从，刻工汤复。萧云从（1596—1673），字尺木，安徽芜湖人。以绘人物、山水见长。此书所绘人物，衣着奇特，形象各异，飘然若仙。

顺治五年（1648）刻本《太平山水图画》，共43幅插图，萧云从绘，旌德名匠刘荣、汤义、汤尚等人镌刻。刊刻极精。萧云从所绘山水，秀丽之中充满苍凉，表现了绘者对故国山河的深切之爱。就山水画而论，《太平山水图画》可称集古今山水画法之大成，被誉为版画史上的不朽之作。

康熙三十一年（1692）阮溪水香园刻本《古歙山川图》，收图24幅，是靳治荆纂修《歙县县志》时，特请画家吴逸绘山水图，别刻成书。

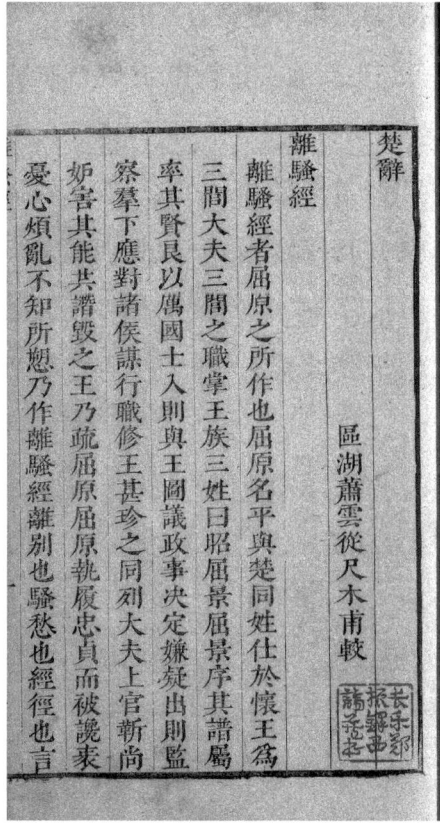

图 7—20 清初刻本《离骚图》

图 7—21 清同治五年（1648）裹古堂刻本《太平山水图画》

图中山峦连嶂叠秀，笔墨生动，是清初徽派山水版画的杰作。

此外，顺治年间刻印的戏曲《一笠庵新编占花魁传奇》《载花舲传奇》的插图版式新颖，富于变化。

清前期刊印的戏曲、小说中的插图，也不乏佳品。比较著名的有康熙三十八年（1699）长洲四雪草堂刻《四雪草堂重订通俗隋唐演义》，收100幅插图；另如，康熙五十年（1711）刻本《新刻钟伯敬先生批评封神演义》《西汉演义 东汉演义》《西游真诠》等，都有很多绘刻俱精的版画插图。

顺治年间刊本《笠翁传奇十种》，包括《怜香伴》《奈何天》《风筝误》《比目鱼》《意中缘》《玉搔头》《巧团圆》《凤求凰》《慎鸾交》《蜃中楼》10种，清李渔撰，除《慎鸾交》外，皆为月光型版图，比较有特色。这些书多出自苏州著名木刻家王思佐、蔡思璜之手，镌刻极为精雅。

康熙年间吴门柱笏堂刻印《凌烟阁功臣图》，绘唐代开国功臣长孙无忌等24人画像。为工笔画家刘源绘，朱圭镌刻。此书版画精雅绝伦，是清代人物绘刻艺术的杰出代表作品。

就版画插图的成果而言，清代宫廷版画作出的

图7—22　清康熙七年（1668）柱笏堂刻本《凌烟阁功臣图》

贡献最为巨大。康熙时期内府刻本《耕织图》，收耕 23 幅，织 23 幅，共 46 幅图。焦秉贞绘，朱圭刻。此书插图精绝无比，可称为清代参用西法绘画的先驱。焦秉贞曾任钦天监五官正，所绘人物、景物安排得当，空间合理、真实，写实风格突出。

《万寿盛典初集》为康熙五十六年（1717）刻本，宫廷画师宋骏业及王原祁绘。图长达 60 余米。画面中包含人物几百个，景物众多。康熙《万寿盛典》图刊刻极精，80 年后，乾隆仿照此图，于乾隆六十年（1795）又刊刻了《八旬万寿盛典图》。

园林山水题材的插图有《御制避暑山庄三十六景诗》《御制圆明园四十景诗》，绘图

图 7—23 清康熙三十五年（1696）内府刻本《耕织图》

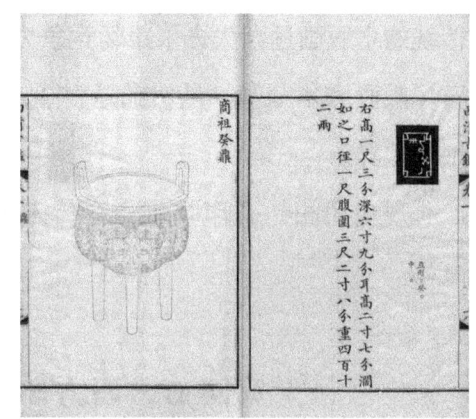

图 7—24 清乾隆十六年（1751）武英殿刻本《西清古鉴》

细密规整，代表了古代园林山水题材版画的最高水平。

清代宫廷刻印的版画书很多，如《农书》《授时通考》《授衣广训》

《武英殿聚珍版程式》和《墨法集要》《钦定书经传说汇纂》《养正图解》《钦定元王恽承华事略补图》《皇朝礼器图式》《大清会典》《西清古鉴》《皇清职贡图》《御纂医宗金鉴》等，绘画、雕印都达到了很高的水准。

收集版画最多的是《古今图书集成》，共有版画8000余幅，多精雕细刻之作，内容涉及地理、谱录、工技、农艺、经济、军事、医学、卜筮、草木虫鱼、园林建筑、边裔、神怪仙佛等各个方面。其中很多版画参用西洋透视画法，受西洋画风的影响比较明显。

康熙以后，私刻、坊刻书虽有插图，但大多刻印水平低下，粗率不精。如著名的乾隆五十六年（1791）活字印本《红楼梦》，其书首所附插图绘刻较粗略，未达到"图文并茂"标准。至于嘉庆年间之后，值得注意的版画，只有像《鸿雪因缘图记》这样极少数的书了。

道光以后，西方石印技术传入，逐渐取代手工作坊式的木板雕印，传统的木版画逐渐失去了市场竞争力，版画也就逐渐退出了历史舞台。石印版画和木刻画，虽然都是版画，但在艺术风格、创作手法上存在很大差异。

现代照相、石印技术相继传入中国，传统的木刻版画迅速走向衰落。

第四节　西方印刷技术的传入

明清以降，西方印刷技术传入，推动了中国书籍出版的发展。明万历十八年（1590），欧洲天主教会在广东澳门用西洋活字印书。清康熙五十八年（1719），朝廷使用西洋铜版印制《皇舆全览图》。乾隆年间，朝廷使用西洋铜版印制《平定回部得胜图》等。道光十二年（1832），英国传教士麦都思和美国公理会在华使用铅印、石印技术印刷宗教等方面书刊。光绪元年（1875）以后，上海徐家汇土山湾印刷所首用珂罗版印书。

与中国传统的书籍制作采用雕版印刷不同，西方印刷品多用活字。19世纪前，西方印刷品中使用汉字时往往作为附录单独刻印。早在明嘉靖隆庆年间，欧洲人开始试验如何在西方印刷程序中容纳汉字，19世纪初，传教士开始尝试用汉字金属活字印书，是为铅印。最早且有影响的铅印的中文出版物是同治十一年（1872）创办的《申报》，使用的是美华书馆所制的铅字。

较铅印更被普遍接受的西方印刷技术是石印技术。石印术是一种化学的印刷方法，由德国人亚罗斯·逊纳菲尔德于1798年发明。只要把图文写、画在一块平板上，利用油水相斥的原理，用药水涂刷图文部分，显出文字或图案，其特点是成本低，快捷方便，印刷效果好，是印刷技术的一项革命。石印技术降低了书籍制作成本，使得普通百姓也有能力购买，进一步普及了文化知识。

自清末到民国，中国出现的大、小石印书局多达百余家，以上海为中心遍布全国。同治十三年（1874），上海徐家汇天主教堂附设的土山湾印书馆始设石印印刷部，开始印制教会宣传品；光绪二年（1876），创设《申报》馆的英国人E.美查在上海开设了点石斋石印局，开始石印书籍和期刊，出版了《考正字汇》《康熙字典》《佩文韵府》《点石斋画报》《飞影阁画报》等；随后中国人徐裕子、徐润等于光绪七年（1881）先后开设了同文书局和拜石山房，专印古书，如《二十四史》、《古今图书集成》、《康熙字典》、《佩文斋书画谱》等；李盛铎和凌陛卿也相继创办了蜚英馆、鸿文书局等石印书局。

光绪十年（1884）点石斋出版的《申江胜景图》中有"点石斋图"题辞：

> 古时经文皆勒石，孟蜀始以木板易；
> 兹乃翻新更出奇，又从石上创新格；
> 不用切磋与琢磨，不用雕镂与刻画；
> 赤文青简顷刻成，神工鬼斧泯无迹。
> 机轧轧，石鄰鄰，搜罗简策付贞珉。
> 点石成金何足算，将以嘉惠百千万亿之后人。

光绪十年（1884），上海《申报》使用石印技术印刷《点石斋画报》，每旬一刊，每期8页9图，装订成册，随《申报》附送。

《点石斋画报》是中国第一部时事风俗画报，近代中国影响最大的新闻画报，连续出版14年，共出版44部528册，至光绪二十四年（1898）才停刊。参与绘画的有吴友如、张志瀛、周权香、顾月洲、

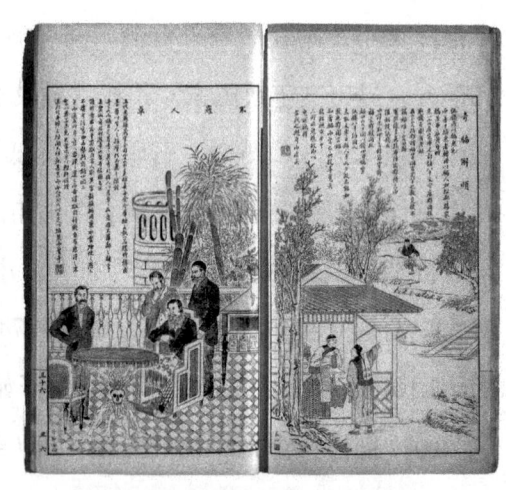

图7—25 清光绪十年（1884）石印本《点石斋画报》

图 7—26 排字车间（《英国藏中国老照片》）

周慕乔、田子琳、金桂生、马子明等 20 余人。主笔吴友如，名猷，苏州人。《点石斋画报》内容都是贴近生活的时事新闻，既有民俗奇闻，又有社会热点，尤其注重揭露朝廷腐败，列强侵略等内容，生动地展现了晚清时期的社会现象和各阶层人群的思想动向，对唤醒人们改良社会的意识，具有重要的积极意义。《点石斋画报》虽然与古代传统意义的版画有所区别，属于"新式"的版画，但它对人们认识当时中国社会的各方面落后和愚腐，以及民众思想意识的觉醒，具有重要的启蒙作用。

光绪后期，美国科学家爱迪生发明的铁笔蜡纸油印术经日本人改进后传入国内。光绪三十二年（1906）印制的《国民鉴戒录》和《如积识别》是中国现存较早的油印本。

第五节　清代经典著作

一、《古今图书集成》

《古今图书集成》是现存规模最大、体例最完善的类书。全书1万余卷目录40卷，5020册，约1.6亿字，综合了先秦至清康熙前所能收集到的古籍，按类编排，体例完善，条理清晰，材料十分丰富，几乎囊括中国古代各科知识，是中国现存规模最大、体例最完备的一部类书。

清代著名学者陈梦雷于康熙四十年（1701）十月开始进行编纂，康熙四十五年（1706）四月初稿完成，名《钦定古今图书汇编》。康熙五十五年（1716）呈进康熙皇帝。康熙赐名为《钦定古今图书集成》，并立馆增修。康熙五十八年（1719）开始用铜活字印刷，为印制此书共铸造了20余万铜活字。雍正继位后，雍正元年（1723），命蒋廷锡、陈邦彦分别为正、副总裁，负责校订、刷印工作。雍正四年（1726）九月竣工。

此书为中国现存最大的一部铜活字印本，仅印了64部及样书1部，有开化纸和黄纸两种。印成之后置宫中各处收藏，颁赐达官显贵。乾隆朝纂修《四库全书》时，赏赐江浙地区进呈书500部以上者各一部。收藏《四库全书》的南北七阁，也分别获藏此书一部。

二、《四库全书》

《四库全书》是中国古代最大的一部官修百科丛书，按经、史、子、集四部分类。共收书3500余部，79337卷，近10亿字，装订成3.6万册，

图7—27 文津阁本《四库全书》

6700余函。每书之前撰有提要,介绍书的作者、内容,考镜源流,评骘得失。几乎囊括先秦至清乾隆间各类重要的典籍,内容涵盖传统文化的各个方面。

《四库全书》纂修工程浩大,历时10年。乾隆三十七年(1772)从全国访求采进图书,翌年设四库全书馆,派皇六子永瑢为总裁,总理其事。纪昀、陆锡熊、孙士毅为总纂官,先后动用近4000人,其中抄写人达到2841人。共缮写7部,分藏七阁。7部《四库全书》分藏于北京故宫文渊阁、沈阳故宫文溯阁、北京圆明园文源阁、承德避暑山庄文津阁(称"北四阁")、镇江文宗阁、扬州文汇阁、杭州文澜阁(称"南三阁")。文源阁藏本被英法联军焚毁,"南三阁"除文澜阁藏本残留少部分(后抄配补齐)外,全都毁于太平军战火,仅文渊、文津、文溯三阁藏本至今尚保存完整。

《四库全书》内容丰富,将乾隆中期以前,特别是元代以前的重要著作基本囊括在内，在一定程度上起到保存、整理和传播中国古代文献的作用。

《四库全书总目》继承了前代的目录学成就，特点如下：第一，收录品种丰富，分著录和存目两类，著录3000多种，存目6000余种，合计1万余种，先秦至清乾隆以前的中国古代重要典籍基本囊括在内。第二，分类体系严谨。设置了4部44类66子目。第三，提要编写形式新颖、全面。将汉代以来出现的叙录、传录、辑录等各式提要融为一体，形成了新的提要形式，从著者生平、版本源流、典

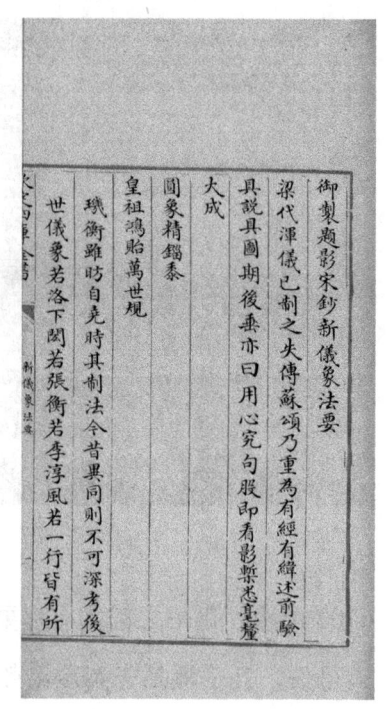

图7—28 文津阁四库全书本《绍圣新仪象法要》

籍要旨、文字增删、篇帙分合，到编纂得失、众说异同等等，都加以详细介绍和评价。第四，提要之外，又设大序、小序，论述各门学术的发展史。四部之首各冠以总序，阐述其渊源流变，评论学术门户之争的是非，解释四部分类的原则，提纲挈领；44类之首亦冠以小序，具体陈述学术流派演变，本类中书籍取舍及设立子目的理由，以析条目，有时还在每书下面附加案语补述。因此，它是系统总结中国传统学术的巨著，代表了18世纪最高学术成就和水平，对后世学子读书、研究都具有重要指导作用。

《四库全书总目》是中国18世纪以前典籍目录的集大成者，著录

了乾隆以前的各类重要典籍。其总序勾勒中国经史子集四部典籍的发展脉络及其学术流变，其小序提纲挈领地叙述各学科的渊源、历史、成就及误区，其按语或叙典籍收录原则和范围，或评价前代各目录体系的得失及版本。

在修书的同时，清政府也网罗了一大批学者，如乾隆朝进士卢文弨、王鸣盛、纪昀、庄存与、毕沅、王念孙、钱大昕、戴震、阮元、凌廷堪等，都成为乾嘉学术发展的中坚，在目录、版本、校勘、辨伪、辑佚等方面，他们各有所长。"四库全书馆"则几乎成为乾嘉学派的大本营，客观上推动了考据学的深入发展。

三、《红楼梦》

《红楼梦》，曹雪芹撰。全书通过对"贾、史、王、薛"四大家族荣衰史的描写，展现了当时广阔的社会生活和多姿多彩的世俗人情，是中国古典小说及章回小说的巅峰之作，被誉为"中国四大小说名著"之首。

曹雪芹（1715—1763？），名霑，字梦阮，号雪芹、芹圃、芹溪。祖籍辽阳，满洲正白旗。康熙年间家世显赫，自曾祖父曹玺起三代世袭江宁织造；雍正以后曹家屡遭打击，家道败落。曹雪芹十三岁时其父被革职抄家，随家人迁回北京，此后境遇潦倒，生计艰难，饱尝世态炎凉。

曹雪芹大约在三十多岁开始创作《红楼梦》，"批阅十载，增删五次"，至病逝整理出80回。

《红楼梦》问世不久，就迅速以抄本的形式广泛流传，"好事者每

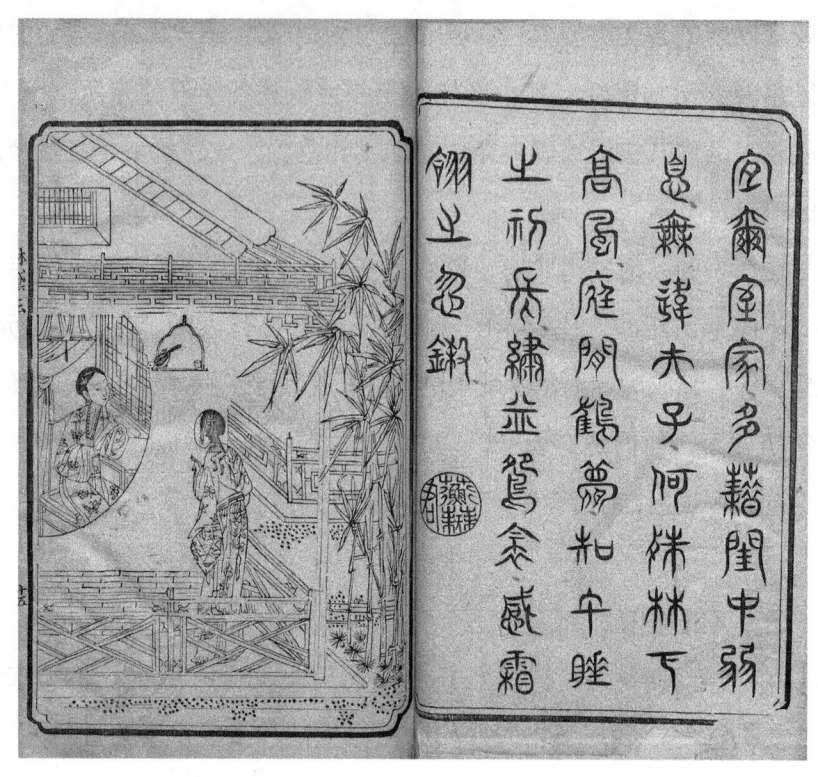

图 7—29 清乾隆五十六年（1791）萃文书屋活字印本《红楼梦》

传抄一部，置庙市中，昂其值得数十金，可谓不胫而走矣"（程伟元《红楼梦》程甲本序）。经学家郝懿行《晒书堂笔记》记载"余以乾隆、嘉庆间入都，见人家案头，必有一本《红楼梦》。"甚至还有"闲谈不言《红楼梦》，读尽诗书也枉然"的说法。可见读《红楼梦》之风在当时的盛行。

《红楼梦》的流传可分为早期抄本和后期刻印本两个阶段，其书名、章回数量也随之发生变化。

《红楼梦》原名《石头记》，早期以抄本流传，仅八十回。迄今发现的主要有甲戌（1754）本、己卯（1759）本、庚辰（1760）本、戚蓼生序本、梦觉主人序本等十几个不同版本。这些早期抄本，在以"脂砚斋"为主的作者亲友圈子里传阅过录，参与评点，形成"脂砚斋评本"（简称"脂本"），并逐步流传到外界。在不断传抄的过程中，脂砚斋等人已经多次做过评点，故甲戌本书名为《脂砚斋重评石头记》，卷首有"脂砚斋甲戌抄阅再评"；到乾隆二十四（1759）、二十五年（1760），曹雪芹又作了一次定稿，形成己卯本、庚辰本，其上均有脂砚斋所署"凡四阅评过"。这些早期抄本中部分保留的脂砚斋等批语，是探究曹氏原本内容的重要资料。

书名"红楼梦"首见于乾隆四十九年（1784，甲辰）梦觉主人序抄本，但被普遍接受却是在该名的刻印本出现之后。乾隆五十六年（1791，辛亥）冬，由程伟元主持，高鹗参与修订成一百二十回本，以"红楼梦"为名，由萃文书屋用木活字排印出版；第二年（1792，壬子）春，程、高二人在辛亥本的基础上做了少量修订，又印行了一个本子。学界称乾隆五十六年（1791）本为"程甲本"，乾隆五十七年（1792）本为"程乙本"。"程甲本"开启了《红楼梦》的刻印本时期，其后，翻印镌刻者甚众，各种版本大多以"程甲本"及其翻刻本为底本，"红楼梦"遂成为通行书名。

四、西学书籍

明末清初，西方科学技术知识通过传教士陆续传入中国，出现了很多汉文西学著作，在内容上涉及地理学、几何学、机械学、医学、火炮技术、天主教神学、伦理学、逻辑学等。这些著作促进了传统科学的变革，影响广泛，并成为之后中国社会与文化发生重要变迁的思想渊源。

明万历年间，徐光启与意大利传教士利玛窦合作翻译的欧几里得《几何原本》，将人类历史上第一部真正代表科学理论结构的教科书带入中国。在利玛窦前后来华的传教士还有八九十人，其中比较著名的有意大利熊三拔、瑞士邓玉函、德国汤若望；清初来华的还有比利时南怀仁，南怀仁是康熙皇帝的科学启蒙老师。

西方传教士们带来了中西方文化科学交流活动，从明万历初期开始，一直延续到明亡，并在清朝继续从事传教等活动。出版了大量介绍科学技术的书。有关几何光学的著作，如汤若望《远镜说》；有关西洋火器的，有汤若望口述的《火攻挈要》；还有天文学知识的南怀仁《天文仪器图》等。

清朝入关以后，对外来文化采取宽容的态度，原活跃在明朝宫廷中的汤若望，很快被任命为钦天监监正，继续为清政府服务。康熙帝热衷于研究西学，以南怀仁等为师，使得西学书籍的满译和汉译发展起来，极大促进西方书籍的翻译出版。

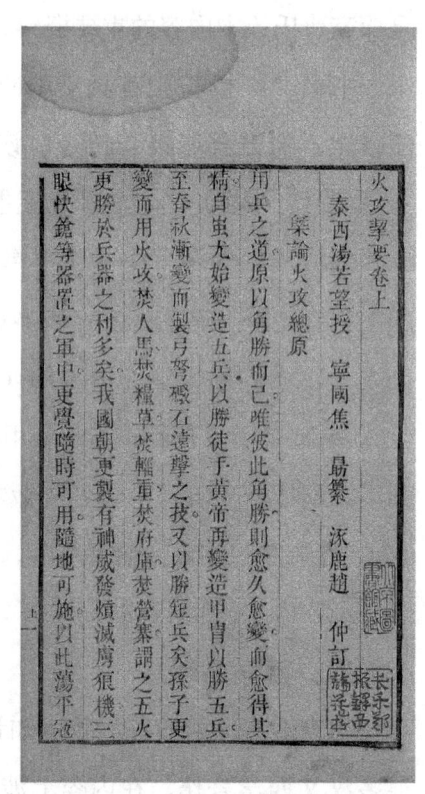

图 7—30 清刻本《火攻挈要》

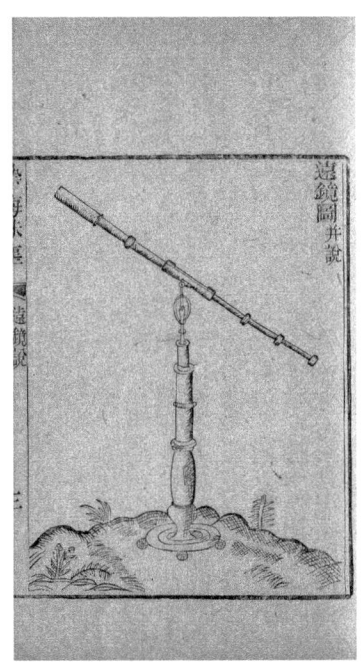

图 7—31 清嘉庆南汇吴省兰听彝堂刻艺海珠尘本《远镜说》

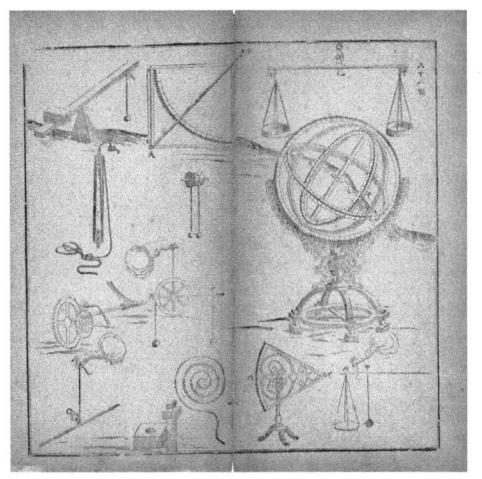

图 7—32 清李钟伦刻本《天文仪器图》

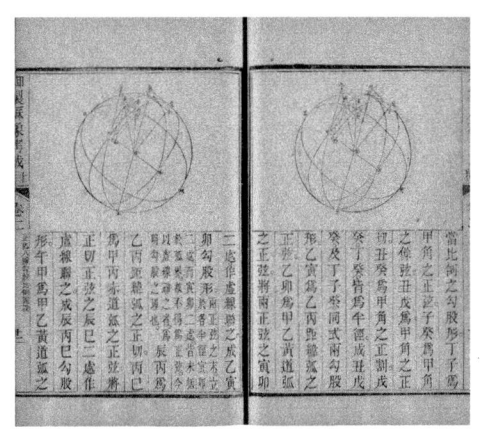

图 7—33 清光绪二十一年（1895）湖北官书局刻本《御制历象考成》

康熙五十二年（1713）开始编纂的《御制数理精蕴》，是一部介绍西方数学知识的百科全书，《御制历象考成》等也多采西学。康熙五十七年（1718），聘请雷孝思、白晋、杜德美等传教士参与测绘《皇舆全览图》，是中国第一幅绘有经纬线的全国地图。

第八章
历代书事采撷

第一节 书籍商业流通

一、历代书籍商业流通概要

有关坊肆售书的记载,始见于汉代。汉代扬雄《法言·吾子》云:"好书而不要诸仲尼,书肆也。"这是"书肆"见于文献的最早记载。汉代长安、洛阳是最早的书业中心。西汉末年至王莽新朝时期,长安出现了著名书市——"槐市",唐欧阳询《艺文类聚》卷八十八《槐》引用《三辅黄图》曰:"元始四年(4)起,明堂辟雍为博士舍三十区,为会市,但列槐树数百行。诸生朔望会此市,各持其郡所出物及经书,相与买卖。雍雍揖让,论议树下,侃侃訚訚。"《太平御览》卷五百三十四《礼仪部十三·学校》引《三辅黄图》:"礼,小学在公宫之南,太学在城南,就阳位也,去城七里。王莽为宰衡,起灵台,作长门宫……起国学于郭内之西南,为博士之宫,……此之外为博士舍三十区周环之，此之东为常满仓，之北为会市，但列槐树数百行为隧，无墙屋，诸生朔望会此市，各持其郡所出货物及经书、传记、笙磬乐，相与买卖，雍容揖让，或议论槐下。"

洛阳也是一个书业中心。据《后汉书·王充传》记载：王充"家贫无书，常游洛阳市肆，阅所卖书，一见辄能诵忆。"汉代民间书肆由民间书商组成，以营利为目的，交易时间不受限制。这类书肆，为读书人交换和购买书籍提供了便利。

魏晋南北朝的书业中心在建康、洛阳、荆州、成都、邺城（今河北临漳县一带）等地。建康是三国吴以及南朝四个朝代的首都，商业繁华，有不少书店。在四个繁华市场中，城东的朱雀航（又名朱雀桥）书肆比较集中，有不少珍籍秘本。书肆还有专门的管理人员——市令、市丞和市魁，影响很大。齐高帝之子萧锋"密遣人于市里街巷买图籍，期月之间，殆将备矣。"（《南史》卷四十三《江夏王锋》）可见书籍品种数量之多。有一个叫傅昭的书商专门在"朱雀航"卖日历，销量很大。荆州也是南方的一个书业中心，梁元帝萧绎任荆州刺史时，购书10万卷，其中不少是孤本、异本。成都，西晋文学家左思《三都赋》称这里是"市廛所会，万商之渊，列隧百重，罗肆巨千，贿货山积，纤丽星繁"。其中就有不少书肆，北人可以在此买到南朝的书籍。洛阳是北方的书业中心之一，书肆集中在城南的"四通市"，西域的一些少数民族政权如高昌、龟兹、鄯善等，常派使者专程来洛阳购书。这里还常常出售南朝的书籍。邺城曾经是东魏和北齐的都城，也是北朝的另一个书业中心，不仅出售儒家经典和诸子百家，而且出售民间说唱之类的通俗读物。扬州有位书商来到邺城，"请卖《华林遍略》，文襄（按，高澄）多集书人，一日一夜写毕，退其本曰"不须也"。《北齐书》卷三十九《祖珽传》《华林遍略》长达700余卷，高澄召集大量书手，用一昼夜的时间就盗抄了这部大书。

隋唐时期，书籍经营活动有了新的发展，书业中心位于长安、洛阳、丹阳、江都、京口、成都、敦煌、扬州、绍兴等地。国内交通四通八达，南北大运河将南北水系联系起来，交通发达带来商业的繁荣，也带动了书籍贸易的兴盛。坊肆出现主人姓名和牌号，如唐代长安坊肆有印售历书的"京中李家"和"东市大刁家太郎"，西川成都有印售经咒的"龙池坊卞家"等。长安是商业中心、世界文化中心，高等学校人数最多时达到3260人，不少唐代名人都在长安留下他们的足迹。书肆遍布大街小巷，各类书籍应有尽有。为了调解书业纠纷，信息共享，西安还出现了书市的经纪人——书侩，即书籍买卖的中间人、中介，协调买方、卖方之间的关系。书侩的产生，是书市繁荣的标志。洛阳又名东都、神都、东京，是全国经济、文化中心之一，王勃、杨炯、李白、杜甫、白居易、刘禹锡等文化名人都在洛阳生活过。这里曾经多次开展书籍编撰活动和抄书活动，书肆很多，《研神记》之类的传奇都是书肆的畅销书，陈子昂的著作也在洛阳广泛流传。成都是唐代经济比较发达的地区，能够提供充足的资金和劳动力，这里盛产纸张和木材，为书籍制作提供了物质基础，唐代皇帝——安史之乱时的唐玄宗李隆基、黄巢起义时的唐僖宗李儇——两次入蜀，以及由此带动的庞大官僚机构和大批文人流寓四川，带来先进文化和技术，对四川的出版业产生重大影响。成都的历书、占卜、小学等杂书的出版都在全国占据领先位置。著名的女性出版家和发行家吴彩鸾是成都人，在市场上抄书。"裴铏《传奇》载：成都古仙人吴彩鸾善写小字，尝书《唐韵》鬻之。"（《墨庄漫录》卷三）扬州是江淮地区最繁华的都市之一，很多文人在这里生活，积极参与书市贸易活动，对扬州的书籍贸易发挥重大作用。

另一方面，随着唐代文化的发达，各行各业对书籍的需求日渐增加，扩展了读书人的范围和数量，购书者已经不仅仅限于学者士人，刘禹锡《酬令狐相公早秋见寄》云："军士游书肆，商人占酒楼。"这也从另外一个角度说明唐代书籍贸易兴盛的情况及其原因。

宋代经营刻书售书的书坊书铺迅速增长，书坊在书籍流通中所起的作用，主要是启蒙读物、科举应试和日常用书的销售。南宋以后，书籍市场相当活跃，书业中心在汴梁（开封）、临安、建阳、成都等地。汴梁是五代时期梁、晋、汉、周四个王朝的都城，交通便利，张择端《清明上河图》生动描绘出这里繁华的商业景象。汴梁刻书机构云集，官方的国子监、崇文院、秘书监、印经院等等；民间的坊刻更多，相国寺东门大街百货云集，其中包括不少书摊。文学家穆修力主恢复韩愈柳宗元的散文传统，筹钱雕印了面临失传的韩柳集，亲自鬻书于开封相国寺，进一步推动了古文运动，对当时的"西昆体"冲击很大。赵明诚、李清照夫妇也常到相国寺购买碑文、书籍等等。

宋代文献提及书肆的很多，欧阳修《集古录跋尾》卷十："右《黄庭》别本，续得之京师书肆。"《郡斋读书志》卷十三《归叟诗话》："宣和末，京师书肆刻印鬻之。"《宋史》卷四百三十四《吕祖谦传》："先是书肆有书曰《圣宋文海》，孝宗命临安府校正刊行。"《直斋书录解题》卷八《宝刻丛编》："临安书肆陈思者，以诸家集古书录，用《九域志》

京、府、州、县系其名物，而昔人辨正审定之语，具著其下。"

临安（今浙江杭州）是南宋的行都，人口124万，是当时世界上最大的城市之一。著名的书肆有太学前陆家、众安桥桥北杨家、棚北睦亲坊陈宅书籍铺、棚前南街西经坊王念三郎家、王八郎书籍铺、猫眼儿桥河东岸开笺纸马铺钟家、中瓦子张家、中瓦南街印输经史书籍铺荣六郎家、赵宅书籍铺、尹家书籍铺、大隐坊等。建阳余氏是刻书世家，余氏世代刻书，始于南宋、终于清康熙，绵延500年之久，宋代余氏刻书可考者有余仁仲万卷堂、余唐卿明经堂、余腾夫、崇川余氏、余彦国励贤堂等。四川也是中国雕版印刷术的发祥地之一，成都著名书坊有成都辛氏、俞家、周卿、眉山书隐斋、万卷堂、秀岩山堂等等，其中眉山万卷堂刻《新编近时十便良方》附有14种医书广告，这是中国最早的书业广告之一。眉山程舍人宅刊刻的《东都事略》附有中国最早的版权申明。

元代书业中心是大都、平阳、杭州、建阳。大都（今北京）是元代首都，自元太宗八年（1236）立经籍所于平阳，立编修所于燕京（今北京）始，这里成为书籍的出版中心和贸易中心。官方的出版单位兴文署、艺文监、广成局等都集中在这里，私人书坊也不少，有燕山窦桂芳活济堂等。平阳是金、元时期北方的文化中心，刻书较多，著名的书坊有晦明轩张存惠、中和轩王宅、曹氏进德斋、高氏尊贤堂等。杭州、建阳两地的雕版印刷延续宋代遗风，长盛不衰，元代很多中央官刻都奉诏下杭州镂版。杭州知名的书坊有书棚南经坊沈二郎、睦亲坊沈八郎、勤德堂、武林沈氏尚德堂等。建阳的著名书坊有余氏勤有堂、刘君佐翠岩精舍、叶日增广勤书堂、刘锦文日新堂、麻沙刘通判宅、麻沙万卷堂等40余家。

随着明代中期以后社会经济发展，商品经济繁荣，雕版印刷的普及和发达，书籍的数量和规模大大增加。书坊刻书随着商品经济的发展而兴起，并在明代中后期的出版业中占据主导地位。这个时期的书坊刻书业发达，在建阳、苏州、金陵、杭州、北京、徽州、湖州等地均有书坊分布，南北辉映。随着全国各地书坊林立，带来的是书籍流通的频繁，这些城市优越的地理位置和便利的水陆交通，使全国性的书籍集散地得以形成。以福建建宁府为例，有堂号可考的书坊近50家。明清时期书籍流通总量大幅度增长，贩卖方式多样化，坐贾行商成为一种普遍行业，刻工工价、书籍价格和广告手段等商业表征越来越明显，市场的竞争日趋激烈。

坊刻本迅速流向全国市场，并拥有稳定的受众——广大市民阶层，其内容也随着市民文化生活的变化而调整。商品经济的发展改变了市民的经济生活方式，也对时人的消闲方式和生活趣味产生了重要影响。戏曲、小说等通俗文学兴起，成为市民消遣的工具，日用类书籍也有很大的市场。坊刻本除经典著作之外，多以这几类书籍为主。

苏州有深厚的文化底蕴，向为书坊荟萃之地。苏州书坊大量印卖小说、戏曲，非常有名。金陵的书坊有三山书林、文秀堂等等，三山街是有名的书店街，以印卖插图本戏曲著名的唐氏一门也在三山街设肆开店。

书商与藏书家既是买卖关系，又是朋友关系，他们互为依存、密不可分。比如明代龙游的书商童珮，结识的藏书家朋友有王世贞、胡应麟、归有光等。不少书商同时经营刻书铺子，也是藏书家。最著的常熟毛晋和建阳余象斗，是兼编纂、刻印、售卖为一体的著名出版家。常熟毛晋的汲古阁以出版品位高、校勘精、品种多而著称，包括十三经、十七史、诗词、丛书等；汲古阁大概拥有刻印、抄写工人等200人左右，活动涉及藏书、选题、编校、刻印、销售等环节。"天下之购善本者，必望走隐湖"（钱谦益《隐湖毛君墓志铭》），汲古阁刻书书价廉物美，行销全国，甚至远销朝鲜。

清代前期的书业中心是北京、苏州、南京、杭州，后期则有上海、成都、广州等地。建阳书业在明末清初毁于特大火灾，代之而起的是长汀、四堡两地。

历代都产生了不少颇有影响的著名出版家，如南宋临安的陈起、陈思，临安棚北大街睦亲坊南陈起多刻唐宋诗人别集，陈思多刻资料汇编性质的书，还有文学家穆修。元代有李和等；明代的黄徽、郑作、程浩、童佩等，他们不仅是出版家，也是著名诗人，是李梦阳、归有光的学生，多为饱学之士，童佩"藏书万卷，皆其手所雠校者"。清代著名学者和思想家吕留良也是一位出版家，他的天盖楼在销售书籍方面颇有名气；其他还有郭氏、胡书城、倪炳、刘春生、席世臣、李光明、陶子麟等。陕西人郭氏，坊名书业德，康熙年间曾在山东聊城、济南、太原、祁县、中遥等地开设分店。他还从江、浙、川、闽等省购进数百种书的散叶，自行加工装订，加盖"书业德"的印章后销售，生意非常红火，这些来自南方的书被称为"南书"；他自刻的书称为"府书"。

书商往往名不见经传，古代常常被称为"书贾""坊贾""船贾""苕贾""书贩子"……著名的湖贾出自浙江湖州，因为湖州的地理位置及山水等原因，湖贾还有另外几种常见名称，因为湖州是三吴中的西吴，故有西吴书贾之称；又因境内苕溪，则又被称为苕贾；因古有吴兴郡，苕溪下有吴兴县，又有吴兴书贾之名。湖贾人数众多，且在书林中有得大名者，如钱听默、陶正祥、陶蕴辉等，皆为湖贾之翘楚。湖州乌程钱听默，受命于乾隆四库馆，访求江南书籍，与藏书家黄丕烈、顾广圻、严元照等往来甚密，在藏书题识中屡被提及。（徐雁平《书估与清帝国的书籍流转》）

二、售书广告

唐宋时期书籍的交易已开始利用包括广告在内的各种商业手段。

唐代已经出现书业广告雏形。唐至德年间成都卞家印本《陀罗尼经咒》，首行印有"唐成都府成都县龙池坊卞家印卖咒本"，唐咸通二年（861）前，长安李家刻本《新集备急灸经》有"京中李家于东市印"字样，长安刁家刻印《历书》，首行刻有"上都东市大刁家太郎"用语。标明刻书或卖书的地点及主人，招揽客人前往购买。

随着印刷术的普及，宋代商业化的书业广告有所发展。广告以牌记形式为主，印在扉页或序后、卷末，字体粗大醒目，周围饰以种种花边栏框。广告字数增多，宣传用语讲究。

宋建阳崇川余氏刻本《新纂门目五臣音注扬子法言》牌记："谨将监本写作大字刊行，校证无误。专用上等好纸印造，与他本不同。收书贤士幸详鉴焉。"

宋杭州刻本《后汉书》牌记："本家今将前后汉书精加校证，并写作大字锓板刊行，的无差错。收书英杰伏望炳察。钱塘王叔边谨咨。"

宋杭州刻本《妙法莲华经》卷七末牌记："本铺今将古莲华经

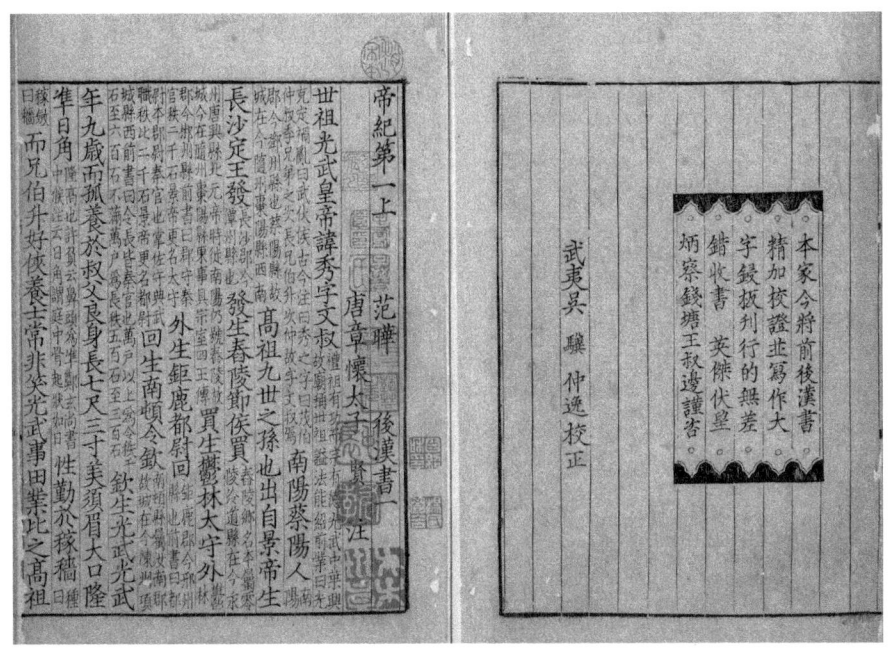

图 8—1 宋王叔边刻本《后汉书》牌记

一一点句,请名师校正重刊,选捡道地山场抄造细白上等纸札,志诚印造,现住杭州大街棚前南抄库相对,沈二郎经坊新雕印行。望四远主顾寻认本铺牌额请赎。谨白。"

宋杭州刻本《抱朴子内篇》卷二十末牌记:"旧日东京大相国寺东荣六郎家,现寄居临安府中瓦南街东,开印输经史书籍铺。今将京师旧本《抱朴子内篇》校正刊行,的无一字差讹。请四方收书好事君子幸赐藻鉴。绍兴壬申岁六月旦日。"

宋代广告的另一种类型便是以内容见长,观其广告犹如读其内容提要。如宋刻本《诚斋四六发遣膏馥》目录后牌记:"江西四六,前有诚斋,后有梅亭,二公语奇对的,妙天下,脍众口,孰不争先睹之。

今采二先生遗稿灯于急用者绣木一新,便于同志披览,以续膏馥,出售幸鉴。"

宋建阳余氏刻本《活人事证药方》,目录前牌记"药有金石草木、鱼虫禽兽等物,具出温凉寒热、酸碱甘苦、有毒无毒、相反相恶之类,切虑本草浩繁,率难检阅。今将常用药性四百余件附于卷首,庶得易于辨药性也。"

元代的广告加刻了图像。比如元至治年间建阳虞氏刻本《三国志平话》,扉页牌记下半部刻有"新全相三国志平话"字样,上半部雕

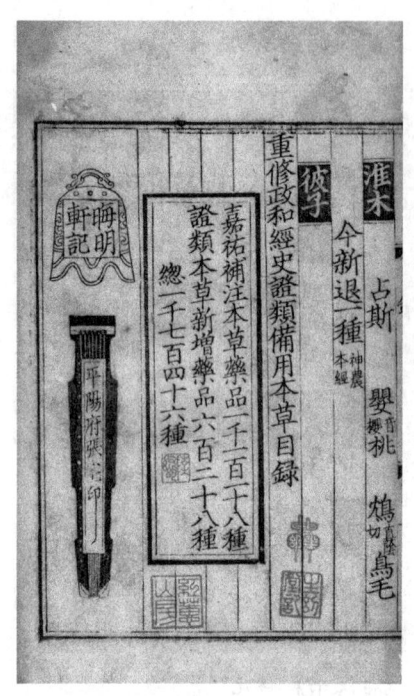

图8—2 蒙古定宗四年(1249)张存惠晦明轩刻本《重修政和经史证类备用本草》牌记

有刘备三顾茅庐的生动画面,为"新全相"作出了最好解释,使人览此广告便知此书上图下文的新颖形式。

元至正建阳刘氏翠岩精舍刻本《注陆宣公奏议》牌记:"是书也,陈古今之得失,酌时势之切宜,故愿与天下共之。幼学壮行之士倘熟于此,则他日敷奏大廷,禹皋陈谟,不外是矣。"

元至正梅隐精舍刻本《书集传》牌记:"两坊旧刊诗书集传俱无音释,览者有遗恨焉。本堂今将书传附入鄱阳邹氏音释,诗传金华许益之名物钞音释,各依名儒善本点校句读,仍取纂图置之卷首。大字刊行,精加校正无差,庶几读者豁然无疑矣。与坊中旧本玉石判然,

收书君子幸鉴。"

元代举业书的广告。建阳书坊刻印《类编皇朝大事记讲义》目录前告白云:"吕府教旧游庠序,惯熟国史,因《资治通鉴》摘其大纲,分为门类,集为讲义,场屋用之,如庖丁解牛,不劳余刃。昨已刊行,取信天下学者有年矣。今旧板漫灭,有妨披览,重加绣梓,视原本大有径庭,幸鉴观。"

明代是商业性出版最发达最活跃的时期,顺应当时激烈的商业竞争需要,明代的书业广告具有强烈的版权保护意识。

明万历刻本《新刻皇明经世要略》:"此编系国朝边戎武场要务,皆硕辅宏论也。初刻自本堂,买者须认源泰为记。"

明金陵刻本《楚辞集解》:"本坊精选新旧足册好板书籍,倘有残篇短缺,认明兴贤堂书铺唐少村无误。"

有的著名书商为取信买主,不惜以自己的形象做广告。如万历间建阳书坊双峰堂主人余象斗(字仰止)在其出版物前印有"三台山人余仰止影图",图中余象斗凭几端坐,威严慈祥,两旁童婢侍立,一派肃穆气氛。万历间金陵刻本《楚辞集解》也有书坊主唐少村戴笠执书的半身图像,上书:"先知我名,现见吾影,委办诸书,专选善本。"唐少村的售书印"本坊精选新旧足册好板书籍,倘有残篇短缺,认明兴贤堂书铺唐少村无悮(按,'悮'同'误')。"

清代广告趋于成熟,质朴明了,追求实效。清雍正南京刻《四书体注》:"余不惜工本,将铜板精刊,字迹端楷,点画无讹,俾天下学者观之,无不洞心爽目,想亦大快事也。同志君子披览之下,自必不惜重价购买,以成盛举云。启盛堂主人谨识。"

清道光十五年（1835）嘉定刻本《戒士文图说》，书前广告称："是书足钱。头号毛太纸二百文，次毛太纸每部足钱一百六十文。加布套四十二文。凡好善信士发心印送者，向嘉定县南翔镇东街漱芽斋范绶章刻字店承办，庶不致误。特此谨白。"

清代还有一种以售书目录形式出现的广告，著名藏书家黄丕烈在苏州开设了滂喜园黄家书籍铺，他融书目与广告为一体，刊行《士礼居刊行书目》作为广告随处发送。每种书名后列有书名、册数、定价及刻印年份。

更有甚者，清初著名戏剧家、小说家李渔在刻书中借石鲸来信为自己做广告，非常夸张，谓所刻《怜香伴传奇》《风筝误传奇》诸书，"每食必藉以下酒。昨者偶失提防，竟为贪人攫去，不啻婴儿失乳"。

三、书籍价格

唐代社会经济、文化高度发达，书籍交易十分活跃。长安、洛阳及四川、浙江等地书肆遍布，买卖兴隆。如元稹《白氏长庆集序》记载，当时白居易的诗集即被"缮写模勒，悬卖于市井，或持之以交酒茗者，处处皆是。"

唐代的书籍价格，以千钱一卷较为普遍。如明代彭大翼《山堂肆考》卷一百二十四"唐元载为相，奏以千钱购书一卷"；民间抄本的价格也与此接近，据《宣和书谱》载，唐末女子吴彩鸾"以小楷书《唐韵》，一部书五千钱。"按《唐韵》共5卷，每卷价1000钱。这与敦煌遗书中反映的书价也大致相当。可见唐代书籍的价格基本保持一致。

与其他物价相比，唐代书籍的价格，每卷书约相当于三斗酒或至少120斤大米的价格。一个七品县令一个月的薪俸只能购买15卷书，如一部50卷的白居易《长庆集》则需支付其3个多月的薪水。唐代的书价如此昂贵，众多寒士获取书籍的主要途径只能依靠手抄。

宋代的书籍交易更加繁荣。各地书坊林立，印本书成为书籍市场绝对的主流。据研究，宋代每册书约等于24斤大米的价格。

明代胡应麟提出了影响书籍价格的八个因素：

> 凡书之值之等差，视其本，视其刻，视其纸，视其装，视其刷，视其缓急，视其有无。本视其钞刻，钞视其讹正，刻视其精粗，纸视其美恶，装视其工拙，印视其初终，缓急视其时，又视其用，远近视其代，又视其方，合此七者，参伍而错综之，天下之书值之等定矣。（《少宝山房笔丛·甲部·经籍会通四》）

《新镌陈眉公先生批评春秋列国志传》12册，1000多叶，"每部纹银一两"；《新刻艾先生天禄阁汇编采精便览万宝全书》5册，400多叶，"每部银价一钱"。《书言故事大全》万历三十四年（1606）世德堂刻本，汪宗师题识："崇祯七年岁次甲戌十月汪宗师南宫县岁考买之，使皇钱七十文，共是四本。"《新调万曲长春》藏日本尊经阁文库，该书首页上有木戳"每部价银壹钱贰分"。《月露音》万历四十四年（1616）刻本，扉页牌记"静常斋藏板，不许翻刻"，"杭州丰乐桥三官巷口李衙刊发，每部纹银八钱，如有翻刻，千里纠治。"《广金石韵府》五卷，崇祯九年（1636）莲庵刻朱墨套印本，扉页题"棉纸硃文，定价壹两，本衙藏板，翻刻千里必究。"

明万历年间平均每卷1.2钱至2钱,《弇州山人四部稿》一部抵米960斤,比一名七品知县的月俸(900斤)还高。买书绝非一般贫民阶层所能承受。宋元版在当时已是珍稀之物,其价格更是远远超出当时刻本的价格。

清代乾隆三十八年(1773)刻本《说文解字》每册6.2钱,相当于50斤大米,一般老百姓是不敢问津的。不过,官员虽然薪俸不高,却有几乎十倍于薪俸的养廉银,购书应当不成问题。

稿酬,即稿费,指出版机构等使用著作时付给作者的报酬。在古代常常称为"润笔""润毫""濡润"等。

"润笔"之说最早见于隋代。《隋书·郑译传》载:郑译拜爵沛国公,位上柱国,隋文帝"令内史李德林立作诏书,高颎戏谓译曰:'笔干。'译答曰:'出为方岳,杖策言归,不得一钱,何以润笔?'上大笑。"可见那时即使为朝廷草制的职务性文字之劳也已讲求报酬了。

唐代,作文取酬成为不少文人谋生乃至发财的主要来源。韩愈"为文必索润笔",白居易为挚友元稹作墓志文,受赠"舆马、绫帛、银鞍、玉带之物,价当六七十万。"润笔在唐代已经制度化,这是社会经济发展到相当程度促使脑力劳动职业化的产物,在一定程度上推进了唐代的文学繁荣。

宋代文人收受润笔的来源不外官、私两个方面。宋初皇帝亲自制定了润笔标准,这是中国历史上首次具有法律效力的正规官方润笔规定。

宋代民间润笔价,孙仲益为文开价:"米五斗作传,绢千匹以成碑。"胡仔《苕溪渔隐丛话》载:"仇万顷未达时,挈牌卖诗,每首三十文。"

明代社会行文取酬,以文为生更是相当商业化、职业化。唐寅"闲来写幅青山卖,不使人间作孽钱"。甚至在友人孙思和家,唐寅存放着一个记录簿,专门记录其为人作文收酬的情况,簿面上直书"利市"两个字。

清代,润笔仍是许多文人谋生、敛资的主要来源。著名的"扬州八怪"个个皆是书画高手,人人靠润笔为生。

清代润笔的另一种形式,是以出卖整部书稿来获取的。如顺治十三年(1656),朱国祯手稿"明代历朝诸臣传"被其子以三百两银售予庄允诚(按,又作庄允域、庄胤城等)、庄廷鑨父子,庄廷鑨将其修订之后以《明史抄略》之名出版行世。严格地讲,明代已经有此类做法,如冯梦龙应邀为书坊撰写"三言"等小说,建阳书商舒载阳自称"不惜重金购求锓行"《封神演义》。

四、剽窃与盗版

剽窃著述自古有之。首先指出剽窃之非的是公元前四五世纪的《礼·曲礼》,该书告诫人们作文"毋剿说,毋雷同"。战国时代的孟轲在《孟子·公孙丑》中公开辩白:"是集义所生者,非义袭而取之也。"东汉蔡邕在其疏中指责"今待诏之士,或窃成文、虚冒姓氏……"。"剽窃"一词正式出现在唐代,柳宗元认为《文子》一书系剽窃而成,指责该书"窃取他书以合之者多,凡孟、管辈数家,皆见剽窃。"(《柳河东集·辩文子》)

随着社会文化的发展,人们对剽窃行为的谴责也不断强化。剽窃被人们视为某人生平经历中的主要劣迹，开始出现在正史或其他史籍的记载中。《晋书·郭象传》载：向秀注《庄子》一书，未竟而卒，郭象遂窃为已注而行于世。

唐刘肃《大唐新语》（卷十三《谐谑》）载：

> 李义府尝赋诗曰："镂月成歌扇，裁云作舞衣。自怜回雪影，好取洛川归。"有枣强尉张怀庆好偷名士文章，乃为诗曰："生情镂月成歌扇，出意裁云作舞衣。照镜自怜回雪影，时来好取洛川归。"人谓之谚曰："活剥王昌龄，生吞郭正一。"

明代作伪中最明目张胆的一种方式是抄袭剽窃，东抄一段，西抄几段，最后加上自己的名字。一些大名鼎鼎的文人也这么做，如陈继儒、钟惺。陈继儒所撰《珍珠船》，杂采小说家言，凑集成编，而不注出处。《四库全书总目》说："盖明人好剿袭前人之书而割裂之，以掩其面目，万历以后往往皆然，继儒其尤著者也。"钟惺《周文归》一书，似乎是要把先秦的文章汇集起来，实际却将"三礼"、"（春秋）三传"、《国语》、《楚辞》、《逸周书》拼凑成书。《四库全书总目》批评此书"敢于刊削圣经，亦可谓悍然不顾矣。"

假冒伪劣中最简便的就是"盗版"。如完全照原书刻印，但不署作者姓名，并把书名换掉，让人误以为是另一新书。

宋眉山程舍人于南宋绍熙年间刻印出版的《东都事略》一百三十卷，其目录后镌有长方牌记性告白："眉山程舍人宅刊行，已申上司，不许覆板。"此为自己申明，用以昭告、预防同行翻版，从而保护自己版权的实例。这是中国古代最早的维护版权的声明，也是世界上最早的维权广告之一。

朱熹在建阳崇化开设同文书院，经营刻书出版，一是为了养家糊口，解决生计问题；还有一个重要目的，就是避免自己著作再被别人盗版出版。淳熙四年（1177），朱熹最初在建阳编撰《论语集注》《孟子集注》，其稿尚在推敲过程中，便被书商出版发行；他呕心沥血反复修改的《四书集注》在淳熙十五年（1188）决定大的修改前，又被书商盗印出版。其《周易本义》也在成书不久被书贾窃印发卖。可见当时福建建阳地区，盗版翻刊、窃稿私印等侵犯著作权的现象，已屡见不鲜。朱熹只能自己在崇化镇开了一家书铺，自刻出版自己的著作，从而保护自己的知识产权。

南宋已出现民间出版商申告、官方发布榜文禁止翻刻的反盗版的案例。嘉熙二年（1238），祝穆在建阳麻沙刻印《新编四六必用方舆胜览》时，附有两浙和福建转运司联合发布的版权保护告示。该书现藏日本宫内厅书陵部（"图书寮"）。

　　两浙转运司　　　录白

　　据祝太傅宅干人吴吉状：本宅见雕诸郡志，名曰《方舆胜览》□《四六宝苑》两书，并系本宅进士私自编辑，数载辛勤。今来雕板，所费浩瀚。窃恐书市嗜利之徒，辄将上件书版翻开，或改换名目，或以《节略舆地纪胜》等书为名，翻开搀夺，致本宅徒劳心力，枉费钱本，委实切害。照得雕书合经使台申明，乞行约束，庶绝翻版之患。乞给榜下衢、婺州雕书籍处张挂晓示，如有此色，容本宅陈告，乞追人毁版，断治施行。奉台判，备榜须至指挥。

右今出榜衢、婺州雕书籍去处张挂晓示，各令知悉。如有似此之人，仰经所属陈告追究，毁板施行。故榜。

嘉熙贰年拾贰月　　日榜

衢、婺州雕书籍去处张挂

转运副使曾　　　　　台押。

福建路转运司状。乞给榜约束所属，不得翻开上件书版。并同前式，更不再录白。

至咸淳三年（1267），祝穆之子祝洙又刊行了增补重订本《新编方舆胜览》，书中附了另一份类似的告示。

福建转运使司　　　录白

据祝太傅宅干人吴吉状称：本宅先隐士私编《事文类聚》《方舆胜览》《四六妙语》，本官思院续编《朱子四书附录》进尘御览，并行于世。家有其书，乃是一生灯窗辛勤所就，非其他剽窃编类者比。当来累经两浙转运使司、浙东提举司给榜，禁戢翻刊。近日书市有一等嗜利之徒，不能自出己见编辑，专一翻板，窃恐或改换名目，或节略文字，有误学士大夫批阅，实为厉害。照得雕书合经使台申明状，乞给榜下麻沙书坊、长平、熊屯刊书籍等处张挂晓示。仍乞帖嘉禾县严责知委，如有此色，容本宅陈告，追人毁板，断治施行，庶杜翻刊之患。奉运使、判府、节制、待制、

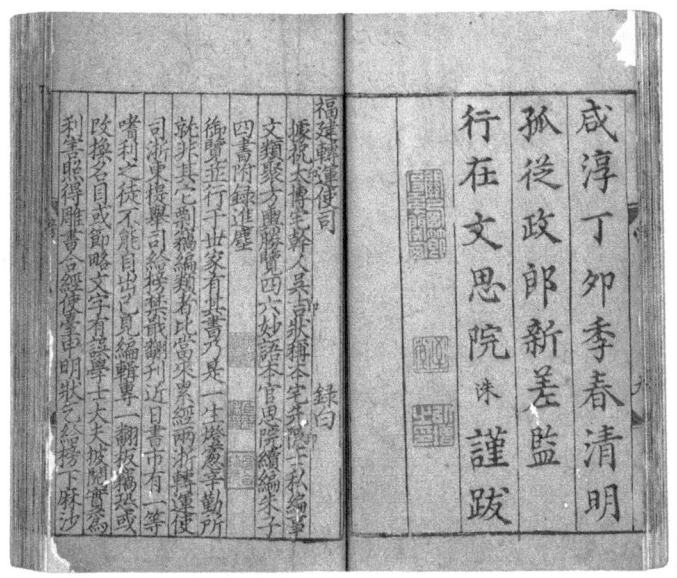

图 8—3 宋咸淳三年（1267）吴坚、刘震孙刻本《新编方舆胜览》—1

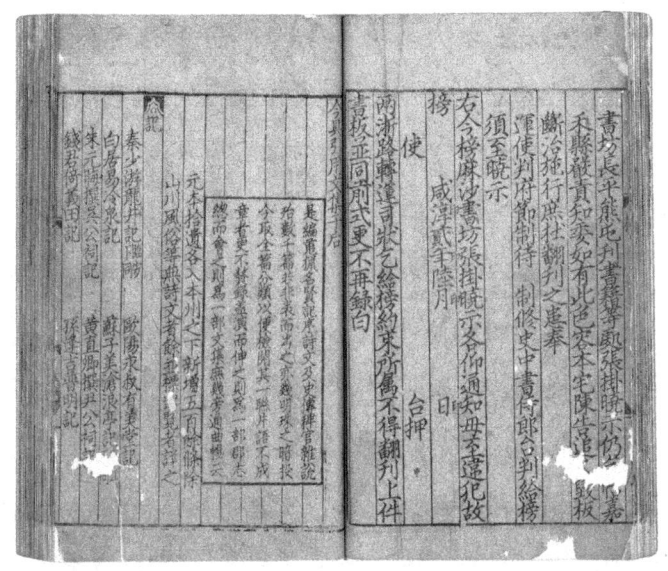

图 8—4 宋咸淳三年（1267）吴坚、刘震孙刻本《新编方舆胜览》—2

修史、中书侍郎台判给榜须至晓示。

　　右今榜麻沙书坊张挂晓示，各仰通知，毋至违犯。故榜

　　　　咸淳贰年陆月　　　　日

　　　　　使　　　　　　　　　　台押

　　两浙路转运司状，乞给榜约束所属，不得翻刊上件书板。并同前式，更不再录白。

　　浙江之衢州、婺州，在宋代皆书坊林立。福建建阳、崇化、麻沙，书坊更是鳞次栉比，故刻书者特申请约束这几个地区，勿使翻雕，以保护自己的版权。这里表现出来的版权意识已经相当明确。

　　宋淳祐八年（1248）七月出版之段昌武《毛诗集解》，卷前有行在国子监禁止翻版公告。清人张金吾《爱日精庐藏书志》卷三《丛桂毛诗集解三十卷附学诗总说论诗总说》和国家图书馆藏清抄本《毛诗集解》等都抄录了这个公告。国家图书馆藏清抄本《毛诗集解》录文曰：

　　　　行在国子监　　　录白

　　据迪功郎新赣州会昌县丞段维清状：维清先叔朝奉昌武，以《诗经》而两魁秋贡，以累举而攉第春官，学者咸宗师之。印（按：《爱日精庐藏书志》作邛，又有作印者）山罗史君瀛尝遣其子侄来学，先叔以毛诗（按：毛诗，《爱日精庐藏书志》作"毛氏诗"）口讲指画，笔以成编。本之东莱《诗纪》，参以晦庵《诗传》，以至近世诸儒，一话一言，苟足发明，率以录焉，名曰《丛桂毛诗

集解》，独罗氏得其缮本，校雠最为精密。今其侄漕贡樾锓梓，以广其传。维清窃惟先叔刻志穷经，平生精力，毕于此书，傥或其他书肆嗜利翻板，则必窜易首尾，增损音义，非惟有辜罗贡士锓梓之意，亦重为先叔明经之玷。今状批陈，乞备牒两浙、福建路运司备词约束，乞给据付罗贡士为照。未敢自专，伏候台旨。呈奉台判牒，仍给本监。除已备牒两浙路、福建路运司备词约束所属书肆，取责知委文状回申外，如有不遵约束违戾之人，仰执此经所属陈乞，追板劈毁，断罪施行。须至给据者。

右出给公据付罗贡士樾收执照应。淳祐八年七月 日给。

这是南宋行在临安国子监为段维清乞禁翻版而出具的公告。罗樾执此公据，便可向两浙、福建等路转运使状告盗版翻刻之人。

陆游《老学庵笔记》卷七记载了一个关于盗版书的笑话：

三舍法行时，有教官出《易》义题云："乾为金，坤又为金，何也？"诸生乃怀监本《易》至帘前，请云："题有疑，请问。"教官作色曰："经义岂当上请？"诸生曰："若公试，固不敢。今乃私试，恐无害。"教官乃为讲解大概。诸生徐出监本，复请曰："先生恐是看了麻沙本，若监本，则'坤为釜'也。"教授惶恐，乃谢曰："某当罚。"即输罚，改题而止。

明璩昆玉的《古今类书纂要》，被更名为《新镌雅俗通用珠玑薮》；杨慎的《丹铅总录》，被改名为《纬略类编》；《北堂书钞》被改为《大唐类要》《古唐类苑》；《夷门广牍》被改为《祇洹馆丛刻》；甚至《容斋随笔》也被改为《搜采异闻录》。

新出版的书，凡是销路好的，盗版更多。袁宏道《锦帆集》中有《禁翻豫约》说："往见牟利之夫，原板未行，翻刻踵布。"福建余象斗刻印的小说，往往一出版就被盗版，他在《东游记·八仙传引》中叹苦说："不俗斗自刊《华光》等传，皆出予心胸之编集，其劳鞅掌矣，其费弘巨矣，乃多为射利者刊，其诸传照本堂样式，践人辙迹而逐人尘后也。"

清嘉庆刻本《更岂有此理》，书附《阴间秀才诗稿》一卷，凡例云：

> 近今坊贾善于翻刻书籍，惜费而嗜利，以致字迹错谬，大异原板，使阅者以误传误，埋没作者一片苦心。射利小人，等于盗贼，森罗殿判官深恨教者辈所为，已遣勾魂使者、飞天夜叉、及日游、夜游、水火、瘟疫诸司，密伺群坊丛集之所，稽察巡查。如再有不肖棍徒，翻刻是刻者，立时勾魂摄魄，冥法重究，磨粉舂齑，锯解锅烹，抛剑树，掷刀山，抽筋拔舌，下十八层地狱，入畜生道，历万劫不能超脱。

第二节 书籍收藏

中国古代书籍的收藏分为四大体系，即官府收藏、书院收藏寺观收藏及私家收藏。

一、官府收藏

官府书籍收藏起源很早，据《史记·老子韩非子列传》记载，老子是藏室史，又叫柱下史，相当于今天的国家图书馆馆长。老子是古代可考的图书馆长之一。

西周后期到春秋战国，各诸侯国也开始收藏书籍，并迅速发展，构成了从中央到地方多种形式的公藏体系。

秦始皇焚书坑儒，重点是烧毁民间藏书，大部分官方藏书并未受到影响。然而，在之后秦末农民战争中，项羽攻入关中，纵火焚烧了咸阳秦宫，致使官府藏书受到很大损失。汉王朝建立之初，统治者就开始注意收藏项羽等焚烧之余的书籍资料，之后的汉武帝、汉成帝都曾向天下访求书籍。

西汉官府藏书之所有石渠阁、天禄阁、麒麟阁等，东汉时，又增加兰台、辟雍、宗庙石室、仁寿阁、东观等处。东汉延熹二年（159），设秘书监专门管理图籍，下设校书郎中和校书郎等。此后，秘书监便承担着官府藏书主管部门的职责，一直沿袭至元代，对官府藏书的管理发挥了重要作用。

汉代东观、兰台等国家书籍收藏机构的工作，主要包括以下几个方面：聚书、著书、校书、抄书、典藏编目等。汉代开创的典藏、编目制度，建立了古代藏书的档案，记录了古代学术发展的历史，对后世产生了深远影响。

魏晋南北朝时期，政府特别重视书籍校勘工作，其间至少进行过19次较大规模的校书活动，为书籍整理发挥了重要作用。其次，长期战乱致使书籍散佚严重，收藏书籍的秘书监多次进行书籍整理，编撰

图8—5 北齐杨子华绘《北齐校书图》

了不少藏书目录。南朝梁还先后三次抄补书籍，将经、史、子、集四部书全部抄录一遍。

隋王朝在藏书建设方面也做了大量工作，包括征集书、修书、校书、编目、抄书等。藏书于秘书省、嘉则殿。重要人物有牛弘、许善心、柳䛒等。

唐代的藏书机构除秘书监外，还有弘文馆、史馆、集贤院、崇文馆、司经局和翰林院等。聚书不遗余力，大规模抄书活动约有7次，其中魏征担任秘书监时，从唐太宗贞观二年（628），一直抄到唐高宗显庆年间，历时30余年。大规模的校书也有7次，而且有不少学者参与，白居易就曾担任过秘书省校书郎。唐代建立副本制度；使用钤盖藏书印的方式确认书籍所有权，以替代过去的题跋方式；编纂大量藏书目录。唐代官府藏书在"安史之乱"中损失惨重。

五代十国官府藏书基本沿袭了唐代的制度和方法。由于战争频繁，昭文馆、集贤院和史馆"三馆合一"，这个重大变化，对北宋的官府藏书产生了重大影响。另外，五代的国子监也是官府藏书和刻书的重要场所，著名的五代监本书籍就在这里刻印完成。

宋代"偃武修文"，文化发达，官府藏书也有较大发展。在弘文馆、史馆、崇文馆三馆基础上增设秘阁，称为"馆阁"，在元丰改制之前，崇文院统管秘阁和三馆，除了藏书之外，还有著书等功能。崇文院的大小官员都称为"馆职"，馆职的地位很高，很多政府要员都是馆职出身。馆阁人员随时准备迎接皇帝驾临，需值夜班。馆阁制是秘书监之后又一具有重大影响的书籍管理制度。元丰改制之后，崇文院又改回秘书省。宋代悬赏征访遗书，多次开展大规模抄书、校书活动；加强书库管理，制定曝书制度，编定目录。主要的官府藏书目录，如《崇文总目》《秘阁总目》《秘书总目》《馆阁总目》都在崇文院或秘书省编纂。藏书机构除了崇文院秘书省之外，还有龙图阁、天章阁、宝文阁、显谟阁、徽猷阁、质慎库等。中央政府藏书之外，地方的各州县还建有"敕书楼"藏书。

辽、金、元三朝是少数民族建立的政权。辽、金皆由秘书监主管国家藏书。辽皇宫藏书1万多卷，并翻译刻印了不少汉文书籍。不过当时书禁甚严，据沈括《梦溪笔谈》卷十五载："契丹书禁甚严，传入中国者，法皆死。"金朝建国之初，从北宋掠走不少书籍，加上自己征集的，数量也很可观。

元代的宏文院、秘书监、艺文监、奎章阁、翰林院、国子监、国史院、集贤院等都是重要的书籍收藏处。秘书监专辟禁书专库，派兵把守。

明代官府收藏以内府为主，有文渊阁、大本堂、武英殿、东阁、皇史宬、古今通籍库等，以及中央政府的翰林院、国子监、司礼监、行人司等。文渊阁藏书最多，明英宗正统年间，杨士奇编《文渊阁书目》，著录书籍43200册，卷数当在10万卷以上。南京国子监和北京国子监都有藏书和刻书。中央政府的藏书甚丰，但管理不太严，火灾、霉烂、虫蛀、偷窃等时有发生。

明朝各地藩府也有藏书。洪武初年,"亲王之国,必以词曲一千七百本赐之。"周藩、宁藩、秦藩、楚藩、湘藩、潞藩、唐藩、德藩、庆藩、蜀藩、衡藩等都有较多藏书。清初钱谦益感慨"海内藏书之富,莫先于诸藩。今秦、晋、蜀、赵熸矣。周藩之竹居,宁藩之郁仪,家藏与天府埒"。(《牧斋有学集》卷二十六《黄氏千顷斋藏书记》)

明代中后期,随着印刷书籍的增多,书籍越来越容易获得,官府藏书逐渐普及到县一级,不少州学、府学、县学都有藏书楼,这些官学的藏书楼通常名曰"尊经阁"。

清代的官府藏书有国子监、翰林院、武英殿、内阁大库、天禄琳琅、专储《四库全书》的南北七阁(文渊阁、文溯阁、文源阁、文津阁和文宗阁、文汇阁、文澜阁)等。"南三阁"对士子开放,允许他们观摩誊录,在传播文化和促进学术研究方面起到一定积极作用。

二、书院收藏

中国古代的书院是在书籍整理的过程中产生的,书籍收藏是书院活动的一项重要内容。

宋代书院的发展,朱熹起到了重要作用。著名的书院有白鹿洞书院、岳麓书院、应天书院、嵩阳书院、鹤山书院等,据统计,总数达到720所。书院有较完善的教育制度,各有自己的藏书,数量在数千卷至3万卷之间。丰富的藏书为书院的教学和研究提供了雄厚的知识基础。宋代书院藏书主要为满足教学需要,故而内容多以四书五经等儒家经典为主,不讲究版本。由于雕版印刷的普及,很多书院也从事书籍出版活动。

元代积极创办书院,数量多达400余所,和官学区别不大。著名书院有赵复的太极书院、许谦的四贤书院、胡炳文的明经书院、黄泽的景星书院、程端礼的稼轩书院等。杭州西湖书院以教学、刻书、藏书并重,甚至成为国家重要的出版中心。元代书院藏书的规模不断扩大,数量超过宋代。书院建设也逐渐正规化、制度化。不少书院编制藏书目录,制定出具体的借阅制度。

明初全力发展官学,强化科举考试,冲击了书院建设。成化以后,官学流弊,又促使书院恢复和发展。正德年间,书院发展进入极盛期,数量约达2000所。王守仁、湛若水等一批学者名流对书院的发展起到很大的推动作用。明代书院大多建有藏书楼,有的还编制了专门的书院志。

清代对书院采取严格限制的政策,从雍正十一年(1733)开始,禁止私人创办书院,又要求各大书院慎选山长,加强管理,书院逐渐演变成为官学、科举的附庸。

清代书院的藏书楼又称为御书楼、尊经阁、芸香楼、万卷楼,其藏书绝大部分都提供借阅。流通范围和方式都大大优于同时代的公私所藏,对学术文化的发展起到很好的促进作用。为更好地管理、保护好书籍,各书院都制定了具体完备的典藏和借阅规则。

三、寺观收藏

随着佛教传入中国,出现了大量佛典。在佛教的影响下,道教也产生了大量的道教文献。各地佛寺道观为教义宣传而翻译、抄写、印造、收藏本教书籍，由此形成独特的书籍收藏体系。

汉代的白马寺、南朝宋的崇虚观是较早的佛道寺观，收藏有丰富的佛道书籍。

魏晋南北朝至隋唐，由于历朝政府的支持和提倡，佛道两教发展很快，形成儒、释、道鼎立之势。随着佛道两教的书籍越来越丰富，逐渐形成了"佛藏"和"道藏"两大系统。历代政府出于政治需求，抄写佛道书籍，颁赐给各地寺观收藏，丰富了各地寺观的藏书，成为寺观收藏书籍的重要来源。宋代以后很多寺观都编撰刻印佛藏、道藏入藏。如福州东禅寺、福州开元寺、平江延圣禅寺等都编印大藏，成为各地寺院收藏的基础。明清以后，佛藏和道藏基本成型，各寺观所藏多为官修经藏，内容趋于统一。

寺院藏书除了收藏佛道书籍之外，还藏有一定数量的非宗教类书籍。不少古代寺观成为当地文化中心，很多文人学士都与佛寺交往密切，还将自己的著作赠给寺院。白居易曾把自己的《白氏长庆集》抄写5份，其中3份分别收藏在庐山东林寺等寺院。清嘉庆年间，阮元创建了杭州灵隐寺的"灵隐书藏"和镇江"焦山书藏"，收藏翁方纲《复初斋集》等文人书藏，制定相关的《藏书条例》，以保存为主，也为学人阅览提供一定的便利调教，具备了近代图书馆性质，对推动文化发展和学术传播起到积极的推动作用。

随着收藏书籍的增加，很多寺观都建造专门建筑收藏书籍的建筑——"藏经阁"，并建立了完备的管理和借阅制度。

四、私家收藏

中国私家藏书历史悠久，内容丰富，在文化传承中占有举足轻重的地位。

"藏书"一词似最早见于《韩非子·喻老》篇，叙述徐冯遇见一位名叫王寿的人负书而行，徐冯问："智者不藏书，今子何独负而行？"王寿便把书烧掉了。

可考的先秦藏书家有孔子、墨子、惠施、苏秦等，汉代的私人藏书家有伏生、孔安国、刘向、郑玄、王充等，最著名的是西汉河间献王刘德和东汉学者蔡邕。蔡邕的藏书达万卷以上，全部赠予"建安七子"之一的王粲。

魏晋南北朝时期的任昉、沈约，唐代的魏征、颜师古、吴兢、李泌、柳公绰等，都是著名藏书家。唐代大臣李泌，藏书3万多卷，用彩色牙签装饰藏书，"经用红牙签，史用绿牙签，子用青牙签，集用白牙签。"韩愈诗曰："邺侯家多书，插架三万轴，一一悬牙签，新若手未触。"邺侯即指李泌。

经过五代之乱，很多公藏书籍流落民间。宋元时期雕版印刷术普及，书籍的数量急剧增长，产生了北宋宋敏求、王钦若、司马光，南宋叶梦得、晁公武、陈振孙、尤袤，元代庄肃、段直、元好问等藏书家。元代的藏书活动已经延伸到社会底层，出现了出身屠夫和布商家庭的藏书家。

很多藏书家的书籍获取途径主要是抄写，如尤袤"于书靡不观，观书靡不记。每公退则闭户谢客，日计手钞若干古书，其子弟及诸女亦钞书"（《遂初堂书目·陆友仁后序》），后成《遂初堂书目》。

明清两代是私家收藏最发达的时期。明代藏书家在正德以后大量涌现，以至万历中期的内阁大学士于慎行认为当时皇家藏书楼文渊阁的藏书尚不及一个学者藏书的半数。明代著名的藏书家有周王朱橚、宁王朱权、镇国公朱睦㮮、范钦、叶盛、毛晋、祁承㸁等。

清代是私人藏书的鼎盛时期，著名藏书家有季振宜、黄虞稷、钱谦益、黄宗羲、朱彝尊、黄丕烈、吴骞等，清末四大藏书楼——常熟瞿氏铁琴铜剑楼、山东杨氏海源阁、归安陆氏皕宋楼、钱塘丁氏八千卷楼极负盛名。

中国现存最早的私人藏书楼——宁波范钦天一阁始建于明嘉靖年间，历经400余年而不毁。清乾隆时，天一阁作为书籍收藏之所的典范，被官府藏书楼效仿，收藏《四库全书》的七阁，就是仿天一阁而建的。

乾嘉时期的洪亮吉将藏书家分为考订家、校雠家、收藏家、鉴赏家、掠贩家五等，反映了当时私家藏书兴盛的状况。

第三节　书籍目录

书籍目录是揭示与记录一批相关文献的基本特征，并按一定顺序编排的工具书。目录将人与书联系在一起，是人们了解书籍的线索，治学的门径。目录学是一门专门之学，对读书人了解和阅读书籍具有重要的辅助作用。读者不必查看原书，只需通过阅读各类书籍目录，便可以查找到自己所需要的书籍。目录伴随着书籍的成熟而产生，从汉代《七略》算起，中国的目录已经有2000余年历史。

关于书籍目录的重要作用和意义，唐代释智昇《开元释教录》序曰：

> 夫目录之兴也，盖所以别真伪，明是非，记人代之古今，标卷帙之多少，撮拾遗漏，删夷骈赘，提纲举要，历然可观也。

清代学者也认为：

> 目录者，本以定其书之优劣，开后学之先路，使人人知某书当读某书不当读，则为学易而成功且倍矣。吾故尝语人曰：目录之学，读书入门之学也。（题江藩著《经解入门》卷五《又，有目录之学第三十二》）

一部章法明晰，条理清楚的目录，读者不仅可借以查找书籍，还可凭此"辨章学术，考镜源流"，开展各类专门的学术研究。清著名学者王鸣盛认为："凡读书最切要者，目录之学。目录明，方可读书；不明，终是乱读。"（《十七史商榷》卷七）"目录之学，学中第一要紧事，必从此问途，方能得其门而入。然此事非苦学精究，质之良师，未易明也。"（《十七史商榷》卷一）

前代学人对书籍目录的有关阐述，尤其是尊其为"目录学"，说明他们已充分认识到这门学科所具有的重要学术价值。余嘉锡《目录学发微》说："目录者，学术之史也。"

一、目录的内容与体例

目录是目与录的合称。大致说来，目原指篇章、名称的位置和次序；录原指篇章名称的内容及要点。例如《史记·太史公自序》，就是一篇比较典型的目录。试看其中的几段文字：

> 始皇即立，并兼六国；销锋铸鐻，维偃干革，尊号称帝，矜武任力；二世受运，子婴降虏。作《始皇本纪》第六。
>
> 秦失其道，豪桀并扰；项梁业之，子羽接之；杀庆救赵，诸侯立之；诛婴背怀，天下非之。作《项羽本纪》第七。
>
> 子羽暴虐，汉行功德；愤发蜀汉，还定三秦；诛籍业帝，天下惟宁，改制易俗。作《高祖本纪》第八。（《史记·太史公自序》）

引文中各段叙述章节内容的文字是"录"，最后一句说明章节名称、次序的"作《始皇本纪》第六""作《项羽本纪》第七""作《高祖本纪》第八"等文字是"目"。由此可知，目录是人们了解书籍内容特点的重要线索。

目录包括单部书的章节目录和多部书名称组成的群书目录两类。所谓章节目录，其内容实际属于原著书中的一部分，如《诗经》311篇（其中6篇有目无辞）的目录，即是如此。因此，学术研究中所谓的目录学，一般是指多部书的群书目录。

目录的体例大致可分为三类：一、仅记录书名，没有小序和解题的，如《通志·艺文志》之类；二、记录书名、小序，没有解题的，如《汉书·艺文志》《隋书·经籍志》之类；三、记录书名、小序和解题的，如《文献通考·经籍考》《四库全书总目》之类。

二、目录的种类

目录往往是针对批量书而言的。各类藏书的情况不同，故各类藏书目录的称谓也有所不同。清人龚自珍认为可以分为如下几类：

> 一曰朝廷官簿，荀勖《中经簿》，宋《崇文总目》《馆阁书目》，明《国史经籍志》是也；一曰私家著录，晁公武《郡斋读书志》、陈振孙《书录解题》以下是也；一曰史家著录，则汉《艺文志》、隋《经籍志》以下皆是也。(《上海李氏藏书志序》)

根据龚自珍所说，目录主要分为官修目录、史志目录、私家目录三种。

官修目录是由政府主持对国家藏书进行整理编制的目录。著名的有明《文渊阁书目》、清《四库全书总目》《天禄琳琅书目》。历代编制的官修目录数量可观，惜大多已经亡佚。

史志目录主要指正史中的《艺文志》，即二十四史中的《汉书·艺文志》《隋书·经籍志》《旧唐书·经籍志》《新唐书·艺文志》《宋史·艺文志》《明史·艺文志》6种。

私家目录主要指私人藏书的目录。如著名的《遂初堂书目》《郡斋读书志》《直斋书录解题》，清末四大藏书家瞿氏《铁琴铜剑楼藏书目录》、杨氏海源阁《楹书隅录》、陆氏《皕宋楼藏书志》、丁氏《八千卷楼书目》。如要了解这些藏书家所藏书籍的情况，只需查看各家的藏书目录便知大概。

三、目录的分类与四部分类法

目录包括目录内容和分类两个方面，二者的关系密不可分。宋代著名目录学家郑樵在《通志·总叙》中总结道："学术之苟且，由源流之不分；书籍之散亡，由编次之无纪。"一部目录，如果只是随意著录书名而未加分类，那它一定杂乱无章，难以区别和检用。而有了分类，人们便可以按照知识门类查找到所需要的书籍。对书籍分类的重要作用，郑樵已有深刻认识："学之不专者，为书之不明也；书之不明者，为类例之不分也。"（《通志》卷七十一《校雠略·编次必谨类例议》）

西汉末年刘向、刘歆整理国家藏书而编成的《七略》，将书籍分为六艺略、诸子、诗赋、兵书、数术、方技6个大类，6大类之下又细分了38小类。这是是中国第一部官修的藏书目录，也是奠定中国古籍目录学基础的开创性著作。《七略》作为中国古代第一个分类目录，分类思想十分系统而有条理，使得目录具备了治学门径的实际效用，对后世的影响极其巨大。东汉班固编纂、开创史志目录先河的《汉书·艺文志》即删节《七略》而成，其主旨内容皆来自《七略》。

魏晋南北朝时期，目录分类法研究有很大发展，先后有刘宋王俭的《七志》、梁阮孝绪的《七录》、梁祖暅《五部目录》、三国魏郑默《中经》、晋荀勖在《中经》基础上编成《中经新簿》等，但就分类学而言，影响最大的还是四分法。

四分法的创始由魏郑默开其端，晋荀勖毕其功。魏郑默的《中经》

按照经、子、史、集四部来类分书籍,是中国采用四分法分类的最早记载,惜该目已经亡佚。晋代著名学者荀勖在《中经》基础上编成《中经新簿》,其最大特点是采用甲乙丙丁四部分类。与《七略》相比,《中经新簿》把《七略》中的"兵书略""数术略""方技略"合并到乙部;又将"六艺略·春秋类"所收的史书抽出来,单独立类,设立丙部。该书以甲乙丙丁为序,实则"甲"等同于"六艺略"或"经部";"乙"等同于"子部";"丙"等同于"史部";"丁"等同于"诗赋略"或"集部"。这个排序说明史书已经有了自己的席位,但其社会地位还没有超过子书。而且,以甲乙丙丁作为标记符号,简明易记。清钱大昕《诸史问答》指出:

> 晋荀勖撰《中经簿》,一曰甲部:纪六艺及小学;二曰乙部:有古诸子家、近世子家、兵书、兵家、术数;三曰丙部:有史记、旧事、皇览簿、杂事;四曰丁部:有诗赋、图赞、汲冢书。四部之分,实始于此。而乙部为子,丙部为史,则子犹先于史也。及李充为著作郎,以典籍混乱,删除繁重,以类相从,分为四部:五经为甲部,史记为乙部,诸子为丙部,诗赋为丁部,而经史子集之次始定。(《潜研堂文集》卷十三)

唐代以来,官修的史志目录影响很大,尤其是《隋书·经籍志》采用四分法分类,径用经史子集代替甲乙丙丁,此后,以经史子集四部来类分书籍的方法便一直沿用至今。清王鸣盛《经史子集四部》曰:

> 甲乙丙丁亦不如直名经史子集，《隋志》依荀而又改移之。自后，唐宋以下为目者，皆不能违。(《十七史商榷》卷六十七)

宋代以后影响较大的目录学著作，有郑樵的《通志》。《通志》中的《艺文略》《校雠略》《图谱略》《金石略》《群书会记》《夹漈书目》等，体现了郑樵在目录学理论和实践方面的重大贡献。其中《校雠略》提出完整的编目思想和目录学理论，开辟了目录学研究的新领域，直接影响了后世目录学理论的发展。《通志·艺文略》是第一部通史史志书目。

元代马端临《文献通考·经籍考》沿用四部分类；以书名标目，著录书名和卷数；多处使用了"互著""别裁"例。对书籍分类也做出了很大贡献。

分类法在古代传统目录学中占有极其重要的地位，特别是其中的四部分类法，直到清乾隆敕修《四库全书》时仍在采用，而且编撰出《四库全书总目》，集四部分类法之大成，使四部分类的各类目设置更为细密，分合更趋合理，达到了四部分类法运用的巅峰。清代以后直至现今编制的古籍目录，大多仍采用四部分类法，足以证明其具有难以替代的学术价值及生命力。

第四节　书籍保护

古代书籍在使用和保存的过程中，损毁的数量难以计数。据林明《中国古代文献保护研究》研究和统计，书籍损毁的主要原因有两大方面：内因是制书材料自身的质量优劣；外因有社会的（人为的）：撕毁、剪裁、盗窃、及水、火灾害等；自然的的原因有物理因素（温湿度、光、尘、磨损等）、化学因素（杂质、有害气体、污斑等）、生物因素（图书害虫、霉腐菌、鼠害等）。主要涉及下面几个要点：载体因素（竹木简、缣帛、纸张）、环境因素（温度湿度、光线、灰尘）、生物因素（害虫、霉菌、气体生物如鼠、白蚁、蟑螂等），灾害因素（水灾水难、火灾火患），人为因素（管理不善、子孙不守）。

针对损毁书籍的上述各种因素，古人一直在试图采取各种措施延长书籍的寿命。中国古代书籍保护大致包括四个方面：制作、收藏、使用以及修复，这些方法与内容贯穿书籍的整个生命周期。这里着重讲述书籍制作过程中的保护手段和书籍收藏保存中的保护手段。

一、书籍制作过程中的保护手段

书籍制作过程中的保护手段有很多方面，包括对书写材料的优选和优化、书写材料的防蠹加工、墨的固久及防虫加工、装帧与装裱保护四个方面。

1. 书写材料的优选和优化

竹简。修治竹简的长度，将上下两端修治成平头、梯形或弧形，这些修治成为梯形或弧形的竹简，显然是为了将简的两端受到外力时不易破裂，起到保护简的作用。有些竹木简还涂有一层植物油来保护简、绳，文字不被磨掉。

纸张。麻、楮皮是汉代的造纸原料；藤皮制纸张从晋代开始，盛行于唐代。竹纸从唐代中叶开始，盛行于明清。麻纸最佳，皮纸（楮皮）次之，竹纸再次之。竹因取材容易成本低而使用广泛，明清时期成为主要的造纸原料。在竹纸制作过程中添加麻类或皮料等细长纤维，就是为了在降低生产成本的前提下，尽可能增加纸的拉力和紧密度。

2. 避蠹加工

蠹即蛀虫。无论简帛还是纸质书籍，都会受到书虫蛀蚀的损毁。为了避免虫害，从简帛书籍时代开始，人们便在书籍制作时使用各种方法，避免虫蛀。

竹简制作避蠹：竹简杀青避蠹，亦即烤干竹内的水分。新竹水分大，易腐朽生虫，保存时间短，因此制竹简时要用火烤干竹内水气，竹子随着水分的减少由青而黄，故称之为"杀青"，正如古人所云："杀青者，以火炙简令汗，取其青易书，复不蠹，谓之杀青，亦谓汗简。"

纸张制作避蠹主要包括染潢避蠹、碧纸避蠹、以椒染纸、丹铅防蠹等几种方法。

染潢避蠹。早在汉魏时期就用黄檗汁染纸，除增添黄色外，还因染液中小檗碱而具有防蛀作用。小檗碱是是黄檗染料的主要黄色染色剂，可抗细菌、抗真菌、抗微生物。以含有小檗碱的黄檗水染黄纸张，将使纸张防止虫蛀，而且还带有清香。《齐民要术》卷三有"染潢及治书法"，详细叙述了用黄檗汁染书的方法。染潢的方法分两种：一是先写后染潢，一是先染潢再写，根据出土古纸来看，大部分是先染潢再写的。这种方法在唐代应用更为广泛，并传播到日本。今所见敦煌六朝唐人写经，多用潢纸，虽有残破而无虫蛀，就得力于染潢。唐代开始，染潢的同时还加以砑光打蜡制成硬黄纸，唐人用光泽莹滑的硬黄纸写经，"染以黄檗，取其辟蠹"。宋代张世南《宦游纪闻》卷五写道"硬黄,谓置纸热熨斗上,以黄蜡涂匀,俨如枕角,毫厘必见",硬黄纸因经过打蜡砑光,质地硬密,光亮半透明,防蛀抗水,颜色美观,是唐纸中的上品。宋代以后,书籍装帧形式演变为册页装,硬纸不再适用,染色也很困难。再加上皇家诰敕用黄,故民间避不敢用。以后普通文献基本没有用染潢的纸张了。

碧纸避蠹。碧纸又称磁青纸、绀碧纸、绀青纸等,用天然植物靛蓝做染料制成,靛蓝有杀虫作用,保护经卷不受害虫侵蚀。因其与青花瓷的颜色相近,明代宣德以后被称为瓷青纸。后来在瓷青纸的基础上又发明了黑色的羊脑笺,是瓷青纸中的上上品。清沈初《西清笔记》中记载,"羊脑笺以宣德瓷青纸为之。以羊脑和顶烟墨窖藏,久之取以涂纸,砑光成笺,黑如漆,明如镜。始自明宣德间,制以写经,历久不坏,虫不能蚀。"羊脑笺非常坚硬,漆黑中带着蓝,光亮如镜,用泥金写佛经,虫不能蛀,历久不坏。使用碧纸或羊脑笺一般用来写经,为郑重其事常用金银粉抄写,二者搭配尽显经典的庄严肃穆,尊贵典雅。

南宋又出现了"以椒染纸"的防蠹法,用花椒水染纸驱避蠹虫。曾有学者认为"椒"是胡椒、辣椒等。经过考证,"椒"是花椒,花椒果实和果皮中含有的化学成分对蠹虫有趋避作用,所以能使得椒纸具有较好的防蛀避蠹的效果。

丹铅防蠹纸。明末清初,广东地区潮湿、蠹鱼成灾,流行用万年红纸防蠹,因经年历久不变颜色,万年红即由此得名。万年红纸的主要产地在广东佛山和潮州。万年红纸的主要成分是四氧化三铅,即俗称丹铅,这个成分能起到防虫保护书籍的作用。还有另外一种桔红色的涂料是天然有机染料，不含铅，没有防虫作用。所以有些配有万年红纸的书仍然被蛀，这就是普通的万年红纸。

3. 墨的固久及防虫加工

墨的质量也直接影响到文字信息的长久保存。很多古籍中都记载了墨的制作工艺，古人书写的墨加胶固久，胶是动物胶，多以骨胶和皮胶为主，墨锭胶性存放日久则越来越和，所以古墨、老墨普遍优于新墨；加药去味防霉，即改进墨的经久性的蛋清、藤黄，改进色泽的秦皮、紫草、茜草根、黄柏，以及增香的丁香、樟脑、麝香等。捣杵加工，配好原料墨烟、胶和药之后，要经过捣杵加工，各种墨的配方或比例不同，但都强调要经过捣杵加工，多杵为佳，所谓"凡捣不厌多"，"铁臼中捣三万杵，杵多益善"。明清时更有"轻胶十万杵"的说法等等。现代科学实验证明，牛皮胶在不断捶打之下，颗粒逐渐变化，深入烟墨粒子的内部，分布均匀，融合充分，使得制成的墨达到石头般的硬度，而且阻止墨的吸潮，有利于墨的保存。

4. 装帧与装裱保护

装帧与装裱是书籍制作过程中保护书籍的一种重要手段。

简册是将若干根简依文字内容的顺序编连起来，它是中国最早的书籍装订形式。为了保证正文不被损坏，编简时往往在正文的开头加上两根空白不写字的简，称作赘简。帛书因为存世量少，具体情况尚未明确。到了纸质书籍卷轴装时期，赘简演变为卷轴装正文第一张纸前边粘接的一张空白纸，叫作"褾"（袖端、衣服的滚边等），也叫作"包头""玉池"，考究的褾采用绫、绢等丝织品。作为保护正文的"褾"从唐代开始已经非常盛行。到了宋代，为保护书卷文字和增加观赏性，或在卷子正面的四边糊接绫、绢、锦等，反面则整卷用纸裱褙。

随着佛教从印度传入中国，梵夹装也随着佛教典籍传入。唐代以后，在梵夹装的启发下，中国的佛教信徒对卷轴装加以改进，将原来的卷轴装佛经按照一定行数和宽度均匀地左右连续折叠，前后粘有书皮。书皮一般用硬纸板或木板制作，用以保护书叶。这样的装帧形式大量用于佛经，故称为经折装。经折装吸收了梵夹装容易翻检的优点，且不需要穿绳，对纸张没有损坏，能延长书籍的寿命；再加上经折装的制作非常简便。这些优势使得经折装很快取代了卷轴装，成为佛经最为通行的装帧形式。在中国古代书籍的装帧形制中，经折装流行的时间最长，从唐代开始直至清代，经折装一直存在，与其他装帧形式并行。碑帖裱本乃至大臣奏议都采取这种形式，清代的奏折仍然采用经折装。

雕版印刷术发明以后，书籍由写本时代进入刻印本时代，随之带来了装帧形式的变化。蝴蝶装在宋代出现，蝴蝶装的书皮用硬纸板做成的，对书芯有一定保护作用，二是文字朝里，版心集于书脊，便于保护书芯，余幅宽阔，边角污损时可以裁去，不会影响文字内容，便于保护版框内的文字；使用浆糊粘连，没有穿孔，易于改装，这些都有利于保护书籍。蝴蝶装的缺点是在翻阅时，会遇到无字的叶面。随之产生的包背装克服了蝴蝶装不便翻阅、容易散开的缺点，后来的线装则前后书皮分开，各用一纸，用线和书芯装订在一起，这是为适应书籍生产的高度发展，提高工作效率需要而形成的一种装帧形式。线装从明代中期以后成为书籍装帧的主要形式，式样美观、方便阅读、装订牢固、不易损坏。当然，包背装和线装的缺点是版心对折处朝外，较容易磨损。

二、书籍收藏保存过程中的保护手段

书籍制作完成之后，随后的收藏、保存过程中的保护手段，对减少书籍损毁、延长书籍寿命也非常重要。这一阶段的保护手段主要包括装具的选择使用、施放药物、曝书翻书、制定管理规章制度、修复保护等。

装具。装皮做套是保护书籍的重要手段，主要装具有囊、帙、函套、夹板，箧、书匣、书箱、书柜、书架等，这些不同用途的装具提供了最直接的保护功效。

简帛书籍时代，最初用来盛放竹木简牍的装具应该是囊，文献中有记载，但是无出土实物，书囊后来发展成为帙或函。

帙是日常用来包裹文献的布帛，具有防光、防尘的作用。《说文》曰："帙，书衣也"，之后帙又发展成为文献的计量单位。帙的材料有织物、纸、草和竹。有一种说法，卷轴装改为册页装之后，帙发展成函或者函套。函套可以为册页装书籍提供更好的保护，防尘、防潮、防晒和长期保持平整。函是封闭的意思，函套通常以厚纸板为里，外以各色布裱褙而成。函套在南北朝已经蔚然成风，一种是四合套，一种是六合套。制作函套的材料包括布、纸板、胶和纸。函套比较封闭不透气，不适合潮湿多雨的南方，所以南方多使用夹板。木夹板防蛀防霉的效果好，但防风防尘的效果差，适用于南方。讲究的木夹板以紫檀、楠木、樟木、银杏等上选硬纸木材为之，普通的则以梓木、杉木等为之。

药物防虫、防蠹。古人常在书库中放置麝香、樟脑避蠹。曹魏时采用芸香防虫,《初学记》卷十二《秘书监》引鱼豢《典略》记载:"芸台香辟纸鱼蠹,故藏书台称芸台。"芸香防治书虫后来一直为藏书者沿用。天一阁钱绣芸的故事,就与芸香防蠹有关。

清朝嘉庆年间,宁波知府丘铁卿的内侄女钱姑娘酷爱诗书,听说范氏天一阁藏书甚富,其中多罕见之版本,阁中三百年来书不生蠹全赖芸草之功。钱姑娘顿生仰慕之情,用丝线绣芸草数百,本人也取名为"绣芸",梦想有一天能读到天一阁的藏书。钱姑娘的父母为圆女儿的心愿,将她嫁给范家的后人。哪知范家有规矩,严禁妇女登天一阁。钱绣芸最后抑郁而终,临死前对丈夫说:"我之所以来汝家者,芸草也,芸草既不见,生亦何为?君如怜妾,死葬阁之左近,妾瞑目矣!"

除了芸香避蠹外,古代藏书家还使用烟草、荷叶、香蒿、皂角、木瓜、茱萸等植物来防蠹。药物有麝香、樟脑、雄黄等类。

曝书防潮,翻书避蠹。将书籍置于室外通风干燥的地方曝晒,蒸发水分,防止潮湿,以防霉防蠹。通过翻晒,清除灰尘、霉菌和蠹虫,达到保护书籍的目的。干燥、晴朗、温度不太高的时候是曝书的最佳时机。中国地域辽阔,南北方气候差异比较大,各地曝书的时间也各有不同。

库房内部防潮主要采用放置吸湿物的办法,一般放置木炭、石灰来吸湿,降低湿度从而减少虫害的发生。阴冷潮湿,设一火炉提高温度以降低相对湿度,但不宜有明火。

管理规章制度。古代藏书有严格的规章制度保障典籍的散佚,如钤印确权、传家制度、副本制度、借阅制度、防灾制度等。

修复保护。中国古代常常通过修补使损坏的书籍得以延长寿命，以达到典籍保护的目的。历代藏书家普遍重视对藏书的修复工作。宋代陆游在藏书题跋中就曾谈及图书修复，明代江西白鹿洞书院也有书籍修复的制度，其《整书事宜》记载："修整书籍，每五年一大修，三年一小修。南康府呈委主洞教官，慎选博识谨笃洞生四名，查理损坏书籍若干本，动支洞租，召募书匠逐一修整。"

第五节 书事雅集：曝书会与祭书

一、曝书会

曝书会曝书是防止书籍生霉生虫的一种保护措施。它同时也是对书籍的一次集中整理保护，浏览阅读书籍的极好机会。

宋代馆阁"岁于仲夏暴书"，其间举办君臣观书、赐酒宴的集会，称为曝书会或曝书宴。参与者主要是在京的中高级官僚，他们观赏国家收藏书籍、书画、古器物并互相交流。据南宋江少虞《皇朝类苑》卷三十一第二十六则：嘉祐七年（1062）三月，……："秘省所藏之书画，岁一暴之。自五月一日始，至八月罢，是月，召尚书、侍郎、学士、待制、御史中丞、开封尹、殿中监、大夫、司成两省官暨馆职，宴于阁下，陈图书古器纵阅之，题名于榜而去。凡酒醴膳羞之事，有司共之，仍赐钱百缗，以佐其费。"

宋人诗文中有不少有关馆阁曝书的记录，王安石、苏轼都曾描写过他们目睹难得一见的书画珍品的情景。梅尧臣《宛陵先生文集》卷十八《二十四日江邻几邀观三馆书画录其所见》：

> 五月秘府始暴书，一日江君来约予。世间难有古画笔，可往共观临石渠。我时跨马冒热去，开厨发匣鸣钥鱼。羲献墨迹十一卷，水玉作轴光疏疏。最奇小楷乐毅论，永和题尾付官奴。又有四本绝品画，戴嵩吴牛望青芜。

宋敏求、刘敞、王珪、苏颂、刘攽、刘挚的一组唱和诗，具体生动地揭示了元丰元年（1078）馆阁曝书及其士大夫们争相观书欣赏书画的盛况。

宋刘挚《忠肃集》卷十八《七言律诗·秘阁曝书画次韵宋次道》：

> 帝所图书岁一开，及时冠盖满蓬莱。发函钿轴辉唐府，散帙芸香馥汉台。地富秘真疑海藏，坐倾人物尽仙才。独怜典校来空久，始得今年盛事陪。

宋苏颂《苏魏公文集》卷十《律诗·和宋次道戊午岁馆中曝书画》：

> 鸿都清集秘图开，遍阅真仙暨草莱。气韵最奇知鹿马，丹青一定见楼台。宴饫更盛华林会，坐客咸推大厦才。久事簿书抛翰墨，文林何幸许参陪。

南宋初年，由于馆阁藏书在战乱中损毁殆尽，曝书会曾停办多年。

随着南宋政局逐渐稳定，重建的秘书省图籍得到恢复，自绍兴十三年（1143）起，重新恢复曝书会制度。宋陈骙《南宋馆阁录》卷六《故实·曝书会》记载了绍兴二十九年（1159）的曝书会盛况：

> （绍兴）二十九年闰六月……开经史子集库、续搜访库，分吏人守视。早食五品，午会茶果，晚食七品。分送书籍《太平广记》《春秋左氏传》各一部，《秘阁》《石渠碑》二本，不至者亦送。两浙转运司计置碑石，刊预会者名衔。

曝书会后，参加曝书会的官员题名于榜，南宋则还要立碑石刻录预会者的姓名和官爵。《南宋馆阁录》及其《续录》的《储藏》载有绍兴十六年（1146）七月至开禧元年（1205）七月之间，共24次《暴书会题名碑》。

二、祭书

古代士人特别是藏书家常有祭书之举，尤其是在藏书文化繁荣兴盛的清代，出现不少著名的祭书活动，如翁方纲"宝苏斋"祭宋刻本《注东坡先生诗》和黄丕烈祭书。

清乾隆三十八年（1773），内阁学士翁方纲在北京购得著名的宋嘉定六年（1213）淮东仓司刻本《注东坡先生诗》。相较于其他宋版苏轼诗集，该本收诗最多，且卷四十一、四十二《追和陶渊明诗》107首以及书后附录的施宿所撰《苏轼年谱》，为他书所无。另还有两大优点：一是施元之、顾禧、施宿合注，在考证人物、援据时事方面胜于他本。二是版刻精美，由善写欧体字的书法家傅穉手书上版，字体极其俊秀，加以纸白墨黝，刊印至精，深为藏书家所称赏。此本曾经明清时期锡山安国、毛氏汲古阁、商丘宋荦、撰叙等名家递藏，非常有名。

翁方纲购得此书如获至宝而自号"苏斋"，并将书室命名为"宝苏斋"。每逢农历十二月十九苏东坡生日，便招集亲朋好友、硕儒名彦至家中，展示此书，焚香祭拜，设宴鉴赏，三十年如一日。翁方纲和其他乾嘉以来名流如桂馥、阮元、何绍基等手跋、题识、观款尽留书上；又有翁方纲四十岁小像，顾莼泥金绘梅花，东坡生日消寒图等，堪称宋版书中至为名贵者。

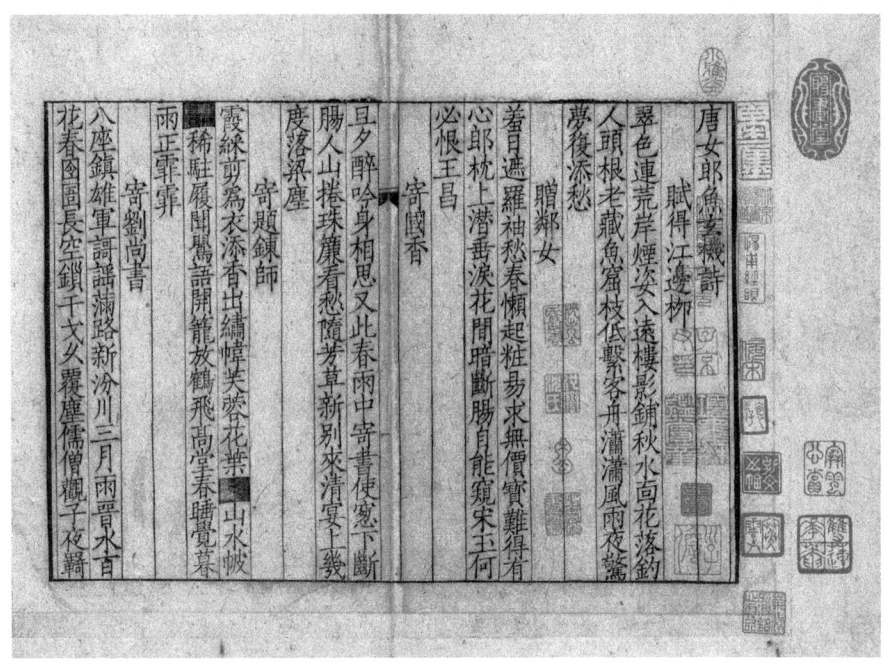

图8—6 黄丕烈旧藏宋临安府陈宅书籍铺刻本《唐女郎鱼玄机诗》

此书清末归袁思亮，曾过火而未毁，如有神物护持，成为清代书林的佳话。稍遗憾的是多册书口、书脑严重受损，各卷内容及题跋也有所损毁，后人因此称之为"焦尾本"。

嘉庆年间著名藏书家黄丕烈（1763—1825），字绍武，号荛圃、佞宋主人等，吴县（今江苏苏州）人，乾隆五十三年（1788）举人。因藏百部宋版书而号称"百宋一廛"，每年都举行祭书仪式，"布列家藏宋本经史子集，以花果名酒酬之"，邀请学界名流陈鱣、顾广圻、吴翌凤、石韫玉、瞿中溶等参与，

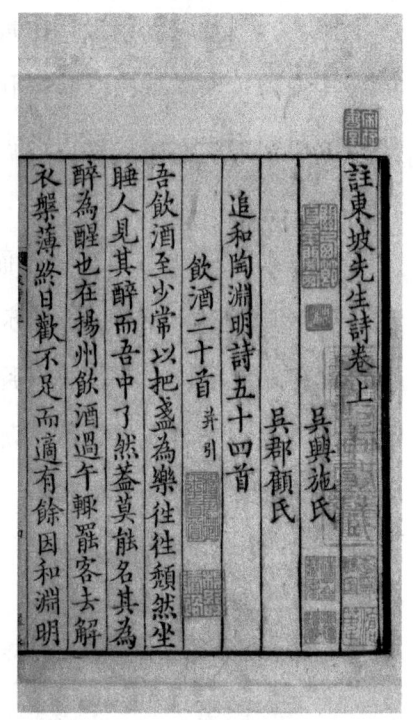

图8—7 黄丕烈旧藏宋嘉定六年（1213）淮东仓司刻本《注东坡先生诗》

祈求天助神佑，作图记录，极风雅之盛，在士林中传为佳话。其祭书以宋临安陈宅书籍铺刻本《唐女郎鱼玄机诗集》最为著名，该书递经明清诸名家收藏，书中名家题识及藏书印琳琅满目，嘉善至极。叶昌炽《藏书纪事诗》赞曰："得书图共祭书诗，但见咸宜绝妙词。翁不死时书不死，似魔似佞又如痴。"

值得一提的是，黄丕烈因倾慕翁方纲所藏宋版施顾《注东坡先生诗》，以及"宝苏斋"中的祭苏轼和祭书之雅集，也购进了该版书的另一部残卷，并在其上留下了祭书相关的诗篇。嘉庆十六年（1811），

他从书友周锡瓒处得到宋版《注东坡先生诗》（与翁方纲藏本同版，非同一部）中残存的苏轼《和陶渊明诗》两卷，大喜过望。同年腊月十九日苏东坡生日，黄丕烈欣然携书从悬桥巷的"陶陶室"出发，登门寻访好友潘奕隽，欲共同拜祭苏东坡，不巧潘氏外出而未相遇。黄丕烈只得悻悻而回，夜深人静之时，回想起早年在翁方纲宝苏斋中所见祭奠东坡生日的雅集，不禁感慨万千，随即捧出这两卷宋刻《和陶诗》，题写绝句四首，诗云：

（一）
东坡生日是今朝，愧未焚香与奠椒。
却羡苏斋翁学士，年年设宴话通宵。

（二）
东坡生日是今朝，一老冲寒赴友招。
闻道春风来杖履，凌云意气正飘飘。

（三）
东坡生日是今朝，我独闲居苦寂寥。
但把和陶诗熟诵，樽无浊酒也愁消。

（四）
东坡生日是今朝，助我清吟兴转饶。
谁复景苏同此意，悬桥人又忆花桥。

潘奕隽看到黄丕烈的题诗，深为感动，也和诗四首，其首尾两首云：

东坡生日是今朝,蓟北苏斋岁莫椒。
何似宋廛人独坐,和陶一卷咏深宵。

东坡生日是今朝,斗室长吟兴自饶。
善本流传期共赏,一瓻拟致悬东桥。

出土简帛书籍一览表

注:"出土时间(入藏时间)"一栏中,未注明"入藏"者均为出土时间。

一级类目	二级类目	书名/篇名(或内容)	简帛名称	时代	材质	出土时间(入藏时间)	出土地点	收藏地
六艺类	易类	《周易》	上海博物馆藏简	战国	竹简	1994年入藏	据推测为湖北省江陵(今湖北荆州)一带	上海博物馆
		《周易》及其卷后佚书《二三子问》《易之义》《要》《缪和》《昭力》	马王堆帛书	西汉	帛书	1973年	湖南省长沙市马王堆3号汉墓	湖南省博物馆
		《系辞》	马王堆帛书	西汉	帛书	1973年	湖南省长沙市马王堆3号汉墓	湖南省博物馆
		《周易》(残)	阜阳双古堆简	西汉	竹简	1977年	安徽省阜阳县双古堆1号汉墓	安徽省阜阳市博物馆
		《筮法》	清华大学藏简	战国中晚期	竹简	2008年入藏		清华大学出土文献研究与保护中心
		《别卦》	清华大学藏简	战国中晚期	竹简	2008年入藏		清华大学出土文献研究与保护中心

453

(续表)

一级类目	二级类目	书名／篇名（或内容）	简帛名称	时代	材质	出土时间（入藏时间）	出土地点	收藏地
六艺类	书类	《缁衣》	郭店简	战国	竹简	1993年	湖北省荆门市郭店1号楚墓	湖北省博物馆
		《缁衣》	上海博物馆藏简	战国	竹简	1994年入藏		上海博物馆
		《成之闻之》	郭店简	战国	竹简	1993年	湖北省荆门市郭店1号楚墓	湖北省荆门市博物馆
		《尹至》	清华大学藏简	战国中晚期	竹简	2008年入藏		清华大学出土文献研究与保护中心
		《尹诰》	清华大学藏简	战国中晚期	竹简	2008年入藏		清华大学出土文献研究与保护中心
		《程寤》	清华大学藏简	战国中晚期	竹简	2008年入藏		清华大学出土文献研究与保护中心
		《保训》	清华大学藏简	战国中晚期	竹简	2008年入藏		清华大学出土文献研究与保护中心
		《耆夜》	清华大学藏简	战国中晚期	竹简	2008年入藏		清华大学出土文献研究与保护中心
		《周武王有疾周公所自以代王之志》（《金縢》）	清华大学藏简	战国中晚期	竹简	2008年入藏		清华大学出土文献研究与保护中心
		《皇门》	清华大学藏简	战国中晚期	竹简	2008年入藏		清华大学出土文献研究与保护中心

(续表)

一级类目	二级类目	书名/篇名（或内容）	简帛名称	时代	材质	出土时间（入藏时间）	出土地点	收藏地
六艺类	书类	《祭公》	清华大学藏简	战国中晚期	竹简	2008年入藏		清华大学出土文献研究与保护中心
		《傅说之命》《说命》上中下	清华大学藏简	战国中晚期	竹简	2008年入藏		清华大学出土文献研究与保护中心
		《良臣》	清华大学藏简	战国中晚期	竹简	2008年入藏		清华大学出土文献研究与保护中心
		《厚父》	清华大学藏简	战国中晚期	竹简	2008年入藏		清华大学出土文献研究与保护中心
		《封许之命》	清华大学藏简	战国中晚期	竹简	2008年入藏		清华大学出土文献研究与保护中心
		《命训》	清华大学藏简	战国中晚期	竹简	2008年入藏		清华大学出土文献研究与保护中心
	诗类	《诗经》	阜阳双古堆简	西汉	竹简	1977年	安徽省阜阳县双古堆1号汉墓	安徽省阜阳市博物馆
		《孔子诗论》	上海博物馆藏简	战国	竹简	1994年入藏	据推测为湖北省江陵（今湖北荆州）一带	上海博物馆
		《周公之琴舞》	清华大学藏简	战国中晚期	竹简	2008年入藏		清华大学出土文献研究与保护中心
		《芮良夫毖》	清华大学藏简	战国中晚期	竹简	2008年入藏		清华大学出土文献研究与保护中心

(续表)

一级类目	二级类目	书名/篇名（或内容）	简帛名称	时代	材质	出土时间（入藏时间）	出土地点	收藏地
六艺类	诗类	《螣螣》	清华大学藏简	战国中晚期	竹简	2008年入藏		清华大学出土文献研究与保护中心
		《祝辞》	清华大学藏简	战国中晚期	竹简	2008年入藏		清华大学出土文献研究与保护中心
		《诗经》	安徽大学藏简	战国	竹简	2015年入藏		安徽大学
	礼类	《仪礼》	武威磨咀子简	西汉	木简	1959年	甘肃武威县磨咀子6号汉墓	甘肃省博物馆
		《武王践阼》	上海博物馆藏简	战国	竹简	1994年入藏	据推测为湖北省江陵（今湖北荆州）一带	上海博物馆
		《丧服经》	武威磨咀子简	西汉	竹简	1959年	甘肃武威县磨咀子6号汉墓	甘肃省博物馆
		《丧服图》	马王堆帛书	西汉	帛书	1973年	湖南省长沙市马王堆3号汉墓	湖南省博物馆
		《服传》	武威磨咀子简	西汉	木简	1959年	甘肃武威县磨咀子6号汉墓	甘肃省博物馆
	乐类	"采风曲目"	上海博物馆藏简	战国	竹简	1994年入藏		上海博物馆
		《乐说》	郭店简	战国	竹简	1993年	湖北省荆门市郭店1号楚墓	湖北省荆门市博物馆
	春秋	《容成氏》	上海博物馆藏简	战国	竹简	1994年入藏	据推测为湖北省江陵（今湖北荆州）一带	上海博物馆

(续表)

一级类目	二级类目	书名/篇名（或内容）	简帛名称	时代	材质	出土时间（入藏时间）	出土地点	收藏地
六艺类	春秋	"国语"	慈利石板村简	战国	竹简	1987年	湖南省慈利县石板村36号楚墓	湖南省文物考古研究所
		《春秋事语》	马王堆帛书	西汉	帛书	1973年	湖南省长沙市马王堆3号汉墓	湖南省博物馆
		《春秋事语》	阜阳双古堆简	西汉	木牍	1977年	安徽省阜阳县双古堆1号汉墓	安徽省阜阳市博物馆
		《战国纵横家书》	马王堆帛书	西汉	帛书	1973年	湖南省长沙市马王堆3号汉墓	湖南省博物馆
		《编年记》	云梦睡虎地简	秦	竹简	1975年	湖北省云梦县睡虎地11号秦墓	国家博物馆
		《年表》	阜阳双古堆简	西汉	竹简	1977年	安徽省阜阳县双古堆1号汉墓	安徽省阜阳市博物馆
		《大事记》	阜阳双古堆简	西汉	竹简	1977年	安徽省阜阳县双古堆1号汉墓	安徽省阜阳市博物馆
		《□安王朝五凤二年正月起居记》	定县八角廊简	西汉	竹简	1973年	河北省定县八角廊40号汉墓（西汉中山怀王刘修墓）	河北省文物研究所
		《郑子家丧》甲、乙本	上海博物馆藏简	战国	竹简	1994年入藏	据推测为湖北省江陵（今湖北荆州）一带	上海博物馆

(续表)

一级类目	二级类目	书名/篇名（或内容）	简帛名称	时代	材质	出土时间（入藏时间）	出土地点	收藏地
六艺类	春秋	《君人者何必安哉》甲、乙本	上海博物馆藏简	战国	竹简	1994年入藏	据推测为湖北省江陵（今湖北荆州）一带	上海博物馆
		《吴命》	上海博物馆藏简	战国	竹简	1994年入藏	据推测为湖北省江陵（今湖北荆州）一带	上海博物馆
		《系年》	清华大学藏简	战国中晚期	竹简	2008年入藏		清华大学出土文献研究与保护中心
		《楚居》	清华大学藏简	战国中晚期	竹简	2008年入藏		清华大学出土文献研究与保护中心
		《郑武夫人规孺子》	清华大学藏简	战国中晚期	竹简	2008年入藏		清华大学出土文献研究与保护中心
		《郑文公问太伯》（甲、乙）	清华大学藏简	战国中晚期	竹简	2008年入藏		清华大学出土文献研究与保护中心
		《子产》	清华大学藏简	战国中晚期	竹简	2008年入藏		清华大学出土文献研究与保护中心
		《管仲》	清华大学藏简	战国中晚期	竹简	2008年入藏		清华大学出土文献研究与保护中心
		《子仪》	清华大学藏简	战国中晚期	竹简	2008年入藏		清华大学出土文献研究与保护中心
		《子犯子余》	清华大学藏简	战国中晚期	竹简	2008年入藏		清华大学出土文献研究与保护中心

(续表)

一级类目	二级类目	书名/篇名（或内容）	简帛名称	时代	材质	出土时间（入藏时间）	出土地点	收藏地
六艺类	春秋	《晋文公入于晋》	清华大学藏简	战国中晚期	竹简	2008年入藏		清华大学出土文献研究与保护中心
		《赵简子》	清华大学藏简	战国中晚期	竹简	2008年入藏		清华大学出土文献研究与保护中心
		《越公其事》	清华大学藏简	战国中晚期	竹简	2008年入藏		清华大学出土文献研究与保护中心
		《赵正书》	北京大学藏简	西汉	竹简	2009年入藏		北京大学
		"楚史类"	安徽大学藏简	战国	竹简	2015年入藏		安徽大学
		《道里书》	北京大学藏简	秦	竹简	2009年入藏		北京大学
	论语	《论语》	定县八角廊简	西汉	竹简	1973年	河北省定县八角廊40号汉墓（西汉中山怀王刘修墓）	河北省文物研究所
		《论语·子张》	敦煌悬泉置简	西汉	木简	1992年	甘肃省敦煌市悬泉置遗址	甘肃简牍保护研究中心
		《齐论语·知道》	肩水金关简	汉	木简	1973年	甘肃省金塔县汉代肩水金关遗址	甘肃简牍博物馆
		《齐论语·知道》	海昏侯墓简	汉	竹简	2016年	江西南昌海昏侯墓	江西省文物考古研究所
	小学类	《仓颉篇》	阜阳双古堆简	西汉	竹简	1977年	安徽省阜阳县双古堆1号汉墓	安徽省阜阳市博物馆

(续表)

一级类目	二级类目	书名/篇名（或内容）	简帛名称	时代	材质	出土时间（入藏时间）	出土地点	收藏地
六艺类	小学类	《仓颉篇》	北京大学藏简	西汉	竹简	2009年入藏		北京大学
		《仓颉篇》残文	敦煌简	西汉	竹简	20世纪初	敦煌古烽燧遗址	英国大英博物馆
		《仓颉篇》	居延破城子简	西汉	竹简	1973—1974年	居延甲渠候官破城子汉代遗址	甘肃简牍博物馆
		《仓颉篇》	敦煌马圈湾简	西汉	木简	1979年	敦煌马圈湾汉代烽燧遗址	甘肃简牍博物馆
		《仓颉篇》	玉门花海简	西汉	木简	1977年	玉门花海汉代烽燧遗址	嘉峪关长城博物馆
		《急救篇》残文	敦煌简	西汉	竹简	20世纪初	敦煌古烽燧遗址	英国大英博物馆
诸子类	儒家类	《缁衣》	上海博物馆藏简	战国	竹简	1994年入藏		上海博物馆
		《缁衣》	郭店简	战国	竹简	1993年	湖北省荆门市郭店1号楚墓	湖北省荆门市博物馆
		《内丰》	上海博物馆藏简	战国	竹简	1994年入藏		上海博物馆
		《性情论》	上海博物馆藏简	战国	竹简	1994年入藏		上海博物馆
		《民之父母》	上海博物馆藏简	战国	竹简	1994年入藏		上海博物馆
		《子羔》	上海博物馆藏简	战国	竹简	1994年入藏		上海博物馆
		《中弓》	上海博物馆藏简	战国	竹简	1994年入藏		上海博物馆
		《昔者君老》	上海博物馆藏简	战国	竹简	1994年入藏		上海博物馆

(续表)

一级类目	二级类目	书名/篇名（或内容）	简帛名称	时代	材质	出土时间（入藏时间）	出土地点	收藏地
诸子类	儒家类	《相邦之道》	上海博物馆藏简	战国	竹简	1994年入藏		上海博物馆
		《鲁邦大旱》	上海博物馆藏简	战国	竹简	1994年入藏		上海博物馆
		《从政》甲、乙篇	上海博物馆藏简	战国	竹简	1994年入藏		上海博物馆
		《五行》	郭店简	战国	竹简	1993年	湖北省荆门市郭店1号楚墓	湖北省荆门市博物馆
		《鲁穆公问子思》	郭店简	战国	竹简	1993年	湖北省荆门市郭店1号楚墓	湖北省荆门市博物馆
		《穷达以时》	郭店简	战国	竹简	1993年	湖北省荆门市郭店1号楚墓	湖北省荆门市博物馆
		《唐虞之道》	郭店简	战国	竹简	1993年	湖北省荆门市郭店1号楚墓	湖北省荆门市博物馆
		《忠信之道》	郭店简	战国	竹简	1993年	湖北省荆门市郭店1号楚墓	湖北省荆门市博物馆
		《性自命出》	郭店简	战国	竹简	1993年	湖北省荆门市郭店1号楚墓	湖北省荆门市博物馆
		《成之闻之》	郭店简	战国	竹简	1993年	湖北省荆门市郭店1号楚墓	湖北省荆门市博物馆
		《六德》	郭店简	战国	竹简	1993年	湖北省荆门市郭店1号楚墓	湖北省荆门市博物馆

(续表)

一级类目	二级类目	书名/篇名（或内容）	简帛名称	时代	材质	出土时间（入藏时间）	出土地点	收藏地
诸子类	儒家类	《尊德义》	郭店简	战国	竹简	1993年	湖北省荆门市郭店1号楚墓	湖北省荆门市博物馆
		《语丛》一、二、三	郭店简	战国	竹简	1993年	湖北省荆门市郭店1号楚墓	湖北省荆门市博物馆
		《五行》	马王堆帛书	西汉	帛书	1973年	湖南省长沙市马王堆3号汉墓	湖南省博物馆
		"儒家者言"	阜阳双古堆简	西汉	木牍	1977年	安徽省阜阳县双古堆1号汉墓	安徽省阜阳市博物馆
		"儒家者言"	定县八角廊简	西汉	竹简	1973年	河北省定县八角廊40号汉墓（西汉中山怀王刘修墓）	河北省文物研究所
		《晏子》	银雀山简	西汉	竹简	1972年	山东省临沂县银雀山1号汉墓	山东省博物馆
		《宁越子》	慈利石板村简	战国	竹简	1987年	湖南省慈利县石板村村	湖南省文物考古研究所
		《为吏之道》	云梦睡虎地简	秦	竹简	1975年	湖北省云梦县睡虎地11号秦墓	湖北省博物馆
		《为吏治官及黔首》	湖南大学岳麓书院藏简	秦	竹简	2007年入藏		湖南大学岳麓书院
		《殷高宗问于三寿》	清华大学藏简	战国中晚期	竹简	2008年入藏		清华大学出土文献研究与保护中心

(续表)

一级类目	二级类目	书名/篇名(或内容)	简帛名称	时代	材质	出土时间(入藏时间)	出土地点	收藏地
	儒家类	《从政之经》	北京大学藏简	秦	竹简	2009年入藏		北京大学
		《善女子之方》	北京大学藏简	秦	竹简	2009年入藏		北京大学
		《儒家说丛》	北京大学藏简	西汉	竹简	2009年入藏		北京大学
诸子类		《老子》甲、乙、丙	郭店简	战国	竹简	1993年	湖北省荆门市郭店1号楚墓	湖北省荆门市博物馆(《老子》乙在湖北省博物馆)
	道家类	《老子》甲本及卷后佚书《九主》《明君》《德圣》	马王堆帛书	西汉	帛书	1973年	湖南省长沙市马王堆3号汉墓	湖南省博物馆
		《老子》乙本及卷前佚书《经法》《十六经》《称》《道原》	马王堆帛书	西汉	帛书	1973年	湖南省长沙市马王堆3号汉墓	湖南省博物馆
		《老子》	北京大学藏简	西汉	竹简	2009年入藏		北京大学
		《庄子·盗跖》	张家山简	西汉	竹简	1988年	湖北省江陵县(今湖北荆州)张家山136号汉墓	湖北省荆州博物馆
		《庄子·杂篇》	阜阳双古堆简	西汉初	竹简	1977年	安徽省阜阳县双古堆1号汉墓	安徽省阜阳市博物馆

(续表)

一级类目	二级类目	书名/篇名（或内容）	简帛名称	时代	材质	出土时间（入藏时间）	出土地点	收藏地
诸子类	道家类	《太一生水》	郭店简	战国	竹简	1993年	湖北省荆门市郭店1号楚墓	湖北省博物馆
		《语丛》四	郭店简	战国	竹简	1993年	湖北省荆门市郭店1号楚墓	湖北省荆门市博物馆
		《恒先》	上海博物馆藏简	战国	竹简	1994年入藏	据推测为湖北省江陵（今湖北荆州）一带	上海博物馆
		《凡物流形》（甲、乙本）	上海博物馆藏简	战国	竹简	1994年入藏	据推测为湖北省江陵（今湖北荆州）一带	上海博物馆
		《文子》	定县八角廊简	西汉	竹简	1973年	河北省定县八角廊40号汉墓（西汉中山怀王刘修墓）	河北省文物研究所
		《汤处于汤丘》	清华大学藏简	战国中晚期	竹简	2008年入藏		清华大学出土文献研究与保护中心
		《汤在啻门》	清华大学藏简	战国中晚期	竹简	2008年入藏		清华大学出土文献研究与保护中心
		《周训》《《周训》》	北京大学藏简	西汉	竹简	2009年入藏		北京大学
	阴阳家类	《曹氏》	银雀山简	西汉	竹简	1972年	山东省临沂县银雀山1号汉墓	山东省博物馆
		《阴阳散》	银雀山简	西汉	竹简	1972年	山东省临沂县银雀山1号汉墓	山东省博物馆

(续表)

一级类目	二级类目	书名/篇名（或内容）	简帛名称	时代	材质	出土时间（入藏时间）	出土地点	收藏地
诸子类	阴阳家类	《阴阳家言》	北京大学藏简	西汉	竹简	2009年入藏		北京大学
	墨家类	《墨子》	信阳长台关简	战国	竹简	1957年	河南省信阳县（今信阳市）长台关1号楚墓	河南省文物考古研究院
	纵横家类	《唐虞之道》	郭店简	战国	竹简	1993年	湖北省荆门市郭店1号楚墓	湖北省荆门市博物馆
		《忠信之道》	郭店简	战国	竹简	1993年	湖北省荆门市郭店1号楚墓	湖北省荆门市博物馆
	小说家类	《墓主记》《志怪故事》	放马滩简	秦	竹简	1986年	甘肃省天水市北道区党川乡放马滩1号秦墓	甘肃简牍保护研究中心
		《赤鹄之集汤之屋》	清华大学藏简	战国中晚期	竹简	2008年入藏		清华大学出土文献研究与保护中心
		《泰原有死者》	北京大学藏简	秦	竹简	2009年入藏		北京大学
		"兰赋"	上海博物馆藏简	战国	竹简	1994年入藏		上海博物馆
		"鹏赋"	上海博物馆藏简	战国	竹简	1994年入藏		上海博物馆
诗赋类		《唐勒》	银雀山简	西汉	竹简	1972年	山东省临沂县银雀山1号汉墓	山东省博物馆
		《楚辞》	阜阳双古堆简	西汉	竹简	1977年	安徽省阜阳县双古堆1号汉墓	安徽省阜阳市博物馆

(续表)

一级类目	二级类目	书名/篇名（或内容）	简帛名称	时代	材质	出土时间（入藏时间）	出土地点	收藏地
诗赋类		《神乌傅（赋）》	东海尹湾简	西汉	竹简	1993 年	江苏省连云港市东海县温泉镇尹湾 6 号汉墓	江苏省连云港市博物馆
		《交交鸣乌》	上海博物馆藏简	战国	竹简	1994 年入藏		上海博物馆
		《多薪》	上海博物馆藏简	战国	竹简	1994 年入藏		上海博物馆
		《风雨诗》	敦煌简	汉	竹简	20 世纪初	甘肃省敦煌边塞烽燧	英国大英图书馆
		《公子从军》	北京大学藏简	秦	竹简	2009 年入藏		北京大学
		《隐书》	北京大学藏简	秦	竹简	2009 年入藏		北京大学
		"饮酒歌诗"	北京大学藏简	秦	竹简	2009 年入藏		北京大学
		《妄稽》	北京大学藏简	西汉	竹简	2009 年入藏		北京大学
		《反淫》	北京大学藏简	西汉	竹简	2009 年入藏		北京大学
		《曹沫之陈》	上海博物馆藏简	战国	竹简	1994 年入藏		上海博物馆
兵书		《孙子兵法》	银雀山简	西汉	竹简	1972 年	山东省临沂县银雀山 1 号汉墓	山东省博物馆
		《孙膑兵法》	银雀山简	西汉	竹简	1972 年	山东省临沂县银雀山 1 号汉墓	山东省博物馆
		《尉缭子》	银雀山简	西汉	竹简	1972 年	山东省临沂县银雀山 1 号汉墓	山东省博物馆

(续表)

一级类目	二级类目	书名/篇名（或内容）	简帛名称	时代	材质	出土时间（入藏时间）	出土地点	收藏地
兵书		《守法》《守令》等十三篇	银雀山简	西汉	竹简	1972年	山东省临沂县银雀山1号汉墓	山东省博物馆
		《六韬》	银雀山简	西汉	竹简	1972年	山东省临沂县银雀山1号汉墓	山东省博物馆
		《六韬》	定县八角廊简	西汉	竹简	1973年	河北省定县八角廊40号汉墓（西汉中山怀王刘修墓）	河北省文物研究所
		"兵书丛残"	银雀山简	西汉	竹简	1972年	山东省临沂县银雀山1号汉墓	山东省博物馆
		《地典》	银雀山简	西汉	竹简	1972年	山东省临沂县银雀山1号汉墓	山东省博物馆
		《盖庐》	张家山简	西汉	竹简	1984年	湖北省江陵县（今湖北省荆州）张家山247号汉墓	湖北省荆州博物馆
		《刑德》甲、乙	马王堆帛书	西汉	帛书	1973年	湖南省长沙市马王堆3号汉墓	湖南省博物馆
		《天地八风五行客主五音之居》	银雀山简	西汉	竹简	1972年	山东省临沂县银雀山1号汉墓	山东省博物馆
		《力牧》	敦煌简	汉	竹简	1906—1907年	英籍探险家斯坦因在敦煌所得	英国大英博物馆

(续表)

一级类目	二级类目	书名/篇名（或内容）	简帛名称	时代	材质	出土时间（入藏时间）	出土地点	收藏地
数术类	天文类	《五星占》	马王堆帛书	西汉	帛书	1973年	湖南省长沙市马王堆3号汉墓	湖南省博物馆
		《天文气象杂占》	马王堆帛书	西汉	帛书	1973年	湖南省长沙市马王堆3号汉墓	湖南省博物馆
		《星占书》甲、乙	马王堆帛书	西汉	帛书	1973年	湖南省长沙市马王堆3号汉墓	湖南省博物馆
		《五星》	阜阳双古堆简	西汉	竹简	1977年	安徽省阜阳县双古堆1号汉墓	安徽省阜阳市博物馆
		《星占》	阜阳双古堆简	西汉	竹简	1977年	安徽省阜阳县双古堆1号汉墓	安徽省阜阳市博物馆
		《占书》	银雀山简	西汉	竹简	1972年	山东省临沂县银雀山1号汉墓	山东省博物馆
	历谱类	《天历》	阜阳双古堆简	西汉	竹简	1977年	安徽省阜阳县双古堆1号汉墓	安徽省阜阳市博物馆
		《汉初朔闰表》	阜阳双古堆简	西汉	竹简	1977年	安徽省阜阳县双古堆1号汉墓	安徽省阜阳市博物馆
		《干支》	阜阳双古堆简	西汉	竹简	1977年	安徽省阜阳县双古堆1号汉墓	安徽省阜阳市博物馆

(续表)

一级类目	二级类目	书名/篇名（或内容）	简帛名称	时代	材质	出土时间（入藏时间）	出土地点	收藏地
数术类	历谱类	《历日表》	张家界古人堤简	东汉	竹简	1987年	湖南省大庸市（今湖南张家界）城西洋水北岸古人堤东汉遗址	湖南省文物考古研究所
		《秦始皇三十四年历谱》等	关沮周家台简	秦	竹简	1993年	湖北省沙市市（今荆州市沙市区）关沮乡清河村周家台30号秦墓	湖北省荆州博物馆
		《历谱》	江陵张家山简	西汉	竹简	1983年	湖北省江陵县（今湖北荆州）张家山247号汉墓	湖北省荆州博物馆
		《元光元年历谱》	银雀山简	西汉	竹简	1972年	山东省临沂县银雀山2号汉墓	山东省博物馆
		《地节元年历谱》	敦煌清水沟简	西汉	竹简	1990年	甘肃省敦煌市清水沟（疏勒河）汉代烽燧遗址	敦煌市博物馆
		《地节三年历谱》	敦煌清水沟简	西汉	竹简	1990年	甘肃省敦煌市清水沟（疏勒河）汉代烽燧遗址	敦煌市博物馆
		《本始四年历谱》	敦煌清水沟简	西汉	竹简	1990年	甘肃省敦煌市清水沟（疏勒河）汉代烽燧遗址	敦煌市博物馆

(续表)

一级类目	二级类目	书名/篇名（或内容）	简帛名称	时代	材质	出土时间（入藏时间）	出土地点	收藏地
数术类	历谱类	《元康三年历谱》	敦煌简	西汉	竹简	1906—1907年	甘肃省敦煌市俊胡隆（斯坦因编号"敦六乙"）	英国大英博物馆
		《神爵三年历谱》	敦煌简	西汉	竹简	1906—1907年	甘肃省敦煌市俊胡隆（斯坦因编号"敦六乙"）	英国大英博物馆
		《五凤元年八月历谱》	敦煌简	西汉	竹简	1906—1907年	甘肃省敦煌市俊胡隆（斯坦因编号"敦六乙"）	英国大英博物馆
		《永光五年历谱》	敦煌木牍	西汉	木牍	1906—1907年	甘肃省敦煌市（斯坦因编号"敦四丁"）	英国大英博物馆
		《永元六年历谱》	敦煌木牍	东汉	木牍	1906—1907年	甘肃省敦煌市西汉玉门候官治所遗址（斯坦因编号"敦十五甲"）	英国大英博物馆
		《永兴元年历谱》	敦煌简	东汉	竹简	1906—1907年	甘肃省敦煌市	英国大英博物馆
		《元延元年历谱》	尹湾木牍	西汉	木牍	1993年	江苏省连云港市东海县温泉镇尹湾6号汉墓	江苏省连云港市博物馆

(续表)

一级类目	二级类目	书名/篇名（或内容）	简帛名称	时代	材质	出土时间（入藏时间）	出土地点	收藏地
		《元延三年五月历谱》	尹湾木牍	西汉	木牍	1993 年	江苏省连云港市东海县温泉镇尹湾 6 号汉墓	江苏省连云港市博物馆
		《算术书》	张家山简	西汉	竹简	1984 年	湖北省江陵县（今湖北荆州）张家山 247 号汉墓	湖北省荆州博物馆
		《算术书》	阜阳双古堆简	西汉	竹简	1977 年	安徽省阜阳县双古堆 1 号汉墓	安徽省阜阳市博物馆
数术类	历谱类	《数》	湖南大学岳麓书院藏简	秦	竹简	2007 年入藏		湖南大学岳麓书院
		《九九乘法表》	张家界古人堤遗址木牍	东汉	木牍	1987 年	湖南省大庸市（今湖南张家界）城西洋水北岸古人堤东汉遗址	湖南省文物考古研究所
		《九九术》	敦煌简	汉	竹简	1906—1907 年	甘肃省敦煌市万岁显武燧（斯坦因编号"敦 26"）	英国大英博物馆
		《算表》	清华大学藏简	战国中晚期	竹简	2008 年入藏		清华大学出土文献研究与保护中心
		《算书》	北京大学藏简	秦	竹简	2009 年入藏		北京大学
		"九九术"	北京大学藏简	秦	竹简	2009 年入藏		北京大学

(续表)

一级类目	二级类目	书名/篇名（或内容）	简帛名称	时代	材质	出土时间（入藏时间）	出土地点	收藏地
数术类	五行类	《四时》	长沙子弹库帛书	战国	帛书	1942年	湖南省长沙市子弹库楚墓	美国华盛顿赛克勒美术馆
		《五行时令》	长沙子弹库帛书	战国	帛书	1942年	湖南省长沙市子弹库楚墓	美国华盛顿赛克勒美术馆
		《天象》	长沙子弹库帛书	战国	帛书	1942年	湖南省长沙市子弹库楚墓	美国华盛顿赛克勒美术馆
		《月忌》	长沙子弹库帛书	战国	帛书	1942年	湖南省长沙市子弹库楚墓	美国华盛顿赛克勒美术馆
		《禁》	银雀山简	西汉	竹简	1972年	山东省临沂县银雀山1号汉墓	山东省博物馆
		《三十时》	银雀山简	西汉	竹简	1972年	山东省临沂县银雀山1号汉墓	山东省博物馆
		《迎四时》	银雀山简	西汉	竹简	1972年	山东省临沂县银雀山1号汉墓	山东省博物馆
		《四时令》	银雀山简	西汉	竹简	1972年	山东省临沂县银雀山1号汉墓	山东省博物馆
		《五令》	银雀山简	西汉	竹简	1972年	山东省临沂县银雀山1号汉墓	山东省博物馆
		《不时之令》	银雀山简	西汉	竹简	1972年	山东省临沂县银雀山1号汉墓	山东省博物馆

(续表)

一级类目	二级类目	书名/篇名（或内容）	简帛名称	时代	材质	出土时间（入藏时间）	出土地点	收藏地
数术类	五行类	《楚月》	阜阳双古堆简	西汉	竹简	1977年	安徽省阜阳县双古堆1号汉墓	安徽省阜阳市博物馆
		《日书》	江陵九店简	战国	竹简	1981—1989年	湖北省江陵县（今湖北荆州）九店56号战国墓	湖北省荆州博物馆
		《日书》甲、乙种	天水放马滩简	秦	竹简	1986年	甘肃省天水市北道区党川乡放马滩1号秦墓	甘肃简牍保护研究中心
		《日书》	江陵王家台简	秦	竹简	1993年	湖北省江陵县（今湖北荆州）荆州镇郢北村王家台15号秦墓	湖北省荆州博物馆
		《日书》甲、乙种	云梦睡虎地简	秦	竹简	1975年	湖北省云梦县睡虎地11号秦墓	湖北省博物馆
		《日书》	关沮周家台简	秦	竹简	1993年	湖北省沙市市（今荆州市沙市区）关沮乡清河村周家台30号秦墓	湖北省荆州博物馆
		《日书》	江陵岳山简	秦	竹简	1986年	湖北省江陵（今荆州）岳山36号秦墓	湖北省荆州博物馆
		《日书》	随州孔家坡简	汉	竹简	2000年	湖北省随州市孔家坡8号汉墓	湖北省随州市博物馆

(续表)

一级类目	二级类目	书名/篇名（或内容）	简帛名称	时代	材质	出土时间（入藏时间）	出土地点	收藏地
数术类	五行类	《日书》	香港中文大学藏简	汉	竹简	1989—1994年入藏		香港中文大学文物馆
		《日书》	江陵张家山简	西汉	竹简	1984年	湖北省江陵县（今湖北荆州）张家山249号汉墓	湖北省荆州博物馆
		《日书》	阜阳双古堆简	西汉	竹简	1977年	安徽省阜阳县双古堆1号汉墓	安徽省阜阳市博物馆
		《阎氏五胜》	沅陵虎溪山简	西汉	竹简	1999年	湖南省沅陵县城关镇虎溪山1号汉墓	湖南省文物考古研究所
		《日书》	定县八角廊简	西汉	竹简	1973年	河北省定县八角廊40号汉墓（西汉中山怀王刘修墓）	河北省文物研究所
		《日书》	敦煌悬泉置简	汉	竹简	1990—1992年	甘肃省敦煌市甜水井汉代悬泉置遗址	甘肃简牍保护研究中心
		《日书》	居延新简	汉	竹简	1973—1974年	内蒙古自治区额济纳旗甲渠候官遗址	甘肃简牍博物馆
		《日书》	疏勒河流域简	汉	竹简	20世纪初以后陆续出土	甘肃省敦煌疏勒河流域的边塞遗址	英国大英图书馆/甘肃省敦煌市博物馆
		《日书》	武威磨咀子简	汉	竹简	1959年	甘肃省武威县磨咀子6号汉墓	甘肃省博物馆

(续表)

一级类目	二级类目	书名/篇名(或内容)	简帛名称	时代	材质	出土时间(入藏时间)	出土地点	收藏地
数术类	五行类	《日书》	西安杜陵木牍	西汉	木牍	2001年	陕西省西安市杜陵陵区汉墓	陕西省考古研究院
		《日书》	北京大学藏简	秦	竹简	2009年入藏		北京大学
		《质日》	湖南大学岳麓书院藏简	秦	竹简	2007年入藏		湖南大学岳麓书院
		《质日》	北京大学藏简	秦	竹简	2009年入藏		北京大学
		《禹九策》	北京大学藏简	秦	竹简	2009年入藏		北京大学
		《祠祝之道》	北京大学藏简	秦	竹简	2009年入藏		北京大学
		数占书	北京大学藏简	秦	竹简	2009年入藏		北京大学
		《日书》	北京大学藏简	西汉	竹简	2009年入藏		北京大学
		《日忌》	北京大学藏简	西汉	竹简	2009年入藏		北京大学
		《日约》	北京大学藏简	西汉	竹简	2009年入藏		北京大学
		《揕舆》	北京大学藏简	西汉	竹简	2009年入藏		北京大学
		《阴阳五行》甲、乙	马王堆帛书	西汉	帛书	1973年	湖南省长沙市马王堆3号汉墓	湖南省博物馆
		《刑德》丙本	马王堆帛书	西汉	帛书	1973年	湖南省长沙市马王堆3号汉墓	湖南省博物馆
		《刑德》甲、乙	阜阳双古堆简	西汉	竹简	1977年	安徽省阜阳县双古堆1号汉墓	安徽省阜阳市博物馆

475

(续表)

一级类目	二级类目	书名/篇名（或内容）	简帛名称	时代	材质	出土时间（入藏时间）	出土地点	收藏地
数术类		《节》	北京大学藏简	西汉	竹简	2009年入藏		北京大学
		《出行占》	马王堆帛书	西汉	帛书	1973年	湖南省长沙市马王堆3号汉墓	湖南省博物馆
		《间》	阜阳双古堆简	西汉	竹简	1977年	安徽省阜阳县双古堆1号汉墓	安徽省阜阳市博物馆
		《神龟占》	东海尹湾木牍	西汉	木牍	1993年	江苏省连云港市东海县温泉镇尹湾6号汉墓	江苏省连云港市博物馆
	五行类	《六甲占雨》	东海尹湾木牍	西汉	木牍	1993年	江苏省连云港市东海县温泉镇尹湾6号汉墓	江苏省连云港市博物馆
		《博局占》	东海尹湾木牍	西汉	木牍	1993年	江苏省连云港市东海县温泉镇尹湾6号汉墓	江苏省连云港市博物馆
		《雨书》	北京大学藏简	西汉	竹简	2009年入藏		北京大学
		《刑德行时》	东海尹湾简	西汉	竹简	1993年	江苏省连云港市东海县温泉镇尹湾6号汉墓	江苏省连云港市博物馆
		《行道吉凶》	东海尹湾简	西汉	竹简	1993年	江苏省连云港市东海县温泉镇尹湾6号汉墓	江苏省连云港市博物馆

(续表)

一级类目	二级类目	书名/篇名（或内容）	简帛名称	时代	材质	出土时间（入藏时间）	出土地点	收藏地
数术类	蓍龟类	《周易》	阜阳双古堆简	西汉	竹简	1977年	安徽省阜阳县双古堆1号汉墓	安徽省阜阳市博物馆
		《归藏》	江陵王家台简	秦	竹简	1993年	湖北省江陵县（今湖北荆州）荆州镇郢北村王家台15号秦墓	湖北省荆州博物馆
		《六十四卦》	马王堆帛书	西汉	帛书	1973年	湖南省长沙市马王堆3号汉墓	湖南省博物馆
		《荆决》	北京大学藏简	西汉	竹简	2009年入藏		北京大学
		"占梦"类	安徽大学藏简	战国	竹简	2015年入藏		安徽大学
	杂占类	《占梦书》	湖南大学岳麓书院藏简	秦	竹简	2007年入藏		湖南大学岳麓书院
		《日书·梦》	云梦睡虎地简	秦	竹简	1975年	湖北省云梦县睡虎地11号秦墓	湖北省博物馆
		《日书·梦占》	江陵王家台简	秦	竹简	1993年	湖北省江陵县（今湖北荆州）荆州镇郢北村王家台15号秦墓	湖北省荆州博物馆
		占噭耳鸣书	居延简	汉	竹简	1927—1933年	内蒙古自治区额济纳旗和甘肃省酒泉市金塔县境内	台北中央研究院历史语言研究所

477

(续表)

一级类目	二级类目	书名/篇名（或内容）	简帛名称	时代	材质	出土时间（入藏时间）	出土地点	收藏地
数术类	杂占类	《"太一将行"图》	马王堆帛书	西汉	帛书	1973年	湖南省长沙市马王堆3号汉墓	湖南省博物馆
		卜筮祭祷简	江陵望山简	战国	竹简	1965年	湖北省江陵县（今湖北荆州）城关镇八岭山左脉望山1号楚墓	湖北省荆州博物馆
		卜筮祭祷简	荆门包山简	战国	竹简	1987年	湖北省荆门市十里铺镇王场村包山2号楚墓	湖北省博物馆
		卜筮祭祷简	江陵天星观简	战国	竹简	1978年	湖北省江陵县（今湖北荆州）观音垱公社五山大队天星观1号楚墓	湖北省荆州博物馆
		卜筮祭祷简	江陵秦家咀简	战国	竹简	1986—1987年	湖北省江陵县（今湖北荆州）秦家咀1、13、99号楚墓	湖北省荆州博物馆
		卜筮祭祷简	新蔡平夜君成墓简	战国	竹简	1994年	河南省驻马店市新蔡县李桥乡葛陵村平夜君成墓	河南省文物考古研究所
		《木人占》	马王堆帛书	西汉	帛书	1973年	湖南长沙马王堆3号汉墓	湖南省博物馆
		《六博》	北京大学藏简	西汉	竹简	2009年入藏		北京大学

(续表)

一级类目	二级类目	书名/篇名（或内容）	简帛名称	时代	材质	出土时间（入藏时间）	出土地点	收藏地
数术类	形法类	"相面"类	安徽大学藏简	战国	竹简	2015年入藏		安徽大学
		《相马经》	马王堆帛书	西汉	帛书	1973年	湖南省长沙市马王堆3号汉墓	湖南省博物馆
		《相狗方》	临沂银雀山简	西汉	竹简	1972年	山东省临沂县银雀山1号汉墓	山东省博物馆
		《相狗经》	阜阳双古堆简	西汉初	竹简	1977年	安徽省阜阳县双古堆1号汉墓	安徽省阜阳市博物馆
		《相马经》	敦煌悬泉置简	汉	竹简	1990—1992年	甘肃省敦煌市甜水井汉代悬泉置遗址	甘肃简牍保护研究中心
		《相马法》	敦煌简	汉	竹简	1906—1907年	甘肃省敦煌市平望朱爵燧（斯坦因编号"敦十九"）	英国大英博物馆
		《相宝剑刀》	居延破城子简	西汉	竹简	1972—1977年	甘肃省酒泉地区破城子遗址第四十探方	甘肃省博物馆
方技类	医经类	《足臂十一脉灸经》	马王堆帛书	西汉	帛书	1973年	湖南省长沙马王堆3号汉墓	湖南省博物馆
		《阴阳十一脉灸经》甲、乙本	马王堆帛书	西汉	帛书	1973年	湖南省长沙马王堆3号汉墓	湖南省博物馆
		《阴阳脉死候》	马王堆帛书	西汉	帛书	1973年	湖南省长沙马王堆3号汉墓	湖南省博物馆

（续表）

一级类目	二级类目	书名/篇名（或内容）	简帛名称	时代	材质	出土时间（入藏时间）	出土地点	收藏地
方技类	医经类	《脉法》	马王堆帛书	西汉	帛书	1973年	湖南省长沙马王堆3号汉墓	湖南省博物馆
		《脉书》	江陵张家山简	西汉	竹简	1983年	湖北省江陵县（今湖北荆州）张家山247号汉墓	湖北省荆州博物馆
		医经	北京大学藏简	西汉	竹简	2009年入藏		北京大学
	经方类	医方	关沮周家台简	秦	竹简	1992年	湖北省沙市市（今荆州市沙市区）关沮乡清河村周家台30号秦墓	湖北省荆州博物馆
		医方	北京大学藏简	秦	竹简	2009年入藏		北京大学
		《五十二病方》	马王堆帛书	西汉	帛书	1973年	湖南省长沙市马王堆3号汉墓	湖南省博物馆
		"治百病方"（"东汉医简"）	武威简	东汉	木简	1972年	甘肃省武威县柏树乡五畦村旱滩坡1号汉墓	甘肃省博物馆
		"治东海白水侯所奏方"	武威木牍	东汉	木牍	1972年	甘肃省武威县柏树乡五畦村旱滩坡1号汉墓	甘肃省博物馆

(续表)

一级类目	二级类目	书名/篇名（或内容）	简帛名称	时代	材质	出土时间（入藏时间）	出土地点	收藏地
方技类	经方类	医方	敦煌简	汉		1906—1907年	甘肃省敦煌西汉玉门候官治所和东汉玉门障尉治所遗址（斯坦因编号"敦十五"）	英国大英博物馆
		"治赤谷方"	张家界古人堤遗址木牍	东汉	木牍	1987年	湖南省大庸市（今湖南张家界）城西泮水北岸古人堤东汉遗址	湖南省文物考古研究所
		医方	西安未央宫遗址简	汉	竹简	1980年	陕西省西安市西汉未央宫前殿A区遗址	中国社会科学院考古研究所
		医方	北京大学藏简	西汉	竹简	2009年入藏		北京大学
	房中类	《彭祖》	上海博物馆藏简	战国	竹简	1994年入藏		上海博物馆
		《养生方》	马王堆帛书	西汉	帛书	1973年	湖南省长沙市马王堆3号汉墓	湖南省博物馆
		《杂疗方》	马王堆帛书	西汉	帛书	1973年	湖南省长沙市马王堆3号汉墓	湖南省博物馆
		《胎产书》	马王堆帛书	西汉	帛书	1973年	湖南省长沙市马王堆3号汉墓	湖南省博物馆
		《十问》	马王堆简	西汉	竹简	1973年	湖南省长沙市马王堆3号汉墓	湖南省博物馆

(续表)

一级类目	二级类目	书名/篇名（或内容）	简帛名称	时代	材质	出土时间（入藏时间）	出土地点	收藏地
方技类	房中类	《合阴阳》	马王堆简	西汉	竹简	1973年	湖南省长沙市马王堆3号汉墓	湖南省博物馆
		《杂禁方》	马王堆简	西汉	竹简	1973年	湖南省长沙市马王堆3号汉墓	湖南省博物馆
		《天下至道谈》	马王堆简	西汉	竹简	1973年	湖南省长沙市马王堆3号汉墓	湖南省博物馆
		《却谷食气》	马王堆帛书	西汉	帛书	1973年	湖南省长沙市马王堆3号汉墓	湖南省博物馆
		《十问》中的食气之说	马王堆简	西汉	竹简	1973年	湖南省长沙市马王堆3号汉墓	湖南省博物馆
	神仙类	《万物》	阜阳双古堆简	西汉	竹简	1977年	安徽省阜阳县双古堆1号汉墓	安徽省阜阳市博物馆
		《行气》	阜阳双古堆简	西汉初	竹简	1977年	安徽省阜阳县双古堆1号汉墓	安徽省阜阳市博物馆
		《导引图》	马王堆帛书	西汉	帛书	1973年	湖南省长沙市马王堆3号汉墓	湖南省博物馆
		《引书》	江陵张家山简	西汉	竹简	1988年	湖北省江陵县（今湖北荆州）张家山136号汉墓	湖北省荆州博物馆
		《制衣》	北京大学藏简	西汉	竹简	2009年入藏		北京大学

中国古代典籍大事记

注:国外相关条目列于表中,前面标注*,仅作对比参照用。

先秦两汉时期

约前6000—前5500年,裴李岗文化出现甲骨契刻符号

约前5000—前3000年,仰韶文化陶器出现刻划符号

*前3200年左右,两河流域的苏美尔人发明了楔形文字

*前3100年左右,埃及人开始使用象形文字

前1600—前1046年,甲骨文出现

前1600—前1046年,书籍产生,开启简帛书籍时代

*前1000年,腓尼基字母出现

商周之际,《周易》本经形成

约前827—前782年,毛公鼎铸成

*前800—前700年间,古希腊荷马创作《荷马史诗》

春秋中期以前,《尚书》原始篇章形成

春秋中期以前,《诗经》成书

前576—前537年,石鼓文刻成

春秋后期,老子在世,著《老子》

约前551—前479年,孔子在世,整理删订《诗》《书》《礼》《乐》《易》《春秋》

约前6世纪—前5世纪初,孙武在世,著有《孙子兵法》

约战国初期,《论语》成书

* 约前 430—前 420 年,西方"历史之父"、古希腊希罗多德卒,撰有《历史》

约前 468—约前 376 年,墨子在世,有《墨子》传世

约前 372—前 289 年,孟子在世,有《孟子》传世

约前 369—前 286 年,庄子在世,著《庄子》

约前 4 世纪中期,《春秋左传》成书

约前 340—前 278 年,屈原在世,著《离骚》

* 约前 300 年,古希腊欧几里得撰《几何原本》

战国中后期,《管子》成书

战国中晚期,长沙子弹库楚帛书(楚缯书)成书

前 239 年,《吕氏春秋》成书

约前 325—前 238 年,荀子在世,著《荀子》

约前 280—前 233 年,韩非子在世,著《韩非子》

前 221 年,秦始皇下令"书同文"

前 213 年,秦始皇"焚书坑儒"

前 2 世纪,《黄帝内经》成书

前 156—前 128 年,孔子故宅发现古文《尚书》等

约前 145/前 135—约前 87 年,司马迁在世,著《史记》

前 86 年以前,《尔雅》成书

前 1 世纪,《山海经》成书

前 26 年始,刘向、刘歆等整理西汉朝廷藏书,著《别录》

前 6—5 年,刘向、刘歆著《七略》

4—23年,长安出现书籍交易市场——"槐市"

32—92年,班固在世,著《汉书》

100—121年,许慎著《说文解字》

105年,蔡伦改进造纸术

159年,汉桓帝设立秘书监管理官府藏书

175—183年,熹平石经刻立

2世纪末,张仲景著《伤寒杂病论》

约2世纪末3世纪初,卷轴装出现

127—200年,郑玄在世,遍注儒家经典,称"郑注"

魏晋南北朝隋唐五代时期

240—248年,正始石经刻立

280年,陈寿始著《三国志》

281年,汲郡出土《竹书纪年》《穆天子传》等战国古书

296年,纸本《诸佛要集经》抄成

283—363年,葛洪在世,著《抱朴子》

约355年之前,常璩著《华阳国志》成书

约365—427年,陶潜在世,有《陶渊明集》传世

399年,释法显等前往天竺取经,回国后著《佛国记》

403年,东晋桓玄颁布"以纸代简令"

403—444年,刘义庆在世,主持编撰《世说新语》

约432年,范晔始著《后汉书》

501—502年,刘勰著《文心雕龙》成书

469—521 年，周兴嗣在世，编《千字文》

约 470—527 年，郦道元在世，著《水经注》

526 年左右，萧统编选《文选》

约 533—544 年，贾思勰著《齐民要术》

558—638 年，虞世南在世，辑《北堂书钞》

531—594 年，颜之推在世，著《颜氏家训》

601 年，陆法言著《切韵》成书

646 年，玄奘著《大唐西域记》成书。玄奘一生翻译佛典 70 余部 1300 余卷

652 年，孙思邈著《备急千金要方》成书

653 年，唐高宗颁孔颖达《五经正义》于天下

701—762 年，李白在世，有《李太白文集》传世

712—770 年，杜甫在世，有《杜工部集》传世

713—741 年，《开元道藏》编纂

730 年，智昇著《开元释教录》成书

756—757 年，成都卞家印本《陀罗尼经咒》出现书籍广告雏形

768—824 年，韩愈在世，有《昌黎先生集》传世

772—846 年，白居易在世，有《白氏长庆集》传世

773—819 年，柳宗元在世，有《河东先生集》传世

801 年，杜佑著《通典》成书

8 世纪末，藏文《四部医典》成书

813 年，李吉甫著《元和郡县图志》成书

833—837 年，开成石经刻立

835年前后,吴彩鸾在成都市场上抄写《唐韵》出售

868年,《金刚般若波罗蜜经》刻成

7—10世纪,纸质梵夹装出现

7—9世纪,经折装出现

9世纪末,蝴蝶装出现

932—953年,冯道主持刻印12种儒家经典经注本

940年,赵崇祚辑《花间集》成书

9—10世纪,线装的前身——缝缋装出现

宋辽西夏金元时期

971年,《开宝藏》开雕

977—978年,李昉等编纂《太平广记》

977—983年,李昉等编纂《太平御览》

982—986年,李昉等编纂《文苑英华》

984—1012年,大字本《契丹藏》刊刻

1005—1013年,王钦若等编纂《册府元龟》

1007—1072年,欧阳修在世,有《欧阳文忠全集》传世

1031—1095年,沈括在世,著《梦溪笔谈》

1037—1101年,苏轼在世,有《苏文忠公全集》传世

1041—1048年,毕昇发明活字印刷术

约1074年,马合木德·喀什噶里著《突厥语大辞典》成书

1066—1084年,司马光主持编撰《资治通鉴》

北宋中期至南宋,馆阁定期举行曝书会,"岁于仲夏暴书"

11世纪，藏文《格萨尔王传》成书

1100年，李诫著《营造法式》成书

约1127—1722年，建阳余氏刻书始于南宋，终于清康熙时期

1130—1200年，朱熹在世，著《四书章句集注》《周易本义》《资治通鉴纲目》《诗集传》《楚辞集注》《朱子语类》等

1136年，《禹迹图》刻成

1140—1193年，西夏文木活字印本《吉祥遍至口和本续》印成

1149—1178年，《赵城金藏》刊刻

1190—1194年，眉山程舍人宅刻本《东都事略》附有版权申明

1237—1244年，《玄都宝藏》刊刻

1238年，祝穆著《新编四六必用方舆胜览》在建阳麻沙刊刻，书中附有两浙和福建转运司联合发布的版权保护告示

1240年，回鹘式蒙古文《蒙古秘史》成书

1297—1307年，王祯著《农书》，书末附木活字排版印刷技术

1127—1279年，包背装出现

约13世纪末，王实甫著《西厢记》

约1330—1400年，罗贯中在世，著《三国演义》

1340年，中兴路资福寺朱墨套印本《金刚般若波罗蜜经》刻成

明清时期

1389年，《大明混一图》绘成

1403—1408年，姚广孝、解缙等编纂《永乐大典》

1406—1445年，《正统道藏》编纂

1410年，藏文大藏经《甘珠尔》开雕

*约1450年，德国约翰内斯·古登堡发明欧洲活字印刷术

*1452—1455年，德国约翰内斯·古登堡印制四十二行《圣经》

1472—1529年，王阳明在世，有《传习录》《王文成公全书》等传世

1488—1505年，木活字本《鹖冠子》刻成

1488—1522年，无锡华氏会通馆、兰雪堂运用铜活字印书

约1500—1582年，吴承恩在世，著《西游记》

1512—1534年，无锡安国桂坡馆运用铜活字印书

1522—1566年，施耐庵《水浒传》流传渐广

*1543年，波兰哥白尼的《天体运行论》初版问世

1550—1616年，汤显祖在世，著《牡丹亭》等

1561—1566年，范钦在宁波建天一阁，藏书7万余卷

1565年，彝文《六部经书》抄成

1573—1619年，容与堂刊刻《李卓吾先生批评忠义水浒传》

1574—1646年，冯梦龙在世，著《喻世明言》《警世通言》《醒世恒言》

1578年，李时珍著《本草纲目》成书

1580—1644年，凌濛初在世，著《拍案惊奇》《二刻拍案惊奇》

1587—1641年，徐弘祖在世，著《徐霞客游记》

1599—1659年，毛晋在世，其刻书坊绿君亭、汲古阁刻书600余种，价格低，质量好，行销全国

1605年，彩色套印本《程氏墨苑》刻成

1607年，利玛窦、徐光启合译《几何原本》

1608年，《坤舆万国全图》绘成

1609年，汪廷讷环翠堂《坐隐先生精订捷径奕谱》刻成

1610—1695年，黄宗羲在世，著《明夷待访录》

1613—1682年，顾炎武在世，著《日知录》《天下郡国利病书》等

1619—1692年，王夫之在世，有《船山遗书》传世

1626年，吴发祥饾版拱花彩色《萝轩变古笺谱》刊行

1627—1644，胡正言饾版彩色《十竹斋书画谱》刊行

1628年，徐光启著《农政全书》初稿完成

1628—1644年，陈洪绶绘、项南洲刻《张深之先生正北西厢秘本》刻成

1634年，宋应星著《天工开物》成书

1644年，胡正言饾版拱花彩色《十竹斋笺谱》刊行

1645年，萧云从绘《离骚图》刻成

1646年，满文《洪武要训》刻成

约1662—1735年，彝文《西南彝志》成书

1680—1701年，李渔等饾版彩色《芥子园画传》刊行

1705—1706年，彭定求等编纂《全唐诗》

1715—约1763年，曹雪芹在世，著《红楼梦》

1716年，张玉书等编纂《康熙字典》成书

1718年，《皇舆全览图》绘成

1726年，铜活字本《古今图书集成》印行

1729年，德格印经院建成

1763—1825 年，黄丕烈在世，以收藏百部宋版书闻名

1773—1783 年，《四库全书》编纂，抄成 7 部，分藏 7 阁

1774 年，《武英殿聚珍版丛书》始刻

1791—1794 年，乾隆石经（十三经碑刻）刻立

*1798 年，德国阿洛伊斯·泽内费尔德发明石印术

1843 年，魏源编著《海国图志》初稿刊行

1865 年，上海江南制造局成立，先后翻译铅印西方科技书 178 种

*约 1869 年，德国约瑟夫·阿尔贝特发明珂罗版印刷

1872 年，《申报》铅印出版

1874 年，张之洞著《书目答问》成书

1875 年后，上海徐家汇土山湾印刷所首用珂罗版印书

*1876 年，美国爱迪生获得油印机的专利权

1884 年，《点石斋画报》创刊

*1884 年，美国奥特马尔·默根泰勒发明了莱诺铸排机，引发了印刷排字行业的革命

1897 年，严复翻译的《天演论》发表

1899 年，王懿荣发现甲骨文

1900 年，道士王圆箓发现敦煌遗书

1909 年，京师图书馆筹建

图版目录

第一章

图 1-1　"四方风"甲骨

图 1-2　毛公鼎

图 1-3　毛公鼎铭文拓片

图 1-4　石鼓

图 1-5　石鼓文拓本

第二章

图 2-1　敦煌悬泉置西汉简《阳朔二年传车亶舆簿》

图 2-2　武威汉简《仪礼·士相见之礼》

图 2-3　马王堆西汉帛书《长沙国南部地形图》

图 2-4　敦煌悬泉置汉代帛书《元致子方书》

图 2-5　长沙子弹库战国楚帛书（摹本）

图 2-6　木牍（里耶秦简赀债牍）

图 2-7　有书签题名的古籍封面

图 2-8　长沙出土战国毛笔和笔管

图 2-9　云梦睡虎地出土秦代毛笔管和笔杆

图 2-10　居延出土汉代木杆毛笔

图 2-11　新疆和阗出土古墨

图 2-12　云梦睡虎地出土秦代石砚和研石

图 2-13　汉画像砖（腰带上挂书刀的人物）

图 2-14　罗振玉《贞松堂吉金图》著录汉永和十六年（104）书刀

图 2-15　罗振玉《贞松堂吉金图》著录汉永元广汉金马书刀

图 2-16　成都天回山出土汉光和七年（184）书刀

图 2-17　上海博物馆藏战国简《容成氏》

图 2-18　清华大学藏战国简《良臣》

图 2-19　青川战国秦木牍

图 2-20　云梦睡虎地秦简《为吏之道》

图 2-21　里耶秦简（篆书）

图 2-22　里耶秦简（隶书）

图 2-23　湖南大学岳麓书院藏秦简

图 2-24　北京大学藏西汉简《赵正书》

图 2-25　肩水金关汉代木楬

图 2-26　长沙东牌楼东汉木楬

图 2-27　敦煌马圈湾汉代木楬

图 2-28　银雀山西汉简《孙子兵法》篇题木楬

图 2-29　银雀山西汉简《孙子兵法》篇题木楬（摹本）

图 2-30　清华大学藏战国简《保训》

图 2-31　肩水金关汉简《齐论语·知道》

图 2-32　海昏侯墓汉简《齐论语·知道》

图 2-33　郭店战国简《鲁穆公问子思》

图 2-34　银雀山西汉简《晏子》

图 2-35　湖南大学岳麓书院藏秦简《为吏治官及黔首》

图 2-36　尹湾西汉简《神乌傅》

图 2-37　银雀山西汉简《孙膑兵法》

图 2-38　马王堆西汉帛书《五星占》

图 2-39　马王堆西汉帛书《天文气象杂占》

图 2-40　马王堆西汉帛书《天文气象杂占》

图 2-41　湖南大学岳麓书院藏秦简《质日》

图 2-42　湖南大学岳麓书院藏秦简《占梦书》

图 2-43　张家山西汉简《脉书》

图 2-44　马王堆西汉帛书《五十二病方》

图 2-45　马王堆西汉帛书《导引图》

第三章

图 3-1　金关纸

图 3-2　马圈湾纸

图 3-3　放马滩纸

图 3-4　中国造纸术外传路线示意图

图 3-5　宋刻本《春秋经传集解》

图 3-6　宋刻本《荀子》

图 3-7　清华大学藏战国简《管仲》

图 3-8　马王堆西汉帛书《战国纵横家书》

图 3-9　熹平石经残石

图 3-10　正始石经残石

图 3-11　上海博物馆藏战国简《周易》
图 3-12　清华大学藏战国简《筮法》
图 3-13　马王堆西汉帛书《周易》
图 3-14　宋两浙东路茶盐司刻宋元递修本《周易注疏》
图 3-15　郭店战国简《缁衣》
图 3-16　清华大学藏战国简《尹诰》
图 3-17　敦煌遗书唐写本《尚书释文》1
图 3-18　敦煌遗书唐写本《尚书释文》2
图 3-19　宋两浙东路茶盐司刻本《尚书正义》
图 3-20　清华大学藏战国简《周公之琴舞》
图 3-21　清华大学藏战国简《芮良夫毖》
图 3-22　阜阳双古堆西汉简《诗经》
图 3-23　敦煌遗书归义军时期写本《毛诗传笺》
图 3-24　宋淳熙七年（1180）筠州公使库苏诩刻本《诗集传》
图 3-25　郭店战国简《老子》
图 3-26　马王堆西汉帛书《老子》乙本
图 3-27　北京大学藏西汉简《老子》
图 3-28　敦煌遗书唐写本《老子道德经》
图 3-29　张家山西汉简《庄子·盗跖》
图 3-30　敦煌遗书唐写本郭象注《南华真经》
图 3-31　宋刻本《南华真经》
图 3-32　银雀山西汉简《孙子兵法》
图 3-33　宋刻本《十一家注孙子》

图 3-34　阜阳双古堆西汉竹简《楚辞》

图 3-35　宋端平刻本《楚辞集注》

图 3-36　元至元五年（1339）胡氏古林书堂刻本《新刊补注释文黄帝内经素问》

图 3-37　宋黄善夫家塾刻本《史记》

图 3-38　宋蔡琪家塾刻本《汉书》

图 3-39　宋刻元修本《说文解字》

第四章

图 4-1　卷轴装

图 4-2　卷轴装

图 4-3　梵夹装

图 4-4　梵夹装（清北京版蒙古文《甘珠尔》）

图 4-5　缝缋装

图 4-6　经折装

图 4-7　龙鳞装

图 4-8　宋淳祐元年（1241）汤汉刻本《陶靖节先生诗注》

图 4-9　明凌濛初刻四色套印本《世说新语》

图 4-10　宋刻本《水经注》

图 4-11　北宋刻递修本《文选》

图 4-12　宋刻本《李太白文集》

图 4-13　宋刻本《杜工部草堂诗笺》

图 4-14　宋刻本《白氏文集》

图 4-15　宋刻本《河岳英灵集》

图 4-16　北魏延昌二年（513）写本《大方广佛华严经》

第五章

图 5-1　唐咸通九年（868）刻本《金刚般若波罗蜜经》

图 5-2　唐咸通九年（868）刻本《金刚般若波罗蜜经》题记

图 5-3　后唐天成二年（927）刻本《佛说观弥勒菩萨上生兜率天经》

图 5-4　北宋开宝八年（975）吴越国王钱俶刻本《一切如来心秘密全身舍利宝箧印陀罗尼经》（雷峰塔经）

图 5-5　蝴蝶装

图 5-6　包背装

图 5-7　线装

图 5-8　宋淳熙二年（1175）镇江府学刻公文纸印本《新定三礼图》

图 5-9　宋淳熙四年（1177）抚州公使库刻本《礼记》

图 5-10　宋淳熙七年（1180）筠州公使库苏诩刻本《诗集传》

图 5-11　宋黄善夫家塾刻本《史记》

图 5-12　宋临安府陈宅书籍铺刻本《周贺诗集》

图 5-13　宋临安府陈宅书籍铺刻本《唐女郎鱼玄机诗》

图 5-14　宋杭州开笺纸马铺钟家刻本《文选》

图 5-15　宋王叔边刻本《后汉书》

图 5-16　宋刻思溪藏本《大般波罗蜜多经》

图 5-17　北宋开宝六年（973）刻大观二年（1108）印开宝藏本《佛

说阿惟越致遮经》

图 5-18　金刻本《南丰曾子固先生集》

图 5-19　赵城金藏本《大般若波罗蜜多经》卷前扉画

图 5-20　赵城金藏本《大般若波罗蜜多经》卷末经文题记

图 5-21　蒙古宪宗六年（1256）赵衍刻本《歌诗编》

图 5-22　西夏刻本西夏文《慈悲道场忏法》

图 5-23　元至元五年（1339）沈伯玉家塾刻本《松雪斋文集》

图 5-24　元大德九年（1305）茶陵陈仁子东山书院刻本《古迂陈氏家藏梦溪笔谈》

图 5-25　宋嘉泰元年至四年（1201—1204）周必大刻本《文苑英华》

图 5-26　宋刻本《册府元龟》

图 5-27　北宋司马光《资治通鉴》残稿

图 5-28　宋咸淳廖莹中世彩堂刻本《昌黎先生集》

图 5-29　宋咸淳廖莹中世彩堂刻本《河东先生集》

图 5-30　宋淳祐十二年（1252）当涂郡斋刻本《四书章句集注》

图 5-31　宋绍兴十八年（1148）建康郡斋刻本《花间集》

图 5-32　明洪武二十五年（1392）遵正书堂刻本《增修笺注妙选群英草堂诗余》

图 5-33　宋淳祐九年（1249）刘诚甫刻本《中兴以来绝妙词选》

图 5-34　元延祐七年（1320）叶辰南阜书堂刻本《东坡乐府》

图 5-35　元大德三年（1299）广信书院刻本《稼轩长短句》

图 5-36　元刻本《古今杂剧》

图 5-37　明万历刻本《元曲选图·窦娥冤》

图 5-38　明万历刻本《元曲选图·赵氏孤儿》

第六章

图 6-1　明永乐版藏文《甘珠尔》

图 6-2　明嘉靖四年（1525）晋藩刻本《文选》

图 6-3　明嘉靖四年至六年（1525—1527）王延喆刻本《史记》

图 6-4　明书林双峰堂余文台刻本《新刊京本编集二十四帝通俗演义》

图 6-5　明富春堂刻本《新刻出像音注苏英皇后鹦鹉记》

图 6-6　明崇祯毛氏汲古阁刻本《十七史》

图 6-7　明弘治碧云馆活字印本《鹖冠子》

图 6-8　明正德八年（1513）华坚兰雪堂铜活字印本《白氏长庆集》

图 6-9　元至元六年（1340）朱墨套印本《金刚般若波罗蜜经》

图 6-10　明凌濛初刻四色套印本《世说新语》

图 6-11　明凌濛初刻朱墨套印本《董解元西厢记》

图 6-12　明万历四十四年（1616）闵齐伋等刻朱墨套印本《春秋左传》

图 6-13　明万历程氏滋兰堂刻彩色套印本《程氏墨苑》

图 6-14　明崇祯胡氏十竹斋刻彩色套印本《十竹斋书画谱》

图 6-15　明崇祯十七年（1644）胡氏十竹斋刻彩色套印本《十竹斋笺谱初集》

图 6-16　明闵齐伋刻彩色套印本《西厢记》

图 6-17　明弘治十一年（1498）刻本《历代古人像赞》

图 6-18　明崇祯刻本《张深之先生正北西厢秘本》（陈洪绶绘，项南洲刻）

图 6-19　明崇祯刻本《楚辞·九歌图》（陈洪绶绘）

图 6-20　明陈氏继志斋刻本《重校玉簪记》

图 6-21　明万历容与堂刻本《李卓吾先生批评幽闺记》

图 6-22　明万历二十五年（1597）汪光华玩虎轩刻本《琵琶记》

图 6-23　明万历三十七年（1609）汪氏环翠堂刻本《坐隐先生精订捷径奕谱》

图 6-24　明凌玄洲刻朱墨套印本《红拂记》

图 6-25　明万历容与堂刻本《李卓吾先生批评忠义水浒传》

图 6-26　明万历三十一年（1603）顾三聘、顾三锡刻本《历代名公画谱》

图 6-27　明嘉靖内府抄本《永乐大典》封面

图 6-28　明嘉靖内府抄本《永乐大典》

图 6-29　明末张弘毅著坛刻本《玉茗堂四梦》

图 6-30　清初刻本《三国志》

图 6-31　明刻本《本草纲目》

图 6-32　明成化十三年（1477）刻本《回回历法》

图 6-33　尹湾西汉木牍《元延元年历谱》

图 6-34　湖南大学岳麓书院藏秦简《质日》

图 6-35　孔家坡汉简《日书》

图 6-36　明嘉靖刻本《明嘉靖二十年岁次辛丑大统历》

图 6-37　北京大学藏西汉简《仓颉篇》

图 6-38　元至正十一年（1351）建安同文堂刻本《四书经疑问对》

图 6-39　元刻本《新编通用启札截江网》

图 6-40　宋绍定刻元修本《[绍定]吴郡志》

图 6-41　明正统六年（1441）刻本《[正统]和州志》

图 6-42　明天顺二年（1458）家刻本《清华胡氏族谱》

第七章

图 7-1　清康熙五十四年（1715）武英殿刻本《御纂性理精义》

图 7-2　清康熙五十五年（1716）武英殿刻本《康熙字典》

图 7-3　清北京版蒙古文《甘珠尔》

图 7-4　清雍正刻本藏满蒙汉合璧《般若波罗蜜多心经》

图 7-5　清同治十二年（1873）湖北官书局刻本《旧五代史》

图 7-6　清康熙四十六年（1707）成文昭刻本《古夫于亭稿》

图 7-7　清康熙三十八年（1699）顾氏秀野草堂刻本《昌黎先生诗集注》

图 7-8　清嘉庆四年（1799）席世臣扫叶山房刻本《钱塘遗事》

图 7-9　清书业堂刻本《秘传眼科龙木医书》

图 7-10　清乾隆武英殿木活字印本《钦定武英殿聚珍版程式·摆书图》

图 7-11　清雍正四年（1726）武英殿铜活字印本《古今图书集成》

图 7-12　清道光十年（1830）李瑶泥活字印本《南疆绎史勘本》

图 7-13　清道光十二年（1832）李瑶泥活字印本《金石例四种》

图7-14　清道光二十四年（1844）翟金生泥活字印本《泥版试印初编》

图7-15　清道光二十七年（1847）翟金生泥活字印本《仙屏书屋初集诗录》

图7-16　清康熙五十八年（1719）徐氏真合斋刻瓷版印本《周易说略》

图7-17　清乾隆十五年（1750）内府刻四色套印本《御选唐宋诗醇》

图7-18　清乾隆内府刻五色套印本《劝善金科》

图7-19　清康熙十八年（1679）芥子园甥馆刻彩色套印本《芥子园画传》

图7-20　清初刻本《离骚图》

图7-21　清顺治五年（1648）襄古堂刻本《太平山水图画》

图7-22　清康熙七年（1668）柱笏堂刻本《凌烟阁功臣图》

图7-23　清康熙三十五（1696）年内府刻本《耕织图》

图7-24　清乾隆十六年（1751）武英殿刻本《西清古鉴》

图7-25　清光绪十年（1884）石印本《点石斋画报》

图7-26　排字车间（《英国藏中国老照片》）

图7-27　文津阁本《四库全书》

图7-28　文津阁四库全书本《绍圣新仪象法要》

图7-29　清乾隆五十六年（1791）萃文书屋活字印本《红楼梦》

图7-30　清刻本《火攻挈要》

图7-31　清嘉庆南汇吴省兰听彝堂刻艺海珠尘本《远镜说》

图 7-32　清李钟伦刻本《天文仪器图》

图 7-33　清光绪二十一年（1895）湖北官书局刻本《御制历象考成》

第八章

图 8-1　宋王叔边刻本《后汉书》牌记

图 8-2　蒙古定宗四年（1249）张存惠晦明轩刻本《重修政和经史证类备用本草》牌记

图 8-3　宋咸淳三年（1267）吴坚、刘震孙刻本《新编方舆胜览》-1

图 8-4　宋咸淳三年（1267）吴坚、刘震孙刻本《新编方舆胜览》-2

图 8-5　北齐杨子华绘《北齐校书图》

图 8-6　黄丕烈旧藏宋临安府陈宅书籍铺刻本《唐女郎鱼玄机诗》

图 8-7　黄丕烈旧藏宋嘉定六年（1213）淮东仓司刻本《注东坡先生诗》

主要参考文献

一、中文、日文论著

1. [美]包筠雅（Cynthia J.Brokaw）著，刘永华等译《文化贸易：清代至民国时期四堡的书籍交易》，北京：北京大学出版社，2015年。

2. 北京大学出土文献研究所编《北京大学藏西汉竹书·壹》，上海：上海古籍出版社，2015年。

3. 北京大学出土文献研究所编《北京大学藏西汉竹书·贰》，上海：上海古籍出版社，2012年。

4. 北京大学出土文献研究所编《北京大学藏西汉竹书·叁》，上海：上海古籍出版社，2015年。

5. 北京大学出土文献研究所编《北京大学藏西汉竹书·肆》，上海：上海古籍出版社，2015年。

6. 北京大学出土文献研究所编《北京大学藏西汉竹书·伍》，上海：上海古籍出版社，2014年。

7. 北京大学出土文献研究所编《北京大学藏秦代简牍书迹选粹》，北京：人民美术出版社，2014年。

8. 仓修良著《方志学通论》（增订本），上海：华东师范大学出版社，2013年。

9. 曹之著《中国出版通史·隋唐五代卷》，北京：中国书籍出版社，2008年。

10. 曹之著《中国古代图书史》，武汉：武汉大学出版社，2015 年。

11. 曹之著《中国古籍编撰史》，武汉：武汉大学出版社，2015 年。

12. 陈伯海、李定广编著《唐诗总集纂要》，上海：上海古籍出版社，2016 年。

13. 陈登原著《古今典籍聚散考》，上海：华东师范大学出版社，2010 年。

14. 陈久金、杨怡著《中国古代天文与历法》，北京：中国国际广播出版社，2010 年。

15. 陈力著《中国古代图书史：以图书为中心的中国古代文化史》，北京：社会科学文献出版社，2017 年。

16. 陈桥驿著《〈水经注〉研究》，天津：天津古籍出版社，1985 年。

17. 陈松长著《帛书史话》，北京：社会科学文献出版社，2012 年。

18. 陈松长编著《香港中文大学文物馆藏简牍》，香港：香港中文大学文物馆，2001 年。

19. ［日］大木康著『明末江南の出版文化』，研文出版，2004。

20. ［日］大木康著『中国明末のメディア革命：庶民が本をむ』，刀水書房，2009。

21. ［英］戴维·芬克尔斯坦、［英］阿利斯泰尔·麦克利里著，何朝晖译《书史导论》，北京：商务印书馆，2012 年。

22. 董治安著《两汉文献与两汉文学》，上海：上海古籍出版社，2005 年（2011 年重印）。

23. 董治安著《先秦文献与先秦文学》，济南：齐鲁书社，1994 年。

24. 杜维运著《中国史学史》，北京：商务印书馆，2010 年。

25. 方建新著《南宋藏书史》,北京:人民出版社,2013年。

26. 方晓阳、韩琦著《中国古代印刷工程技术史》,太原:山西教育出版社,2013年。

27. 范凤书著《中国私家藏书史》(修订版),武汉:武汉大学出版社,2013年。

28. [法] 费夫贺(Lucien Febvre)、[法] 马尔坦(Henryphen Jean Martin)著,李鸿志译《印刷书的诞生》,桂林:广西师范大学出版社,2006年。

29. 傅刚著《〈文选〉版本研究》,西安:世界图书出版西安有限公司,2014年。

30. [日] 富谷志著,刘恒武译,黄留珠校《木简竹简述说的古代中国》,北京:人民出版社,2007年。

31. 甘肃简牍保护研究中心等编《肩水金关汉简·壹》,上海:上海百家出版社,2011年。

32. 甘肃简牍保护研究中心等编《肩水金关汉简·贰》,上海:中西书局,2012年。

33. 甘肃简牍博物馆等编《肩水金关汉简·叁》,上海:中西书局,2013年。

34. 甘肃简牍博物馆等编《肩水金关汉简·肆》,上海:中西书局,2015年。

35. 甘肃简牍博物馆等编《肩水金关汉简·伍》,上海:中西书局,2016年。

36. 甘肃省文物考古研究所等编《居延新简:甲渠候官与第四燧》,

北京：文物出版社，1990年。

37. 甘肃省文物考古研究所、甘肃省博物馆、中国文物研究所等编《居延新简：甲渠候官》，北京：中华书局，1994年。

38. 甘肃省文物工作队、甘肃省博物馆编《汉简研究文集》，兰州：甘肃人民出版社，1984年。

39. 耿相新著《中国简帛书籍史》，北京：生活·读书·新知三联书店，2011年。

40. 顾月琴著《日常生活变迁中的教育：明清时期杂字研究》，北京：光明日报出版社，2013年。

41. 韩琦、[意] 米盖拉编《中国和欧洲——印刷术和书籍史》，北京：商务印书馆，2008年。

42. 郝春文著《石室写经：敦煌遗书》，兰州：甘肃教育出版社，2007年。

43. 黄朴民著《先秦两汉兵学文化研究》，北京：中国人民大学出版社，2010年。

44. 黄润华、史金波著《少数民族古籍版本》，南京：江苏古籍出版社，2002年。

45. 荆门市博物馆编《郭店楚墓竹简》，北京：文物出版社，1998年。

46. [日] 井上进著，李俄宪译《中国出版文化史》，武汉：华中师范大学出版社，2013年。

47. [美] 卡忒（Thomas Francis Carter）著，吴泽炎译《中国印刷术的发明和它的西传》，上海：商务印书馆，1957年。

48. 李均明著《古代简牍》，北京：文物出版社，2003年。

49. 李零著《简帛古书与学术源流》（修订本），北京：生活·读书·新知三联书店，2008年。

50. 李明杰著《中国古代图书著作权研究》，北京：社会科学文献出版社，2013年。

51. 李仁渊著《晚清的新式传播媒体与知识分子：以报刊出版为中心的讨论》，新北：稻乡出版社，2013年。

52. 李瑞良著《中国古代书籍流通史》，上海：上海人民出版社，2000年。

53. 李先华著《〈说文〉与训诂语法论稿》，合肥：安徽大学出版社，2005年。

54. 李学勤主编，清华大学出土文献研究与保护中心编《清华大学藏战国竹简·壹》，上海：中西书局，2010年。

55. 李学勤主编，清华大学出土文献研究与保护中心编《清华大学藏战国竹简·贰》，上海：中西书局，2011年。

56. 李学勤主编，清华大学出土文献研究与保护中心编《清华大学藏战国竹简·叁》，上海：中西书局，2012年。

57. 李学勤主编，清华大学出土文献研究与保护中心编《清华大学藏战国竹简·肆》，上海：中西书局，2013年。

58. 李学勤主编，清华大学出土文献研究与保护中心编《清华大学藏战国竹简·伍》，上海：中西书局，2015年。

59. 李学勤主编，清华大学出土文献研究与保护中心编《清华大学藏战国竹简·陆》，上海：中西书局，2016年。

60. 李学勤主编，清华大学出土文献研究与保护中心编《清华大学藏战国竹简·柒》，上海：中西书局，2017年。

61. 李学勤著《简帛佚籍与学术史》，南昌：江西教育出版社，2001年

62. ［英］李约瑟（Joseph Needham）著《中国科学技术史》第一卷·导论，北京：科学出版社，上海：上海古籍出版社，1990年。

63. 李致忠著《简明中国古代书籍史》（修订本），北京：国家图书馆出版社，2008年。

64. 李致忠著《宋版书叙录》，北京：北京图书馆出版社，1994年（1997年重印）。

65. 李致忠著《〈文苑英华〉史话》，北京：国家图书馆出版社，2014年。

66. 李致忠著《中国出版通史·宋辽西夏金元卷》，北京：中国书籍出版社，2008年。

67. 李致忠、周少川、张木早著《中国典籍史》，上海：上海人民出版社，2004年。

68. 李宗焜编著《甲骨文字编》，北京：中华书局，2012年。

69. 廖咏禾著《中国出版通史·明代卷》，北京：中国书籍出版社，2008年。

70. 林冠夫著《红楼梦版本论》，北京：文化艺术出版社，2006年。

71. 林明著《中国古代文献保护研究》，桂林：广西师范大学出版社，2012年。

72. 刘国钧著，郑如斯订补《中国书史简编》，北京：书目文献出

版社，1982 年。

73. 刘衡如、刘山永、钱超尘、郑金生著《〈本草纲目〉研究》，北京：华夏出版社，2009 年。

74. 刘起釪、王钟翰等著《经史说略——十三经说略、二十五史说略》，北京：北京燕山出版社，2002 年。

75. 刘世德著《〈三国志演义〉作者与版本考论》，北京：中华书局，2010 年。

76. 刘天振著《明代通俗类书研究》，济南：齐鲁书社，2006 年。

77. 逯钦立校注《陶渊明集》，北京：中华书局，1979 年（2007 年重印）。

78. 吕凌峰、李亮著《明朝科技》，南京：南京出版社，2015 年。

79. 马王堆汉墓帛书整理小组编《马王堆汉墓帛书·壹》，北京：文物出版社，1974 年。

80. 马王堆汉墓帛书整理小组编《马王堆汉墓帛书·叁》，北京：文物出版社，1985 年。

81. 马王堆汉墓帛书整理小组编《马王堆汉墓帛书·肆》，北京：文物出版社，1985 年。

82. ［意］米盖拉、朱万曙主编《徽州：书业与地域文化》，法国汉学（第十三辑），北京：中华书局，2010 年。

83. 缪启愉、缪桂龙著《〈齐民要术〉史话》，北京：国家图书馆出版社，2017 年。

84. 潘吉星著《宋应星评传》，南京：南京大学出版社，2011 年。

85. 潘吉星著《中国科学技术史：造纸与印刷卷》，北京：科学出版社，1998年。

86. 潘光哲著《晚清士人的西学阅读史：一八三三至一八九八》，台北：中央研究院近代史研究所，2014年。

87. 骈宇骞、段书安编著《二十世纪出土简帛综述》，北京：文物出版社，2006年。

88. 戚福康著《中国古代书坊研究》，北京：商务印书馆，2007年。

89. 齐裕焜主编《中国古代小说演变史》，北京：人民文学出版社，2015年。

90. 钱存训著，国家图书馆编《钱存训文集》，北京：国家图书馆出版社，2012年。

91. 裘锡圭著《文字学概要》（修订本），北京：商务印书馆，2013年。

92. 山东博物馆、中国文化遗产研究院编《书于竹帛：中国简帛文化》，上海：上海书画出版社，2017年。

93. 睡虎地秦墓竹简整理小组编《睡虎地秦墓竹简》，北京：文物出版社，1990年。

94. 隋树森编《全元散曲》，北京：中华书局，1964年（2000年重印）。

95. 宋柏年主编《中国古典文学在国外》，北京：北京语言学院出版社，1994年。

96. 孙培青主编《中国教育史》，上海：华东师范大学出版社，2009年。

97. 孙巧云著《元明清楚辞学史》，杭州：浙江工商大学出版社，

2013年。

98. 孙钦善著《中国古文献学史简编》，北京：北京大学出版社，2008年。

99. 孙文杰著《中国图书发行史》，武汉：武汉大学出版社，2015年。

100. 汤炳正著《屈赋新探》，济南：齐鲁书社，1984年。

101. 唐圭璋编《全宋词》，北京：中华书局，1965年（2009年重印）。

102. [俄] 瓦西里·帕夫洛维奇·瓦西里耶夫著，赵春梅译《中国文献史》，大象出版社，2014年。

103. 汪家熔著《中国出版通史·清代卷（下）》，北京：中国书籍出版社，2008年。

104. 王道成著《科举史话》，北京：中华书局，1988年（2008年重印）。

105. 王国维著《宋元戏曲史》，北京：中华书局，2010年。

106. 王能宪著《世说新语研究》，南京：江苏古籍出版社，1992年。

107. 王余光著《中国阅读文化史论》，北京：北京图书馆出版社，2007年。

108. 王月清、暴庆刚、管国兴主编《影响中国文化的十大经典》，南京：江苏人民出版社，2013年。

109. [英] 魏安（Andrew West）著《三国演义版本考》，上海：上海古籍出版社，1996年。

110. 武汉大学简帛研究中心、河南省文物考古研究所编著《楚地出土战国简册合集（二）：葛陵楚墓竹简、长台关楚墓竹简》，北京：文物出版社，2013年。

111. [法] 夏蒂埃著，吴泓缈、张璐译《书籍的秩序——14 至 18 世纪的书写文化与社会》，北京：商务印书馆，2013 年。

112. 肖东发等著《中国出版通史·先秦两汉卷》，北京：中国书籍出版社，2008 年。

113. 谢祥皓著《庄子》，北京：中国国际广播出版社，2011 年。

114. 辛德勇著《中国印刷史研究》，北京：生活·读书·新知三联书店，2016 年。

115. 徐宝贵著《石鼓文整理研究》，北京：中华书局，2008 年。

116. 徐志啸著《楚辞综论》，上海：上海古籍出版社，2015 年。

117. 许保林著《中国兵书通览》，北京：解放军出版社，2016 年。

118. 杨玮著《社会史视野中的史家与典籍》，太原：三晋出版社，2009 年。

119. 阴法鲁、许树安、刘玉才主编《中国古代文化史》，北京：北京大学出版社，2008 年。

120. 银雀山汉墓竹简整理小组编《银雀山汉墓竹简·壹》，北京：文物出版社，1985 年。

121. 银雀山汉墓竹简整理小组编《银雀山汉墓竹简·贰》，北京：文物出版社，2010 年。

122. 袁行霈、严文明、张传玺、楼宇烈主编《中华文明史》，北京：北京大学出版社，2006 年。

123. 袁行霈著《陶渊明研究（增订本）》，北京：北京大学出版社，2009 年。

124. 袁逸著《书色斑斓》，长沙：岳麓书社，2010 年。

125. 詹鄞鑫著《汉字说略》，沈阳：辽宁教育出版社，1991 年。

126. 张秉伦、方晓阳、樊嘉禄著《中国传统工艺全集·造纸与印刷》，郑州：大象出版社，2005 年。

127. 张灿玾主编《黄帝内经文献研究》（修订本），北京：科学出版社，2014 年。

128. 张忱石著《〈永乐大典〉史话》，北京：国家图书馆出版社，2014 年。

129. 张大可著《〈史记〉史话》，北京：国家图书馆出版社，2015 年。

130. 张德芳主编《敦煌马圈湾汉简集释》，兰州：甘肃文化出版社，2013 年。

131. 张德芳主编《居延汉简集释》，兰州：甘肃文化出版社，2016 年。

132. 张国风著《〈太平广记〉史话》，北京：国家图书馆出版社，2015 年。

133. 张国风著《慷慨悲壮的江湖传奇》，北京：国家图书馆出版社，2014 年。

134. 张丽娟著《宋代经书注疏刊刻研究》，北京：北京大学出版社，2013 年。

135. 张丽娟、程有庆著《宋本》，南京：江苏古籍出版社，2002 年。

136. 张升著《〈永乐大典〉流传与辑佚研究》，北京：北京师范大学出版社，2010 年。

137. 张显成著《简帛文献学通论》，北京：中华书局，2004 年。

138. 张秀民著，韩琦增订《中国印刷史》，杭州：浙江古籍出版社，

2006年。

139. 张仲民著《出版与文化政治：晚清的"卫生"书籍研究》，上海：上海书店出版社，2009年。

140. 张仲民著《种瓜得豆：清末民初的阅读文化与接受政治》，北京：社会科学文献出版社，2016年。

141. 郑振铎著《郑振铎全集》，石家庄：花山文艺出版社，1998年。

142. 赵义山选注《元曲选》，上海：上海古籍出版社，2008年。

143. 中国国家图书馆·中国国家古籍保护中心编《第一批国家珍贵古籍名录图录》，北京：国家图书馆出版社，2008年。

144. 中国国家图书馆·中国国家古籍保护中心编《第二批国家珍贵古籍名录图录》，北京：国家图书馆出版社，2010年。

145. 中国国家图书馆·中国国家古籍保护中心编《第四批国家珍贵古籍名录图录》，北京：国家图书馆出版社，2014年。

146. 中国国家图书馆·中国国家古籍保护中心编《第五批国家珍贵古籍名录图录》，北京：国家图书馆出版社，2016年。

147. 周少川等著《中国出版通史·魏晋南北朝卷》，北京：中国书籍出版社，2008年。

148. ［美］周绍明（Joseph P.Mcdermott）著，何朝晖译《书籍的社会史——中华帝国晚期的书籍与士人文化》，北京：北京大学出版社，2009年。

149. 周生杰著《〈太平御览〉史话》，北京：国家图书馆出版社，2016年。

150. 朱汉民、陈松长主编《岳麓书院藏秦简·壹》，上海：上海辞书出版社，2011年。

151. 朱汉民、陈松长主编《岳麓书院藏秦简·贰》，上海：上海辞书出版社，2011年。

152. 朱惠荣著《徐霞客与〈徐霞客游记〉》，昆明：云南大学出版社，2014年。

153. 朱赛虹、曹凤祥、刘兰肖著《中国出版通史·清代卷（上）》，北京：中国书籍出版社，2008年。

二、西文论著

1. Christopher A. Reed, *Gutenberg in Shanghai：Chinese printing Capitalism, 1876—1937*, University of British Columbia Press, 2004

2. Cynthia J. Brokaw and Christopher A. Reed, *From Woodblocks to the Internet：Chinese Publishing and Print Culture in Transition*, Circa 1800 to 2008, Brill, 2010.

3. G. Bolleme, et al., *Livre et société dans la France du XVIII e siècle*, Paris/TheHague, 1965&1970.

4. John A. Buchted, *Jane Eyre on eBay：Building a Teaching Collection*, in Ann R. Hawkins (ed.), *Teaching Bibliography, Text Criticism, and Book History*, London：Pickering & Chatto, 2006

5. Joseph P. Mcdermott, *A Social History of the Chinese Book：Books and Literati Culture in Late Imperial China* (Hong

Kong: HongKong University Press, 2006.

6. Kai—Wing Chow, *Publishing, Culture and Power in early China*, Stanford University Press, 2004.

7. Kai—Wing Chow, Cynthia J.Brokaw, *Printing and Book culture in Late Imperial China*, University of California Press, 2005.

8. Lucille Chia, *Printing for Profit: the Commercial Publishers of Jianyang, Fujian, 11th—17th Centuries*, Harvard University Asia Center, 2002.

9. Lucille Chia and Hilde De Weerdt, Ed. *Knowledge and Text Production in an Age of Print: China, 900—1400*, Brill Academic Pub, 2011.

10. Robert Hegel, Reading Illustrated Fiction in Late Imperial China, Stanford University Press, 1998.

三、论文

1. 北京大学出土文献研究所（朱凤瀚、韩巍、陈侃理执笔）《北京大学藏西汉竹书概说》，《文物》2011年第6期，第49—56页。

2. 北京大学出土文献研究所（朱凤瀚、韩巍、陈侃理执笔）《北京大学藏秦简牍概述》，《文物》2012年第6期，第65—73页。

3. 程有庆《古书旋风装形制赘言》，倪莉、王蕾、沈津编《中文古籍整理与版本目录学国际学术研讨会论文集》，桂林：广西师范大学出版社，2013年，第190—207页。

4. 崔富章《〈楚辞〉版本源流考索——兼及〈楚辞要籍解题〉之讹误》,《浙江学刊》1987 年第 1 期,第 120—125 页。

5. 方广锠《辽大字藏的定名与存本》,《中国学术》2004 年第 2 期(总第 18 辑),第 162—189 页。

6. 黄德宽《安徽大学藏战国竹简概述》,《文物》2017 年第 9 期,54—59 页。

7. 李学勤《郭店简与〈乐记〉》,北京大学哲学系编《中国哲学的诠释与发展——张岱年先生 90 寿庆纪念文集》,北京:北京大学出版社,1999 年,第 23—28 页

8. 李学勤《清华简的文献特色与学术价值》,《文艺研究》2013 年第 8 期,第 32—34 页。

9. 李学勤《清华简九篇综述》,《文物》2010 年第 5 期,第 51—57 页。

10. [美]罗伯特·达恩顿(Robert Darnton)著,屈伯文译《何为书籍史》,载陈恒、耿相新主编《新史学》第十辑《古代科学与现代文明》,郑州:大象出版社,2012 年,第 144—165 页。

11. 牛达生《西夏文佛经〈吉祥遍至口和本续〉的学术价值》,《文物》1994 年第 9 期,第 58—65 页。

12. 石云里、魏㣙《元统〈纬度太阳通径〉的发现——兼论贝琳〈回回历法〉的原刻本》,《中国科技史杂志》2009 年第 1 期,第 31—45 页。

13. 史金波《文苑瑰宝:国家图书馆藏西夏文献》,《文献》2003 年第 1 期,第 244—256 页。

14. 史金波《现存世界上最早的活字印刷品——西夏活字印本考》,《北京图书馆馆刊》1997 年第 1 期,第 67—78 页。

15. 王贵元《〈说文解字〉版本考述》,《古籍整理研究学刊》,1999年第6期,第41—43页。

16. 徐雁平《书估与清帝国的书籍流转》,程章灿主编《古典文献研究》第16辑,2013年,第99—158页。

17. 张仲民《从书籍史到阅读史——关于晚清书籍史／阅读史研究的若干思考》,《史林》2007年第5期,第151—180页。

后 记

2013年，为配合国家典籍博物馆开馆，国家图书馆古籍馆承担了策划《中国古代典籍简史展》的任务。同年9月，我有幸成为展览内容的的牵头人，负责展览基本材料的搜集和提供，也是展览基本框架的主创者。对于展览大纲及其文字内容，古籍馆很多专家学者参与了讨论和把关，包括时任古籍馆副馆长、研究馆员林世田，以及研究馆员程有庆、鲍国强、李际宁和副研究馆员赵爱学等同仁，他们提供了不少指导性意见、建议和资料，保证此项工作得以顺利进行。经过将近一年的准备，展览终于在2014年7月顺利展出。该展览作为国家典籍博物馆的常设展之一，展出两年多，直至2017年4月撤展。展览开幕之后，不断有同事和朋友劝我将展览内容整理成书出版，以方便广大观众使用。起初，感觉这个展览定位的观众是中、小学生和普通大众，讲述的内容比较浅显，遵循时下最通行的主流观点，对不同见解基本没有介绍，缺少一定的学术性，故迟迟没有动手。2016至2017年，我为中国社会科学院研究生院文博中心古籍鉴定与修复专业讲授"中国古代典籍史"，以展览大纲为主线，将展览文字内容重新组织整理，对内容又做了些深化，于是就有了现在的这本小书。

本书吸收借鉴了不少专家学者的论著观点，如潘吉星《中国科学技术史：造纸与印刷卷》，钱存训《书于竹帛》，骈宇骞、段书安《二十世纪出土简帛综述》，董治安《先秦文献与先秦文学》《两汉文献与两汉文学》，肖东发、曹之、李致忠等《中国出版通史》各卷，郝春文《石室写经：敦煌遗书》，林明《中国古代文献保护研究》，李明杰《中国古代图书著作权研究》，袁逸《书色斑斓》等等；也使用了古籍馆过去展览的一些图表和图片，如第三章"造纸技术外传路线图"等。另外，第一章"汉字构形演化表一""汉字构形演化表二"由赵爱学老师提供。

在本书撰写的过程中，古籍馆副馆长陈红彦女士不断鼓励和催促，古籍馆程有庆、李际宁、赵爱学、李文洁、萨仁高娃、刘波老师、北京大学《儒藏》编纂与研究中心张丽娟研究员时有指导，并热心地提供了部分资料；山东大学儒学高等研究院古典文献研究所何朝晖教授在百忙之中审阅初稿，提出宝贵的修改意见。古籍馆郭静、张晨、薛文辉和蒋毅老师为书影、图片的提供付出了辛苦细致的劳动。没有上述领导、同事、学者以及出版社的支持、指导和帮助，此书的顺利出版是无法想象的。在此，一并致以由衷的谢意！

本人学识有限，时间仓促，错误和疏漏在所难免。敬请读者不吝赐教，以便进一步修正和补充。

李坚
2018 年 5 月 31 日